国政調査権と司法審査

国政調査権と司法審査

猪股弘貴

〔明治大学社会科学研究所叢書〕

信 山 社

はしがき

本書は、著者がこれまでに公刊した論文および判例研究を中心に、これに今回二つの論文を書き下ろし、まとめたものである（巻頭の初出一覧を参照願いたい）。これまでに取り組んできた、国政調査権の研究、アメリカ合衆国連邦最高裁、とりわけその司法審査権行使に関わる研究、および行政救済法についての研究が柱となっている。『国政調査権と司法審査』という書名は、本書において大きな比重を占めている国政調査権と（その中においても司法審査についての関心は大きな比重を占めている）、後二者のテーマを「司法審査」として合わせて、名付けたものである。

第一部の「国政調査権の研究」では、アメリカにおける国政調査権について、人権との軋轢、それが果たしてきた機能、行政特権の面から、アメリカ合衆国連邦議会の実例、および判例を詳細に検討した上で、わが国の国政調査権を検討する上での有益な示唆を引き出し、その法理の形成をしようとしている。特に、第一章では、人権との関係を検討するに先立ち、アメリカにおける国政調査権の一般的問題にもふれ、アメリカ合衆国憲法には、国政調査権について明文の規定は存在しないが、それが含意ないしは黙示の権限とされ、そして議会侮辱処罰権を背景に強力かつ活発に行使されてきたことを論じている。人権との関わりでは、戦後のマッカーシズムの時代に、思想および表現の自由を侵害した苦い経験を背景に、代表的な連邦最高裁判決を詳細に検討している。第二章では、アメリカ合衆国において、国政調査権が議会および国民に対する情報提供機能を果たしていることに目を向けている。第三章では、行政特権の主張による証言ないしは記録提出の拒否に対して、裁判所が関わり、特にニクソン対合衆国事件判決に注目し、それを詳細に検討し、わが国においてもこのような問題に対する司法による解決が検討されるべきであることを主張している。第四章は、今回書き下ろしたものであり、わが国の国政調査権そのものを検討している。いわば第一部の総括部分となるものである。その際、筆者が前著『憲法論の再構築』において展開した緩やかな原意主義から、国政調査権についての憲法解釈を展開していることに注目していただきたい。

第二部「アメリカ連邦最高裁と司法審査の研究」では、注目されるいくつかのトピックスについて、判例の検討を中心に据えながら、リベラルと保守の間で変転する連邦最高裁の姿を捉えようとしている。第五章では、ニューディール立法違憲判決に業を煮やしたF・ルーズベルト大統領と、最高裁との相克を検討するとともに、連邦最高裁自体がどのようにして変貌したのか、そういう中で形成された二重の基準論を検討している。この章は、第七章とともに、一年半に及ぶ、アメリカでの在外研究の成果の一部をなすものである。第六章では政教分離原則について、とりわけ宗派学校に対する公的援助に対して、政教分離原則との関係からいかに揺れているかを紹介している。第七章では、二〇〇〇年の大統領選挙の当選者を最終的に決定した、ブッシュ対ゴア事件を詳細に検討し、連邦最高裁内の、保守、リベラル、および中間派の対立を析出している。

第三部「行政救済法の研究」では、第八章において理論的な問題を、それ以降の章では、わが国の判例を検討している。これらの判例研究は、かなり以前に公表したものが多く、その中には最高裁判決が出されたことにより、先例として、その重要性を失ったものもあり、また平成一六年の行政事件訴訟法の改正により、裁判所が異なる結論を出す可能性があるものも存在するが、ほぼ原形のまま所収している。

本書全体について言えることであるが、注における文献の引用の仕方が、章（さらには判例研究）により異なっている場合がある。これはそれらを執筆した年代が違うことから生じたものであり、本来ならば本書を公刊するにつき、完全な統一を図るべきであったが、所属大学を移籍したことにより、入手が容易ではなくなった文献がある等、諸事情から、断念せざるをえなかった。これが好ましいことでないことは十分承知の上であるが、読者諸賢には、ご宥恕を乞う次第である。

本書は『憲法論の再構築』としてまとめた、憲法解釈方法論に関わる諸論文以外の筆者が公刊した主な論稿を収録したものである。古くは、未熟な二〇代前半の大学院生の時代に、修士論文を基に執筆したものから、五〇代になり、アメリカでの貴重であった在外研究によって触発され、筆を取ったものまで、筆者の足跡を物語るものとなっている。思い出深いものばかりであるが、研究者としては、内心忸怩たるものがあることも否定できない。今後のさらなる精進を誓うとともに、再出発のスタートラインとしたい。

最後になったが、本書は、明治大学社会科学研究所の叢書に加えさせていただくことができ、また同研究所からの出版助成を受けることができた。ここに厚くお礼を申し上げたい。また、前著に引き続き信山社のお世話になり、とりわけ同社の袖山貴氏並びに今井守氏の手をお借りした。心からの謝意を申し述べさせていただきたい。

二〇〇七年二月

猪股弘貴

初出文献との関係は、以下の通りである。

第一章　アメリカにおける国政調査権と人権
　＊「アメリカにおける議会調査と人権」『人権と憲法裁判』（一九九二年、成文堂）
第二章　アメリカにおける国政調査権の機能
　＊「アメリカにおける国政調査権の機能について」早稲田法学会誌三〇巻（一九八〇年）
第三章　国政調査権と行政特権との関係
　＊「行政特権について──アメリカ連邦議会との関係を中心として──」商学討究三四巻四号（一九八四年）
第四章　わが国における国政調査権
　＊書き下ろし
第五章　ニューディールと連邦最高裁
　＊書き下ろし
第六章　政教分離をめぐる二つの連邦最高裁判決
　＊「アメリカにおける宗派学校への公的助成と政教分離」商学討究三九巻一号（一九八八年）
第七章　ブッシュ対ゴア事件連邦最高裁判決
　＊「ブッシュ対ゴア連邦最高裁判決とその含意」商学討究五三巻一号（二〇〇二年）
第八章　行政訴訟における専門技術的問題と裁判所の役割
　＊「行政訴訟における専門技術的問題と裁判所の役割」早稲田法学会誌三二号（一九八二年）
第九章　立法行為と国家賠償
　＊「立法行為と国家賠償」『人権の憲法判例　第五集』（一九八七年、成文堂）

第十章　伊達火力発電所をめぐる二つの判決
一　伊達火力発電所関係埋立免許等取消訴訟札幌高裁判決
＊「伊達火力発電所関係埋立免許等取消請求事件」北海学園大学法学研究一九巻三号（一九八四年）
二　伊達パイプライン設置認可処分取消訴訟東京地裁判決
＊「伊達パイプライン設置認可処分取消請求事件東京地裁判決」北海学園大学法学研究二二巻一号（一九八六年）

第十一章　行政救済法に関わるその他の判決
一　福島第二原発事件福島地裁判決
＊「福島第二原発事件」『最近の重要環境・公害判例』（一九八七年、有斐閣）
二　志布志湾石油備蓄基地事件鹿児島地裁判決
＊「志布志湾石油備蓄基地事件」判例地方自治四〇号（一九八九年）
三　織田が浜埋立差止請求事件松山地裁判決
＊「織田が浜埋立差止請求事件」判例地方自治七〇号（一九九〇年）
四　汚泥流出事故損害賠償請求事件千葉地裁判決
＊「汚泥流出事故損害賠償請求事件」判例地方自治七九号（一九九一年）
五　送電線設置用土地収用裁決取消訴訟名古屋地裁判決
＊「送電線設置用土地収用裁決の取消請求事件」判例地方自治九二号（一九九二年）
六　薬局開設妨害損害賠償請求事件札幌地裁判決
＊「薬局開設妨害損害賠償請求事件」判例地方自治一〇七号（一九九三年）
七　圏央道あきる野ＩＣ事業認定・収用裁決取消訴訟東京地裁判決
＊「圏央道あきる野ＩＣ事業認定・収用裁決取消訴訟第一審判決」環境法研究三〇号（二〇〇五年）

目次

はしがき
初出一覧

第一部　国政調査権の研究……1
第一章　アメリカにおける国政調査権と人権（1）
第二章　アメリカにおける国政調査権の機能（37）
第三章　国政調査権と行政特権との関係（61）
第四章　わが国における国政調査権（85）

第二部　アメリカ連邦最高裁と司法審査の研究……129
第五章　ニューディールと連邦最高裁（129）
第六章　政教分離をめぐる二つの連邦最高裁判決（155）
第七章　ブッシュ対ゴア事件連邦最高裁判決（181）

第三部　行政救済法の研究……205
第八章　行政訴訟における専門技術的問題と裁判所の役割（205）
第九章　立法行為と国家賠償（231）
第十章　伊達火力発電所をめぐる二つの判決（247）

一　伊達火力発電所関係埋立免許等取消訴訟札幌高裁判決
二　伊達パイプライン設置認可処分取消訴訟東京地裁判決

第十一章　行政救済法に関わるその他の判決（299）

一　福島第二原発事件福島地裁判決
二　志布志湾石油備蓄基地事件鹿児島地裁判決
三　織田が浜埋立差止請求事件松山地裁判決
四　汚泥流出事故損害賠償請求事件千葉地裁判決
五　送電線設置用土地収用裁決取消訴訟名古屋地裁判決
六　薬局開設妨害損害賠償請求事件札幌地裁判決
七　圏央道あきる野ＩＣ事業認定・収用裁決取消訴訟東京地裁判決

索　引

国政調査権と司法審査

第一部　国政調査権の研究

第一章　アメリカにおける国政調査権と人権

一　はじめに

本章は、アメリカ合衆国議会における調査権（国政調査権）を、主に人権との関わりに焦点を当てながら、検討してみようというものである。ここでは、わが国の場合を一旦離れて、アメリカ合衆国の、しかも連邦議会のみの、国政調査権を検討することにその主眼を置いている。なお、検討の過程で、わが国の場合について、若干のコメントを加えた箇所が存在している。本章の主題は、アメリカにおける国政調査権と人権について、すなわちアメリカにおける議会調査において人権条項がどのような働きをしているかであるが、この点の検討に入るに先立って、議会調査の強力なバック・ボーンとなっている侮辱処罰権と、議会調査についてのリーディング・ケースである、マックグレイン判決について、さらには、人権条項とともに国政調査権の制約原理となっている、質問の関連性について検討しておくことにする。(1)

(1)　国政調査権についての文献が、孝忠延夫『国政調査権の研究』（一九九〇年）の巻末に、ほぼ完全に網羅されているので、ここで繰り返すことは避けることにしたい。

二　侮辱処罰権とマックグレイン判決

合衆国憲法には、日本国憲法六二条のような、国政調査（Congressional investigation）を根拠づける明文の規定が存在しているわけではなく、それは含意ないしは黙示の権限（implied power）であるとされている。すなわち、連邦議会に立法権を付与している、合衆国憲法第一条一節にこの権限は含まれていると考えられ、後述するように、判例においても認められているのである。それは、その起源をイギリスの国会に持ち、既に植民議会（colonial assembly）において行使されていたといわれている。(2)独立後の連邦議会における調査権行使の最初の例は、一七九二年に下院において行われた、セイント・クレア将軍指揮によるインディアンとの戦いの敗北原因の調査であったとされている。(3)

（一）侮辱処罰権

さて、アメリカの国政調査権を特色づけるものは、その背後にある、強力な侮辱処罰権（contempt power）の存在である。(4)議会の侮辱処罰権は、調査権同様、その起源をイギリスに遡り、既に植民地時代に継受されていたといわれている。(5)合衆国憲法には、この権限を明示した規定は存在しないが、この点も調査権同様、含意ないしは黙示の権限であるとされ、一八二一年のアンダーソン対ダン事件(6)において、連邦最高裁によって認められるに至っている。召喚をうけた証人が出頭を拒否したり、証言することを拒絶した場合、議会のこの権限によって、議会開会中、証言するまで拘禁されることになる。この自助的権能（self-help power）の行使による手続に対しては、人身保護訴訟（habeas corpus action）によるか、議会警察（sergeant at arms）に対する損害賠償訴訟において（議員には免責特権があることから訴えることはできない）、その正当性が争われることになる。(7)

その後、調査中の主題に関連する質問に答えることを拒絶する証人に対し、一八五七年に、軽罪（misdemeanor）

を科す法律が成立するに至った。この法律はその後幾度かの修正を経て、現在合衆国法典第二編第一九二条（2 U.S.C. 192）となっている。(8) この一八五七年の法律は、チャップマン事件において合憲とされている。(9)

このように、連邦議会は、二つの侮辱処罰手続を有しているのである。一八五七年法の通過後も、連邦議会は、しばらくは自助的権能によっていた。なぜならば、議会自らの支持するところによって、数日獄に拘禁することは、証言を強制するのに非常に有効な手段であったのに対し、裁判所に訴えることには時間を要し、また侮辱事項を裁判所に渡したくないとの考えも議会に根強かったからである。しかしながら、その後の侮辱処罰手続は、もっぱら制定法によって行使されるようになっていく。立法部には、他に差し迫って解決しなければならない事項が山積し、自ら侮辱処罰手続に関わらなくなるのである。一九三四年以降、自助的権能は、実際にはほとんど使用されることはなく、今日に至っている。(10)

（2）*See* Landis, *Constitutional Limitations on the Congressional Power of Investigation*, 40 Harv. L. Rev. 153（1926）; E. Eberling, Congressional Investigations（1928）; M. Dimock, Congressional Investigating Committees（1929）; J. Hamilton, The Power to Probe（1976）.

（3）*See* T. Taylor, Grand Inquest（1955）.

（4）侮辱処罰権について、以下の文献を参照。C. Beck, Contempt of Congress（1659）. R. Goldfarb, The Contempt Power（1963）.

（5）イギリスの国会侮辱について、伊藤正己『憲法の研究』（一九六五年）一四九頁以下参照。

（6）Anderson v. Dunn, 19 U. S.（6 Wheat.）204（1821）.

（7）イギリスでは、侮辱処罰権の行使に対して、裁判所による審査はおよばないとされている。なお、GHQ草案の五四条では、「国会は調査を行い証人の出頭及証言供述並に記録の提出を強制し、かつこれに応ぜざる者を処罰する権限を有すべし」となっており、国会自体に侮辱処罰権を付与しようとしたことが注目される。

（8）合衆国法典第二編第一九二条には、次のように規定されている。

「議会のいずれかの議院の権限に基づいて、いずれかの議院の前、または議会の両院の合同あるいは一致した決議によって設立された合同委員会、または議会のいずれかの議院の委員会の前で、調査事項に関して証言をなし、または文書を提出するために証人として召喚されている者が、故意に欠席し、または出頭はしたが、調査中の問題に関連した質問に答えることを拒絶する場合には、軽罪となし、千ドル以下百ドル以上の罰金および一月以上一年以下の普通監獄における拘禁に処せられる。」

（9） In re Chapman, 166 U. S. 661（1897）.

（10） *See* J. Hamilton, The Power to Probe : A Study of Congressional Investigations 95（1976）.

(二)　マックグレイン対ドーハティ事件(11)

アメリカにおいては、わが国におけるような、国政調査権をめぐる本質ないしは性質をめぐる論争は存在しない。なぜならば、わが国における「独立権能説」は、合衆国憲法には存在しない、日本国憲法の規定（四一条）と、それについての独特の解釈（統括機関説）の上になり立っているからである。もちろん、文字通りの独立権能説というものも想定されうるかもしれない。しかし、調査というものはあくまで調査なのであって、何らの目的をも前提としない調査などありえないのである。言い換えると、調査のための調査は自己矛盾なのである。そこで、国政調査権においては、その目的は、憲法によって国会ないしは議院に配分された権限であるということになる（この権限をどう読み込むかは、また別の問題であることは言うまでもない）。このことは、国政調査権の根拠が、憲法に明示されていると否とにかかわらず、同様に言えることなのである（さらに、正当な目的に基づく調査権行使であっても、質問の関連性と、人権を侵害してはならないという制約に服すことは、後に述べるとおりである）。

アメリカにおける議会調査についてのリーディング・ケースは、マックグレイン対ドーハティ事件である。そこで、以下、この判決を詳しく検討していくことにするが、まず事案の概要からみていくことにしよう。

一九二四年、上院に司法省内の不正行為を調査する特別委員会が設置された。調査の過程で、M・S・ドーハティ――この人は、当時の司法長官ハリ・M・ドーハティの兄弟で、オハイオ州のミッドランド・ナショナル銀行の頭取であった――に対し、調査中の問題に関し証言を求める目的で委員会の前に出頭し、かつ「一九二〇年二月以来のミッドランド・ナショナル銀行の預金簿、手形つづりと全金庫の所有者名の写し、入金手形の記録および右期間内における二万五千ドルもしくはそれ以上の金額の引出しを示す、すべての個人勘定の記録」を持参することを命ずる召喚状を発し、遅滞なくこれを同人に対し送達した。しかし、証人は出頭しなかった。しばらくして後、調査の過程において、委員会は同証人に対して、再び調査中の問題に関し、証言を求めるために、委員会の面前に出頭することを命ずる召喚状を発し、遅滞なくこれを同人に送達した。この召喚状では記録、書籍あるいは書類を持参することについては、何もふれていなかった。証人は再び出頭しなかった。そして、いずれの不出頭についても弁解はなかった。そこで委員会は、議会警察に対し、M・S・ドーハティを、上院に引致する命令を出した。この命を受けた議会警察官マックグレインは、同人をオハイオ州シンシナチで拘禁したところ、同人は人身保護令状を求めて連邦地方裁判所に訴えた。裁判所は逮捕および勾留を不法と判断して、同人を釈放した。判決の理由は、上院がこの調査を命じ、拘禁することを命じたのは、憲法のもとにおける権限を超えるものであるというものであった。マックグレインは、連邦最高裁判所に対して、直接的上訴（direct appeal）をなし、これが許され、本判決となったのであった。

バン・デバンター最高裁判事は、法廷意見を代表して、次のように述べた。

「調査権は――それを実施する手続とともに――立法作用に必要かつ適切な補助物である、というのがわれわれの見解である。それは、憲法が制定され批准される前から、アメリカの立法部において非常に尊重され、かつ行使されてきたものである。議会の両院は、早くよりこの見解を採用し――下院は、憲法制定会議における貢献の故に、その活動に特別重要な意義を与えられているマディソン氏、およびその他の議員の賛成投票を得ているのである――両院は、今日に至るまでこの権限を行使してきたのである。一七九八年の法律（引用者注――証人の宣誓についての法律）および一八五七年の法律は、その含蓄ある用語によって判断すると、両院にこの権限のあることを確認し、以前より『より効果的に』この権限を行使することを意図したものである(12)」。

「立法機関は、立法によって影響を与え変更を加えようとする対象に関する知識なくしては、賢明な立法あるいは効果的な立法をすることは不可能である。立法機関が、自ら適当な知識を有しない場合には――それは実際まれではないことだが――、知識を有する他の人から、これを求めることが許されねばならない。経験の教えるところによれば、かような知識を他人に単純に要求するだけでは、しばしば役に立たぬものであり、また、自ら進んで提供する知識は常に必ずしも正確であり、または完全であるとは限らない。それ故に、必要なものを獲得するためには、何らかの強制手段が、どうしても必要となってくる。こういうことはすべて、以前も、また憲法が制定され採択された後も、全く同様に真実であった。その時代において、調査権は――それを実施する手続とともに――立法権にとって必要かつ適切な属性として尊重されかつ行使され、立法権に固有の権限であるとして取り扱われた。かくして、われわれが考えるように、両院に立法作用を委任する憲法の規定は、立法作用が効果的に行使されうるという目的のために、調査権という右の属性を含ませようとしていると考えることには、十分な証拠が存在するのである。(13)」

「この調査権は、もし支持されると、それが濫用され、圧制的に行使されるおそれがあるということが、証人の利益のために非常に熱心に論争されてきている。たとえこの調査権にそういう懸念が存在するとしても、この調査権を否定する何等の理由となるものでもない。思うに、同じような議論は、立法権自体にも、向けられうるものであるからである。そして、それはもちろん、筋が通らない議論である。われわれは、現在の目的のために、両院ともにその本来の範囲を超え、または証人の権利に対する適切な尊重をはらうことなしに、この権限を行使しようとはしないであろうということを、推定しなければならない。しかし、もしこの推定に反して、抑制している限界ないし制限が無視される場合には、キルボーン対トンプソン事件およびマーシャル対ゴルドン事件の判例が、許されるべき救済手段を指示している。そして、調査が権限を逸脱し、または質問が調査中の事件に関連していない場合には、証人は、正当に答弁を拒否できるということが、キルボーン対トンプソン事件およびチャップマン事件の判例からの帰結といえる。[14]」

「なるほど、調査を命ずる決議には、本調査は立法の補助のために行おうとするのである、ということは明言されていないことは事実である。しかし、調査されるべき主題は、司法省の監督であった。……明らかに、その主題は、立法がなしうるものであったし、また、その調査が引き出そうとしていた知識によって著しく援助されうるものであった。司法省の機能、司法長官の権限および義務、その補助者の義務は、すべて議会の立法によって規律されるものであり、そして、毎年議会の議決を必要とする政府支出金のもとで司法省は維持され、その活動が遂行されることを考えるならば、このことは明らかである。[15]」

「われわれは、次のように結論づける。調査は、合法的な目的のために命ぜられ、証人は委員会に出頭し、証言することを不当に拒否し、そして合法的に逮捕され、上院は証人に、その訟廷（bar）あるいは委員会の前で、調査に適切な証言をさせる権限を有し、地方裁判所が拘禁中の同人を釈放したのは、誤りであった。[16]」

ところで、このマックグレイン判決を遡ること四七年前、連邦最高裁は、キルボーン対トンプソン事件[17]において、立法目的ということを、右の判決より狭く解する立場を採用していた。そこで、キルボーン判決を概観してみることにしよう。事案の概要は次のようなものであった。合衆国の資金が、破産者であり、その管財人が合衆国に対し先見の明のない清算をした、ジェイ・クック（Jay Cooke）会社に預けられていた。この会社は、私的不動産組合（private real estate pool）に対して利権の贈与をしていたので、下院は、委員会が、清算の性格、私的不動産組合の性質および沿革を調査することを指示する決議を採択した。この組合の組合員キルボーンは、証人として召喚されたが、組合員の名前を挙げ、その記録を提出することを拒否した。投獄されたキルボーンは、人身保護令状をコロンビア地区連邦地方裁判所に求めたところ、同裁判所は、下院による侮辱罪の判定を取り消し、キルボーンを釈放すべき旨を判決した。そこで、監禁の任にあたった下院の議会警察官トンプソンは、連邦最高裁判所に上告したのであった。連邦最高裁判所は、本件の調査は司法的であって立法的ではなく、したがって、国会の権限外であるから、証言を強制することはできないし、またジェイ・クック会社と私的不動産組合との関係というような、市民の私的関係について調査する権能はないとして、キルボーンの釈放を支持したのであった。

しかし、その後、キルボーン判決のように、立法目的を狭く解する、すなわち、破産裁判所（bankruptcy court）が事件の裁判を引き受けていることに注目し、下院が事件の調査をすることは、不当に司法の権限を行使している、とするような判決は現われていない。それどころか、マックグレイン判決は、先に検討したように、立法目的を狭く解する考え方を否定しているのである。それでは、キルボーン判決は、今日では全く意味のないものとなったのであろうか。この点について、ハミルトン氏の次のような指摘が、正鵠を射ているといえよう。「キルボーン判決は、そのすべての生命力が弱められてきたと指摘すれば、それは誤りとなるであろう。連邦議会は、正当な、立法府としての関心なしに、市民の純粋に私的な事項を調査することはできないという命題についての、それは確かな先例として生き残っているのである。実際、マックグレイン判決は……このルールを力強く繰り返したのである。また、キルボーン判決は、連邦裁判所が、連邦議会による調査機能の行使を審査できるという、基礎的で、有益な原理を、早くから肯定しているのである。[18]」

さて、マックグレイン判決においては、有効な立法目的が存在していることが推定されるとしているが、見逃しえない、重要な指摘である。この点は、その後の判決においても繰り返し述べられることになる。[19] そして、有効な立法目的か否かは、裁判官が議員の動機を調べるのではなく、調査の性質および調査が仕える立法機能の可能性を、客観的に評価してなされることになる。[20] 結局、この立法目的の推定によって、国政調査権の限界を、当該調査自体の有効性によって画することは、ほとんど不可能となったのである。したがって、国政調査権の限界は、当該調査自体の外に、すなわち質問の関連性と、人権条項に求めることになるのである。

(11)　McGrain v. Daugherty, 273 U. S. 135 (1927). なお、本判決の全訳が、『刑事裁判資料』三〇号四九五頁以下に収められている。

(12) *Id.* at 174.
(13) *Id.* at 175.
(14) *Id.* at 175-76.
(15) *Id.* at 177-78.
(16) *Id.* at 180.
(17) Kilbourn v. Thompson, 103 U. S. 168 (1880).
(18) J. Hamilton, *supra* note 10, at 109.
(19) *See* Eastland v. United States Servicemen's Fund, 421 U. S. 491, 508-09 (1975); Barenblatt v. United States, 360 U. S. 109, 132-33 (1959); Watkins v. United States, 354 U. S. 178, 200 (1957).
(20) *See* J. Hamilton, *supra* note 10, at 108.

三　質問の関連性

先にふれた、合衆国法典第二編第一九二条の中には、次のような部分が存在している。「調査事項に関して証言をなし、または文書を提出するために証人として召喚されている者が、故意に欠席し、または出頭はしたが、調査中の問題に関連した（pertinent）質問に答えることを拒絶する場合には、軽罪となる。」この連邦法のもとにおいては、証人は、調査中の主題に「関連した」質問に答えない場合、処罰されることになる。逆に、証人にとっては、主題に関連していない質問に対しては、証言を拒絶することが許される、ということである。そして、証人は質問に不服であり、答えることを拒絶するなら、調査中の主題および質問の関連性について説明を受けることができるということになる。また、関連性の欠如に対する証人の異議は、質問がなされたときそれを提起しなかったことによって、放棄されるものではない、と理解されている。(21)

質問が調査中の主題に関連していなければならないということは、裁判所によっても認められてきたところである。先に検討した、マックグレイン対ドーハティ事件において、法廷意見は次のように述べている。「質問が調査中の事件に関連していない場合には、証人は正当に答弁を拒絶できるということが、キルボーン対トンプソン事件およびチャップマン事件の判例からの帰結である。(22)」

関連性の要求は、有名なワトキンス事件判決(23)において、最大の成功をとげるに至った。この事件の事案は、次のようなものである。一九五四年四月、労働組合幹部ワトキンスは、下院非米活動委員会の小委員会の前に呼び出され、労働組合活動への共産党の浸透について質問された。彼は、彼自身の共産党との関係、および党内の知人に関して証言することは認めたが、過去に共産党員であったか、あるいはその活動に従事したことがあっても、現在は離脱した者達の氏名は、明らかにすることを拒否した。彼は拒否することを、次のように正当化している。「私にはそのような質問は、当委員会の仕事に関係があるとは思われないし、過去の活動故に委員会がこれらの者達の社会的暴露を企てる権利はないと思う。私は間違っているかもしれない。委員会はこのような権能を持っているかもしれない。しかし、裁判所が私に答えるように指示し、判示するまでは、私のかつての仲間の政治活動を話すことは、断固として拒絶する(24)」と。

ウォレン長官は、法廷意見を述べて、ワトキンスの有罪を次のような論理で破棄した。すなわち、被告人には「犯罪性の基準（standard of criminality）」を明らかにする、明確な準則が与えられていなければいけない。調査中の主題への質問の関連性は、この犯罪性の基準の一部分である。証人は、彼に尋ねられた質問が、調査中の主題に関連しているかどうか決定するために、「質問が関連していると思われる主題についての知識をもたされなければならない。(25)」そして、「この知識は、刑事犯罪において、デュー・プロセス条項が要求するのと同程度の明確さで、利用されえなければならない。(26)」ワトキンスは、調査中の主題を知らされず、それ故に「答えることを拒絶する権利の範囲内にいるかどうかを決定する機会が与えられておらず、彼の有罪は、必然的に修正第五条のデュー・プロセス条項のもとにおいて無効である。(27)」

ワトキンス判決においては、これ以上不明確な授権決議を想像することは困難であるとしながらも、最高裁は、決議が不明確の故に無効とはしていない。調査主題の限定のための基礎として、最高裁は、決議のほかに、委員会の議長の開会の言葉、小委員会に授権している決議、小委員会の議長の注意の言葉、および証人の異議に対する議長の返答をあげている[28]。最高裁は、これらを調べて、これらが調査主題を限定していないと判断したわけである。しかし、裁判所は、これらのうちの一つが主題を十分に限定しなければならないのか、あるいはこれら全体を評価すべきなのかは明らかにしていない[29]。しかし、いずれにせよワトキンス判決において重要なことは、調査中の主題への関連性が、処罰するための基準として確立されたことである。そして、関連性の要求は、デュー・プロセスにとって本質的な要素とされているのである。

その後、スカル対バージニア事件[30]において、連邦最高裁は、州の調査委員会によって行われた調査の目的は、非常に不明確であり、証人は「証人によって拒絶された情報を求めている委員会を正当化するための、また質問のための根拠を理解する基礎を持たなかった[31]」と判示した。それ故、修正第一四条のデュー・プロセス条項に基づき、侮辱罪での有罪を破棄したのである。

しかし、スカル事件のすぐ後、パーレンブラット対合衆国事件[32]において、連邦最高裁判所は、関連性の要求は「有能な委員会の議長あるいは弁護士なら、簡単に満たしうるものであることを指摘した[33]」といえる。パーレンブラット事件の事案は次のようなものであった。パーレンブラットは、大学の元講師であったが、彼が大学院生時代に共産党員であったという他の証人の証言に基づいて、非米活動委員会の小委員会に喚問され、証言を求められた。そこで、彼自身および他人の現在または過去の共産党活動等に関する質問に答えなかったために、侮辱罪に問われたのであった。

最高裁の法廷意見は、調査に先立って、委員会の議長が、調査は「教育分野への共産党の浸透」であるということを宣言しているので、関連性は異論のない明確さでもって明示されていると判示した。そして、証人フランシス・クローリーは、パーレンブラットを、すでに共産党員であると確認しているので、共産党への入党の質問は、明らかに関連しているとしたのである。

　ワトキンス判決からパーレンブラット判決への推移は、何を意味するのであろうか。判決の論理だけをたどれば、ワトキンス判決においては、「労働者への共産党の浸透」ということが、調査主題として明確性に欠けているのに対して、パーレンブラット判決においては、「教育における共産主義」は調査主題として限定されている、ということになる。最高裁は、関連性の要求にたやすく満足できるようになった、ということであろうか。その後のウイルキンソン事件判決[34]およびブラーデン事件判決[35]も、パーレンブラット事件判決の流れに沿ったものになっている。バーレンブラット事件、ウイルキンソン事件、さらにはブラーデン事件をみればわかるように、非米活動委員会の調査に関して、最高裁は「共産主義的宣伝」とか「共産党の浸透」として主題を限定することを許してきているので、証人が質問の関連性を決定することは、ほとんど不可能になったといってよいであろう。

（21）*See* Notes, *The Power of Congress to Investigate and to Compel Testimony*, 70 Harv. L. Rev. 671, 680（1957）.
（22）273 U. S. at 175-76.
（23）Watkins v. United States, 354 U. S. 178（1957）.
（24）*Id.* at 185.
（25）*Id.* at 208.
（26）*Id.* at 208-09.
（27）*Id.* at 215.
（28）*Id.* at 209.
（29）*See* Redlich, *Rights of Witnesses before Congressional Committees : Effects of Recent Supreme Court Decisions*, 36 N. Y. U. L. Rev 1126, 1138-39（1961）.
（30）Scull v. Virginia, 359 U. S. 344（1959）.
（31）*Id.* at 353.

(32) Barenblatt v. United States, 360 U. S. 109 (1959).
(33) Redlich, *supra* note 31, at 1140.
(34) Wilkinson v. United States, 365 U. S. 399 (1961).
(35) Braden v. United States, 365 U. S. 431 (1961).

四　人権による制約

(一)　修正第一条

アメリカ合衆国憲法修正第一条において、いわゆる表現の自由が保障されているが、ここではこの表現の自由と議会調査との関わりについて、検討してみようというものである。

アメリカ合衆国における国政調査権の歴史において、非米活動委員会[36]が出現し、マッカーシズム[37]の嵐が吹き荒れるまでは、修正第一条はクローズ・アップされてはこなかった。いわゆる「破壊団体」についての広範な調査が開始されるとともに、修正第一条が、強制手続の使用の障害となるとの主張がなされ始めたのである[38]。

裁判所においては、先にふれたワトキンス判決の傍論において、後に述べるように、国政調査における表現の自由尊重の精神が、高らかに謳いあげられたことがあるとはいうものの、証人がこの保護を主張した、非米活動委員会からの三〇のケースすべてにおいて、その主張が不成功であったことが指摘されている[39]。侮辱罪を免れるための証人の戦術としては、むしろ、修正第五条の自己帰罪拒否特権を援用したほうが成功率は高いといえる。しかし、証人が自己帰罪拒否特権を援用せず、あるいは自己帰罪拒否特権とともに、修正第一条を援用するようになったのには、次のような理由があったと考えられる。まず、自己帰罪拒否特権を援用するということは、すなわち、その事実を認めたということと理解され、職を失うなどの社会的・経済的制裁を受けることになってしまう。第二に、完全な免責が認められた場合には、自己帰罪拒否特権によって、対抗できないと理解されている。第三に、自己帰罪拒否特権は、あくまで自分自身が罪におちいるおそれがある場合にのみ援用しうるのであって、たとえば、「Ｘ氏が共産党員であるか否かを知っているか」などという質問に、Ｘ氏に不利益だからといって、拒否することはできないのである。しかし、だからといって、このような質問に答えることを肯じない者もいることであろう。第四に、証人の中には、修正第一条を真正面から掲げて、非米活動委員会に挑戦しようとする者もあった。そして彼らの意識の中には、もし最高裁において勝利をえられれば、非米活動委員会の調査の基礎に、重大な法的打撃を与えられるだろうということがあったのである。

修正第一条が議会の調査権の限界となることを、連邦最高裁判所が明確に認めた最初のケースは、合衆国対ラムリー事件判決(40)である。マッケイ教授は「国政調査権に関する司法審査の新しい歴史は、一九五三年の合衆国対ラムリー事件で始まる(41)」と述べている。そこで、以下、判例の素描をするについては、このラムリー事件以前の控訴審判決に若干ふれ、そしてラムリー事件、次にワトキンス事件、さらにバーレンブラット事件という順序で検討することにする。

ラムリー事件以前においては、修正第一条が調査権の限界になることを、連邦最高裁判所が明確に認めたケースは存在しない。控訴審レベルで注目すべきなのは、合衆国対ジョセフソン事件判決(42)およびバルスキー対合衆国事件判決(43)であるが、両判決のサーシオレアライ（certiorari）はともに否定されている。ジョセフソンは、合衆国法典第二編第一九二条のもとで、宣誓し、証言することを拒絶したことで侮辱罪に問われ、バルスキーは、この同じ条項のもとで、記録を提出することを拒絶したことで、罪に問われたというのであった。両ケースは、主に、下院の決議および非米活動委員会を確立している立法府再組織法は、その文面上修正第一条を侵し、憲法違反であるという理由で控訴審に訴えられたものであった。控訴人達は、調査は広汎であり、非米活動委員会は「明日かつ現在の危険」を構成していない宣伝活動を調べることを授権されている、と主張した。ここでは、バルスキー事件における、控訴審の多数意見をみてみることにしよう。[44]多数意見は、委員会を支持して、次のように述べている。

「この現存する政府組織は、それに対する潜在的脅威を調査する権能を持っており、それは、自己保存の利己的理由からではなく、人民によって人民の権利の保護のための手段として確立されてきた、という根本的な理由に基づく。[45]」

ここでは、いわば政府組織の守護者としての、委員会の権能を支持しているといえる。また、次のようにも述べている。「臆病者の個人的な権利が、十分な重さを持つと仮定しても、それが……社会の必要性にまさるかの問題が残る。[46]」そして、結局、社会の必要性を認め、委員会を支持している。ここでは、許される調査の基準として、「悪質な傾向のテスト」を採用している、と評されえよう。[47]また、「委員会は、共産党への入党あるいは同情について、どんな証人にも質問することに、裁判所は同意した[48]」とみても、過言ではあるまい。

ラムリー事件は、最高裁判所が、修正第一条が調査権の限界となることを明確に認めた、最初の事件であった。事案は、憲法政治委員会（Committee for Constitutional Government）の書記であるラムリーが、特定傾向の書籍の大量購入者の名前を述べることを、ロビー活動調査委員会によって、要求されたというものであった。これを拒否したために、侮辱罪に問われたわけである。最高裁判所の法廷意見は、次のように述べている。

「委員会の授権決議は、きわめて広汎であり、その調査事項は『立法に影響を与え、それを奨励し、促進しあるいは遅延せしめるすべてのロビー活動』となっている。検事側が主張するがごとく、その調査事項が雑誌、書籍を通じて世論に影響を与えようとする活動をも含むものとすれば、それは修正第一条に反するとしなければならない。しかし、憲法上の論争を避けるために、その解釈を限定して、調査の対象となるのは、直接に議会、委員会等に陳情する者達のみであり、雑誌等を通じて世論に影響を与えようとする者達は、含まれないことにする。[49]」

このように述べて、ラムリーは本調査の対象にならないとして、有罪は破棄された。法廷意見は、委員会の越権を理由とするもので、限定解釈の手法を使って、修正第一条の問題に直面することを、避けたのだということができよう。しかし、法廷意見のような解釈は、ダグラスおよびブラック両最高裁判事によって、こじつけであるとされた。両判事は、次のように、決議は広汎であり、調査の憲法適合性は未解決であることを指摘し、憲法上の疑義に直面していると述べている。

「このような調査がなされると、出版は検閲におけると同じような、重大な悩みの種に晒されることになろう。連邦議会によって目をつけられた出版者は、いまいましい調査に晒されることであろう。本、パンフレットまたは文書を買った人を、出版者に暴露することを要求することは、実際出版の監視を始めることになるのである。」(50)一九五七年のワトキンス判決も、ラムリー判決同様、修正第一条を直接援用して被告人の有罪を破棄したものではなく、関連性の要求という、いわば手続的側面から問題にしたものであった。それ故に、そこで述べられている修正第一条に関する見解は、傍論にすぎないということになろう。しかし、注目に値するものである。法廷意見を代表して、ウォレン長官は、次のように述べている。

「第二次世界大戦以後、アメリカ史上かつてみられなかった、新方式の調査が出現した。すなわち、合衆国政府に対する、破壊の脅威に対する調査が開始され、その結果、私人の生活、私的事項にまで、その調査が広く侵入するにいたった。この調査は、裁判所に議会の調査権の正当な限界が何であるかの問題を提起した。前掲キルボーン事件、マックグレイン事件、ジンクレイア事件（引用者注── Sinclair v. United States, 279 U.S. 263（1929））などにおいては、調査権の範囲を、その根源の固有の制限の言葉で限定した。最近の事件においては、重点は、政府の利益と、個人の権利、特権との調節に移った。調査権の制限としての、権利章典の適用が論議の中心となった。

自己帰罪拒否特権が、委員会の質問に対する制限として援用され、承認されたのは、この時代であった。……はるかに困難な問題が、委員会の質問が、修正第一条の自由に対する侵害であるとの証人の主張から発生した。

……調査手続の濫用が、知らず知らずのうちに、自由の侵害となることがある。証人を喚問し、その信条、意見あるいは結社に関し、その意に反して証言を強制することは、まさに政府の干渉である。そして、その強制が、一般社会からみて正統でなく、不評判であり、またはいまわしい事項や思想を暴露することである場合には、それは証人の生活に対して、破滅的影響をおよぼすものである。特に、それが、過去の信条、意見あるいは結社などに関するものであり、かつそれらが現在の標準に基づいて判断される場合には、その影響は、さらに深刻であり、被害は、証人のみならず、証人により確認された者達にもおよぶのである。[51]」

修正第一条に関するワトキンス判決の言明の解釈は、将来の判決に委ねられたのであった。マッケイ教授は、次のように指摘している。

「後の判決にてらすと、次のことが明らかになる。すなわち、最高裁判所のある者達は、適当な根拠が与えられれば、質問は適切になると考えた。他の者達は、修正第一条は、そのような信条および結社を調査することを禁じていると考えた。[52]」

それでは、この判決の影響は、どのようなものであったのであろうか。プリチェット教授によると、「ワトキンス判決は、実際は、非米活動委員会の権威に何らの変更を加えることなく、また、その手続においても、ほとんど変化をもたらさなかったが、それにもかかわらず、情報を確保するための議会の自由を侵害するものとして厳しく批判された[53]」のであった。そして、二年後には、バーレンブラット事件において、五対四で、いわば逆転ともいえる現象が生じるのである。[54]

バーレンブラット事件において、最高裁は、「証人は現在共産党員であるか、あるいは過去において共産党員であったか」というような質問が、修正第一条を侵害するか、という問題に、初めて真正面からぶつかった。法廷意見を述べたハーラン最高裁判事は、この問題を解決するために、まず次のような前提を採用している。

「修正第一条の保護は、修正第五条の自己帰罪拒否特権の適当な行使とは異なり、あらゆる状況において、調査に抵抗する権利を証人に与えているのではない。修正第一条の権利が、政府の調査を阻止するために主張される場合には、問題の解決は、一定の特殊な状況において、相対立している私的利益と公的利益とが、裁判所によって衡量されるということを常に含んでいる。[55]」

法廷意見は、裁判所によるこの比較衡量をするにさいして、「最初の問題は、この調査が有効な立法目的に関係しているか[56]」ということである、と指摘した。この点について、判決によれば、議会は、共産党の活動を調査・立法する広い権能を持っているので、ここで問題となっている、教育における共産党の活動を調査できるとした。さらに、この調査は、立法目的のためであり、暴露の目的ではないとも述べている。そして、バーレンブラットが、委員会の助けとなる情報を持っているという証拠があり、「ここで問願となっている私的利益と公的利益との衡量においては、後者の利益がまさると解釈しなければならず、それ故に、修正第一条の規定は侵害されなかった[57]」と結論づけている。

この法廷意見に対しては、ブラック（これにウォレン長官とダグラス最高裁判事が同意している）とブレナン両最高裁判事が、それぞれ反対意見を述べている。

まず、ブラック最高裁判事の反対意見は、次のようなものである。

「修正第一条の自由を直接に制限している法を、議会あるいは裁判所による衡量によって正当化されうる、ということには同意できない。主に行動を規制するが、間接的に言論に影響を与えるかもしれない法は、行動を規制する必要に比べて、言論に与える効果が重要でないならば、支持されうることを示唆している判決がある。これらには、私も同意する。[58]」

しかし、ブラック最高裁判事は、法が直接に修正第一条の自由を侵害する場合には、比較衡量がそもそも許されないことを指摘している。さらに、次のような指摘もしている。

「私はそうは思わないのだが、たとえある比較衡量がこのケースにおいて適切だとしても、法廷意見は、このテストを述べた後で、それを完全に無視してしまっている。なぜならば、バーレンブラット個人の共産党への入党を明らかにすることを拒否する権利に対して、政府の自己保存の権利を衡量しているからである。しかし、このような衡量は、比較されるべきファクターを誤っている。バーレンブラットの沈黙の権利の底にあるものは、組織に加入し、主義を唱導する……全体としての国民の利益である。……裁判所が、政府の要求に対して比較衡量すべきなのは、この社会の利益なのである。法廷意見では、これに反して、政府の要求が過大に述べられて『自己保存』の利益であるとされている。

その上、私は修正第一条の自由が、われわれの国を『保全』するために、制限されなければいけないという法廷意見に、同意することはできない。法廷意見は、国家の安全は、何を考え、話し、書くかによって、あるいは、政治的目的のために誰と結合するかによって、人々を処罰する権利にかかっているという、不明瞭な命題に基づくものである。……私は、このような命題に挑戦し、われわれの憲法のもとで、思想が禁止されうるということを否定する。……修正第一条は、憲法上唯一の政府の自己保存は、政府の政策に対するあらゆる言論、その基礎条件が攻撃され変更されねばならないとする言論に対してさえ、最大可能な自由を許すことによって、達成されることを意図しているのである。(59)」

また、共産党員が憲法の保護の外にあるとすることはできないとして、次のように述べる。

「たとえ共産党の目的の中に、一部不法なものが含まれており、党員の中に不法者がいるとしても、党全体および無実の党員の権利が剥奪されてよいはずがない。(60)」

他方、ブレナン最高裁判事の反対意見は、次のようなものである。

「ブラック最高裁判事のいうように、バーレンブラットに対する調査の目的は、報告によれば、暴露のための暴露であること以外明らかにされえない。これは、修正第一条のもとのパーレンブラットの権利が、有効に従属することのできる目的ではない。……個人の行動の暴露に終始している調査は、憲法の許容範囲外である。(61)」

バーレンブラット事件以後で注目されるのは、一九六一年のウイルキンソン事件とブラーデン事件である。両判決ともに、五対四で、バーレンブラット判決を踏襲している。[62]

(36) 非米活動委員会についての邦語文献として、たとえば、奥平康弘「非米活動委員会をめぐる若干の点描」社会科学研究（東京大学社会科学研究所）六巻三号八一頁以下参照。*See* e.g., A. Barth, Government by Investigation (1955).

(37) マッカーシズムについて、例えば、R・H・ロービア（宮地健次郎訳）『マッカーシズム』（一九八四年）参照。

(38) この点について、ドライバー女史は次のように述べている。
「他の調査委員会は、その当時、証人の政治的信条および関係を詮索したけれども、下院の非米活動委員会ほど明白に、言論および信条の領域へ侵入しなかった。委員会が調査することを授権された主題は、宣伝であり、思想の流布であり、それは、修正第一条によって保護されている領域と衝突するものである。」(Driver, *Constitutional Limitations on the Power of Congress to Punish Contempts of its Investigating Committees*, 38 Va. L. Rev. 887, 888 (1952).)

(39) *See* Notes, *The Application of the Fourth Amendment to Congressional Investigations*, 52 Minn. L. Rev. 665, 682 n. 88 (1968).

(40) United States v. Rumely, 345 U. S. 41 (1953).

(41) McKay, *Congressional Investigations and the Supreme Court*, 51 Calif. L. Rev. 267, 273 (1963).

(42) United States v. Josephson, 165 F. 2d 82 (2d. Cir. 1947), cert. denied, 333 U. S. 838 (1948).

(43) Barsky v. United States, 167 F. 2d 241 (D.C. Cir. 1948), cert. denied, 334 U. S. 843 (1948).

(44) この控訴審の多数意見に対しては、次のような、エドガートン判事による有名な反対意見がある。
「（政治的な信条あるいは結合関係についての質問の）効果は、委員会が非難し、その面前に呼んでいる者達に限られず、同じような意見を持っている者達、さらにはそれらを採用したい気でいる者達にまで拡大している。……それは、ただ臆病な者達を制約していると指摘されてきた。私は、勇気ある者達、正統的な者達、さらには確信を持っている者達にも影響しているというのが、より正しいのではないかと思う」(167 F. 2d at 255. かっこ書きは引用者。)

(45) *Id.* at 246.

(46) *Id.* at 249.

(47) *See* Driver, *supra* note 40, at 891.

(48) *Id.* at 893.

(49)　345 U. S. at 46-47.
(50)　*Id.* at 57.
(51)　354 U.S. at 195-97.
(52)　McKay, *supra* note 43, at 274-75.
(53)　C・ハーマン・プリチェット（村田光堂ほか訳）『アメリカ憲法入門』（一九七二年）六七頁。
(54)　この点の経緯については、芦部教授による以下の指摘が参考になる。
「ワトキンス判決は、政治的結合関係に関する質問が修正第一条に違反するかどうかを正面から取りあげず、デュー・プロセスという手続的・技術的な理由に判決の基礎を求めることによって、保守派のフランクファータとハーラン両裁判官の賛成を得ることができたのに、パーレンプラット事件では修正一条が論議の中心問題とされ、多数意見の保守派と進歩派が五対四に分かれてきびしく対立することになったのである。したがって、形式的には両判決には矛盾はないということができるが、調査権と言論の自由との関係という実質的な問題については、根本的に考え方の相違がある。」（芦部・前掲注（3）・四一九頁）
さらに、横川博「アメリカの立法部調査委員会における証人の地位」甲南法学二巻四号六三頁以下、同「パーレンプラット・アプハウス両判決の意義および問題点――アメリカの立法部調査委員会における証人の地位（続）」甲南法学三巻一＝二号一三五頁以下、畑博行「アメリカにおける議会の調査権と司法部」広島法学一二巻四号二六三頁以下参照。
(55)　360 U. S. at 126.
(56)　*Id.* at 127.
(57)　*Id.* at 133.
(58)　*Id.* at 141.
(59)　*Id.* at 144-46.
(60)　*Id.* at 147.
(61)　*Id.* at 166.
(62)　これに対して、共産党ではなく、N. A. A. C. P.（黒人地位向上全国連合）の関係している事件においては、名簿の強制的提出から証人を保護しているのが注目される。（*See* Gibson v. Florida Legislative Investigation Committee, 372 U. S. 539（1963）.）

(二)　修正第四条

アメリカ合衆国憲法修正第四条は、次のように規定している。

「不合理な捜索および逮捕または押収に対し、身体、家屋、書類および所有物の安全を保障されるという人民の権利は、破られてはならない。令状は、宣誓または確約によって根拠づけられた、相当な理由（probable cause）に基づいてのみ発せられるべきであり、かつ、捜索さるべき場所および逮捕さるべき人または押収さるべき物件を特定して示しているものでなければならない。[63]」

修正第四条は、伝統的には、人身への（physical）捜索・押収を制限していると考えられてきた。これに対して、行政機関あるいは議会が、命令によって文書などの提出を強制するという、擬制の（constructive）捜索・押収にも本条が適用されるかが、まず問題となる。この点について、連邦最高裁判所は、ポイド対合衆国事件において、「刑事責任を確立し、または財産を没収するための個人の私的な文書の強制的な提出は、修正第四条の範囲内にある[64]」と述べて、擬制の捜索・押収にも適用されることを肯定した。議会の委員会は、通常、文書提出命令状（subpoena duces tecum）によって、文書の提出を命じているわけであるが、修正第四条は、行政機関による命令状と同様、これにも適用されることが認められているのである。

しかし、この文書提出命令状に対して、裁判所が実質的なチェックをするのかについては、はなはだ疑問であるといえよう。このことは、次のような判決からも窺うことができる。それは、非米活動委員会に、文書等の提出をすることを命じた事案であった、合衆国対ブライアン事件判決である。この事件においては、被告人に一九四五年の間の、金銭の領収および支払いを示しているすべての書類、入会している組織の完全なリスト、並びに、すべての手紙・メモなどを提出することを命じていた。被告人は、この命令状に従わなかったために起訴されたのであったが、連邦最高裁判所は有罪を支持しているのである。[65]このような状況について、ドライバー教授は、次のように述べている。

「裁判所は、修正第四条が命じている、合理性の準則に適合しているかどうかを決定するにつき、立法部の命令状への厳しい要求を、凝視しなくなってきているが、捜索および押収条項による保護は、反抗的な証人のために、弁護人によってしばしば採用されてきている。裁判所は、二権力間の礼譲に基づいて、不特定な命令状を無効にすることを拒絶している。(66)」

修正第四条を、議会による擬制の捜索および押収に拡張することを、不必要であるとみる見解も存在する。ハーバード・ロー・レビューのノートは、次のように述べている。

「修正第四条は、文書提出命令状に……適用されるべきではないかもしれない。議会が、証人の家屋に入り、力で記録を取得することを求めているのでなければ、人身への捜索および押収は存在しない。その上、証人の権利は、他の憲法原理のもとで、同様の保護が与えられうるので、捜索・押収の擬制を通して、修正条項を拡張することは、不必要かもしれない。もし命令状において要求された記録のあるものが……調査への関連性を示していないなら、委員会は、それらの提出を強制する、含意の権限を持たないことになるであろう。もし関連性を決定するための、明確な基準が与えられなければ、関連性を有している記録でさえ、提出することを拒絶したために、処罰されるべきでないということもまた、議論されるべきであった。なぜならば、もし証人が、彼の行為が、犯罪を構成するかどうか確信するための、合理的な基礎を持たないなら、彼からデュー・プロセス・オブ・ローなしに、自由や財産を奪うことになるからである。思うに、デュー・プロセス条項のもとにおいて、証人は、提出しなければいけない記録を特記していない命令状に、従う必要がないことは、明らかである。(67)」

確かに、このノートの後半に述べられている部分は、まさにその通りであり、この点について異論は存在しないであろう。しかし、他の憲法上の理由で証人を同様に保護しうるから、修正第四条の拡張解釈は不必要であると断言できるであろうか。修正第四条が、記録についての合理的必要性と特定性を記載すべき命令状それ自体を、調査に先だって、裁判所でチェックすることができるということは重要である。特に、最高裁の判例においては、関連性の基準は、授権決議のみによって決まるのではない、という見解を採用していることを考えると、無意味であるとはいいきれないであろう。(68)

記録の強制的提出命令を含めて、証人の出頭そのものを、修正第四条の問題にしようという、ミネソタ・ロー・レビューのノートの、注目すべき見解が存在しているので、紹介しておくことにしよう。このノートは、次のように述べている。

「修正条項の制定者達は、個人の幸福は物質的（material）権利と同様、精神的（spiritual）権利にも依拠しており、正当化されえず、独断的な国家権力の侵入から守られるという権利は、文明化された人々によって、最も価値づけられている権利の一つであり、民主社会に欠くことのできない権利であると理解されていた。国家権力の行為と、個人の基準として、令状の適用にあたって、合理的で信頼するに足る原因を示すべきである、という要求を挿入することによって、修正第四条は、この信念を有効なものにしている。この基準は、国家権力が、個人に干渉することを許される前に、遭遇しなければいけないものである。

裁判所は、文書提出命令状に対して、合理性と信頼するに足る原因を要求しているけれども、証人召喚令状（subpoena ad testificandum）には、それらの基準を適用しないように考えられている。

しかし、修正第四条のおよぶ範囲についての解釈は、その歴史によって限られるべきではない。修正条項の文字解釈によってさえ、精神への侵入からの自由の権利は、守られうるかもしれない。不合理な捜索から身体を守られるべき、人間の権利は、確かに、肉体的人間の捜索同様、精神の捜索をも含むよう解釈されうる。この解釈は、非常に論理的である。なぜならば、プライバシーは、個人の肉体、家屋、文書および財産より多くではなくとも、少なくとも同じだけ、保障のない捜索から、保護を与えられるべきだからである。

その上、特別の術語の文言解釈は、必ずしも必然的ではない。なぜならば、裁判所は、権利の章典によって保障されている権利は、言及された特別の権利に限られないということに、次第に気づき始めているからである。

そのような制限された解釈は、権利を無意味にしてしまうであろう。裁判所は、権利の章典は、特別な言及されているそれらの行動だけではなく、それらの周辺の行動――権利の半影部分（penumbra of rights）――をも包含していると述べてきた。それ故に、精神の、保障のない捜索から保護されるべき権利は、修正第四条の、十分に周辺的なものとして、保護されるべきである。[69]」

さらに、次のようにも述べている。

「状況が政治的には袋小路に達した故に、個人の権利に立ち入り、そして保護することは、裁判所の義務である。裁判所は、国政調査のために出頭することを求めている、召喚令状を発するに先立って、修正第四条によって要求されているものとしての、相当な理由を示すことを、要求すべきである。刑事調査におけると同じく……権利の章典に本質的な、フェア・プレイの考えは、同じように適用可能なのである。[70]」

(63) 田中英夫「合衆国憲法」『アメリカ法の歴史上』四六頁（一九六八年）。ただし、一部分引用者が手を加えている。
(64) Boyd v. United States, 116 U. S. 616, 622（1886）.
(65) United States v. Bryan, 339 U. S. 323（1950）.
(66) Driver, *supra* note 40, at 902.
(67) Notes, *supra* note 23, at 674.
(68) ハーバード・ロー・レビューのノートは、関連性の基準は、授権決議のみによると判断してしまっているようである。*See* id. at 679.
(69) Notes, *supra* note 41, at 685-87.
(70) *Id.* at 694.

（三）　修正第五条

アメリカ合衆国憲法修正第五条の中には、次のような箇所が存在する。「何人も、刑事事件において自己に不利な証人となることを強制されることは……ない。[71]」

これは、いわゆる自己帰罪拒否特権（privilege against self-incrimination）を保障しているものである。この特権は、文字通りに読めば、刑事手続にのみ適用されるように読めるが、実際にはそのようには解釈されていない。ゲルホン教授が指摘しているように、「このアメリカ憲法の規定は、人は、刑事裁判がのちにおこなわれるならばみずからを有罪とするおそれのある証拠の提出を、いかなる種類の手続においても強制されえない、という意味であると長い間解釈されてきているのである。[72]」それ故に、議会の調査委員会の前で、この特権を援用することは、古くから認められてきたし、今日では、堅固に確立されているのである。自己帰罪拒否特権の適用範囲は次第に拡大され、証言それ自体が刑事訴追を支持する場合はもとより、それが「証拠の鎖の一つの環（a link in the chain of evidence）[73]」を提供する場合にまで広げられている。自己帰罪拒否特権は、議会の調査委員会における証人の唯一の完全な拒否理由となりうる。それに対して、修正第一条は、すべての状況において、調査に抵抗することを可能にするとは考えられていないのである。とはいえ、この特権にも、種々の限界が存在することは、次に検討するとおりである。

非米活動委員会およびマッカーシー委員会などでは、「共産党員であるか」というような質問に晒されることを、常としたわけであるが、このような質問に対して、修正第五条を盾に、証言を拒絶することができるであろうか。連邦法のもとでは、共産党員であること自体は罪ではない。しかし、有名なスミス法（Smith Act）は、合衆国におけるすべての政府の、暴力による転覆を唱導または教示し、この目的のために重要な宣伝をし、力による政府の転覆を唱導する組合または団体を組織し、この目的を知りながらそのような組合または団体に入ることを、厳しい制裁を受ける、連邦上の犯罪としている。[74]この法は、デニス対合衆国事件[75]において、合憲であるとされている。そして、この事件において、共産党およびその指導者達の一般的な目標は、暴力によって現存の秩序を転覆することであるという見解を、最高裁は支持している。「スミス法違反に関する、共産党の指導者の有罪の支持は、同じ理由による、共産党の下級の役員や党員の、その後の訴追に関する、基礎をしいた[76]」といえよう。したがって、「共産党員であるか」という質問に対しては、修正第五条に基づいて、証言を拒絶することができるということになる。

さて、自己帰罪拒否特権は、口頭による証言のみならず、記録の提出にも適用される。しかし、ここで注意しなくてはいけないことは、この特権は、あくまで個人的なものであるということである。このことから、次の二つのことが帰結される。すなわち、第一に、第三者が処罰され、有罪とされることを避けるために用いることは許されない。第二に、法人や団体の役員または代表者として、証拠を占有するにすぎないときは、証人は証拠の提出を拒否することはできない[77]。特に、第二の点は重要である。なぜならば、組織の役員が、罪を負わされそうな場合でも、組織の記録は提出を拒絶できないからである[78]。

証人は、包括的な拒絶をすることは許されず、それぞれの質問に、特権を、逐一主張しなければならないことになっている。しかし、特別な形式が存在しているわけではない。この点について、最高裁判所の態度は、次第に寛容になってきているといえよう。たとえば、エムスパック対合衆国事件[79]では、「原則として、ただし、それが修正第五条によって補われたものとしての修正第一条」に基づいて証言を拒否したところ、自己帰罪拒否特権の援用として認められた。また、クイン対合衆国事件[80]では、「修正第一条および修正第五条」に基づいた証言拒絶が、自己帰罪拒否特権の援用として認められた。しかし、陰謀によるにせよ、不注意によるにせよ、もしある質問に答えてしまうなら、同じ主題に関係した他の質問に、その後は特権を主張しえなくなる場合がある。これが、放棄（waiver）の問題である。この点に関するリーディング・ケースは、合衆国対ロジャーズ事件[81]である。ロジャーズは、連邦の大陪審（grand jury）の前で、彼女がコロラド共産党の役員であったことを認めたが、証人は、党の文書および記録を渡した人を、明らかにすることを拒絶した。最高裁の多数意見は、侮辱罪を支持して、共産党の役員であることを認めることによって、すでに自己を罪におとしいれたので、その細部（details）に関しては、放棄を構成するとした。そして、記録のありかは、そのような細部であるとみなされた。これに対して、ブラック、フランクファータ、およびダグラス各最高裁判事は、つけ加えられた質問は、より罪におとしいれるか、すでになされた、罪におとしいれる言明を支持することの先導（leads）を提供するかもしれないという、反対意見を述べている[82]。

さらに、反対意見は、次のような、証人の置かれている困難なジレンマを指摘している。

「今日の判決は、証人にジレンマを創造している。一方では、特権を尚早に主張することによって、侮辱罪で処罰される危険が存在し、他方、もしただ一つの質問に答えるなら、特権を失うことになる。最高裁の見解は、保護を微妙なタイミングに依拠させているので、素人はもとより、法律家も、いつそれを主張すべきかを知るのは非常に困難である。[83]」

このようなロジャーズ判決の結果について、ゲルホン教授は、次のような指摘をしている。

「さて、ほとんどの職業的評釈者〔学者〕は、……ロジャーズ事件判決における反対意見と見解をともにし、かかる判決は、十分なる理由のあるものでなく、不幸な結果になるであろう、とした。かれらの懸念は、のちの事件によって正しいことがわかった。なぜならば、グリスウォルド学部長が、数年後に述べたように、『この判決の結果、起訴されることを正当におそれながらも、できる限り質問に協力しようとする気のある証人が、質問に対してまったく答弁を拒否するように〔現実に強制されないまでも〕させられる』からなのである。最近のアメリカの手続においては、多くの証人は、自己が本人であることを述べるだけで、それ以上なにもいわない傾向がある。[84]」

自己帰罪拒否特権は、拷問などによる自白の強要を防止し、権力の濫用から人々を守るという意味で、文明化された社会では非常に重要な権利ではあるが、他方、真の有罪人の隠れみのとなり、捜査の妨害となることも事実である。このようなことから、アメリカでは、訴追を免除するかわりに、自己帰罪拒否特権を強制的に引渡すことをさせるということが行われ、数々の訴追免除立法（Immunity Statute）が制定されている。最初の免責規定は、一八五七年に出現したが、証人の証言によって明らかにされた事実について、訴追からの完全な免責を与えていた。[85] しかし、この免責規定には、不都合が生じたため、[86] 一八六二年には、明らかにされた事実を、単に証拠から排除するという、部分的免責に改められた。[87] カウンセルマン対ヒッチコック事件[88]においては、部分的免責を与えているにすぎない、このような規定は、証人に、自己を罪におとしいれる質問に答えることに拒絶することを許している、憲法上の特権にかわる代用品として、不十分であるとされた。この判決の中で、最高裁は、次のように述べている。

「当事者あるいは証人に課された、罪におとしいれる質問に、彼が答えた後、訴追をこうむる余地を残している法律は、合衆国憲法によって与えられた特権にかわる効力を持つことはできないというのが、われわれの意見である。……法律の制定が有効であるためには、質問が関係している、罪ゆえの将来の訴追に対しての、完全な免責が与えられていなければいけない。[89]」

議会の調査委員会での証言に関わっての免責についての、リーディング・ケースといえる、ブラウン対ウォーカー事件[90]では、カウンセルマン判決の趣旨に従い、新しく制定された免責法が、強制された証言の主題についての刑事訴追から、完全な免責を与えているとして、合憲であると判示された。議会の調査委員会における証人に、もっとも関係の深い近時の免責法は、一九五四年に制定された免責法である[91]。これによれば、国家の安全に関する事件において必要があるときは、訴追を免除するかわりに、証言もしくは記録の提出を強制できることになる。手続の概要は、次のとおりである[92]。

（1）訴追を免除するためには、委員会の委員の三分の二以上の投票が必要とされる。

（2）免責は、証人が証言もしくは証拠として提出することを要求された、「すべての議事録（transaction）、物（matter）、または事（thing）」に関して完全である。

（3）証人は、自己帰罪拒否特権を主張していなければいけない。

（4）証言を要求するためには、連邦地方裁判所の命令（order）が確保されていなければいけない。

（5）そのように強制された証言は、「すべての法廷」において、すべての刑事手続において、証拠として使用されてはならない。

（6）議会あるいは委員会が議決するに先立って、司法長官（Attorney General）に通知する必要がある。

この免責法は、一九五六年のウルマン対合衆国事件において、七対二で合憲であると判示された。(93)

なお、免責法について、ここで、問題点を二点指摘しておきたい。まず、アメリカ法における独特の問題、すなわち、二重の主権のルール（dual sovereignties rule）が問題となる。このルールに従うと、一つの主権によって訴追が免除されても、その証言を他の主権では自由に使ってもよいことになる。例えば、連邦によって訴追が免除されたとしても、そこでの証言が州では自由に使えることになってしまう。これでは、連邦、州において、ともに憲法上自己帰罪拒否特権が保障されながら、人を罪におとしいれることが許されるという、奇妙な結果になってしまう。この点、一九五四年の免責法では、州による刑事訴追からの免責をも保障し、ウルマン事件では、これが、国家の安全を守ることを目的とする、連邦議会の至上権によって正当化された。(94) 次に、免責の範囲として、刑事訴追だけで十分であるかが問題となる。この点は、ウルマン事件において、多数意見と反対意見の別れたところであった。アメリカでは、共産党員であることが明らかにされると、職を失うなどの、経済的・社会的制裁をこうむることを考えると、はたして刑事制裁の免除だけで十分であるのか、問題にする余地が残ろう。

自己帰罪拒否特権を主張するということは、罪ありとの推定に導くものであろうか。確かに、自己帰罪拒否特権は、罪ある者の隠れみのとなりうる。しかし、また一方で、この特権は、多くの論者が認めているように、無実の者を保護する働きもする。というのは、「この特権は、無実の者が存在しない犯罪を示唆する状況証拠を提出しないようにその者を保護しうる」(95) ものでもあるからである。このように考えると、この特権を主張したことによって、罪ありとの推定はなされるべきではなく、何らの不利益をも受けるべきではない、と結論付けるべきことになる。しかし、実際には、有形無形の社会的・経済的制裁を受けている。このことは、特に、「破壊活動」を調査している委員会における証人において著しいのである。このような調査において証言を拒否した者は、「修正第五条の共産主義者（Fifth Amendment Communist）」と呼ばれ、職を失うなどの不利益を受けている。この問題は、大学においても、学問の自由と証言義務との関係として、活発に議論されたところである。(96) というのは、修正第五条に基づいて証言拒絶をしたものは、教育機関において非難され、停職にさせられるということが起きたからである。アメリカ大学連合（The American Association of Universities）は、公式に次のように述べたといわている。

「修正第五条の援用は、教授に、教える立場を保持する適格性の証明の重荷を課している。そして、彼の大学に、その社会における人としての資格を再調査する義務を課する。[97]」

議会において修正第五条を援用したことによって、このような社会的・経済的制裁をこうむるなら、自己帰罪拒否特権を保障していることの、実質的な意味はなくなってしまうと言わざるをえないであろう。

(71) 田中・前掲注(65)・「合衆国憲法」四六頁。

(72) W・ゲルホン（早川武夫・山田幸男訳）『基本的人権』（一九五九年）一七二頁。

(73) Blau v. United States, 340 U. S. 159（1950）.

(74) *See* Liacos, Rights of Witnesses before Congressional Committees, 33 B. U. L. Rev. 337, 375（1953）.

(75) Dennis v. United States, 341 U.S. 494（1951）.

(76) Liacos, *supra* note 76, at 376.

(77) レイトリッヒ教授は、次のように述べている。

「この特権は、彼自身の記録にのみおよぶ。この特権は、純粋に個人的なもの故に、代表者の資格において持っている、組織の記録を渡すことの強制から人々を保護することはない。それ故に、たとえば、労働組合の文書保管者は、彼の所持している組合の文書や記録の提出を、拒絶することはできないのである。」（Redlich, supra note 31, at 1130-31.）

(78) 限界的な事例として、組織の記録そのものの提出ではなく、記録のありかについて証言させることはどうであろうか。この点について、最高裁は、Curcio v. United States, 354 U.S. 118, 128（1957）において、次のように述べて、特権を援用することを認めている。「未提出の記録のありかに関して、保管者に口頭で証言することを強制することは、彼に彼自身の心の中を暴露することを要求しているのである。彼は、彼自身の口によって、彼自身を有罪にすることを強制させられることになる。これは、修正第五条の精神および文言に反している。」しかし、すでに提出された記録を確認することは、さしつかえないとされている。See id., at 1132.

(79) Emspak v. United States, 349 U. S. 190（1955）.

(80) Quinn v. United States, 349 U. S. 155（1955）.

（81）　United States v. Rogers, 340 U. S. 367（1951）.
（82）　確かに、「記録のありかや記録を託された個人の名前を挙げることは、暴力による政府の転覆を教示し唱導する団体を組織する、共同謀議（conspiracy）を証明する助力となることが明らかである」（Redlich, *supra* note 31, at 1131.）ことを考えれば、最高裁の多数意見のいうように、単なる細部としてかたづけてしまってよいか疑問であろう。
（83）　340 U. S. at 378.
また、リアコス教授は、議会の委員会における証人の置かれている、悪い状態について、次のような指摘をしている。

「証人が、法廷で自己帰罪拒否特権を主張するとき、通常の訴訟手続では、裁判官が、特権が正当に主張されたかどうか決定するための、審問が開かれる。これは、証人が裁判官に証言を漏らさなければいけないということではなく、主張の有効性と合理性を確立するための、十分な証拠を挙げなければいけない、ということを意味している。もし裁判官が満足しているならば、証人は答えることを拒絶できる。もし裁判官が、主張には有効な基礎がないということを感じるなら、彼は、侮辱罪のおどしのもとで、証人に答えることを命じるであろう。これらすべてのことは、主張されるやすぐになされる。議会の委員会の前で、主張の有効性を確認するための手続は、いくぶん違っている。証人の主張の、即時の公的決定がなされるかわりに、彼は正しさのテスト（correct test）にすべてをかけ、主張の有効性についての後の侮辱罪の訴訟手続において、裁判所を納得させなければならない。もし証人が誤って推断したか、あるいは、事実審裁判所が、問に答えることによる帰罪の危険についての彼の評価に一致しないなら、司法手続におけるような再考のチャンスは存在せず、侮辱罪で投獄されることになるであろう。」（Liacos, *supra* note 76, at 374.）
（84）　ゲルホン・前掲注(74)・一七七頁。
（85）　*See* Driver, *supra* note 40. at 903.
（86）　ゲルホン教授は、次のようなエピソードを紹介している。
「同法は予想外の結果を生じた。陰険な刑事犯罪人がたまたま証人として喚問されることに成功し、ついで、あまりにも不注意に表現された質問をとらえて、自己の犯した非行の自白を吐き出す、……それによって以後は起訴されえなくなる、ということが生じたのであった。或る事件において二人の悪漢の仲間が、人の知らぬ間に、政府の公金を二百万ドル横領し、かれらの犯行が露顕する前に、みずからを有罪とする証言をおこなうことに成功した、このために、かれらは起訴される心配をまぬかれ、不浄の金二百万ドルを無事に使うことができたのであった。かような挿話が、かかる制定法の要件を、速やかに厳格に規定せしめるに至ったことは、もちろんである。」（ゲルホン・前掲注(74)・一七八頁。）
（87）　ここで完全な免責とは、証人の証言がその一部を形成した、事実の鎖の全体が将来の刑事訴追から免れることをいい、部分的な免責とは、証人の証言が単に将来の刑事訴追の証拠から排除されるのみで、それを手掛りとして得られた証拠は、将来の刑事訴追の証拠として用いることを妨げられない、ということの意味に理解してよかろう。

(88) Counselman v. Hitchcock, 142 U. S. 547 (1892).

(89) *Id.* at 585.

(90) Brown v. Walker, 161 U. S. 591 (1896).

(91) 18 U.S.C. § 3486.

(92) Notes, *supra* note 41, at 678-79 n. 71.

(93) Ullman v. United States, 350 U. S. 422 (1956). フランクファータ最高裁判事が述べた法廷意見は、自己帰罪拒否特権は、刑事制裁に対して保護することを目的としており、この規定によってその脅威が取り除かれた以上、この特権は消滅するというものであった。これに対して、ダグラス最高裁判事の反対意見は（これにブラック最高裁判事が同意している）、自己帰罪拒否特権は、刑事訴追はもとより、汚名（infamy）や不名誉（disgrace）を受けることからも保護しているというものであった。

(94) この点について、安倍教授が次のような指摘をしているのが注目される。

「(a) 合衆国の安全に関しない分野では、なお州による訴追の可能性が残るであろうし、(b) 州の Immunity Act は連邦による訴追からの免責を定めえないであろう。」（安倍治夫「自己負罪拒否特権」ジュリスト『英米判例百選』七九頁。）

(95) ゲルホン・前掲注(74)・一七四頁。

(96) この点について、高柳信一「学問の自由と大学の自治」東京大学社会科学研究所編『基本的人権4』三九九頁（一九六八年）。後に、高柳信一『学問の自由』に所収。

(97) Liacos, *supra* note 76, at 371.

五　むすび

以上、アメリカにおける議会調査について、特に人権との関係を中心に検討してきた。アメリカにおいては、調査権の行使が活発であるが、それに伴って人権を侵害する危険性も大きい。非米活動委員会の調査は、その危険性がまさに具体化したものといえる。裁判所による救済については、これまでに検討してきたように、様々な問題を抱えながらも、少なくとも取り組みがなされてきたことは事実である。これで十分であったのかなかったのか。その評価は、論者の価値観はもとより、いわゆる「司法積極主義」か「司法消極主義」かによって、分れてくることでもあり、ここで扱うことは不可能なものである。

翻って、わが国の国政調査権に目を向けてみると、その行使のあまりの不活発さが、その特色であるといえよう。したがって、人権との関わりにはさほど注意が向けられないできた――注意を向ける必要がなかったというのが正しい言い方かもしれない――のである。両国のこのような差は、政治体制の相違（大統領制か議院内閣制か）に根差すものではあるが（この意味で、少数者調査権が検討に値する(98)）、わが国の「議院の意思」にも問題があることは、否定することのできない事実である（もちろん調査の質も問われなければならないところであるが、そこにはスタッフ不足等様々な問題も存在するので、ここでは不問に付しておくことにする）。その直接の原因をなすものではないが、国政調査権をめぐる理論の不十分さが、行使の障害になっていた面もないわけではない(99)。

国政調査権は国民の「知る権利」に奉仕すべきである、あるいは国民への「情報提供作用」を果すべきであるということが言われて久しいが、そのためには、人権との関わりを検討しておくことが必要不可欠である。

(98)　孝忠・前掲注(1)・八六頁以下参照。同書は、ドイツを中心とした国政調査権の比較法的研究として、芦部信喜『憲法と議会政』（一九七一年）以降の本格的研究であり、その緻密さには敬意を表するものである。しかし、いわゆる「国政調査権の本質」の理解について、賛同できない点が存在している。すなわち、孝忠教授は、この点について、「内閣に対する議会的統制」と、国政調査権の本質を捉えているようであり（同書八一頁以下参照）、私見においても、この面の調査権の役割の重要性を否定するものではないが、このように理解しただけでは、補助的権能説と独立権能説との学説の対立の解決にはならないと思われる。この点で、近時注目されるものとして、奥平教授の見解がある。それによると、要するに、本質論は「司法権の独立」の問題に解消しえないか、というものである（奥平康弘「国政調査権の『本質』」法セミ増刊『現代議会政治』一六四頁参照）。しかし、本質論の立場と、「司法権の独立」の捉え方の立場は、完全に符合しているわけではない。例えば、柳瀬教授のように、浦和事件は、「司法権の独立」を侵害するものではないが、補助的権能説の立場から許されないものであるとの考え方も存在するのである（柳瀬良幹『人権の歴史』（一九四九年）二〇頁以下参照）。

同右書について、さらに一言すると、孝忠教授が、「調査」と「調査権」とを区別し、これに意味を持たせようとしている点にも賛成できない。すなわち、孝忠教授によると、「調査」とは事実の調査であり、「調査権」とは強制的（権力的）調査であるという（孝忠・同右書七〇頁以下参照）。これは、ひっきょう定義の問題ではあるが、このような区別は無意味であり、徒に混乱に導くだけであると思われる。筆者の考えでは、調査というのは実行面からみた場合、調査権というのは権限からみた場合の言い方であって、両者を日常的用語法から離れて定義する必要はないと思われる。したがって、本稿においては、調査と調査権は、右に述べたような意味であって、強制力の有無と結び付けて使用しているわけではない。

(99)　ここでは、さしあたり、検察権との関係で、国政調査権の行使を狭く解してきたことの問題点を指摘しておこう。猪股弘貴「国政調査権」大須賀明編『争点ノート憲法』二〇五―二〇六頁（一九九一年）参照。

〔追記〕　本稿脱稿後、中村泰男『アメリカ連邦議会論』（一九九二年）、およびカール・バーンスタイン（奥平康弘訳）『マッカーシー時代を生きた人たち』（一九九二年）に接した。これら二著は、本稿のテーマにとって、重要な文献となりうるものなので、参考文献として追加しておくことにする。また、本章執筆後、国政調査権についてさまざまな文献が公刊されたが、それらの中でも木下和朗「イギリス庶民院における調査委員会制度（一）・（二）・（三・完）」北大法学論集四四巻五号・四四巻六号・四五巻一号は注目に値するものであり、ここに追記しておくことにする。

第二章　アメリカにおける国政調査権の機能

一　はじめに

新憲法制定とともに歩みを始めたわが国の国政調査権も、それがいまだ現実の力となっていないことは、一連のロッキード事件をめぐる調査を通して、われわれの目撃したところであった。その原因としては、党派性をむき出しにするとか、仲間議員をかばおうとするなどの政治的・心情的理由、調査スタッフ不足等の制度的理由等が考えられよう。このような問題を追求することも重要ではあるが、ここでは、従来からこの分野において理論的究明が遅れていたと思われる、国政調査の機能を分析しようというものである。

わが国においては、その沿革的理由、つまり、憲法施行後一年にして浦和事件が最初の憲法争議として生じたために、国政調査権の「本質」は何かということに比重がおかれてきた。しかも調査権は、その後、証人喚問された者の中に自殺者が出たり、政治家の私腹を肥やすための道具に利用されたりしたために(1)、ついに十全な発展を遂げずにきた。そのため、浦和事件以後は、調査権に理論的関心が持たれず、国政調査が何をなしうるかについて十分な検討がなされてこなかったといえる。ロッキード事件などに喚起されて、国政調査は「知る権利」に応えなければいけないことが叫ばれるようになった(2)。本章はこのような状況に触発されて着手されたものである。その場合、国政調査の本場であるアメリカが理論的にも実際的にも参考になる点が大であると考え、アメリカにおける調査権の機能を検討し、わが国の調査権研究の一助にしようというものである。

さて、アメリカにおける国政調査には次の四つの機能があるといえる。[3]

（1）法制定のための情報収集機能

（2）行政監督機能

（3）議員の資格要件および行動審査機能[4]

（4）情報提供機能[5]

ここでは、情報提供機能を中心に考察を進めることにするが、（1）と（2）の機能についても概観しておくことにする。なお、これらの機能は、実際には個々別々に行使されるのではなく、それぞれ全体の調査の一部をなしつつ進行していくものであることは言うまでもない。

（1）とくに、マッチポンプの異名をとった田中彰治の存在を忘れることはできない。

（2）アメリカでは、Congressional investigation とか、legislative investigation とか呼ばれる。とくに連邦議会に関しては、前者の用語法が普通である。なお、アメリカ憲法には、議会調査に関して明文の規定はないが、implied power であるといわれている。

（3）議会調査の機能・目的となっているものは、そのまま議会の主要活動であると言ってよい。つまり調査機能の分類は、議会の活動の分類とオーバーラップしている。それ故に、引用文の論者は議会の活動の文脈において論じている場合でも、本稿では調査目的の場合を想定して引用することがあることを断っておく。

（4）この機能は、合衆国憲法第一編第五節一項「各議院は、その議院の議員の選挙、選挙の結果および資格について判定を行なう」同じく二項「各議院は、議事規則を定め、議員が秩序を乱したときにこれを懲罰することができ、また三分の二の同意によって議員を除名することができる」（田中英夫訳、合衆国憲法、『アメリカ法の歴史・上』所収）、という規定が基礎となっている。

（5）informing function は従来「報道機能」と訳されてきたが、本書では「情報提供機能」としている。奥平康弘『知る権利』参照。

二　法制定のための情報収集機能

法制定のための情報収集機能は、合衆国憲法第一編一節により立法部に与えられている。この機能がカバーできる範囲は広範である。というのは、立法目的は推定されることになっており、これによって調査領域はかなりの広がりを持つことになるからである。この推定というのは、調査された主題は立法機能の範囲内にあり、議会は有効な立法目的を持っている、というものである。これはマックグレイン判決にほう芽が見られるが[6]、その後の下級審によってはさらに広げられている。ブライアン事件において、ホルツォフ判事は次のように述べている。

「もし調査中の主題が――どんなに遠くても――いずれ制定されるかもしれない法に関連性と重要性を持ちうるなら、その事を調べることは議会の権能の範囲内にある。その上、主題の関連性と重要性は推定されるべきである[7]。」

この立法目的の推定に対しては、一般論としては是認しつつも、言論および信条を侵す調査にも及ぶことに対しては疑問を提示している見解もある[8]。

（6）McGrain v. Daugherty, 273 U. S. 135, 178（1927）. 刑事裁判資料三〇号「司法権の独立と国政調査権」にこの事件の訳が掲載されている。

（7）United States v. Bryan, 72 F. Supp. 58, 61（D. D. C. 1947）.

（8）*See* M. Driver, *Constitutional Limitations on the Power of Congress to Punish Contempts of its Investigating Committees*, 38 Va. L. Rev. 887, 889-890（1952）. このような主張は、特に、非米活動委員会の調査に対してなされた。

三　行政監督機能

議会の行政監督機能については、一八六一年に、Ｊ・Ｓ・ミルが『代議政治論』において次のように述べている。
「そのためには全く不適当となっている、統治の機能にかわって、議会（representative assembly）の適切な任務は政府を監視し統制すること、すなわち、政府の仕事に公開の光を投げかけること、だれかが疑わしいと考えたことのすべてに対して充分な説明と正当化を強制すること、非難すべきものが見つかった場合にはけん責すること、そして、政府を構成する人々がその信託を裏切ったり、国民の熟慮した考えに反するような仕事をした場合には、彼らを解任して、彼らの後継者を明示的か実質的に任命することである。このことは、確かに大きな権力であり、国民の自由に対する充分な保障である。(9)」

このミルの有名な一節は、アメリカにおいて広く受けいれられており、議会の行政監督機能を論ずる際にはしばしば引用されている。(10)

連邦議会は、合衆国憲法第一編九節七項(11)を根拠に、政府支出金（appropriation）の調査をすることができるし、また、実効している法の執行状態の調査もすることができる。(12)さらに、一般的行政監督機能がほぼ例外なく認められている。Ｊ・ハミルトン教授は、「議論の余地なく、連邦憲法は連邦議会に行政部の活動を調べるための含意ないしは黙示の権限（implied power）を与えている(13)」、と述べている。また、「連邦憲法が監督責任を含んでいるだけではなく、連邦法の諸規定が行政部の監督者としての連邦議会の役割を特に肯定している(14)」ことを指摘し、一九七〇年に制定された諸規定、(15)さらには情報の自由法(16)を例示としてあげている。

判例としては、ワトキンス判決が注目される。ウォレン長官は、法廷意見の中で、「連邦議会の調査権は連邦政府の諸機関における腐敗、非能率や浪費をあばく調査を含んでいる(17)」、と述べている。明示的に行政監督機能といっているわけではないが、この部分にはこのことを示唆していることがうかがわれよう[18]。実際、調査権についての先例とされ、引用もされるマックグレイン事件自体、司法省の腐敗に対する上院の調査をめぐって生じたものであり[19]、このことからも最高裁は事実上行政監督的調査を是認してきているといえよう[20]。

マックグレイン事件のほかに、多くの機会において連邦議会は行政部の活動を調査してきている。連邦議会における最初の調査とされる、セイント・クレア将軍のインディアン戦争での悲惨な敗北に関する一七九二年の下院の調査も、この部類に属する調査であった。しかもこの時には、ワシントン大統領は財務長官や陸軍省の長官に、下院に出頭し証言をすることを許しているのである[21]。

近時、行政監督目的の調査においては「行政特権（executive privilege）[22]」が大きな問題となっている。「行政特権」というのは、「国民、裁判所および議会に対して情報を秘匿しておく行政府の権能[23]」である、ということができよう。しかしこの権能は、憲法に明文があるわけではなく、その範囲・限界が明瞭なわけではない。このような主張は、歴代の大統領がさまざまな形でしてきたが[24]、いわゆる行政権の肥大化現象とともに増大し、ニクソン政権下においては頻発される傾向にあった。

「行政特権」をめぐる議会と大統領の衝突を扱った連邦最高裁の判例はない。裁判所との関係では、ウォーターゲイト事件に端を発した、合衆国対ニクソン事件[25]において主な争点となったところである。この判決は全員一致で、「行政特権」の存在を原則的に認めながらも、資料の提出拒絶は、秘密性に関する一般的な利益にしか基づいておらず、係属中の刑事裁判のための、立証された、特定の証拠の必要性にまさることはできない、と判示した[26]。本件は大統領の一般的特権の主張と、刑事事件における特定の証拠の必要性という点についての判断であり、議会との関係には何らふれていない。しかし、この判決によって「行政特権」が憲法上認知された、ということの意味は大きいといえよう。

行政秘密の問題に関しては、アメリカには情報の自由法[27]があることに注目しなければいけない。この法によって、行政機関の保持する情報は公開されるのが原則となり、行政機関は法律に規定された除外事由に該当する場合以外は情報を公開しなければいけなくなった。しかも、拒否された場合、それに満足できない国民は、裁判所に訴えてその正当性を争うことができるのである。特に議会との関係において重要なことは、「この法は連邦議会に情報を秘匿する根拠を与えるものではない」、という戒めをつけていることである。これによって、「連邦議会は普通の市民より以上に、行政部の資料に対する権利を認められている」[28]、といえよう。

最後に、「行政特権」をめぐる論議の焦点の一つである、この問題の最終的判定者は誰か、という問題にふれておこう。立法府側からは、議会の委員会が最終的判定者であるとの主張が、しばしばなされている[29]。また、「行政特権」論争は、司法審査によって解決されるより、「政治過程」[30]に残しておくほうが良いという学説も有力である。とくにニクソン政権が出現し、ウォーターゲイト事件が起こる前までの論文にはこのような説が目につく。たとえば、R・マッケイ教授は、「行政部と立法部間のこの潜在的に爆発的な論争は、裁判所においては解決されてこなかった。その上、それはそこで効果的に処理されそうではない。そしておそらく解決は、政治過程に残されるべきである」、と述べていた[31]。しかし、ウォーターゲイト事件後は、明確に司法審査を認め、解決を裁判所に期待する見解が有力となっている。J・ハミルトン教授も、「議会によって提起される民事訴訟――憲法問題の充分な検討をする機会と適宜な救済を与えるだけの柔軟性を持った――が連邦議会と行政部の問の深刻な論争を解決するための最も有効な方法となるであろう[32]」、と述べている。なお、行政特権と国政調査との相剋は、次章において詳しく扱うことにする。

（9）　J. S. Mill, Considerations on Representative Government 239 (Everyman's University Library). 中央公論社『世界の名著』第三八巻（山下重一訳）では四三三頁。

（10）　*See* Alan Birth, Government by Investigation 16 (1955).

（11）　同項は次のように規定している。「国庫からの支出は、法律によってなされる歳出予算に従ってのみ行なわれる。いっさいの公金の収支に関する正式の決算は、随時公表しなければならない。」（田中訳、前掲四〇頁）。

(12) Watkins v. United States, 354 U. S. 178, 187（1957）.

(13) J. Hamilton, The Power to Probe : A Study of Congressional Investigations 160（1976）.

(14) Id. at 161.

(15) ハミルトンのあげている法律は次のようなものである。31U. S. C. 1002（1970）. 5 U. S. C. 2954（1970）. 26 U. S. C. 6103（d）*6104(2)(1970).

(16) 5 U. S. C. 552（1970）.

(17) 354 U. S. at 187.

(18) シュレジンジャーが、「マックグレイン判決において、唯一の正当な議会の仕事は立法であるといわれた個所に、ワトキンス判決におけるウォーレン長官の判示は、行政監督のような、他の正当な議会の活動を認めるための余地を残したのである」（Arthur M. Schlesinger, Jr., Introduction, xxiii—xxiv, in Congress Investigates）、と述べているのが参考になる。

(19) 注(6)中の邦語文献には詳しい事案の解説もある。

(20) *See* J. Hamilton, *supra* note 13, at 161.

(21) この事件については、T. Taylor, Grand Inquest : The Story of Congressional Investigations（1955）第二章に詳しい。

(22) 論者によっては「大統領特権」と訳される場合もある（むしろこの方が多い）が、本稿においては文字通り「行政特権」とした。

(23) B. Schwartz, *Executive Privilege and Congressional Investigatory Power*, 47 Calif. L. Rev. 3, 3（1959）.

(24) その根拠とするところは、通常「権力分立」である。詳しいことは、R. McKay, *Congressional Investigations and the Supreme Court*, 51 Calif. L. Rev. 267, 286（1963）を参照。

(25) United States v. Nixon, 418 U. S. 683（1974）.

(26) この判決について、詳しくは以下の文献を参照。大野盛直「アメリカ大統領の行政特権」西南法学八巻二―四号。長内了「大統領特権の限界」別冊ジュリスト『英米判例百選㈵公法』六六―六七頁。塚本重頼「アメリカ合衆国最高裁による録音テープ提出命令」ジュリスト五七七号。朝日ジャーナル臨時増刊（一九七四年九月一日号）には全訳が掲載されている。

(27) 詳しくは、奥平『知る権利』第四章と第五章参照。

(28) J. Hamilton, *supra* note 13, at 196.

(29) アービン上院議員は、議会の委員会は「ホワイト・ハウスの側近が委員会の質問に答えることを拒絶することができるかどうかの最終的判定者である」、と述べている（N. Y. Times, April 19,（1973）cited, N. Dorsen and J. H. Shattuck, *Executive*

Privilege : The Congress and the Court, 35 OHIO ST. L. J. 1, 23 (1974))。
(30) 「政治過程」とは、ここでは、立法府と行政府のかけひきと解してよいであろう。議会は行政府によって欲せられた法の制定を拒絶したり、政府支出金を充当しなかったり、条約の批准を拒否するという武器を持っている。
(31) McKay, *supra* note 24, at 287-288.
(32) J. HAMILTON, *supra* note 13, at 199.

四　情報提供機能

(一) 理論的系譜

この点について、先に論じたように、一八六一年に、J・S・ミルが『代議政治論』の中で、議会の任務として、「政府の仕事に公開の光を投げかけること(33)」をあげていることが注目される。

これについで、一八六七年に出版された『イギリス憲政論』で、W・バジョットは次のように述べている。

「なお衆議院は、第四の機能として、報道機能と呼ばれるものをもっている。これは、現在の形から見ると完全に近代的であるが、実際には奇妙にも中世時代の機能に類似したものである。かつての衆議院の職能の一つは、君主に対し悪政を報告することにあった。すなわち衆議院は、君主に対し、特定の身分層の困苦や不満を報告していた。ついで議事録が公表されるようになってからは、この困苦や不満を、現在の主権者である国民に報告することが、衆議院の報道任務になっているのである。かつて君主が報告を求めたのと全く同様に、現在では国民がそれを求めているのである。(34)」

バジョットは第四の機能として報道機能＝情報提供機能 (informing function) をあげているが、第一の機能としては首相の選出機能、第二の機能としては国民の考えを表明する機能 (expressive function)、第三の機能としては教育的機能 (teaching function)、さらに第五の機能として立法機能をあげている。ここで意味したような情報提供機能は、正確には、この第四の機能と第三の教育的機能を合わせたものであるといえよう。第三の機能について、バジョットは、先に引用した箇所の前で次のように述べている。

「名士たちからなる公開の大きな会議が、衆人環視の中で開かれる場合、社会に深甚な影響を与えるのは当然である。議会は、社会をよりよく改革しなければならない。国民の知らないことを、国民に教えなければならない。[35]」

議会の報道機能を論じるさいに必ず引用され、その根拠とされるのは、ウッドロー・ウィルソンによる一八八五年の『議会政治』の中の次の一節である。

「統治のあらゆる面を熱心に調べ、見たことについて大いに論ずるのが代表機関の適切な義務である。それは選挙民の目となり声となり、選挙民の知恵と意思とを体現すべきだということを意味する。連邦議会が政府の行政諸機関の行為と決定を熟知するあらゆる手段をもち、これを行使できないならば、国民はどのような奉仕を受けているか知る手がかりをもたないことにならざるをえない。また、連邦議会がこれらのことがらを精査し、あらゆる討論を通じてふるいにかけることをしないならば、国民は、まさに理解し指示することが最も重要であるはずの事柄について無知に終始し、困った無力な立場にとどまらざるをえない。議会の情報提供機能は、立法機能よりも優先されるべきものでさえある。[36]」

ウィルソンのこの一節は、後世、調査権が情報提供機能を持つことの正当化の根拠とされ、後に検討するように判例でも広く受けいれられている。[37]

(33)　注(9)参照。

(34)　バジョット「イギリス憲政論」、中央公論社『世界の名著』第六〇巻、小松春雄訳一七二―一七三頁。W. Bagehot, The English Constitution 152 (Fontana / Collins).

(35)　小松訳、前掲一七二頁。

(36)　Woodrow Wilson, Congressional Government 198 (Peter Smith). W・ウィルソン『議会と政府』、小林孝輔・田中勇訳では二

〇二頁。

(37) アラン・バース教授がこの一節について、次のような厳格な解釈を示していることが注目される。

「調査委員会が公衆に情報提供する目的のために、一般化された暴露のもくろみに着手することが許されるという見解は、しばしば権威づけのために……議会の情報提供機能についてのウッドロー・ウィルソンの見解を引きあいに出している。しかしながら、ウイルソンは調査委員会についてではなく、連邦議会の本会議での討論や質問について書いているのだということを銘記すべきである。さらに、彼は特に行政部の活動に対する立法部の監督について書いていた。ウィルソンが書いたものは、エジャートン判事が非難したもの――私人の個人的な見解の暴露――を調査権が達成するのを正当化するものではない。」(A. BARTH, *supra* note 10, at 23. 傍点引用者)

(二) 判例の検討

1　ラムリー事件

情報提供機能が調査権との関係で、連邦最高裁判決に初めて現れるのは、一九五三年のラムリー事件[38]においてである。事案は次のようなものであった。憲法政治委員会の書記であるラムリーは、特定傾向の書籍の大量購入者の名前を述べることを、ロビー活動調査委員会によって要求されたが、それを拒否したために議会侮辱罪に問われたものである。

ラムリー側からは、このような調査は、修正第一条の表現の自由を侵すと主張された。法廷意見を代表したフランクファーター最高裁判事は、限定解釈の手法を使って、修正第一条の問題に直面することを避け、結局ラムリーは本調査の対象にならないとして、有罪を破棄した[39]。

判決の冒頭において、フランクファーター最高裁判事は、「この権能(引用者注――調査権)の及びうる範囲は、この権能についてのウッドロー・ウィルソンによる性格描写によって示されている」[40]と述べ、本章でも引用したウィルソンの『議会政治』の中の一節を引用している。さらにフランクファーター最高裁判事は、この引用箇所に続けて、議会の情報提供機能を「必要不可欠」なものであると述べている。

以上のように、情報提供機能は、傍論という形ではあるが、ラムリー事件において初めて司法上の認知を得たということができよう。

２　ワトキンス事件

ラムリー事件から四年後、連邦最高裁は、ワトキンス事件[41]において再び情報提供機能を扱った。この事件の事案は次のようなものである。

一九五四年四月、労働組合幹部ワトキンスは、下院非米活動委員会の小委員会に呼び出され、労働組合活動への共産党の浸透に関して質問された。彼は彼自身の共産党との関係、および党内の知人に関して証言することは認めたが、過去に共産党員であったか、またはその活動に従事したことがあっても、現在はそれから離脱した人の氏名は明らかにすることを拒否した。そのために議会侮辱罪に問われたものである。

ウォレン長官は、法廷意見を述べて、証人に対する質問は、調査中の主題への関連性（pertinency）を欠いているとして、ワトキンスの有罪を破棄した[42]。

情報提供機能に関して、「公衆がその政府の働らきぶりについて知らされる（to be informed）資格のあることはもちろんである」と述べ、同文の注記において、ウィルソンの「議会の情報提供機能は、立法機能よりも優先されるべきものでさえある」という一文を引用し、「連邦議会の歴史の非常に早い時期から、連邦議会はこの種の『情報提供機能』を一貫して行使してきた」と述べている[43]。

ワトキンス判決は情報提供機能を一般的に是認するとともに、この機能の合法的な範囲には限界がある、と述べていることも重要である。先に引用した文章を含む段落において、法廷意見は次のように述べている。

「暴露のために暴露する（to expose for the sake of exposure）議会の権能などあるはずがないことは、疑う余地のないことである。公衆がその政府の働らきぶりについて知らされる資格のあることはもちろんである。このことは、主に個人の私的な諸権利の侵害にのみ帰結する、暴露の一般的な権能にまで拡大されてはならない。[44]」「暴露のために暴露する」権能がないといっても、このことはもっぱら私事の暴露にのみ適用される、と判決は述べていることに注目しなくてはならない。J・ハミルトン教授は次のように述べている。

「ワトキンス判決自身『暴露のための暴露』に対する禁止の意味に関して、いくつかの手がかりを与えている。最高裁が指摘しているように、この言葉は私事の暴露にのみ適用があるのであって、公務における腐敗、非能率(inefficiency)、浪費が公衆に公表されるという状況においては適用がない。それどころか、情報提供機能は政府の怠慢に立法府のスポットライトが当てられるとき、おそらく最も有効である。[45]」

3　グラベル事件

一九七〇年代に入って、議会の情報提供機能は発言・表決の免責条項[46](the Speech or Debate Clause)との関わりにおいて重要性を帯びてくる。[47]そこで、国政調査権に直接関係するわけではないが、二つの重要判例を検討してみよう。まず最初はグラベル事件である。事案は次のようなものであった。

マイク・グラベル上院議員は上院公共土木工事委員会の中の小委員会の委員長として、委員会を開き、極秘とされていたいわゆるペンタゴン・ペーパーズを読み上げた。そして四七巻すべてを公記録(public record)の下においた。そこで大陪審は、これら極秘書類の公開をめぐる犯罪行為を調査するために、上院議員の側近(aide)を証人として召喚した。上院議員は訴訟参加者(intervenor)として、彼の側近に出頭させ証言させることは、自己の免責特権を侵すとして、裁判所に命令申請(motions)を提出した。また上院議員は、ペンタゴン・ペーパーズを再出版するために、彼が契約した出版社の編集長に出された召喚状に対しても、同様の命令申請を提出し、異議を唱えたのである。

法廷意見は、上院議員は小委員会で起きた事に関して、どこにおいても質問されることから保護されているとし、また彼の側近も、もし上院議員自身によってなされたなら免責されるであろうすべての事に関して、質問されることから保護されている、と述べた。しかし、ペンタゴン・ペーパーズを出版するという契約は、立法過程の一部をなすものではなく、免責条項によっては保護されず、彼の側近がこの契約に関して大陪審の前で証言することを要求されることから免除されない、と判示した。

五人の裁判官からなる法廷意見は、情報提供機能について何もふれていない。注目されるのは二つの反対意見である。

まずダグラス反対意見は、上院議員および側近は、免責特権によってペンタゴン・ペーパーズに関する尋問から免除され、出版社は修正一条の出版の自由によって、それらの出版に関する尋問から免除されている、と述べている。ダグラス最高裁判事はこの意見の中で、「上院議員グラベルが小委員会の記録の内容を公表しようとしたことについていえば、教育的奉仕としてのこの素材の公表は、上院議員および下院議員の演説内容を無料で郵送するのと同様、免責特権の思想の一部である」(48)と述べ、ウィルソンの『議会政治』の中の一節や、ワトキンス判決の「連邦議会の初期から、連邦議会は一貫して情報提供機能を行使してきた」という一文を引用している。

他方、ブレナン最高裁判事は、次のような反対意見を述べている（これにはダグラス、マーシャル両判事が加わっている）。

「法廷意見は保護されるべき立法機関の活動の範囲から、われわれの民主的制度の心臓部に位置すると考えられる機能を除外しているのである。もちろん、私は政府の統治に影響を与えている事柄について、公衆に知らせる立法者の義務について話しているのである。この『情報提供機能』は『院で行なわれた業務に関して、院の開期中そのメンバーの一人によって一般的に行なわれた物事』（Kilbourn v. Thompson, 103 U. S. 168, 204）の部類に属することは、ワトキンス判決において明確に認められたところである。『政府機関における腐敗、悪政、または非能率を調査し、公開する連邦議会の権能』について語るにさいして、法廷意見は、『連邦議会の非常に早い時期から、連邦議会は一貫してこの種の『情報提供機能』を行使してきた』ことを、注記したのであった。(49)」

以上のように述べて、明確に情報提供機能は免責特権の及ぶ立法府の活動に属することを主張し、先例になるものとして、ワトキンス判決をあげている。これに続けて、プレナン反対意見は、このことの確証として、実際の連邦議会を検証している。そこでは、情報提供機能のための連邦議会による財政的援助として、手紙の無料郵送特権、電話代と電報代への支給金、文房具の分配、連邦議会の記録からのリプリントに対する割引などをあげている。さらに、「公衆にとって重要で関心度の高い問題を選挙民に注意を呼び起こす手段として[50]」連邦議会の審問は、広く公開され、時にはテレビ中継されていることを指摘している。そのような例として、組織犯罪についてのキーフォーバ審問、自動車の安全に関する一九六六年の審問、ベトナム戦争の発端と遂行に関する上院外交関係委員会の審問をあげている。そして、選挙民への情報提供が『議会での業務に関連して』連邦議会のメンバーによって『広く行なわれてきた』ことを疑う余地はほとんどない[51]」、と結論づけている。

プレナン反対意見は、さらに、情報提供権能の効用といったものの検討もしている。まず、「情報提供機能は、立法府の最も重要な責任の一つとして、アメリカ政治の多くの学究によって引き合いに出されてきた。例えば、ウッドロー・ウィルソンは、行政部による公共政策の遂行が立法部および選挙民によって理解されることを保証することによって、権力分立を維持する上での情報提供機能の役割を強調したのであった[52]。」として、『議会政治』の中の一節を引用している。次に、立法者と選挙民の両者を教育する重要な手段として、情報提供機能によってもたらされる両者のコミュニケーションによる、ギブ・アンド・テイク的性格に注目する見解をあげている[53]。プレナン判事は、これらの諸見解に十分くみするものではあるとしながら、他のもう一つの、そしてより基本的な利益があるとして、次のように述べている。

「現在の諸問題――戦争、人種関係、政府によるプライバシーの侵害――は、ここ数年、われわれの統治組織と、アメリカ人民にとって必要なものを満たし、アメリカ人民の欲求を反映する統治組織の能力に対する信頼の危機をまねいている。連邦議会と選挙民とのコミュニケーションは、政治組織、新法の基礎にある政策、行政部の役割をさらけ出し、明確にすることによって、この疑いを和らげることができる。情報提供機能が政府の責任への信頼を促進するのに成功すればするほど、それは議員の『通常』の仕事というだけではなく、われわれの民主的制度に持続的活力を与える本質的なものの一つでもある。[54]」

以上のように述べて、プレナン最高裁判事は「公衆とのコミュニケーションという連邦議員の活動は、免責特権によって保護されるべき立法府の行為である[55]」、と結論づけている。

4　マックミラン事件

まず、事案を概観してみよう。下院コロンビア地区特別委員会の小委員会は、下院議長に四五〇頁にのぼる同地区公立学校の制度に関する報告書を提出した。その報告書は四五頁にわたり、欠席者記録のコピーや、テスト・ペーパー、名前をあげての生徒の懲罰問題に関する記録を含んでいた。これら生徒の親のいく人かは、公衆一般にさらに報告書を頒布することを禁止し、すでに頒布されたコピーを回収することを求めて、集団訴訟を起こした。彼らの基本的な主張は、彼らの子供たちのプライバシーが侵害されたというものであった。

ホワイト最高裁判事は法廷意見を述べて、「議会の活動を公衆に情報提供する重要性を疑うものではない[56]」ことを強調しながらも、情報提供機能がローカル・ローのもとで訴訟可能な素材を、議事堂を越えて頒布することを自動的に正当化することは拒否している。名誉毀損（libel）か、権利やプライバシーの不当な侵害に対する訴訟の原因を作る可能性のある報告書の公衆への頒布には、有効な立法府の目的がないことがあることを、法廷意見は指摘している。そして本件においては、連邦議会の正当な必要性がまさっていたかどうかを、乏しい資料から判断することはできない、と法廷意見は述べている。そこで、この点に関する妥当な判決のために、事件は下級裁判所に差し戻されたのであった。

補足意見においては、ダグラス最高裁判事（それにプレナン、マーシャル両最高裁判事が加わっている）が、次のように述べていることが注目される。

「われわれにとっての問題は、『公衆への頒布が、単に連邦議会によって授権されたという理由だけで、議院での立法やその他の事項に関して、『議員が委員会や議院の議事へ参加する審議・伝達過程の必要不可欠な部分』と常に見なされなければいけないかどうかである[57]』、ということに賛成できない。連邦議会が直面している問題や行政に関して、公衆に知らせる立法者の機能は、われわれの代表制民主主義を維持するために本質的なものである。もしわれわれが議員の上にシャッターをおろし、彼らを選挙民から孤立させるべきでないならば、情報提供機能は、立法するという機能に直接、しかも必要不可欠に関係する活動と同様、免責条項の保護を受けるに値するものでなければならない。……私の見解においては、われわれの注意を向けるべき問題は、議院の報告書が原告の憲法上の諸権利を侵害しているかどうか、それ故に連邦裁判所による審理に服すべきかどうかである[58]。」以上のように、ダグラス補足意見は、明確に、情報提供機能は免責条項による保護を受けるものであると述べている。

さらに、情報提供機能について、ブラックマン最高裁判事（それにバーガー長官が加わっている）は、一部同意・一部反対意見において、次のように述べていることが注目される。

「正式に授権された調査による、情報の収集から公的な印刷や正式な報告による情報の公的な頒布まで含めて、立法の報告過程のそれぞれの段階は、正当な立法活動であり、特別な目的を満たすためにもくろまれるものである。議会の委員会が報告を準備するとき、主題に関して、仲間の議員にアドバイスするためにそうするだけではなく、さらに次のような目的を持っているのである。（1）提案された立法を公衆に知らせること、（2）問題の存在を公衆に知らせること、（3）逆に、公衆から建設的なコメントや示唆を受けとること、（4）連邦議会における彼らの選出した代表者の活動を評価することを公衆に可能にすることである[59]。」

「連邦最高裁は以前に、公衆は『その政府の働らきぶりについて知らされる資格がある』ゆえに、連邦議会は『政府諸機関における腐敗、悪政、非能率を調査し公表する』権能があると述べた（Watkins v. United States, 354

U. S. 178, 200 and n. 33)。実に、この種の活動に関して、ウッドロー・ウィルソンはずっと以前に、次のように述べている。『議会の情報提供機能は、立法機能よりも優先されるべきものでさえある。』免責条項は、裁判所は国会の能率的な機能を妨げる道具として利用されるべきではない、というイギリスの原理の帰結である(Kilbourn v. Thompson, 103 U. S, at 201-205)。『情報提供機能』は効果的な立法部にとって本質的な属性であるので、法廷意見のこの機能の短縮は、免責条項によって法典において意味され、われわれの権力分立原理の基礎にある、歴史的伝統を侵すものであると思う。[60]」

(38) United States v. Rumely, 345 U. S. 41 (1953). この判決はまた、最高裁が明確に修正第一条が調査権の限界となることを認めた最初の事件としても注目に値する。
(39) 法廷意見は委員会の越権を理由とするもので、限定解釈の手法を使って、修正第一条をめぐる問題を避けている。これに対しては、ダグラス、ブラック両最高裁判事によってこじつけであるとされた。
(40) 345 U. S. at 43.
(41) Watkins v.United States, 354 U. S. 178 (1957). この判決については、芦部『憲法と議会政』四一五―四二二頁参照。
(42) この判決では傍論においてではあるが、国政調査における表現の自由尊重の精神が高らかに謳いあげられていることが注目に値する。なお、関連性の要求は二年後のバーレンブラット事件において、ほとんど意味がなくなるほど価値が低下せしめられた。バーレンブラット事件については、畑博行「国政調査権と表現の自由」、『英米判例百選Ⅰ公法』六四―六五頁参照。
(43) 354 U. S. at 200 and n. 33.
(44) *Id.* at 200.
(45) J. HAMILTON, *supra* note 13, at 129.
(46) 議員の免責特権は、合衆国憲法第一編六節一項において保障され、それによると「議員は、議院における発言もしくは討議について、院外において問責されることはない」となっている(田中訳、前掲三八頁)。
(47) 議員の免責特権に関して、七〇年代以前では、Tenney v. Brandhove, 341 U. S. 367, 377 n. 6 (1951) で、フランクファーター最高裁判事が本稿でも引用したウィルソンによる『議会政治』の中の一節を引用しているのが注目される。
(48) Gravel v. United States, 408 U. S. 606, 636 (1972).
(49) *Id.* at 649-650.

(50) *Id.* at 650.
(51) *Id.*
(52) *Id.*
(53) *See*, id. at 651.
(54) *Id.* at 651-652.
(55) *Id.* at 652.
(56) Doe v. McMilan, 412 U. S. 306, 314 (1973).
(57) *Id.*
(58) *Id.* at 328.
(59) *Id.* at 332.
(60) *Id.* at 333.

(三)　情報提供機能を付随的機能とみる説

情報提供機能を否定する見解は見当らないが、この機能を、新たな独立した機能としてではなく、法制定機能や行政監督機能に付随するものとしてしか認められない、とする説がある。この説はマッカーシズムの嵐が吹き荒れていたころに有力に主張された。非米活動委員会などは、この機能を行使するのだと称して、(61) はなはだしい人権侵害をしただけに、このような見解にはそれなりの説得力があるといえよう。

この説の一例として、Ｐ・リアコス教授の見解をみてみよう。リアコス教授は、まず先のウィルソンの『議会政治』の中の一節について次のようなコメントを加えている。

「ウィルソンの情報提供機能に好意的な議論は、政府の活動やさまざまな行政諸機関の活動を、公衆に知らせるという文脈のもとでなされたものであり、人民自身の私事に対する一般的な審問を正当化するものではない。(62)」

さらに、次のように展開している。公衆が関心のある事項を、公衆に情報提供するという無制限な権能を調査委員会に与えるならば、調査事項には制限がなくなってしまうだろう。そして、独立した情報提供機能を認めることは、調査権は含意ないしは黙示の権限であり、明示的な憲法上の権限からひきだされなければいけないという見解に反している。それ故に、調査権は法制定や行政監督に付随してのみ認められるものである、と結論づけている。

(61) *See* C. Beck. Contempt of Congress 181 (1959).

(62) Liacos, *Rights of Witnesses before Congressional Comittees*, 337 B. U. L. Rev. 345-346 (1953).

(四) 存在意義

それでは、今日の時点で、情報提供機能はどのような意味をもちうるであろうか。ここにあげているのですべてを網羅しているわけではないが、アメリカにおいて、どのように考えられているかを整理してみよう。

1　自治との関係

主権者である国民に、統治に関する十分な情報が与えられていないならば、統治などできるはずはないだろうということである。これは最も根本的な存在意義であり、「知る権利」に国政調査権が奉仕するとはこのことを意味している。国民は、議会の情報提供機能を通じて統治に参加できるのであり、この機能はまさに代表制民主主義を維持する上で不可欠のものであるといえよう[(63)]。選挙民は情報提供機能により、立法部で何が問題になっているかを知ることができる。そしてそれによって、今度は逆に選挙民が議員に建設的なコメントや指示を送り[(64)]、そして彼らの選んだ代表者がどのように職務を遂行するかを知り、評価することが可能となるのである。

2　法律制定の前提条件

法律がうまく施行されるためには、事前にその法律およびその法律によって是正される点が人民に知らされ、その支持がえられていなければならない。また先にもふれたが、人々に内容を情報提供することにより、議会へのフィードバックが起こり、それによって、さらにより良い法律を作り出すアイディアが生まれるかもしれないので

ある。(65)

3　行政部の腐敗への抑止効果

国政調査が行政監督機能をはたすことはすでに述べたが、さらに情報提供機能によって、公務員の職務上の犯罪や怠慢に対して強力な抑止力となることが考えられる。(66)この点については、「太陽は最大の消毒剤であり、電灯は最も有能な警官である」(67)、というブランダイス最高裁判事の有名な言葉が想起されよう。

4　政治不信を解消し、政府と国民の信頼関係を高める

このことは、グラベル事件におけるプレナン判事の反対意見の中に示されている。(68)議会と選挙民とのコミュニケーションを通じて、政治組織、新法の基礎にある政策、行政部の役割をさらけ出し、明確にすることによって、政治不信は和らげられるのではないか、ということである。

(63)　*See* J. Hamilton, *supra* note 13, at 132-134.
(64)　T・テイラーは次のように述べている。
「要するに、公衆は国政調査において明らかにされた情報を受けとる資格が与えられているだけではなく、請願や手紙またはその他の適切なチャンネルを通じて、情報にコメントし、立法部に情報を補足する資格も与えられているのである。」(Taylor, *supra* note 21, at 248)
(65)　J. Hamilton, *supra* note 13, at 131.
(66)　J・ハミルトンは、「連邦議会が旺盛に探偵犬の役割を行使するという知識は、公務員の悪行に対して強力な抑止力となりうる。」(J. Hamilton, *supra* note 13, at130)、と述べている。
(67)　Louis D. Brandeis, Other Peoples Money 92（1914）.
(68)　*See* 408 U. S. at 652.

(五)　小　括

情報提供機能をめぐる理論と判例の検討を終えるにあたって、簡潔に整理をしておきたい。まず理論について言

えば、イギリスにおいてはＪ・Ｓ・ミルおよびバジョットによってその役割が明言されている。アメリカにおいても、この点について、いわゆる建国の父祖たちによって肯定されているところであり(69)、ウッドロー・ウィルソンによってみごとに定式化された。そして、学説の中にはマッカーシズムの嵐が吹き荒れた頃に、本章で付随的機能説としてみたような、この機能を縮少しようという見解も登場したが、一貫してウィルソンの定式は受けいれられてきたといえよう。最近では、ウォーターゲイト事件の発生と、それに対するアービン委員会等の調査権の発動によって、さらに情報提供機能は高く評価されている。

判例についていえば、一九五三年になって、ラムリー事件の法廷意見において、フランクファーター最高裁判事は、情報提供機能を「不可欠のもの」とみなし、ウィルソンの定式を引用したのであった。さらに数年後、ワトキンス判決は、情報提供機能に好意的な立場を表明した。その後、国政調査権の場面において、情報提供機能にふれている重要判例は出ていない。情報提供機能は議員の免責特権の文脈において登場してくることになる。この関係では、特に重要なグラベル事件とマックミラン事件を検討してみた。両判決からいえることは、法廷意見、補足意見、反対意見において情報提供機能に対する力の入れかたは違うというものの、基本的には是認していることに変わりはないということである。

以上のように、アメリカにおいては、情報提供機能は議会の非常に初期の段階から行使され、判例および学説において広く認められてきている。しかも、古くから代議制民主主義におけるこの機能のもつ意義が理解され、ウォーターゲイト事件の例をみてもわかるように、成果をあげてきているのである。

(69)　*See* J. HAMILTON, *supra* note 13, at 127 ; Gravel v. United State, 408 U. S. 606, 652 (1972).

五　むすび

以上情報提供機能を中心としながら、国政調査権の諸機能を検討してきた。わが国においても、調査権の立法機能と行政監督機能という面については、比較的意識されてきたといえよう。しかしながら、議員の資格要件および行動審査機能や情報提供機能については、全くといっていいほど目を向けられることはなかった。このうち前者については、わが国にも類似の規定があり、(70)「議院の自律」という観点から検討されてきたが、後者についてはほとんど意識されてこなかった。

情報提供機能ということについて古くから注目していた先駆的・例外的存在として、芦部教授の見解がある。(71)わが国においてこの機能が論じられるようになるのは、田中金脈問題、ロッキード事件等一連の航空機疑惑の調査が行なわれるようになってからである。まず政治学者である松下教授により、国会の機能の一つとして情報提供機能(松下教授によっては「情報公開機能」)があげられていることが注目に値する。(72)憲法学者の側からは、国民の「知る権利」に調査権は応えるべきだという形で問題が提示されるようになった。特に奥平教授はその著書『知る権利』において、「国政調査権と知る権利」という一章を設けられ、「情報提供作用」について、ウィルソン等のアメリカにおける見解を紹介され、「国民の知る権利を意味あらしめるために、国政調査権を活性化することの」重要性を指摘している。(73)

情報提供機能は、憲法上次のような位置をしめるといえよう。国民の「知る権利」が国民主権に根ざした重要な憲法上の権利であるとするなら、個々の国民に国政情報の開示を請求する権利があるとともに、国民の代表機関である国会が、政府に情報を請求しまたは自己のスタッフによって情報を発掘し、それを国民に提供するのは国会の機能さらには義務でさえあるのは当然の帰結である。(74)

情報提供機能は、さまざまな存在意義を有するとともに、わが国においては、さらに以下のような有効性を持つと考えられる。まず、今日わが国において国政調査権の壁となっている、いわゆる公務員の「守秘義務」を破る突破口となることができる。情報提供機能は、この壁を破る魔法のつえではないけれども、少なくとも「守秘義務」を知る権利にそった方向に改めてゆくための、議会側の有力な理論となりうるはずである。次に、審議のあり方が変ってくるという効用が考えられる。というのは、調査は衆人環視の中で行なわれ、そしてそこでの行為が逐一国民に知らせられるとなると、国民のひんしゅくを買うような議員の発言および行為はなくなるはずだからである。とくに、従来わが国においてしばしば見られた、つるし上げ的調査などは許されなくなるであろう。調査によって、新しい立法の争点や政府の失政や腐敗等についての情報を、主権者である国民に提供するような審議を目ざさなければいけない。最後に一言つけ加えておきたいことは、情報提供機能は確かに濫用されやすい面を持っているが、その場合は次の二点の歯止めがあるということである。それは、私事の暴露のための暴露をしてはならないことと、証人の憲法上の諸権利（人権）を侵害してはならないということである。

(70)　憲法五五条および五八条二項参照。
(71)　芦部『憲法と議会政』八〇―九〇頁、同「議会政治と国民主権」（法セミ増刊『現代議会政治』所収）を参照。
(72)　松下教授は「代表検閲としての国会の存在意義は、『憲法』に直接規定をもたないとしても、憲法慣習として明確に憲法理論のなかに位置づけるべきである。」とした上で、次の四つの機能にまとめている。それは、(1) 情報公開機能 (2) 争点提起機能、(3) 政治調査機能、(4) 政府監督機能である（「国会イメージの転換を」、『世界』一九七七年二月号、四五―四六頁）。
(73)　奥平『知る権利』三二一頁。
(74)　奥平・同右三二九頁参照。

第三章　国政調査権と行政特権との関係

一　はじめに

行政特権（executive privilege）[1]は、アメリカ法上の概念で、ウォーターゲート事件に端を発した、United States v. Nixon によってわが国でも広く知られるようになった。[2]行政特権というのは「国民、裁判所、議会に対して情報を秘匿しておく（withhold）行政部の権能」[3]であると、差し当り定義することができる。この行政部の権能は、アメリカ合衆国憲法に明文があるわけではなく、その範囲・限界は明確ではない。行政特権の行使態様としては、裁判所に対して、民事・刑事事件の審理に必要な情報に行使される場合と、議会の国政調査権[4]に対して行使される場合とがある。United States v. Nixon は、刑事事件における裁判所の審理との関係で問題となったことから、この面での紹介や研究は比較的進んではいる。ここでは、従来あまり関心がもたれてこなかった、議会対大統領との関係を中心に検討することにする。

（1）〝executive privilege〟は従来「大統領特権」と訳されるほうが普通であり、論者によっては「執行権特権」（下山瑛二「アメリカ憲法における『権力分立と法の支配』――『執行権特権』について――」下山・高柳・和田（編）『アメリカ憲法の現代的展開　2統治構造』一九七九年三九頁以下）としているものも見受けられる。言うまでもなく、アメリカにおいて行政の最高責任者は大統領であり（アメリカ合衆国憲法第二条一節一項）、〝executive privilege〟に関してもその権限と責任は最終的には大統領に帰属することから、大統領特権とよんできたことは理解できるが、特権を主張できるのは大統領のみならず省の長官も含まれること等を考慮し、本稿では文字通り「行政特権」とした。

（2）　わが国における行政特権の主な研究としては、まずその母国であるイギリスのCrown Privilegeについて、伊藤正己「公益を理由とする証拠の排除」兼子還暦記念論文集『裁判法の諸問題上』一九六九年二九三頁以下、江橋崇「行政秘密の裁判上の取り扱いに関してCrown Privilege 法理の展開と教訓——」（1）（4・完）法学志林七三巻一号五六頁以下・七三巻三＝四号一一二頁以下・七四巻二＝三号二六頁以下・七五巻二号一頁以下がある。United States v. Nixonを素材としたものとして、前出注（1）・下山論文、塚本重頼「アメリカ合衆国最高裁による録音テープ提出命令」ジュリスト五七七号一一四頁以下、長内了「大統領特権の限界——録音テープ提出命令事件「別冊ジュリスト『英米判例百選Ｉ公法』一九七八年六六頁以下、大野盛直「アメリカ大統領の行政特権」西南学院大学法学論集八巻二—三—四号二七頁以下がある。翻訳として、イツハク・ガルヌール（編）日本政治総合研究所（訳）『国家秘密と知る権利』一九七九年一六一頁以下第八章にバーナード・シュオルツ「アメリカ——大統領特権の原理」が所収されている。さらに、大林啓吾「アメリカにおける執行特権の本質——独立的権限から手段的権限への推移——」法学政治学論究第六八号六五頁以下、同「アメリカ大統領の執行特権の範囲と限界——他権との衝突における比較衡量基準を中心にして——」『現代法律学の課題』（成文堂、二〇〇六年）参照。

（3）　Schwartz, *Executive Privilege and Congressional Investigatory Power*, 47 Calif. L. Rev. 3, 3 (1959).

（4）　アメリカにおける国政調査権（Congressional investigation）は、合衆国憲法上に明文があるわけではないが、含意ないしは黙示の権限（implied power）であるとされ、植民議会以来行使されてきている。アメリカにおける国政調査権について、芦部信喜『憲法と議会政』（一九七一年）七八頁以下参照。

二　行政特権の概略

〝executive privilege〟という言葉が使われだしたのはそれほど古いことではなく、アイゼンハワー大統領の時代からであるといわれている。[5] 言葉にこだわることなく、行政部が情報を秘匿する権能という実質に着目するならば、それは建国以来各大統領が主張してきたといえる。有名な例として、ワシントン大統領は、連邦議会調査の最初の行使とされる、セイント・クレイアー将軍のインディアンとの戦いでの惨敗に関する一七九二年の調査のときには議会の情報要求に応じたが、その四年後、イギリスとのジェイ条約の締結に関して、下院が記録書類を要求したのに対しては拒絶している。ただし、記録書類を提出しなかったのは、条約に対する権限は大統領と上院にのみあり、下院にはそのような記録に対する憲法上の権利はないとの判断に基づくもので、その後記録書類は上院に提出されている。(6)

行政特権の主張は、歴代の大統領がさまざまな形でしてきたが、ニクソン政権下においては頻発される傾向にあった。一九七三年三月のアメリカ連邦議会図書館の報告によると、対議会関係での行政特権の主張は、一九五二年以来四九回で、これはそれまで主張された総数の二倍以上であり、特にニクソン大統領は就任以来四年間で少なくとも二〇回主張し、それまでの最高であったという。(7)

以下、アメリカの判例の検討、および特に関心のある司法審査の導入の問題を扱うに先立って、いくつかの点について概観しておくことにする。

(1)　主張しうる者――行政特権を主張しうる者として、まず大統領があげられるが、さらには問題となっていることに権限のある省の長官も主張できるとされている。(8)ただし、ケネディ、ジョンソン、ニクソン各大統領は、行政特権の主張には、個別に大統領の承認を要するとすることを表明していた。(9)なお、独立行政機関（independent agency）や第三者は行政特権を主張できないとされている。(10)

(2)　範囲――行政特権の範囲として通常いわれるものは、（１）軍事・外交秘密、（２）秘密裡の情報提供者からの報告書（reports from confidential informants）、（３）調査資料（investigative files）、（４）政府の決定や政策が形成される過程での、助言、勧告、および審議に関する政府内の資料である。(11)この範囲は、情報の自由法(12)（以下「ＦＯＩＡ」と略称）の開示適用除外の全部ではないが、かなりの部分とオーバーラップしている。

(3)　ＦＯＩＡとの関係――ＦＯＩＡ自体は、公衆が各行政機関に情報の開示を求めるものであるから、行政特権とは直接関係がない。ただし、ＦＯＩＡには九種の適用除外があり、このことは裏をかえせば、その範囲において秘密保護の機能をはたす可能性があり、適用除外規定を楯にとって、議会に情報を秘匿するおそれがある。そこでＦＯＩＡには、そのｃ項の中に「本条は、連邦議会に対し情報の非公開措置をとる根拠となるものではない」[13]ことを明記している。論者の中には「この規定によって、連邦議会は通常の市民以上に行政部の資料に対する権利を持っていることを、暗黙のうちに認めている」[14]ことを指摘する者もいる。なお、Environmental Protection Agency v. Mink[15]においては、連邦議会議員個人の立場として情報の開示を求めたのに対して、ＦＯＩＡ上の外交政策のための適用除外にあたるとして開示しなかった、行政機関の判断を支持している。しかし、この判決の場合は、あくまで議員個人として訴訟を提起しているのである。[16]議院や委員会の場合には、ＦＯＩＡの適用除外にあたるようなときでも、特別の必要性を示せば、それを乗り越えられる場合があるという立論も十分成り立ち得よう。[17]

（5） Randolph & Smith, *Executive Privilege and the Congressional Right of Inquiry*, 10 Harv. J. on Legis. 621, 625-26n. 22 (1973).

（6） *Id.* at 629.

（7） The Present Limits of "Executive Privilege" (a study prepared by the Government and General Research Division of the Library of congress, CONG. REC. H 2243-46 (daily ed. March 28, 1973), citing Dorsen & Shattuck, Executive Privilege, *The Congress and the Courts*, 35 Ohio St. L.J. 1, 2-3 (1974).

（8） United States v. Reynolds, 345 U. S. 1, 7-8 (1953).

（9） Hearings on Executive Privilege : The Withholding of Information by the Executive befor the Subcomm. on Separation of Powers of the Senate Comm. on the Judiciary, 92d cong., lst Sess. 2-3 (1971).

（10） Rosenthal & Grossman, *Congressional Access to Confidential Information Collected by Federal Agencies*, 15 Harv. J. on Legis. 1, 99 n. 99 (1977).

（11） Cox, *Executive Privilege*, 122 U. Pa. L. Rev. 1383, 1410 (1974). なお、Dorsen & Shattuck 論文では、Ａ　外交・軍事、Ｂ　調査書類と訴訟資料、Ｃ　行政部内での助言に分類している (supra note 7, at 24-33)。行政部内での会話のみを行政特権とする論文(Note, *The Military and States Secrets Privilege : Protection for the National Security or Immunity for the Executive?*, 91 Yale L. J. 570, 572n. 7 (1982)) もみられるが、一般的ではない。

(12) Freedom of Information Act, 5 U. S. C. § 552 (1976). FOIA の原文とその邦訳として、清水英夫（編）『情報公開と知る権利』（一九八〇年）所収の資料参照。
(13) 5 U. S. C. § 552(c).
(14) J. Hamilton, The Power to Probe : A Study of Congressional Investigations 196 (1976).
(15) 410 U. S. 73 (1973).
(16) *See* Dorsen & Shattuk, *supra* note 7, at 5.
(17) 江橋・前出注（2）・（四・完）二四頁参照。

三　判例の検討

ウォーターゲート事件は、行政特権をめぐる判例形成の上で重要な契機となったものである。対議会との関係でも控訴審判決が下されている。ここではウォーターゲート事件前後の判例も含めて、紹介および検討をすることにする。

1　United States v. Reynolds[(18)]

本件は、秘密の電子機器をテストするために飛行中の空軍機の墜落によって、民間人である夫をなくした婦人達が、連邦不法行為法（Federal Tort Claims Act）に基づく賠償を求めた事件である。原告側が墜落事故の調査報告書の提出を求めたのに対して、政府は、報告書は秘密特権の対象になるとして提出を拒否したが、そのかわりに残存乗組員が法廷で証言することを提案していた。連邦地裁、控訴審はともに報告書の提出を命じた。

連邦最高裁は、以下のような理由で控訴審判決を破棄した。「事件における証拠に対する裁判所のコントロールは、政府の恣意に屈すべきではない[(19)]」が、軍事秘密の開示に対する政府の秘密特権の主張を判断するに際しては、たとえ判事室（chambers）で、判事のみで行なわれようと、裁判所は、秘密特権の主張を受け入れるかどうかに先立ち、秘密とされる文書の検査（examination）を強行しうるものではない。本件電子機器には軍事秘密が含まれているという十分な可能性があるのに対して、電子機器が事故に関係していることを示唆するものは何もなく、残存乗組員の証人提出を政府が申し出ていることによって、文書提出の必要性は大幅に縮減している。[20]

この事件は、判事室で判事のみの立会いで、秘密特権を主張された文書の検査をも結論としては認めなかったものの、事件の情況、立証の仕方いかんでは、検査が可能となることを示唆しており、後の United States v. Nixon に連なる、先駆をなすものとして重要である。

２　Nixon v. Sirica[21]

コックス特別検察官は、コロンビア地区連邦地方裁判所に対して、ウォーターゲート事件の大陪審（grand jury）の審理のために、ホワイト・ハウス内での会話を録音したテープの提出命令（subpoena duces tecum）を申請した。コロンビア地区連邦地方裁判所のシリカ判事は、判事室での検査（examination in camera）をするために、録音テープを提出するように命じた。[22]そこで、ニクソン大統領は控訴し、また特別検察官も、テープを聴取する際には、大陪審が必要とする部分はどこであるかを伝えるために、自ら立会う必要があると主張した。

連邦控訴裁判所は、五対二でテープの提出を命じる地裁の判断を支持した。判決は、行政特権が長年にわたって司法上承認されてきたことを認めながらも、「特権の適切性（applicability）については、終局的に決するのは裁判所であり、行政府ではない」とした。[23]そして、大統領の会話は、行政部内の政策決定過程を効果的にするために、特権をもつと推定されるが、「秘密保持の公衆の利益を前提とするこの特権の推定は、本件において特別検察官によってなされた、比類なく強力な証明の前では退かざるを得ない」と述べた。[24]大陪審における録音テープの必要性の証明、および大陪審が有効に機能することによる多大な公衆の利益、さらには会話の内容がもはや秘密ではなくなっていることを考慮するならば、本件においては、大統領の一般的特権の主張は後退しなければならない、とした。[25]

本件において重要なことは、行政特権（判決文に executive privilege と明記されている）の存在は認めながらも、いわゆる大統領の絶対的裁量は否定したことである。そして、大統領の会話の秘密性は推定されるとしながらも、この秘密保持も終局的には公衆の利益のためのものであるから、他の公衆の利益と比較し、後者の利益がより重要であれば、推定は後退し、記録の提出が命じられるとした。この判決に対して、ニクソン大統領は上訴しなかったために、行政特権についての連邦最高裁の判断は、United States v. Nixon まで待たなければならなかったのである。[26]

3　Senate Select Committee on Presidential Campaign Activities v. Nixon

アービン上院議員を委員長とする大統領選挙活動に関する上院特別委員会（以下「アービン委員会」と略称）は、一九七二年の大統領選挙に関して生じた、不法、不当、倫理に反する活動を調査し、選挙過程を保護する新立法の必要性を決定するために設置されたものである。[27]委員会での証言で、すでに証言をしているディーン等とニクソン大統領との会話が、テープに録音されていることが明らかとなった。委員会は、非公式に大統領から録音テープを入手しようとしたが、成功しなかったので、一九七二年の大統領選挙戦での犯罪行為を調査するために、提出命令（subpoena）を発し、大統領とディーンとの会話をおさめた五巻の録音テープの提出を求めた。ニクソン大統領は行政特権を主張して提出を拒否したので、委員会は、提出命令の強制履行を裁判所に求めた。一九七三年一〇月一七日、連邦地裁は、法律上の事物管轄権（statutory subject matter jurisdiction）がないとして、委員会の訴えを却下した。[28]委員会は控訴したが、上院がコロンビア地区連邦地裁に提出命令に関する司法管轄権を与える立法をしたので、[29]新法に則した判断をするために、事件を地裁に差し戻した。連邦地裁は、司法判断適合性（justiciability）はあるとしたが、係争中の刑事事件に関して、審判前の公開が偏見を与える可能性があるとして、委員会の訴えを棄却した。[30]

バゼロン判事は、控訴裁判所の意見として、まず、大統領の会話は推定的特権をうけ、この推定は、会話へのアクセスを求める者による適切な公衆の必要性の立証によってのみ覆されうるという、Nixon v. Sirica で示めされたわく組を採用した。[31] そして、「委員会の立証が十分であるかは、提出命令を発せられた証拠物件が、委員会の責任ある職務の遂行にとって決定的に重要であるかどうかにかかっている」[32] と述べた。行政部の活動を監督し、腐敗や違法行為があるかどうかの調査をし、調査の結果を公衆の判断に供する点については、下院司法委員会が大統領弾劾のための調査を開始しているので、アービン委員会が録音テープの提出を求める必要性は、議会全体からみれば、単に累積的なもの（cumulative）である、とする。[33]「調査し、公衆に情報を提供するという権能のみに基づく録音テープの必要性は、委員会の提出命令の強制履行を正当化することはできない。……委員会の必要性の立証が十分かどうかは、提出を命じられた物件が、立法機能の遂行にとって重要かどうかにかかっている」[34] とする。しかし、大陪審の職務の遂行と、連邦議会の立法作用との間には明確な差異があるとして、「立法部の委員会による事実の発見（fact-finding）は、まぎれもなく委員会の任務の一部ではあるが、立法部の判断は、通常、過去の事件の正確な再構成よりも、提起された立法がどのような結果を生じるかとか、政治的に受け入れられるかによっている。連邦議会は、審議において提供された、相対立する情報に基づいてしばしば立法する。それに対して、大陪審の職責は、名指しされた人が特定の犯罪を行なったかどうか信じるに足る根拠があるかどうかを決定する能力にかかっている」[35] とする。本件が提起された後の状況、すなわち、一九七四年五月二日に当控訴裁判決によって、本件で問題となっている録音テープの字訳が、一部削除されて公開されたことによって、立法部の判断にとっての必要性は、実質的にその基盤を失った、とする。[36] このように述べて、連邦控訴審は、連邦地裁と理由付けは異なるものの、訴えを棄却する結論を支持したのであった。

アービン委員会は、連邦最高裁に上訴しなかったが、委員会の最終報告書には「裁判所が述べているように、判決は『本件の特殊事情』によっており、立法部の委員会が将来において、大統領の会話に関する資料を得ることを必ずしも妨げるものではない」[37] と記されているのが注目される。

4　United States v. Nixon(38)

ウォーターゲート事件の審理を担当したコロンビア地区連邦地裁の大陪審は、司法妨害等の罪でミッチェル前司法長官以下七名の起訴を決定した。ジャウォスキー特別検察官は公訴を維持するために、連邦刑事訴訟規則（Federal Criminal Procedure Rule）一七条Ｃ項に基づき、コロンビア地区連邦地裁に対して、ニクソン大統領を相手どって、大統領が補佐官、顧問達とかわした会話の録音テープ、メモ等の提出命令を申請した。連邦地裁シリカ判事は、テープ等を提出せよとの命令を発した。そこで、ニクソン大統領は行政特権を主張して提出命令の取消しを申立てるとともに、先の大陪審において、ニクソン大統領を「起訴されざる共謀者（an unindicted coconspirator）」と指摘したことの取消しを求めた。この二点についてシリカ判事は棄却したので（377F. Supp. 1326）、ニクソン大統領は控訴したが、特別検察官は事件を早急に解決する必要性を考慮して、控訴審判決前の事件の受理を最高裁に求め、ニクソン大統領も大陪審が起訴されざる共謀者としたことについて、同じく控訴審判決前の事件の受理を求め、最高裁はこれら申立を受理した。論点はいくつかにわたるが、大統領の秘密特権の主張についての判断を中心にみていくことにする。

連邦最高裁は八名（レーンクィスト最高裁判事は不関与）全員一致で、地裁の提出命令は相当であるとして支持した。判決は、大統領の秘密特権についての判断権が裁判所にあるとして、次のように述べる。「大統領の弁護人は、大統領の会話全部に対して秘密にする絶対的特権を与えていると憲法を解釈している。しかし、当法廷の多くの判決は『何が法であるかを述べるのは、断じて司法部の領域であり、義務である』というMarbury v. Madison（1 Cranch 137（1803））の判旨を明確に再確認してきた。……各部門は他の部門に敬意を払わなければならないけれども、連邦憲法第三条一節によって与えられた『合衆国の司法権』は、大統領が司法部と拒否権を分ち合い、連邦議会が大統領の拒否権を無効にする権限を司法部と分ち合うことができないのと同様、行政部と分ち合うことはできない。これ以外のいかなる結論も、三権分立の基本概念と、三部門からなる政府という考えから出てくるチェック・アンド・バランスに反することになろう。よってわれわれは、本件において提起された特権の主張に関して『何が法であるかを述べること』は当法廷の領域であり、義務であることを再確認する」と。(39)

判決は、大統領側が主張した絶対的特権の根拠である、職務の遂行に際しての政府高官と彼らに助言や援助を与える者との会話を秘密にする必要性について、次のように述べる。この秘密の重要性はあまりにも明白で「人間の経験の教えるところによれば、自己の発言が世間に流布されることを予想する者は、体裁をつくろい、政策決定過程を犠牲にしてまでも自己の利益を求めるために、率直さを調整してしまうのは、もっともなことである。合衆国憲法第二条の権能の行使に際しての大統領の会話の秘密特権の性質がどのようであれ、そうした特権は、憲法上の義務を割りあてられた領域における各部門の最高性から引き出されるということができる。ある種の権能や特権は、憲法上列挙された権能の性質から出てくるものであり、大統領の会話の秘密の保護もこうした憲法上の根拠を持つ」と。(40) しかし判決は、このような秘密保持の必要性、さらには、大統領側があげていた第二の理由である権力分立の原理も、「ただそれだけでは、あらゆる状況のもとで、司法過程から免責する、絶対的、無制約な大統領の特権を支持するものとすることはできない」とする。(41)

さらに判決は、Nixon v. Sirica のわく組みを採用して、次のように述べる。「Nixon v. Sirica において、連邦控訴裁判所は、大統領の会話は『特権を持つと推定される』と判示し、この立場は本件における両当事者によって受け入れられている。……しかし、この推定的特権は、法の支配に対するわれわれの歴史的信奉に照らして考慮されなければならない。……本件においてわれわれは、大統領の職責の遂行に際して、大統領の会話を秘密にする一般的特権の重要性と、そのような特権によって刑事裁判の公正な遂行が侵害されることを、衡量しなければならない。秘密保持によって得られる利益は、確かに重要であり、多大の敬意を払うに値する。しかし、話の内容を明らかにすることが刑事裁判で要求される可能性があるからといっても、補佐官たちが、めったに明らかにされる機会などないのに、発言内容の率直さを調整するであろうと結論付けることはできない」と。(42)

以上のように述べて、判決は、「刑事裁判に使用するために提出命令が出された資料について、特権の主張の根拠が、秘密保持の一般的利益にのみ基づいている場合には、刑事裁判の公正な遂行に基本的に要求される法の適正な手続に優先することはできない。特権の一般的主張は、係争中の刑事裁判における、立証され特定された証拠の必要性に屈しなければならない」(43)と結論付けた。

本件最高裁判決は、その判決文にわざわざ注記されたように(44)、刑事事件の文脈における秘密特権の主張に関するものであり、民事事件（civil litigation）や議会との関係での特権の主張に関するものではない。しかし、フロインド教授も述べているように、大統領の裁量による一般的特権の主張をしりぞけ、開示による国家利益の損失と、情報の必要性とを比較衡量するという手法を採用した点は、最高裁の判断として広い影響力を持つといえよう(45)。

５　Sun Oil Company v. United States(46)

民事事件との関係で行政特権を扱ったのが本件である。事案は、石油およびガスの試掘をするために、政府から沖合を賃借していた会社が、合衆国政府に対して、試掘台（drilling platform）の建設を許可しないのは、契約違反であり、法の適正手続なしに財産を収用するものであると訴えた事件との関連で、文書の開示（discovery）が求められたものである。開示を求められた文書は、ニクソン大統領のときに、大統領にあてられた覚書と大統領の顧問達の間で取り交わされた覚書をその内容としていた。これに対して、ニクソンが前大統領として行政特権を申し立てたものであった。

合衆国請求裁判所（United States Court of Claims）は、原告の開示の申立を支持した。判決はまず、United States v. Nixon を取り上げ、そこで最高裁は大統領の秘密特権は刑事事件において絶対ではないと述べたが、このことは民事事件にもあてはまるとして、「開示を求める訴訟当事者の立証責任（burden）はより重いかもしれないが、同種の比較衡量の手続は、民事事件における現職の大統領の特権の主張に対しても適用されうると考える。そこで、なおさら（a fortiorri）前大統領によって主張された特権の主張は、その主張が行政特権ないしは大統領特権

(executive or presidential privilege) と呼ばれようと、絶対的ではあり得ない」と述べる。[47]「原告は、大統領またはホワイト・ハウスのスタッフのだれかが、試掘台設置の申請をしりぞけ、しかも証明されたならば訴訟を決するであろう、許されざる、他事考慮の (extraneous)、政治的等々の理由からそうしたことを、それらの文書が究極的に証明することができるであろうということを、原告は信じたと思われる。原告らには、このことを立証する資格があり、前大統領が特権を主張しうると仮定しても、特権の一般的主張は、開示に訴えることによって事実を引き出す原告の必要性にまさりうるものではない」と述べて、[48]文書の判事室での検査を認めた。

本件によって、裁判所は刑事のみならず民事においても、大統領の特権は絶対ではないことを認めたことになり、行政特権を扱うに際しての比較衡量の手法は、裁判所の確立されたアプローチとなってきていることを示している。

(18) 345 U. S. 1 (1953).
(19) *Id.* at 9.
(20) *Id.* at 10-11.
(21) 487 F. 2d 700 (D. C. Cir. 1973). 本件の紹介として、塚本重頼「ウォーターゲート事件に関する録音テープ提出命令」書斎の窓二三二号一頁以下。
(22) In re Subpoena to Nixon, 360 F. Supp. 1 (D. D. C. 1973).
(23) 487 F. 2d at 713.
(24) *Id.* at 717.
(25) *Id.* at 717-18.
(26) 498 F. 2d 725 (D. C. Cir. 1974).
(27) Senate Resolution 60, 93rd Con., 1st Sess.§ (a) (1973).
(28) Senate Select Committee on Presidential Campaign Activities v. Nixon, 366 F. Supp. 51 (D. D. C. 1973).
(29) Pub. L. No. 93-190 (Dec. 18, 1973). 28 U. S. C. § 1364.
(30) 370 F. Supp. 521 (D. D. C. 1974).
(31) 498 F. 2d at 729-30.

(32) *Id.* at 731.
(33) *Id.* at 732.
(34) *Id.*
(35) *Id.*
(36) *Id.* at 733.
(37) Senate Select Comm. on Presidential Campaign Activities, Final Report on Campaign Activities, S. REP. No. 93-981, 93d Cong., 2d Sess. 1083 (1974), citing J. Hamilton, *supra* note 14, at 96.
(38) 418 U. S. 683 (1974). 朝日ジャーナル臨時増刊（一九七四年九月一日号）一三二頁以下には本件の全訳が掲載されている。
(39) *Id.* at 704.
(40) *Id.* at 705-06.
(41) *Id.* at 706.
(42) *Id.* at 708-12.
(43) *Id.* at 713.
(44) *Id.* at 712 n. 19.
(45) Freund, *The Supream Court, 1973 Term, Foreword : On Presidential Privilege*, 88 Harv. L. Rev. 13, 35-36 (1974).
(46) 514 F. 2d 1020 (Ct. Cl. 1975).
(47) *Id.* at 1024.
(48) *Id.* at 1025.

四　司法審査

1　司法審査の適否

一九七〇年代になって、ウォーターゲート事件が発生するまでは、議会からの情報要求に対する大統領の拒否を、司法上の問題とし、いわば司法の手を借りて議会の要求を実現させようという主張ほとんどみられなかった。かつてラーニド・ハンド判事は、アイゼンハワー大統領が、軍の士官に対して上院の小委員会に証拠の提出をすることを拒絶するように命じ、論争を呼んだ事件を、司法審査に適さない事例の一つにあげた(49)。またヤンガー教授は、一九五九年に発表された論文において「行政秘密は行政府の裁量において（at the discretion）採用しうるのであり、裁量の行使については政治的な異議申立を受けるにすぎない(50)」と述べている。このような主張は、マッカーシー上院議員の過乗な調査（fishing expedition としばしば表現される）に対する反省を反映した、当時の一般的見解とみることができよう。

司法審査ということでは、議会が侮辱処罰権（contempt power）の行使に際して、情報提供の要求が正当なものであるかどうか裁判所によってテストされることが考えられる。アメリカ連邦議会は二種類の侮辱処罰の方法を持っている。一つは、証言や文書提出を命じたのに拒絶した者を、議会警察（sergeant at arms）に逮捕させ、議会内の留置場（Capitol guardroom）かコロビア地区の刑務所に拘禁することである(51)。この場合には人身保護令状（writ of habeas corpus）の請求に対する裁判の中で、議会の要求の合理性が審査される。もう一つは、「議会のいずれかの議院の権限に基づいて、いずれかの議院の前、または議会の両院の合同あるいは一致した決議によって設立された合同委員会、または議会のいずれかの議院の委員会の前で、調査事項に関して証言をなしまたは文書を提出するために証人として召喚されている者が、故意に欠席し、または出頭はしたが、調査中の問題に関連する質問に答えることを拒絶する場合には、軽罪となし、一〇〇〇ドル以下一〇〇ドル以上の罰金および一月以上一年以下の普通監獄における拘禁に処せられる(52)」という、制定法上のものである。この場合には、刑事訴追の過程で、議会の要求が適切であったかどうかが争われることになる。

侮辱手続を行政特権をめぐる争いの解決の糸口にしようとすることに対しては、しかしながら、問題があることが指摘されている。問題点としては、大統領に議会警察を派遣したり、刑事侮辱手続に処すことは好ましくないこと、政府高官、さらにはその命令に従っているにすぎない下の官吏にさえも同様に不適切であること、さらに刑事事件、人身保護事件では個人の人身の自由が問題となるが、そこでは連邦議会の権能を厳格に解釈しがちであることと等があげられている。(53)

そこで、直接に文書提出の要求を裁判所の手を借りて実現しようとし、先に検討したように、Senate Select Committee on Presidential Campaign Activities v. Nixon 判決が出るまでに至った。しかし、このような議会と大統領が衝突した場合の解決は、司法に委ねるよりも政治過程によるはうがよいという見解も根強い。(54) 確かに、政治過程にまかせることによって柔軟な解決をはかることができ、議会側の対抗手段として、行政部によって欲せられた法の制定を拒絶したり、政府支出金（appropriation）を充当しなかったり、大使や政府の高官の承認を拒否することと等がある。しかし、問題点も指摘されている。ある論者は、政治過程にまかせたのでは行政特権の問題それだけを取り上げ、その理非曲直（merits）を問題にし、議論することが難しいこと、議会が有用な計画の資金をけずることによって対抗しようとすると、公衆の利益が損われること、当事者は自分自身の事件を解決できないというのが英米法の核心であり、両部門はそれ自身の権能の限界を判断する資格がないこと、議会と行政部の争いは連邦政府における憲法上の権能の微妙な均衡に関するものであり、両当事者は他の利益とのバランス維持に適切な敬意を払うことが期待できないことをあげる。(55) また、政治過程の中で得られた情報は正式に記録されず、他の議会のメンバーまたは公衆によって安定した形では利用できないことを指摘する論者もいる。(56)

司法審査の適否を論ずるに際して、利用可能な判断基準が存在するのかどうか検討しておく必要がある。この点について、議員定数訴訟において平等な代表の基準を作り出す困難さに比べて、行政特権の及びうる限界を画定することはさはど困難ではなく、「直接的関係者と公衆一般双方に対して、開示から生じる利益と害悪が衡量されなければならないが、大陪審から求められた証拠に関してこのことができるなら、裁判所はまた、連邦議会から求められた情報に関しても可能なのが当然である」という見解がある。(57)

しかし、この問題はさはど簡単ではないように思われる。ここではコックス教授の見解を取り上げてみよう。

コックス教授は次のように述べる。「特殊な関係において秘密を守る公衆の利益と、司法手続において特定の証拠の必要性とを比較衡量するのに裁判所は慣れている。しかし、連邦議会の立法上の必要性と、他の公衆の利益とを比較衡量する経験は持っていない。……上院または下院が行政部内の会話を入手する権能と、大統領がそれらを秘密にしておく権能について、拘束力のある限定をすることは行政部と立法部相互の政治権能と効力に重大な影響を与えずにはおかない。……司法手続を通じてなされた行政特権の主張によって提起された問題と、議会の要求に対する行政部による拒絶によって提起された問題との間には明確な差異があると考える。この差異は、立法部と行政部との争いを裁判するために使用可能な基準（workable. Criteria）を発展させる裁判官の能力に若干の疑問をいだかせる」と[58]。さらに「裁判官自らが采配を振る審理において特定の証拠の必要性を判断することは裁判官にとって難しいことではないが、行政部の秘密の必要性と資料を検討する議会の委員会の必要性とを衡量することは、裁判所にとって当惑させられることであり、困難なことでもあると思う[59]」と述べる。客観的な基準のないところでは、政治的帰結（political consequences）が判決を左右し、「裁判所に管轄権を与える提案は、立法部と行政部との力の均衡をめぐるあからさまな政治闘争に司法部を巻き込もうとする立法部の努力とみられる」と述べる[60]。過去からのみ判断すると、議会に対する行政特権の問題は政治過程での帰趨にまかせたはうがよいとする[61]。しかし、昨今の展開においては、行政部に対して情報の提供を強制する連邦議会の権能を強化する必要があるとして、次の三つの理由をあげる[62]。第一点は、大統領の権力が肥大したことであり、それに比し、現代世界で行政部に対する立法部の専制の危険はほとんどないことである。第二点は、行政特権の主張が頻発されるようになったことである。第三点は、今日政府秘密をいかに扱うかは重要な問題であり、議会の調査権がひんぱんに行使されることによって、国民に対する関係でも必要な情報を提供する手助けになることである。そこで「理想としては、情報が調査中の問題に関連があり、憲法上の管轄事項を含めて提出命令を発している院の管轄内にあろならば、立法部の権利は行政部の拒否を押し切る上院または下院の投票がなされた、すべての場合におし及ぼされるべきである。……両院のどちらかが情報を要求する投票による決定をしたならば、大統領はそれを秘匿する憲法上の権利を持つべきではなく、司法部は、関連性と管轄事項かどうかの問題を決することを除いては、投票によって決定された要求を審査すべきではない[63]」と述べる。使用可能な判断基準を発展させる裁判所の能力に対する疑問から、裁判所が一貫して採用しているバランシング・アプローチとは異なるアプローチの仕方をコックス教授が提案しているのは、注目に値するであろう。

２　司法審査上の検討点

議会の情報要求に対する行政特権による拒否の問題を、司法審査によって解決しようとする場合、本案の内容にまで立ち入った判断を得るまでには、いくつかの障害を乗り越えなければならない。この点アメリカにおいてどのように議論されているのかを検討しておくことは、わが国の問題を考える場合にも参考になるものと思われる。以下述べることは、それぞれに司法審査上の重要かつ困難な問題であり、ここでは議会と行政部が情報要求をめぐって衝突した場合にどのように考えられるのかを概略的に検討するにとどめざるを得ない。

⑴　jurisdiction――連邦裁判所が審理に入るには、制定法上の事物管轄権（subject matter jurisdiction）がなければならない。アービン委員会が訴訟を提起してまず最初に躓いたのがこの点であった。アービン委員会が依拠しようとしたのは、（１）28 U. S. C. § 1345,（２）28 U. S. C. § 1361,（３）5. U. S. C. §§ 701-706（Administrative Procedure Act)、（４）28 U. S. C. § 1331 であった。コロンビア地区連邦地裁シリカ判事は、それぞれに対して、（１）連邦議会の法律によって授権されるのでなければ合衆国の名において訴訟を提起できないこと、（２）職務執行令状（mandamus）を許す本法において、議会に情報を提供する義務は大統領の行政上の義務ではないこと、（３）大統領は行政手続法のいう「行政機関（agency）」ではないこと、（４）一〇〇〇〇ドルが問題にはなっていないことから、事物管轄権がないとして訴えを却下した[64]。しかし管轄権の問題は、そもそも議会自らで決着をつけうる問題である。アービン委員会は当初、連邦議会のどちらかの院、委員会または小委員会、両院合同委員会（joint congressional committee）による行政部に対する提出命令の強制履行を求める訴訟の管轄権を、連邦裁判所に認める法案を用意した。しかし、これではあまりに広範になりすぎるという反対が、上院議員の一部にあったために、アービン委員会にのみ限る法案に切り替え、[65]一九七三年一〇月一九日に成立させた[66]。ここに、ウォーターゲート事件に関する限りは、管轄権の問題は立法的に解決されたのであった。

(2)　case or controversy ――アメリカ合衆国憲法第三条二節一項は司法権が及ぶためには、〝case or controversy〟（「事件・争訟」）であることを要求している。そこで、アメリカ合衆国政府内の争いは、同時に原告と被告になることはできないという原則に反するのではないかが問題となる。今日、行政部内の異なった機関間の争いが訴訟として成立する場合も認められており、さらに行政と立法の権能の限界問題が争われることになるので、具体的な対立性があることが指摘されている。[67]

(3)　standing ―― standing（原告適格）の問題は「公法（public law）の全領域における最も不定形な(amorphous)概念の一つ[68]」であり、それはcase or controversyやjusticiabilityとも絡み合ってくることから、問題をなおいっそう複雑にしている。standingの問題に立ち入った検討を加えることはできないが、いずれにせよ「議会の権能に対する行政部の侵害であるという訴えについての議会の〝standing〟に関するあらゆる疑問は、立法によって解決がつく[69]」のである。先に述べた、連邦裁判所に管轄権を与えるための法律はまた、委員会に訴訟を提起するためのstandingがあることを規定し、問題の解決を図っている。[70]

(4)　political question――case or controversyとstandingの要件が備わっていても、political question（政治問題）であるとなると司法判断適合性（justiciability）はないことになる。political questionは、問題の解決を司法によるよりも、立法や行政という政治部門に委ねた方が良いというものである。バース教授は、「行政部と立法部の争いに関する限り、裁判所は、これは性質上政治的であり、従って司法部による裁判になじまないものであると全く正当に見なしてきた[71]」と述べている。しかし、ウォーターゲート事件が発生するまでは、議会からの行政部に対する情報要求については、裁判所がこれを扱ったケースはなく、political question の概念は歴史的に流動的な面をもつことを考えるならば、この見解は当時（一九五〇年代）の傾向を表わしているにすぎないものと評しえよう。

Senate Select Committee on Presidential Campalgn Activities. v. Nixon においては、控訴裁判所の意見を代表したバゼロン判事は、political question については特にふれていないが、ウィルキー判事は同意意見（concurring opinion）の中で、「私自身の分析においては、論理的に最初にくる帰結は、憲法上の権力分立の原理によれば、ここでの問題は political question であり、司法判断に適さないということであるべきである」[72]と述べていた。他方、地裁のゲセル判事は、「Baker v. Carr, 369 U. S. 186（1962）は、political question の存在を決めるための基準を設定しているが、これらの基準に照らしあわせると、ここで争われている問題は司法判断に適するということに何の疑いもさしはさまない」[73]と述べている。

political question について先例とされるのは、Baker v. Carr と Powell v. McCormack[74]である。ゲセル判事の意見の中にもみられるように、Baker v. Carr は political question になるかどうかの基準を設定し、それは Powell v. McCormack においても承認されている[75]。その基準とは、「憲法の規定上明らかにその問題が同位の政治部門に委ねられていること、問題を解決するための裁判上発見しかつ使用しうるような基準が欠けていること、明らかに非司法的な裁量の性質をもつ第一次的な政策決定がなければ、判決することが不可能であること、政府の同位部門に対する敬意の欠如を表明することなしに、裁判所が独立の決定をすることが不可能であること、すでになされた政治上の決定を無条件に固守することが格別に必要であること、一つの問題について各部門が多様な意見を述べることから混乱がおこる可能性があること」[76]である。この基準に照らしても、行政部に対する議会の情報要求は political question にはならないとする見解が散見される[77]。

（49）　L. HAND, THE BILL OF RIGHTS 17-18（1958）. ラーニッド・ハンド（著）清水望＝牧野力（共訳）『権利章典』一九六〇年一二一頁。

(50)　Younger, *Congressional Investigations and Executive Secrecy : A Study in the Separation of Powers*, 22 U. Pitt. L. Rev 755, 780（1959）.

(51)　イギリス国会の制度を継受したものといわれ、Anderson v. Dunn, 6 Wheate 204（1821）において連邦最高裁によって認められている。

(52)　一八五七年の制定で、現在では 2 U. S. C. § 192（1970）におさめられている。In re Chapman, 166 U. S. 661（1897）で合憲とされた。

(53)　*See* J. Hamilton, *supra* note 14, at 198.

(54)　*See* e. g., Henkin, *Executive Privilege : Mr. Nixon Loses but the Presi dency Largely Prevails*, U. C. L. A. A L. REV. 40, 43（1974）; McKay, *Congressional Investigations and the Supreme Court*, 51 Calif. L. REV. 267, 287-（1963）; Bishop, *The Executive's Right of Privacy : An Unresolved Constitutional Question*, 66 Yale L. J. 477, 491（1957）.

(55)　Rosenthal & Grossman, *supra* note 10, at 661.

(56)　Dorsen & Shattuck, *supra* note 7, at 23.

(57)　*Id.* at 38-39.

(58)　Cox, *supra* note 11, at 1425-26.

(59)　*Id.* at 1428-29.

(60)　*Id.* at 1430.

(61)　*Id.* at 1432.

(62)　*Id.* at 1432-34.

(63)　*Id.* at 1434.

(64)　366 F. Supp. 51（D. D. C. 1973）.

(65)　*See* J. Hamilton, *supra* note 14, at 206.

(66)　28 U. S. C. § 1364.

(67)　R. Berger, Executive Privilege : A Constitutional Myth 313-20（1974）. 本書の紹介として，『アメリカ法〔1976-2〕』一三三一頁以下（阪本昌成担当）。なお、本書は行政椿権を研究するには必読の書であるが、「彼の議論をしている諸問題の描写は全く一方的で、ミス・リーディング」であるという批判（Sofaer, *Book Review*, 88 Harv. L. Rev. 281, 29（1974））もある。ソウファー教授に対する反論として、Berger, *Executive Privilege : A Reply to Professor Sofaer*, 75 Colum. L. Rev. 603（1975）がある。

(68) Flast v. Cohen, 392 U. S. 83 (1968).

(69) R. Berger, *supra* note 67, at 326. なお、Dorsen & Shattuck 論文は、Baker v. Carr, 369 U. S. 186 (1962) を先例として引きながら、「議会の活動に必要な情報を行政部が秘匿することは議会の機能に対する妨害であるから、議会の委員会の standing を確立するための十分な『個別的な利害関係 (personal stake)』を構成する」としている (supra note 7, at 36).

(70) *See* J. Hamilton, *supra* note 14, at 206.

(71) A. Barth, Government by Investigation 17 (1955).

(72) 498 F. 2d at 734.

(73) 370 F. Supp. at 522.

(74) 395 U. S. 486 (1969).

(75) *Id.* at 518-19.

(76) 369 U. S. at 217. 橋本公亘「政治的問題」別冊ジュリスト『英米判例百選Ⅰ公法』六〇頁参照。

(77) *See* e. g., R. Berger, *supra* note 67, at 326-41 ; Dorsen & Shattuck, *supra* note 7, at 36-40 ; Randolph & Smith, *supra* note 5, at 664-71. ただし、それぞれの基準について判断が対立することが予想され、例えば、裁判上発見し使用しうる基準についても、前出注(11)・Cox 論文のように設定することが困難とする見解もある。

五　むすび

アメリカにおいては、行政部の行政特権の主張と議会の調査権が衝突した場合には、司法による解決を図ることが主張され、ウォーターゲート事件の際に訴訟になったことはここに検討した通りである。

以上の検討を踏まえて、最後に、わが国の場合を考えてみると、言うまでもなく、行政部が情報を秘密にしようとする思考法には共通のものがある。そこでまず、わが国では行政秘密をめぐって行政部と議会が衝突した場合、現行法ではどうなるのかを概観してみよう。議院における証人の宣誓及び証言等に関する法律（以下「議院証言法」と略称）にのらない場合には、行政側が守秘義務（国家公務員法一〇〇条）を持ち出してくれば、議会側はそれ以上追求することはできない。議院証言法にのる場合でも、「出頭した証人が公務員である場合又は公務員であった場合（国務大臣以外の国会議員を除く。）その者が知り得た事実について、本人又は当該公務所から職務上の秘密に関するものであることを申し立てたときは、当該公務所又はその監督庁の承認がなければ、証言又は書類の提出を求めることができない」（同法五条一項）ことになり、「承認を拒むときは、その理由を疎明しなければならない」（同条二項）。もし議会側がこの理由を受諾することができない場合には、「更にその証言又は書類の提出が国家の重大な利益に悪影響を及ぼす旨の内閣の声明を要求することができる」（同条三項）が、内閣声明が出されればそれで終りである。

このようなわが国の行政部優位の判断手続に対して、長い間疑問を持つ見解は見当らなかったが、近時異論が唱えられるに至っている。奥平教授は「議院証言法には立法論的にいって、多少再検討する余地がある」とし、「内閣の声明どおり、真実『国家の重大な利益に悪影響を及ぼす』ものであるかどうかを、第三者機関が公平に審査（review）する仕組みがなければならないのではなかろうか」と述べる(78)。奥平教授が判断機関を裁判所とはしないで第三者機関としているのは、「なにぶんにも日本における『司法権』のイメージは、独特に限定的である。そしてこのイメージは、強力で根深いものがある。だから、この法領域で裁判所になんらかの役割分担をになわせようとする発想は、実現可能性を欠くのは、遺憾ながら自認せざるをえない(79)」という配慮からくるようである。第三者機関にせよ裁判所にせよ、当事者以外の第三者を介在させる指摘は重要である。議院証言法の改正が国会で問題になっていながら(80)、行政秘密の取り扱い方が俎上に載らないのは、アメリカでの議論や判例とを引き比べてみるなら不思議である。なお、私人による情報開示請求を行政側から拒否された場合の救済方法として、最終的に抗告訴訟がなされるが、これとのバランスを考えても、国政調査権においては、行政部優位のままの判断手続であるというのは不自然である。

それでは、行政秘密の問題をめぐり議会と行政部が対立した場合に、司法によって解決をするとしたなら、わが国ではどのような争い方があるのかについて一言してみよう。ここで想起されるのが行政事件訴訟法上の機関訴訟である。「『機関訴訟』とは、国又は公共団体の機関相互間における権限の存否又はその行使に関する紛争についての訴訟」（行政事件訴訟法六条）であり、「法律に定める場合において、法律に定める者に限り、提起することができる」（同法四二条）。「機関訴訟は、当事者間における具体的な権利義務についての争いではないから、裁判所が当然に審理すべき『法律上の争訟』……ではなく、法律がとくにそれを認めた場合にかぎって、裁判所の審理権に属する」と理解されている。[81]奥平教授は、わが国の国家秘密をめぐる議院と内閣の意見対立の訴訟を機関訴訟の範疇として理解されるようである。[82]立法者意思としては、議院と内閣の意見対立の訴訟を機関訴訟の中に含ませようとは考えていなかったであろうし、あくまで行政主体である国または公共団体の機関相互間の争いにとどまるべきであるという見解もあるかもしれない。しかし、機関訴訟として構成できるか否かに関りなく、いずれにせよ裁判所は「法律上の争訟」以外に、「その他法律において特に定める権限を有する」（裁判所法三条一項）わけであるから、法律を制定するならば、この種の訴訟を裁判所の権限とすることが可能なのである。

以上、わが国においても、議院と内閣の情報をめぐる意見対立は、裁判所にそれを管轄する権限を与える法律を制定すれば、訴訟において解決することが可能であるということができよう。しかし、これを制度化することに対しては、アメリカにおいても議論があったように、この種の問題は政治的に解決するのが妥当であるという意見があるであろう。さらには、むしろ議院に情報を非公開にするか否かの判断権をもたせたはうがよいとする議論があるかもしれない。[83]

わが国においては、議院に対する行政秘密の扱い方の問題は俎上に載っていないのが現状であるが、国政調査権が国民の知る権利に奉仕するためには、現状の行政秘密の判断手続の再検討が必要とされる。

(78)　奥平康弘『知る権利』（一九七九年）三五七—五八頁。
(79)　同上・三六〇頁。

(80) 福田衆議院議長（当時）預かりとなった、衆議院法務委員会案について、浅野一郎『議会の調査権』（一九八三年）一九二―二〇一頁参照。
(81) 南博方（編）『注釈行政事件訴訟法』（一九七二年）七四頁（広岡隆担当）。
(82) 奥平・前出注(78)・三七一頁注(15)参照。
(83) 例えば、清水睦「国政調査権と情報公開法」法律時報五二巻四号二六頁以下参照。

第四章　わが国における国政調査権

一　はじめに

日本国憲法制定直後、後に検討する浦和事件が発生し、国政調査権の「本質」という形で活発な議論が展開されたことは、これまで繰り返し述べてきたところである。その後、とりわけロッキード事件を契機として、国政調査権の活性化、それが国民の「知る権利」に奉仕しなければならず、国政調査権の「情報提供作用」が議論されるようになったことも、既に検討を加えたとおりである。本章では、ここまでに展開してきた、アメリカでの議論をふまえながら、わが国における国政調査権に目を転じ、検討するのがその課題である。

国政調査権の活性化が唱えられてから久しいが、理論的成果が乏しいことも事実である。そこで、まず、その理由について検討を加えてみることにしたい。ここには三つの問題が存在しているように思われる。

まず、日本国憲法六二条が規定している国政調査権は、法的問題としてよりも、まさに政治的問題として、その多くは、政府与党対野党との政治的対立を中心とした場の中で展開され、議論されることになる。六二条が規範性をもつことは当然であるが、それが裁判規範というよりは行為規範としての役割が中心となることから、その法理が判例として確立されることはなく、政治力学に委ねざるを得ないという現実がある。

第二に、わが国の憲法学は、善かれ悪しかれ、裁判所の違憲判決が極端に少なく、理論がわが国の判例あるいは現実に根差して展開されるというよりは、外国憲法の研究に比重が置かれ、しかも理論的反省なしにそれが持ち込まれる場合が存在する。もちろん外国憲法・判例の研究が無益だというのではなく（そうであれば、本書の多くの研究は徒労に過ぎないことになろう）、それ自体、研究として意味があることはもちろんであるが、わが国において理論化するには、日本国憲法典、歴史等、さらなるフィルターを通さなければならないにもかかわらず、この点が欠落している場合が存在するのである。

第三に、第二の点と関連して、わが国の憲法学は、憲法解釈とは何かという根本的な議論が欠如したまま、今日にまで至り、かつて筆者が result-oriented として批判したように、それぞれの論者の思いをただ述べ、外国にその例があれば、幸いとばかりに、それを理論として主張している場合が見受けられるのである。この点については、既に論じたことがあるので、詳しいことは、その書を参考にしていただきたい(1)。

以上に述べた三点が、国政調査権についての理論的成果が乏しい理由と考えられるが、かつて筆者は、緩やかな原意主義を主張したことがあり、国政調査権を論じる場合にあってもそれが妥当するものと考えるが、ただし留意しておかなければならない点が存在するので、この点を少々敷衍しておきたい。

そこで主張した緩やかな原意主義は、人権が裁判所で問題になった場合、裁判所はどのような方法で解釈すべきかを論じたものであった。すなわち、そこでは、政治部門（立法および行政）に対し、非民主的機関である裁判所に求められる解釈手法を主に取り上げたものであった。しかし、国政調査権の問題は、人権の問題と極めて重要な関係を有するとはいえ、浦和事件においてそうであったように、まず三権分立、いわゆる統治機構の問題が前面に出てくるのである。そこで、この場面においても、憲法解釈方法論として、緩やかな原意主義が基本的に妥当することを先ず確認しておかなければならない。

緩やかな原意主義を正当化する場合、その根底に存在する考え方の基本は、憲法で制限されていないことは、憲法の根本原理である民主主義に委ねられるべきであるとの思考方法である。それを、ストレートに統治機構の問題に当てはめると、国会がオールマイティーになるとの誤解を生じかねない。しかし、ここでも原意主義が妥当することに変わりはない。なぜならば、ここでは反多数決主義の議論を持ち出すことはできないが、立憲主義における憲法とは何かという議論に対して、それは憲法典に表現された憲法制定者の意図（理解）とされることに変わりはないからである。三権分立が問題とされている場面で、もし非原意主義が正当化されるとするならば、その根拠を示すことが必要になる。しかし、私見においては、先例拘束性の原理がそれを破ることがある場合が存在することは認められるが、それ以外に、非原意主義を正当化する説得的な理論を見出すことはできない。そうすると、この場面でも、基本的には原意主義、その中でも日本国憲法の解釈としては緩やかな原意主義が妥当し、この点からの憲法六二条の再検討が必要であるということになる。このような観点から、まず、日本国憲法六二条の成立史に焦点を当て、検討を加えることにする。

（1）猪股弘貴『憲法論の再構築』（二〇〇〇年）参照。

二　国政調査権の成立史

（一）ＧＨＱ草案

日本国憲法に議院の権能として、国政調査権が明示されることになったのは、いわゆるＧＨＱ草案に由来する。(2) 周知のように、その案では国会は一院制として構想されていたが、その権能として第五四条は「国会ハ調査ヲ行ヒ証人ノ出頭及証言供述並ニ記録ノ提出ヲ強制シ且之ニ応セサル者ヲ処罰スル権限ヲ有スヘシ」（The Diet shall have the power to conduct investigations, to compel the attendance and testimony of witnesses and the production of records, and to punish for refusal to comply.）(3) と規定されていた。ここで指摘しておきたいことが三点存在する。まず、この規定は、国会の部分を担当したセクションである立法権に関する小委員会（メンバーは、ヘイズ陸軍中佐、スウォープ海軍中佐、ハウギ海軍中尉、ノーマン嬢である)[4]において起草され、運営委員会（Steering Committee)[5]においても何ら問題にされることなく採用されたものだということである。第二に、これまで本書において考察したように、アメリカ連邦議会の議会調査権は、含意（黙示）の権限としての補助的な調査権であり、その拒絶者には議会自らが処罰する権限が与えられているのであるが、この規定は、アメリカについての国政調査権の理解がそのまま当てはまると考えて良いのではないかということである。ただし、黙示の権限が明示の権限とされていることは言うまでもない。第三に、日本国憲法六二条にある「国政に関する」という文言が含まれておらず、また四一条の「最高機関」という意味を、後に検討するように、国民に最も近い機関で国の中心機関であるとの理解であることを前提にするなら、補助的権能であることが当然の前提とされていたということである。そこで、「国政に関する」という文言が、いつ、またなぜ挿入されたのかということが、これからの検討の中心課題となる。

なお、ＧＨＱ草案作成前の段階において、注目すべき二つの文書が作成されていたことをここで付加しておきたい。

まず一つは、ＧＨＱ草案を作成するについての中心機関である運営委員会のメンバーで、戦争終結後まもなくから、わが国憲法についての調査・研究を開始していたマウロ・Ｅ・ラウエルによって作成され、一九四五年一二月六日付で連合国軍最高指令官（General Headquarters Supreme Commander for the Allied Powers）に提出された、「日本の憲法についての準備的研究と提案（Report of Preliminary Studies and Recommendations of Japanese Constitution)」の付属文書Ｂ「国民に対して応える政府（Responsive Government)」である。その提案における立法権の箇所で、「国会に、統治のすべての部門の活動について調査をなすべき権限を与えること、国会は証人を喚問し、宣誓の上供述せしめる権限を有すべきこと（That the Diet be granted authority to investigate the operation of any branch of government)」という記述が見られることである[6]。これは、明治憲法の研究により、議会の権限が低く、調査権がないに等しいものであったことの考察に基づく提言として注目されよう。

次に、ＧＨＱ草案の基礎とされたのは有名なマッカーサー三原則であるが、もう一つ大きな影響を与えたものに、ＳＷＮＣＣ（国務・陸軍・海軍三省調整委員会）二二八「日本の統治体制の改革（Reform of the Japanese Governmental System）」が存在し、これは同委員会によって承認され、ダグラス・マッカーサー最高司令官に、一九四六年一月一一日に提出されたものである。その中の「国民に対する政府の責任を確保しうる制度の欠如（The Absence of an Effective System of Responsibility of the Government to the People）」において、「国のいかなる事項についても、調査委員会を設置する権能は、証人の出頭を強制することができないことによって、制限されている（Its power to establish committees of inquiry on any matters of state is limited by its inability to compel the attendance of witnesses）」との記述が見られる。[7] 調査権の独立権能説を想起させるような規定ではあるが、文言からみても、また小委員会および運営委員会での記録をみても、これが生かされ、ＧＨＱ草案五二条に含意されたとは考えにくいであろう。

（2）なお、明治憲法下での帝国議会には、証人喚問等の強制権を背景に、議院自らの手で調査するという意味での、議会の調査権は認められてはいなかった。明治憲法自体に調査権に関する規定が存在していない。また、議院法（明治二二年法二号）には、政府に対する質問権（一〇条）、委員会による政府委員に対する説明要求権（四四条）が認められていたが、議会の国民（臣民）との直接的関係は遮断されていたし（七二・七三条）、官庁や地方議会に対しても、国務大臣あるいは政府委員を通してのみ調査が許されていたにすぎなかった（七五条）。

（3）犬丸秀雄（監修）『日本国憲法制定の経緯』（一九八九年）四五一頁。ただし、旧字体について、新字体に改めている個所が存在する。以下、すべての文献の引用について、同様であることを、ご了承願いたい。

（4）古関彰一『新憲法の誕生』（一九九五年）一二六頁参照。

（5）同右・一二八頁以下参照。

（6）高柳賢三ほか『日本国憲法制定の過程　Ⅰ原文と翻訳』（一九七二年）四一三―一四頁。

（7）同右・四一四頁。ただし、日本語訳は筆者による。

（二）日本案の起草

ＧＨＱ草案を受け入れるか否かについて、当時の幣原内閣では様々な議論が存在したことが知られ、ここでその問題を扱うだけの余裕はないが、結局、基本的に受け入れることになったのであった。ここから、これをベースとした日本案の起草が始まり、三月四日に民生局に提出されたが、それはそのままＧＨＱ側の受け入れるものとはならず、四日から五日にかけて民政局との激しい攻防が存在し、耐え切れなくなった松本国務大臣が中途で退席したことも今日では広く知られている事実である。(8)

さて、この民政局との交渉のために、内閣は三月二日までに叩き台となる草案を作成しているが、ＧＨＱ草案五二条は、六三条とされ、さらに字句に修正が施され、次のように規定されている。「両議院ハ各〻国務ニ関スル調査ヲナシ、コレニ関スル証人ノ出頭、証言ノ供述及ヒ記録ノ提出ヲ要求スルコトヲ得。コノ場合ニ於イテ法律ノ定ムル所ニ拠リ其ノ要求ニ応セサル者ヲ処罰スルコトヲ得（Each House may conduct investigations in relation to national affaires, and may compel the presence and testimony of witnesses, and the production of records. In such cases, each House can punish in accordance with law, those who do not comply with the demands)」と。

ここで、注目される点は二つである。第一に、ＧＨＱ草案には存在しなかった「国務ニ関スル（in relation to national affaires)」という字句が付加されたこと、第二に、議院の処罰について、法定主義が採用されることを明らかにしたことである。この案は、松本国務大臣、入江法制局長官、佐藤達夫法制局第一部長を中心に作成されたものであるが、国会の章は松本国務大臣が担当している。(9)「国務ニ関スル」という文言は、松本国務大臣が自ら書き加えたものと考えられるが、(10)その理由は明らかではない。後者の修正について、佐藤部長は次のように記していることが注目される。すなわち、「マ草案第四九条の、国会をもって選挙についての『唯一ノ裁決者』とする規定、同じく第五二条の『法律ハ法律案ニ拠ルニアラサレハ之ヲ議決スルコトヲ得ズ』の規定、同じく第五三条の秘密会議禁止の規定、同じく第五四条の国政調査権に関するコンテムプトの規定、同じく第五九条の憲法施行のための法律とに関する規定などは、気にかけながらも、後日の問題に残すこととして一応日本案にも採用した[11]」と述べていることから、議会による処罰の規定は、ここに挙げられている他の条項とともに、問題の解決を先送りし、一応規定されていたということである。

この「国務ニ関スル」という部分は、後に検討するように「国務」が「国政」に議会審議の中で修正されるが、調査権を補助説的に理解するか独立説的に理解するかについての、起草者の意図は不明ながら、対立する学説を生む下地を作る結果となったことに留意しておこう。そして、これはこのまま民生局とのやり取りの後に作成された三月六日案においても、総司令部側からの異議が差し挟まれることなく、採用されるのである。

結局、六月二〇日、第九〇帝国議会に提出された憲法改正案では、佐藤達夫部長が気にしていたコンテンプトの部分が削除され、「国務」の字句の追加はそのまま維持されて、国政調査権は第五十八条として、口語化のプロセスを経た後、次のような規定となったのである。

「両議院は、各〻国務に関する調査を行ひ、これに関して証人の出頭及び証言竝びに記録の提出を要求することができる。」

帝国議会の審議に先立ち、明治憲法の手続に則り、枢密院の議を経ることになるわけであるが、そこでは、国政調査権について特に議論がなさた形跡は存在しない。議会での審議に入るに先立って注目しておかなければならないのは、いわば議会対策として作成された法制局の資料である。

まず、昭和二一年五月の日付で、法制局の作成になる「憲法改正案に関する想定問答　第七輯」において、次のように記述されている[12]。

「問　本条の権限行使の相手方の範囲如何。

答　本条は政府の官吏は勿論、他の議院の議員、更に裁判官、検察官等の地位に在る個人のすべてに適用あるものと解することが、草案の下における国会の地位を牢固ならしめるために合理的な見解と考えられる。

そして例えばこの証言が、官吏としての義務と相容れざる場合の如きにおいても、本条が優先して、すなわち証言をなすべき義務があるといわなければならない。

（天皇に対して、証人訊問をなすことができるかについては、明文なきため疑あるも、刑事の訴追と異なり、証人訊問は、天皇の象徴たる御地位と必ずしも相容れないものではないから、これを肯定すべきか）

問　本条は、行政権及び司法権の侵害にならぬか。

答　国会は、国会の最高機関なるため、他の機関に対して優位にあるから、行政権及び司法権を違法に侵害したことにならない。

問　違反に対しては、いかにするか。

答　法律で、違反者を処罰する旨規定する方針である。」

なお、佐藤達夫『日本国憲法成立史　第三巻』では、同様の答弁資料・参考資料について、本文の三つのうち第二問だけが紹介され、それには「この問答はそれ自体不出来であり『国会ノ行政監督ヲ有効ナラシメ其ノ他其ノ審議ニ遺憾ナキヲ期スル為憲法ニ特ニ規定シタ』というように改められている。これは関係者の打ち合わせの結果であったと思う」という注記がなされている(13)。

次に、同じく昭和二一年五月付において、法制局は、「憲法改正草案逐条説明」を作成しているが、国政調査権について、次のような解説を付している(14)。

「**第五十八条**　本条は、両議院が議院外に対してもつ交渉について規定した条文である。即、両議院は、おのおの国務に関する調査を行い、これに関する証人の出頭と、かくして出頭した証人の証言の供述と、それから一般的に記録の提出とを相手方の誰であるとに拘わらず、要求することができる旨を規定している。」

以上のように、草案を作成した法制局は、入江長官と佐藤部長との間に、その理解について温度差があったのではないかと考えられ、明治憲法下での帝国議会の外部との交渉は政府委員を通じてのみ可能であり、独自に調査ができないということを改め、自ら交渉することを認めることにした点、また行政監督のために行使されるという点では一貫しているが、その及びうる範囲について、固まった見解は形成されなかったと思われる。

なお、アメリカ連邦議会のような、議院自らが証言拒絶あるいは偽証について罰する、議会処罰権を認めることについて、先述したようにこの問題は先送りされていたのであるが、この段階では削除されるに至っている。この点について、英米で確立された慣習法はわが国には馴染みにくかったことが予想されるが、佐藤達夫法制局第一部長は、次のように記している。「議会ニ於ケル証人ノ召喚及証言ニ関シ各院ニ処罰権ヲ与エズ裁判所ヲシテ之ヲ処罰セシムコトトセバ第三〇条（新）ニ於テ何人モ裁判所ニ拠ル裁判ヲ受クル権利ヲ保障セラレ居ルヲ以テ別ニ何等ノ規定ヲ要セズトノ趣旨ニ拠リ之ヲ削ルコトニ決定ス」[15]と。

（8）　古関・前掲注(4)・一八五頁参照。

（9）　「この章は、マ草案の一院制に対し、二院制として松本大臣が書き下ろされたものであり、衆議院と参議院とをもって国会を構成するものとされた。」（佐藤達夫著・佐藤功補訂『日本国憲法成立史　第三巻』（一九九四年）八〇頁。

（10）　松本文書（東京大学法学部法制資料室所蔵）五一九参照。ここには、松本国務大臣自らが、GHQ草案を翻訳した文章に、導線を引いて「国務ニ関スル」という字句を挿入した形跡が残されている。

（11）　佐藤・前掲注(9)・八二頁。

（12）　入江文書（国会図書館所蔵）R一一・〇二六二／〇二六三。ただし、漢字および仮名遣いについて筆者が改めている部分がある。

（13）　佐藤・前掲注(9)・四七六―七七頁参照。

（14）　入江文書R一一・〇四四四。ただし、漢字および仮名遣いを改めている。

（15）　佐藤達夫文書（国会図書館所蔵）R六・〇五〇八。

（三）　第九〇帝国議会における修正

既に、自著『憲法論の再構築』において検討したように、原意主義に立脚する場合、参考にされる憲法制定者の理解（意図）とは、起草者ではなく批准者、すなわち憲法制定議会の議員の理解が重要な決め手となる、ということが前提となる。従って、日本国憲法の制憲議会ともいうべき、第九十帝国議会において、どのような議論がなされていたのかを検討することは、国政調査権の範囲および限界についての解釈論を展開する上で極めて重要なことである。

ところで、審議の内容を検討する前に指摘しておかなければならないことは、実は、制憲議会において、国政調査権の規定の草案に字句の修正がなされたことである。それは昭和二一年七月二五日から、衆議院において、芦田均を委員長とする憲法改正案委員小委員会が各党の修正案を持ち寄り検討することになるのであるが、自由党（当時）がその修正案の中に[16]、その段階での国政調査権の規定である第五八条について、「国務」を「国政」に修正する案を提案し、それは八月二一日に、衆議院の特別委員会において可決され、二四日には本会議に上程され、この修正部分はそのまま可決の上、貴族院に送付されたのである。すなわち、七月二五日までは、国政調査権ではなく、国務調査権ということになっていたのであり、現在使用されている「国政」調査権という言葉は、衆議院憲法改正案委員小委員会において修正されたものであるということである。

なぜ、自由党が「国務」を「国政」と改める修正を提案したのかについての理由は、今日残された資料からは明らかではない。また、小委員会において、この点についての詳しい提案理由の説明は議事録に記されておらず、次のような芦田委員長からの説明が残されているのみである[17]。

「**芦田委員長**　次ニ五十八條ノ第一項ニ『両議院は、各〻國務に關する調査を行ひ』トアリマスガ、此ノ『國務』ト云ウ字ヲ寧ロ『國政』――政治ト云ウコトニ、『國務』デモ政治デセウガ、之ヲ『國政』トシタ方ガ宜イヂヤナイカト云ウノデ、『國務』ヲ『國政』ニ直シタイト云ウ修正案デス

〔「贊成」「異議ナシ」ト呼ブ者アリ〕

芦田委員長　進歩党ノ方ハ如何デスカ
犬養委員　賛成デス
原（夫）委員　結構デス」

「国務」から「国政」に改めることにしたのは、字句の統一のためであろうか。すなわち、これは憲法四条の当初の「国務」が「国政」と改められたこと（この点の修正は民生局との間で何度か折衝がもたれた重要な修正である）と関連するかもしれないが、不明である。(18) しかし、これによって国政調査権の性質が変化するものではないことは、芦田委員長の不明瞭な説明からも明らかである。なお、これによって英訳も national affaires から government に改められている。

(16) 自由党の修正案の全体像については、佐藤・前掲・七一六頁以下参照。
(17) 『第九十回帝国議會　衆議院　帝國憲法改正案委員小委員會速記録』一六五頁。
(18) なお、寺尾判事は、次のように記している。「政府の憲法改正草案では、天皇の『国事に関する行為』は『国務に関する行為』とあり、国会の『国政に関する調査』も『国務に関する調査』とあり、なお他に内閣の事務にも『国務を総理すること』とあったが、衆議院においてこれを修正して、天皇については『国事』、国会については、『国政』、内閣については『国務』と適切に区別せられた。」（寺尾正二「司法に関する国会の国政調査権の範囲及び限界」『司法研究報告書第二集第一号』（司法研修所）四九頁。大変参考になる見解ではあるが「国政」についての、前文および十三条での使用について、説明することができない。

（四）第九〇帝国議会における審議

次に、議会の中では、どのような議論がなされたのであろうか。ここでは、清水伸（編著）『逐条　日本国憲法審議録　第三巻』を参照しながら、検討することにする。

まず、右に述べた自由党からの修正案が提出され、可決される以前の衆議院委員会において、次に述べるような、質疑・応答がなされている。

「**吉田安**（日本進歩党―衆委七・二〇）『両議院は、各〻国務に関する調査を行ひ』、斯う規定してありまするが、この『国務に関する』と云う国務の範囲を先ず御尋ね致します。

国務大臣　金森徳次郎　第五十八条の国務と申しまするこことは、議会が行われる所の公の事務の全般を指すものと思って居ります。随って謂わば個人的の仕事はいけないけれども、議会の働きに必要なる国の関係の仕事は何でも出来ると云うのでありまするが故に、法律案を作成する為に必要であるような調査であるとか、行政を監督する為に起って来る所の必要なる調査、その他議会の担任せらるることに関係のある一切の国の仕事を含んで居る、斯う云う風に諒解して居ります。

吉田安　大体分りましたが、そうしますと、これは議会の行うこと、それから内閣が一般行政を行うその国務、それだけに限定されたもの、斯う解釈して宜しゅうございますか。

国務大臣　金森徳次郎　限定すると云うことは少しく不穏当と思って居ります。詰り、国の仕事でありますれば、言葉通り、それは全部国務であります。国の政治上に現われまするこことであるならば、総てそれは国務であります。個人的の利害関係のことは、これは国務ではありませぬ。だから、議会が行われることに関係を致しまする国務と言えば、一切のことに亘る訳であろうと思います。議会は、言うまでもなく、法律に関する権能が一番目ぼしいものでありますけれども、予算のこともやるし、政府も監督して居られるから、その間に起って来る一切の必要なる国務に付て第五十八条（憲六二条）の適用がある、斯う云う風に考えて居ります。

吉田安　諄いようでありますが、重ねて御尋ねして置きます。そうしますと、議会自身が国務に関することなんですね。それだけ御尋ねします。

国務大臣　金森徳次郎　これは議会が関与するを必要と認めらるる調査でございますからして、現実に執行と云う訳ではございませぬ。だから議会が調査をすると云うことを必要と認めらるる関係の一切の国務と云うことになります。」[19]

ここで、注目されるのは、吉田委員の「これは議会の行うこと、それから内閣が一般行政を行うその国務、それだけに限定されたもの、斯う解釈して宜しゅうございますか」という質問に対して、「限定すると云うことは少しく不穏当と思って居ります」と金森国務大臣が述べているとはいえ、最後に「議会が調査をすると云うことを必要と認めらるる関係の一切の国務と云うことになります」と述べていることから、基本的には補助説的に理解しているということが窺えよう。このようなスタンスは、先に検討した衆議院の修正によって「国政」となってからも同様であり、次の佐々木惣一委員とのやりとりが注目される。

「**佐々木惣一**（無所属―貴委九・二〇）『両議院は、各〻国務に関する調査を行ひ、これに関して、証人の出頭及び証言並びに記録の提出を要求することができる』と云うことでありまして、是は国政に関する調査と云うのは、どうも少し是は憲法上の規定と致しましては、少し広過ぎるような言葉が、ひょっとどうかしてこんなことになったのじゃないかと思われる位で、私は所謂議員でも宜しゅうございますが、大臣でも宜しゅうございますが、其の他の者が、国政上色々なことをやって居る時に、査問会も開くことが出来る、そう云うことを一体規定せむとする趣旨であったのじゃないか。

其の故に『証人』は或は『証言』と云うような言葉がそう云う場合に利くのであって、所謂其の政務を調査したいような時には、どうも証言とか云う言葉が余りぴんと来ぬと云う風に思うのですが、是は我が国に於ても、実際上の運用として査問的の行動を衆議院に於てやられたことがあるのだけれども、何しろ法律上の根拠がないから何にもならぬのですけれども。で、そう云う意味でなしに、更に一般の審査会、調査委員会とか云うような意味の広い調査と、矢張り此の調査を解釈致さなきゃなりませぬが、尤も言葉は『国政に関する調査』だけれども、併しながら、只今申しましたような査問的の調査だと云う風に多少狭めて解釈すると云うようなことを許されぬものでありましょうか。

国務大臣　金森徳次郎　六十二条は是はまあ、日本としては新らしい考え方でありまして、本年の春頃に日本の各方面の団体等に於きまして、憲法の改正の事項として挙げられて居ることを記憶致して居りまするが、在来の考え方に於きまして、議会は正式には議会外と交渉する権能を持って居りませぬ。政府と交渉する、政府委員と交渉する、又政府を通じて必要なる若干の資料を得ることが出来ると云うような風に、非常に限定されて居ったのであります。之を露骨に申しますれば、国会と云うものを成るべく一般のものから切り離して置くと云う気持ちが、動機は分りませぬが、結果に於ては現れて居ります。

そう云う考え方を除却致しまして、国会の方から相当に広く世の中の必要なる人的、物的資料を集めるようにした方が宜しいのではないか。そうしませぬければ、立法等の十分なる働きにも差支えを起こすと云う、斯う云う前提から出て居りまするが故に、査問委員会等のことではなくて、本当に大きな、国会に委員会が出来まして、何か法律案に付いて調査する為の基礎資料とか、請願の資料を処理する為に必要な調査資料と云うことになりますれば、其の規定に依って集め得るものと思って居ります。此処にありまする所の『証人』とか『証言』と云う言葉が、少しく一般の言葉と例が違うかも知れませぬが、何しろ新しい言葉で、うまい言葉がなくて人間が材料を出すのを『証人』、物で材料を出すのを『証言』『記録の提出』、斯う言ったのであります。之を限定する途は、国会法等で限定することが出来ましょうけれども、そう云う腹は持って居りませぬ。

佐々木惣一　私は唯、そう云う調査が悪いとか、不必要だとか言うのじゃない。そう云う調査ならば、憲法に規定するのは少し物物しいと云うだけでありまして、それならば国会法に規定すれば十分だと云う所から申上げたのでありまして、御趣旨の点は決して不賛成でも何でもない。

国務大臣　金森徳次郎　国務調査の両議院の権能に付いての最後の御言葉に対して申して置きまするが、此の規定を憲法の中に置くことは、小さいではないかと云うような御感想でありましたが、私の方では、寧ろ是は憲法に書くことに依って、国会と云う制度其のものが全般的に活気を帯びて来るのであります。味噌を持って居ると云うことを能く言いますが、稍々味噌を持って居る規定であると了解して居ります。」[20]

ここで、まず、注目されるのは、既に衆議院において修正が可決されているにもかからず、金森国務大臣は、国政調査ではなく、国務調査という言葉を使用しており、これは国務が国政になっても何等の実質的変更がないことを例証するものといえよう。次に、この規定により査問的調査を認めるものではないことを明言していることは、注目されるところである。

(19) 清水伸（編著）『逐条　日本国憲法審議録　第三巻』（一九六二年）二五〇―五一頁。
(20) 清水・同右・二五一―五二頁。

(五) 小　括

明治憲法下、議会が自ら事実の調査をする権限は、議院法によって否定され、政府（内閣）を通じてのみ情報収集することとされていた。これは、わが国に国政調査権が存在しなかったに等しい。

日本国憲法はその六二条に明文で国政調査権を認めている。これは、GHQ草案に由来し、そこでは単に「調査をすることができる」とされ、議院の補助的・付随的権限と考えていたことを窺わせるものである。しかし、その日本化の過程において、松本国務大臣によって「国務に関する」という文言が挿入され、内閣案でもそのまま採用されている。まさに、国政調査権ではなく、国務調査権であったのである。それが、帝国議会の審議の中で「国務」が「国政」に修正され、ここに名実ともに国政調査権が成立したのである。当時の提案者側の理解については、入江文書と佐藤達夫文書が参考になるが、議会答弁用に用意された「想定問答集」や「逐条解説」を検討すると、憲法施行後論争されることになる、独立権能説的な理解、すなわち「国会が国権の最高機関」であることを根拠に国政調査権の範囲に司法権が入るとの見解と、補助的権能説的な理解の、両者が混在していた。しかし、帝国議会における審議に入ってから、金森憲法担当大臣の立場は、それを議院の権能に付随するものとの理解で一貫していた。憲法制定者の理解は、その後の論争に当てはめると、補助的権能説であった、と結論付けることができよう。

三　浦和事件の再検討

（一）　参議院司法委員会における「裁判官の刑事事件不当処理に関する調査」

言うまでもなく、日本国憲法の制定において、中心的なテーマとされたのは、天皇制とその関わりにおける主権の所在の問題であった。また、国会の章に限れば、当時の内閣が関心を寄せていたのは、ＧＨＱ草案における一院制を二院制に改めることであったことも周知の事実である。国政調査権が、憲法制定後、最初の憲法論争として大きな問題となることを予想した者はおそらく存在しなかったであろう。その端緒となったのが、これから考察を加える、浦和事件である。浦和事件は、今日あまりにも有名となり、検討するまでもないともいえそうであるが、この事件が取り上げられるに至った経緯についてはよくわからない部分が多々存在するが、そこには国政調査権をめぐる問題が集約されており、わが国におけるこれらの問題を考察する出発点として、今日においても重要である。

さて、浦和事件と呼ばれているのは、参議院法務委員会（当初は司法委員会として出発した）による「裁判官の刑事事件不当処理に関する調査」の一環として行われたものである。この調査は、一九四八（昭和二三）年五月六日に参議院司法委員会において、伊藤修委員長から提案されたものである。参議院司法委員会会議録には、次のように記されている(21)。

「**委員長**（**伊藤修君**）　只今から委員会を開会いたします。本日関係方面とも懇談して参ったのでありますが、その経過を御報告申上げ、御意見を承りたいと存じます。

目下裁判官の待遇に関する法律案が国会に提出されておりますが、それはそれとして、問題は、現在裁判官が果して国民の信頼をかち得るだけの行動をしているだろうかどうかということであります。勿論裁判官全部というのではないが、裁判官のうちには、日本のおかれている現在の地位を十分に理解しないで、具体的事件の処理にのみ捉われている向が多分にあるというのであります。例えば尾津事件の問題において、裁判所は四回もの保釈申請を許可しなかったものを、最後に極く少ない保証金額で保釈を許し、本人は病院で乾分と共に宴会をしているのに、裁判は少しも進行しない、而もその後物価調整法令違反として起訴されていても、この事件もまだ未処理となっている。又新鋭大衆党の眞木事件も起訴を受けたが、これも保釈となって裁判は進行せず、中止となっているが、その理由が少しも分らない。又この外にも青木事件、蜂須賀事件というのがあるが、これも理由不明のままに裁判が進行していない。これらは超国家主義的な人物であって、日本の民主化のためには好ましくないものであるにも拘わらず、裁判所がこのような措置を執るということは、裁判所が民主化に相反する行動を執るということになるので、国民がこれを認めるかどうかは非常に重大な問題となる。又日本の食糧事情が極めて困難であるので、これの解決の一方法として、世界の各国の反対があるにも拘わらず、関係方面としては、日本漁業の南方進出を許可したところ、木更津に船籍を置く松島丸は、遠く許可海域から一千哩も先方に進出し、遂に濠洲で拿捕され、日本に送還された。これについて濠洲と中国から抗議がきたくらいであったのに、この事件に対する日本の裁判所の裁判は、僅かに禁錮六ヶ月と罰金二万円程度だった。一方には煙草一本所持のごとき軽微な犯罪であるのに、懲役三年に処するのがあるかと思うと、このように極めて軽る過ぎると思われるものがある。各事件について、裁判官が事件の処理を進行せしめないこと等は、裁判官が暴力を恐れるからであるのか、何か他に不正があるのか、その措置について理解し得ないが、このようであっては、裁判官のその待遇を高めても、国民の信頼を裏切ることとなるというのであります。私は先方といろ〳〵話しをいたしたのでありますが、このような問題について、司法委員会としては、調査事件として十分調査し、その結果を最高裁判所に勧告し、且つその他適当な方法をとったら如何かと考えます。即ち国会は国権の最高機関でありますので、司法委員会が松島丸事件、尾津事件、眞木事件、伊東ハンニ事件、その他これに類するような問題について、何故にこれが未処理のままになっており、国民に疑惑の念を抱かせるかを徹底的に明らかにし、併せて能力のない裁判官、その他好ましからざる裁判官についても十分調査を行い、その結果に基いて最高裁判所に勧告し、その他国会として適当な処置を講じたいと思います。そのためには、事件の裁判官、その他関係人を証人として供述を求めるというようなことをしなければならないと思いますが、如何でしょうか、お諮りいたします。

〔「異議なし」と叫ぶ者あり〕

委員長（伊藤修君）　御異議ないと認めます。では只今の問題は調査事件とすることに決定いたします。

〔「異議なし」と叫ぶ者あり〕

委員長（伊藤修君）　御異議ないと認めます。尚題名について如何いたしますか。お諮りいたします。

松村眞一郎君　題名については委員長において十分考究を願います。

委員長（伊藤修君）　それでは裁判官の刑事事件不当処理等に関する調査といたしては如何でしょうか。

〔「異議なし」と叫ぶ者あり〕

委員長（伊藤修君）　題名につきましては、只今申上げた名称とすることに決定いたします。ではさように決定いたして、これで散会いたします。」

ここで、指摘しておくべきことは、この調査が「関係方面」、すなわちGHQからの示唆によって開始され、しかも後の会議録から窺われるように、扱う事件（六つの事件）も示唆されていたということである。また、GHQによる、このような「司法における封建制の打破ないし民主化」の示唆は、最高裁判所に対してもなされていた形跡があり、最高裁自身、調査結果をGHQに報告をしていた旨の記述が残されている(22)。したがって、当初この調査が開始されたとき、最高裁は、これが司法権の独立を侵害すのではないかとの危惧を有していたことも確かではあるが(23)、これらの調査に協力する姿勢をも示していたのである。伊藤委員長のこの提案から二週間も経ない五月十八日には、説明員（岸盛一最高裁刑事部長）から、尾津事件、眞木事件、松島丸事件についての調査報告がなされているのである。[24] このGHQの示唆の詳細および占領政策との関連については、資料を見出すことができず、非常に興味を引かれるものではあるが、今後の検討課題とさせていただきたい。

さらに注目されることは、委員会がこのような調査を開始するにつき、裁判官の待遇の問題にふれているとはいえ、国会の最高機関性を引き合いに出していることである。なお、このような調査が、司法権の独立との抵触を生むことの懸念は、既に、翌日の委員会において指摘され、次のような質疑がなされている。[25]

「**鬼丸義斎君**　私はこの調査会の制度は、特殊な事情のため止むを得ないこととは思いまするが、日本の司法権独立の建前からいたしまして、裁判に対しまする、その裁判の是非を、私共の立場において、内容に立ち入って再検討いたしまするることが、若しも司法権独立に大きな影響を興えるようなことになりますならば、根本の大きな問題ではないかと実は心配いたします。故に、運用におきまして余程細心の注意を佛って司法権の独立たる性質を傷付けないことに深く注意を佛って扱わなければならないのではないかということを気遣います。

委員長におかれましては、この運用に付き定めて不安もあられましょうと思いますが、確定裁判を受けておりますものの再調に掛かるものであるか、或いは起訴後において裁判の係属中に掛かりまする事件にも手を染めていいのであろうか。公正なる裁判の行われまするることを目標としてこの調査会を進めて行く、そうしてこれを効果あらしめようといたしまするならば、ややもすると司法権の憲法問題にまでも触れるような虞れもあるようにも感じまするので、大体調査の範囲を、従来判決の確定いたしておりまする事件の範囲に限るべきか、或いは事件の進行中のものまでも及ばなければならないのかという点を、この際取決めをいたす必要があろうと思います。それから若しこれが調査の結果、不当なる裁判というようなことはあり得ないことと思いまするが、ありといたしましたならば、その及ぼす影響も考えなければならん。若しも私共が非常な国家のため必要なることだと考えましてこの調査会を進めて参りました結果が、却って飛んでもない負債を起こすようなことになりましたならば、私共の責任も亦軽からんものだと思います。スタートに当たりまして、この点に対しまする気付きました点を申述べて、皆様の御参考に供したいと思います。

委員長（伊藤修君）　お答えいたしますが、先ず第一点の司法権の独立を尊重するという点に対しましては、非常にデリケートな問題でありますから、勿論これに対しましては、我々として十分注意して、その独立性を犯さない範囲内においてこの委員会の活動を継続して行きたいと存じます。

それから第二の点は、必ずしも本件の目的は、確定判決のみとは限らないので、目下進行中のものに対してもこれが調査を行う、勿論その調査は、判決の当否に対しまして、確定判決ならばこれを批判するということは勿論できることと存じますが、進行状態が果して正しく進行状態をしめしておるかどうかということを側面から国民の批判的な考えを以て見ると、こういう行き方にして行ったならばどうかと存ずるのであります。勿論裁判官の独自の行動を制約するとか、そういう意味合ではないのです。」

ここで注目されることは、鬼丸委員による、司法権の独立との関係から、調査は確定判決に限定することの提案を、伊藤委員長は否定し、司法権の独立（裁判官の独自の行動は制約しないこと）には留意しつつも、確定判決に対する批判は勿論、裁判進行中のものに対しても、その進行状態を批判的に検討することを明言していることである。

この委員長見解を敷衍して、次のような発言もなされている。

「**松村眞一郎君**　私はその点について我々は司法権の独立ということについての考え方を余程はっきり自分たちが掴まなければいけないと思う。元来司法権独立というものは、裁判所が裁判官に裁判をせしめる場合、裁判官が外部から何らの圧迫なり命令なりを受けないで、自己の良心に従って判決するということが司法権の独立なんであります。それに対して批判を許さないという意味では決してないと思います。従来裁判所の判例批判というものはある。これは皆法律的の批判をしているので、いわゆる法律家が批判している。それでなくて裁判に対する社会批判というものは、日本の国に非常に欠乏していることを私は痛感する。……裁判官は世間の批判から独立することなく、むしろ批判して貰うことを非常に望んでいるのじゃないかと思う。自分たちの狭い視野から、若し誤って国民全体が考えて、如何にもこれは感服しないという裁判をしているのじゃないかということを裁判官自身が反省をもし、勉強するために批判することは必要だと思う。その意味においてこの委員会は従来世間に行われていないことの私はスタートを切るものだと思いますから、その意味で余程慎重に考えなければならん。それと同時に我々の責任は重い。単なる法律の判例批判というようなことは沢山印刷物になっておりますが、併しながら裁判が刑法の範囲内において、如何にも常識から考えておかしいというような場合は、その批判を裁判官に聴きたいと思う。……批判の外に自分が超越して、世間にどんなことがあっても自分は説明しないということでは、裁判官の独立でなくて、裁判官の孤立だと思います。……

委員長（伊藤修君）　私といたしましても司法権の独立に対する見解は松村委員のおっしゃったような考えを持っております。国会は最高機関といたしまして裁判官に対して批判を与えるということは正に国民のなすべきものでなさなくてはならないと思うのであります。さような意味合において本委員会をスタートしたいと思います。

それで先ず本委員会に取上げる事案を一つ御提案いたしまして皆さんの御意見を伺いたいと思います。第一に松島丸事件、第二に尾津事件、第三に眞木事件、第四に青木周一事件、第五に蜂須賀事件、第六に資格審査表虚偽記載事件、第七に全国の町の顔役の事件の概略及び審査進行状態、これだけを本委員会の第一段階としてこれを審査の目標にいたしたいと思いますが、御異議ありませんか。」

ここで確認しておきたいことは、委員長は今回の調査が「国権の最高機関として裁判官に批判を与える」ものであることを繰り返し述べるとともに、先の鬼丸委員の司法権の独立を広く捉える考え方に対して、松村委員は「裁判官が外部から何らの圧迫なり命令なりを受けないで、自己の良心に従って判決するということ」が司法権の独立が意味することであるという、狭い概念を採用し、さらに裁判批判について強い意欲を示し、これに委員長も賛同していることである。また、後に伊藤委員長が司法権の独立との関係で否定的見解を示す、裁判中の事件をも扱うことを、当然の前提としてこの調査をスタートさせていることである。ここには、浦和事件における参議院法務委員会と最高裁の対立の原型が既に見られるとともに、委員会の中には委員長のような見解に疑いを差し挟む者が当初から存在していたことにも、注目しておいてよいであろう。

(21)『第二回国会　参議院司法委員会会議録第二十二号』一頁。

(22)『裁判所時報　第二号（昭和二三年一月一五日）』一頁には、最高裁判所の通達として、「刑事事件関係報告について」が掲載されているが、その中に「又、昭和二十一年十一月二十一日付け刑事局長発控訴院長、地方裁判所宛刑事局刑事第一六七〇〇号『刑事被告人の数並びに処遇結果の調査について照会』に基く報告は、これを連合軍最高司令部に対し報告する関係もあるので、期限を遅滞しないよう配慮されたい」という記述が残されている。

(23)『法曹時報一巻五号』に、浦和事件に至るまでの経緯、およびその調査報告についての参議院法務委員会と最高裁とのやりとりの資料が集成されているが、その一四七頁には、次のように記述されている。「最高裁判所は参議院法務委員会の措置を知るや、直ちに島、庄野両裁判官、本間事務総長及び刑事部係官において伊藤委員長と会見し、国会が国政調査権に基いてかかる調査をすることは憲法上多大の疑義が存し、直ちに協力し難き旨を指摘したところ、同委員長においても、本件調査は司法権の独立との関係上、その取扱は極めて慎重たるを要することを了承した。而して両者の間には、『(1) 裁判の当否については調査しない、(2) 他の調査についても裁判官を証人として喚問することはもとより、面接することもしない、(3) 裁判官について調査の必要があるときは、できるだけ、最高裁判所において、委員会の依頼に応じて調査し、これを通知する』旨の了解が成立し、この了解に基いて同委員会が調査を進めるに当り、実際上、その目的と方法を誤らない限り、今回のような違憲問題も惹起せずに進むかの如き状況にも看取された。」

(24)『第二回国会　参議院司法委員会議事録第二十二号』三頁以下参照。

(25)『第二回国会　参議院司法委員会会議録第二十二号』九頁以下参照。

(二)　参議院法務委員会における「検察及び裁判の運営等に関する調査」

このような、委員会内の見解の相違は再度表面化する。それは、その後、委員会の名称が法務委員会となり、調査のタイトルも「検察及び裁判の運営等に関する調査」に改められる、昭和二三年一〇月一五日の第三回国会にお

ける委員会での議論においてである。(26)

「**委員長**（伊藤修君）　次にお諮りいたしたいと存じますが、御承知の通り、当司法委員会におきまして、裁判官の刑事事件不当処理に関する調査会が設置されておりますが、その調査会におきましては関係方面の示唆の分だけは完了しておる次第でありますが、その余の分につきましては、いわゆる暴力団に対するところの裁判並に検察という点につきましては、未だ完了していない次第でありますが、この際従来の調査会の名称を変更いたしまして、名称を、『検察及び裁判の運営等に関する調査』、こういう名称にいたしまして、その目的を、『裁判官、検察官の封建的観念及び現下日本の国際的、国内的立場に対する時代的識見の有無並にこれら司法の民主的運営と能率的処理を阻む残滓の存否を調査し、その不当なるものあるときは、それが立法的対策を講じ、又は最高機関たる国会の立場で司法部に対しこれを指摘勧告する等、適切な措置をとること、』従来の目的と大差はありませんが、文字を整備いたした次第でありますが、以上のような名称及び目的の調査会を設置いたしたいと存じます。如何でございましょうか。

鬼丸義斎君　これは国会法或は参議院規則等によりまして、当委員会が当然そういう調査会を設けて、法的にも、又手続の上においても差支えないものであるかどうかと聊か疑問を持ちまするが、この点どういうふうなお考えであるか。尚先回の不当裁判に対しまする調査を我が委員会においてやることになりましたについては、特にその際その筋の示唆等がありましたために、当委員会がそれを扱うことになったという経過は了承いたしておりまするが、ここに改めて名称も変り、殊にその調査範囲も非常に従来とは異なった拡大された範囲であるし、非常なこれは重大なる事項だと思います。で、法務委員会においてそれをここで協議し、法務委員会においてその活動を開始することに対して外部の響き――乃至は法務委員会の課せられたる当然なる職権なりとしてよろしいものであるか。本会議等との全然連絡を取らなくしてやってよろしいのであるかどうか、ということについて聊か危惧の念を持ちます。すでに経験いたしました裁判官の不当裁判に対しまする調査につきましても、法務委員会がああいうようなことを調べるのは少しく行き過ぎじゃないか、或は法務委員の仕事も非常に多いところに持ってきて、今度新しくこうした大きな仕事を担当すること等を睨み合わせて考えて見ますると、法務委員会の負担が非常に過重になるのではなかろうかと心配いたします。……

委員長（**伊藤修君**）　御承知の通り先の司法委員会におきまして、関係方面の示唆に基きまして、裁判官の刑事事件不当処理に関する調査とかいうものを開始いたしました。勿論関係方面の示唆は、当時の委員会に対しまして例示的に六個の事案を指摘して参りました。それはただ飽くまで例示であって、委員会においては少なくともそれに類するもの若しくはそれと関連を持つもの、そういう趣旨に副うような事項については常にこれを国会として指摘して、以て日本の司法権の運用並びに検察権の運用について、民主国家の再建に寄与するように国会は独自の立場において常に活動すべきものである。こういうような示唆があったのであります。当時さような趣旨を皆様に申上げまして、あの委員会ができ、爾来活動の大体において世評の上においてはその目的を達し得たことと我々も自負する次第でありまして、最高裁判所におきましても、当委員会のあの示唆に基きまして、十五号の裁判所時報に、全国の司法官に対しまして、当委員会が指摘したと同様な趣旨の訓示を与えまして、いわゆる裁判官の旧来の観念を是正して新らしい民主日本の再建に寄与するようにというような、長文な訓辞が与えられておるような次第でありまして、最高裁判所においても、さような示唆に基いて行動を取っているのです。尚我々の従来の仕事はまだ完了していないとぞんじまして、関係方面においてもやはりその一部として指摘しておるところの、全国におけるいわゆる暴力団に対する裁判が、今日日本の民主主義再建のために非常に寄与するような方向に行なわれていないのではないか、こういうような考えもありまして、先の委員会におきまして、その一部を調査にかかった次第でありますから、そのままその事案に対しまして、当法務委員会が継続して、従来の委員会を再びここに設けまして、調査をすべきではないか、かように存じましたが、御承知の通り委員会が変りましたものですから、新しくここに設置するという立場になったのであります。それならば名称をも変更し、又目的をもう少し明確にいたしまして、調査の範囲が検察の方面にも及ぶ場合があるのですから、これを含めていたしたら、かように存じまして、先刻申しましたような調査会の提案をいたしました次第でありますが、勿論国会法の上におきましては、当法務委員会におきまして、さような調査もなし得ると私としては確信しておる次第でありまして、法務委員会におきましての法規の立法、そういうことは勿論司法制度の運用、警察制度の運用という点に対しまして、我々は国会として常に監督することはでき得ると、かような観点に立ってこの調査会を設置したい。かように思う次第であります。」

これに対して、鬼丸委員は、検察に対しては検察官適格審査委員会が設けられていること、裁判官に対しては弾劾裁判所が存在していることから、このような調査は法務委員会の守備範囲を超えるものではないのか、また今回の調査は、委員長だけの考えによって設置したのか否かについて質問している。これに対して委員長は、これは個人の意見ではなく、「関係方面」すなわちＧＨＱの示唆によって開始したものであることを繰り返し述べ、例示的に示唆されたもの以外にも調査すべきことを予め示唆されていることと、名称の変更については「不当処理」ということであれば、取上げられただけで不当という印象を与えることから、変更することを考慮したと述べている。また、検察審査会や弾劾裁判所との関係については、これらは人の非行が問題となるのに対して、法務員会の調査の趣旨は、民主主義の徹底、平和主義の徹底という線に裁判の運用がそっているかどうかの調査である、と答えている。[27] 再度、鬼丸委員が、国会法並びに参議院規則等に定められている職務の範囲を逸脱しているか否かの検討が必要ではないのかという質問に、委員長は次のように答え、その中で、最高裁も協力的であると述べているのは、浦和事件をめぐる委員会と最高裁とのその後の激しい対立を知る者にとっては、注目に値する。

「**委員長**（**伊藤修君**）……我々の委員会の考えておった趣旨は最高裁判所においても遂にそれを是認いたしまして尤もさような考えで出発されたならば、我々も双手を挙げて賛成するところであると三淵長官も賛意を表されまして、以来むしろ三淵さん辺りからも協力の立場に立っておられる位でありまして、出発当時においては衆議院におきましても、或いは弁護士会におきましても、いろいろ異論がありましたが、今日におきましては、我々の意図するところがですね、そういう点ではないと、他の部面に……例えば裁判にタッチするとか、或は先程御指摘のいわゆる人事の問題に立入って、他の機構の権限を侵すとかいうような問題ではないと、高所大所に立ってわが司法権の確立を図ろう、最もよき検察制度にいたしたいとかような観点からしてこの調査会は活動しておるのだということは、今日の程度におきましても皆是認されておると、かように考える次第であります。尚今後運営する場合におきましては、そういう点は十分意を用いてかりそめにも指弾を受けないように我々は行動して行きたいと、かように考えます。」

ここで再確認しておきたいことは、「裁判官の刑事事件不当処理に関する調査」は、詳細については不明ながらも、そもそもGHQからの示唆によって開始され、それ故、浦和事件が問題化した段階で、当初から最高裁は司法権の独立を侵害するのではないかとの懸念を有し、参議院司法委員会に申し出をしたことを後に明らかにしているが[28]、協力的な面も有していたことである。また、委員の中には、司法権の独立を侵害しているのではないかとか、このような調査は委員会の職務の範囲を超えるのではないかという発言がみられることも注目されるところである。委員長の発言として、議事録にも掲載されているように（ただし、議事録において、速記が止められている個所が存在し、議事録からその当時の議論を完全に読み取れるわけではないことを、残念ながらお断りしておかなければならない）、GHQは具体的に六件の事件を示唆しているが、委員会が司法委員会から法務委員会へと名称が変更になるとともに、委員長の発議で調査のタイトルも「検察及び裁判の運営等に関する調査」になり、伊藤委員長の提案になる浦和事件の調査が開始されるとともに、参議院法務委員会と最高裁の対立は明確になり、問題が顕在化してくるのである。この両者が激しく対立したことから、逆説的に推測されるのは、浦和事件自体の調査は、法務委員会自らのイニシアチブで開始され、展開されたものであろうということである。

(26)『第三回国会　参議院法務委員会会議録』第一号一頁以下参照。

（27）　同右・二頁参照。
（28）　前掲・注(23)参照。

（三）　参議院法務委員会における浦和事件の調査および最高裁との対立

参議院法務委員会における浦和事件の調査は、一九四八（昭和二三）年一一月一八日における、次のような委員長の発案から始まったものである。

「**委員長**（伊藤修君）

次に検察及び裁判の運営等に関する調査会についてお諮りいたしたいと存じますが、同調査会で先に採上げる事件を御決定願いました。それに附加いたしまして、その際一言触れてはおりましたが、本庄事件及び浦和地方裁判所で行われたところの殺人事件でありますが、事件の内容は生活苦のため一家心中を計り、子供三人に対し殺鼠剤を与えたが未遂の結果、絞首殺をなして後母は自殺を計ったが未遂に終った事件であります。浦和地方裁判所牛山判事、大澤判事、勝俣判事の方々であります。検察官は柴崎検事の係であります。本件に対しましては執行猶予判決が与えられ確定したかに聞き及ぶのでありますが、同事件に対するところの殺人事犯に対して裁判所の考え方が、いわゆる小児及び少年の生命というものを尊重しないというような考え方が一般司法官の頭にあるのではないか、こういう点について調査をいたしたいと考えますが、以上二件を調査の対象といたすことに御異議ありませんか。

〔「異議なし」と叫ぶ者あり〕

委員長（伊藤修君）　ではこの事件を採上げることに決定いたします。[29]」

会議録を検討する限りでは、浦和事件の調査が、ＧＨＱからの示唆によって開始された形跡はない。また、この事件の調査をめぐって、その後、参議院法務委員会と最高裁とが激しく対立したことは、この事件にＧＨＱが関与していなかったからこそ生じたもの、とも言えるであろう。この事件の調査は、上記発言から窺えるように、伊藤委員長からの突然の発言から開始されることになったものであるが、その動機は、それを知る資料が存在せず、あくまで予測の域をでるものではないが、おそらくこの事件の調査は委員長個人のイニシアチブによるものではないかと思われる(30)。なお、子供三人を絞殺するという事件が発生したのは、一九四八（昭和二三）年四月六日であり、同年七月二日浦和地方裁判所において懲役三年執行猶予三年の判決が言い渡され(31)、検察側が控訴しなかったことから、事件は確定している。

浦和事件の調査は、一九四八（昭和二三）年一一月二六日に、浦和充子自身の証人喚問、および担当検事柴崎四郎の証人喚問が行われ(32)、同年一二月七日の午前に、折原竹雄（埼玉県庁民政部児童課長）、古澤傳次郎（司法保護事業を行っており、その事業の一環として浦和充子の支援をしている）、藤井恵昭（司法保護事業を行っており、一時浦和充子を預かっていた）、および岡田公（浦和充子の兄）の、午後には、浦和語助（浦和充子の夫）の証人喚問が行われている(33)。これらの証人喚問について、いちいち紹介する意味はないといえるが、全体的に事件の後追いとなっていることと、さらに、これまであまり指摘されてこなかったが、重要な点として、個人の、とりわけ浦和充子自身の、思想・信条およびプライバシー等をはなはだしく侵害したのは明白であり、この調査が「国政」の範囲を逸脱したか否か、あるいは司法権の独立を侵害したか否かを問う以前に、人権侵害の調査であり、許されないものであったことに、まずもって注意を喚起しておく必要がある。例えば、「お酒が好きですか」とか、「煙草は一日何本吸いますか」とか、はては「何年《なにどし》生まれですか」の類まで質問をしているのである。はなはだしい人権侵害の調査であったと言えよう。なお、参議院法務委員会における「検察及び裁判の運営等に関する調査」はその後も継続され、一九九六（平成八）年の第一三五国会まで維持され、第一三六国会から「法務及び司法行政等に関する調査」と改められ、現在まで続いているのである。しかし、浦和事件後は、最高裁から激しく攻撃され、また学説においても国政調査権が補助的権能であることが通説として確立されたこともあって、裁判批判のための調査は影をひそめるのである。

浦和事件が、新聞紙上において大きく取上げられ、日本国憲法初の憲法論争となるのは、一九四九（昭和二四）年五月に「裁判官の刑事事件不当処理に関する調査」の報告書が出され、その中で、判決を「検察官および裁判官の本件犯罪の動機、その他の事実認定は不満足であり、執行猶予付きの懲役三年の刑は軽きに失し当を得ない」と結論付けるに至り[34]、最高裁から抗議を受けることになってからである。同年五月二〇日、最高裁判所は参議院に対して、次のような申し入れを行っている。

「憲法六十二条に定める議院の国政に関する調査権は、国会又は各議院が憲法上与えられている立法権、予算審議権等の適法な権限を行使するにあたり、その必要な資料を集取するための補充的権限に他ならない。……しかしながら、司法権は、憲法上裁判所に専属するものであり、他の国家機関がその行使につき容喙干渉するが如きは、憲法上絶対に許さるべきではない。この意味において、同委員会が、個々の具体的裁判について、事実認定若しくは量刑等の当否を審査批判し、又は司法部に対し指摘勧告する等の目的をもって、前述の如き行動に及んだことは、司法権の独立を侵害し、まさに憲法上国会に許された国政に関する調査権の範囲を逸脱する措置と謂わなければならない。

裁判官に対する民主的監視の方法は、自ら他に存するのであって、すなわち、憲法の定める最高裁判所裁判官に対する国民審査及び裁判官に対する弾劾の各制度の如きがそれである[35]。」

これに対して、一九四九（昭和二四）年五月二四日、参議院法務委員会は、以下のような声明書を出している。

「一、　最高裁判所の違憲法令審査権は具体的な各個の事件に付憲法違反の法令の適用を拒否するという消極的な機能をもつに過ぎない。従って最高裁判所が具体的事件の裁判としてではなく、裁判以外において国会や内閣の行動に関し、憲法問題につき意見を発表することは越権である。

二、　国会は国権の最高機関であって、国の唯一の立法機関であることは、憲法の明定するところである。

従って、憲法第六十二条の国会の国政調査権は、単に立法準備のためのみならず国政の一部門たる司法の運営に関し、調査批判する等、国政全般に亙って調査できる独立の権能である。

三、所謂司法権の独立とは、裁判官が具体的事件の裁判をするに当って他の『容喙干渉』をうけないことであって、いかなる批判をも免れうるというものではなく、この国政調査権による調査批判は、却って国権作用の均衡と抑制の理論からも必要である。

従って既に確定判決を経て裁判官の手を離れた事件の調査の如きは豪も裁判の独立を侵すものではない。

四、……浦和充子事件においても、調査の目的は『抵抗力なき子供の生命権の尊重及び封建思想に関する係検察官及び裁判官の認識』と『その判決が社会人心に及ぼした影響』であり、その調査の方法も判決の確定をまって着手し裁判官に対しては最高裁判所を通じて書面による回答を求めたのである。

五、裁判官に対する民主的監視の方法として国民審査及び弾劾裁判の制度があるが、前者は、最高裁判所裁判官のみについて『十年毎』に一回であり、後者は個々の裁判官に非行のあった場合にのみ行われるに過ぎない。この両制度のみでは司法の民主的運営と能率的処理を図るために充分ではない。これ国政調査権による調査批判を必要とする所以である。(36)」

ここで注目されるのは、調査は確定判決に限るべきであるとの、他の委員からの質問に対して、委員長は繰り返し現に裁判中の事件を調査することに対し、これに問題はないとしていたのが、一転して、この場での参議院法務委員会の見解として、確定判決に限るとの限定を前面に出し、司法権の独立を侵害しないことの根拠にしていることである。また、この声明書から、浦和事件の担当裁判官に対して、証人喚問はしなかったものの、最高裁判所を通じて書面による回答を求めていたことが判明するのである。なお、法務委員会見解の一について言えば、この場では、公式にあるいは非公式に、最高裁は既に当事者となっていたのであるから、憲法問題について自らの見解を公にしても、越権行為とはいえないであろう。

(29)　『第三回国会　参議院法務委員会会議録第六号』八―九頁。
(30)　なお、後述する、柴崎検事の証人喚問において、委員長との次のような応答が記録されていることが注目される。しかし、このことは、浦和事件がＧＨＱの示唆によるものであることを窺わせるものと言える余地もあるが、そうではなく、事件の捜査および控訴をしなかったことについて、ＧＨＱと関係があるか否かを確認したいがための質問である、と理解されよう。
「**委員長**　最後に伺いますが、関係方面に本件についてお出でになったことがありますか。
証人　関係方面……。何かちょっと質問が……。
委員長　ＧＨＱの関係方面についてですね……。
証人　私は参りません。判事が参ったようなことは伺っております
委員長　裁判所は後でいらっしゃったのですか。
証人　はぁ。
委員長　検事局は誰も……。
証人　私は参りません。外の者も参っておらないと聞きました。」『第三回国会　参議院法務委員会会議録第九号』十三頁参照。
また、この事件発生時において、朝日新聞には掲載されず、読売新聞昭和二三年四月七日において、「母親、三児を絞殺」として九行でふれられているのみである。判決について、両紙は全く掲載していない。伊藤委員長が何故この事件に関心を寄せたのかについては不明である。
(31)　浦和充子に対する判決書は、『法曹時報』一巻五号一一三頁以下に収録されている。
(32)　前掲・注(30)・一頁以下参照。
(33)　『第四回国会　参議院法務委員会会議録第一号』一頁以下参照。
(34)　浦和充子事件に関する調査報告書は、『法曹時報』一巻五号七七頁以下に収録されている。
(35)　同右・七一頁以下。
(36)　同右・一七頁。

(四)　浦和事件についての四氏の見解

浦和事件について、最高裁判所と参議院法務委員会との間で激しい意見の応酬がなされた際、朝日新聞（東京）

は、この問題を大きく取上げ、一九四九（昭和二四）年五月二八日・二九日・三〇日に「裁判の独立は侵されたか――浦和充子事件をめぐって」という座談会を企画し、金森徳次郎（国会図書館長）、宮沢俊義（東京大学教授）、鈴木安蔵（政治学研究会理事）、および田中二郎（東京大学教授）の四氏の討論を掲載している。そこには、国政調査権をめぐる問題についての見解の、いわば原型が示されており、大変興味深いものがある。これら四氏の見解を検討することによって、浦和事件が研究者によってどのように捉えられていたかを紹介し、この節の締め括りとすることにしよう。

まず、金森元憲法担当国務大臣は、浦和事件をめぐる憲法問題は、第一に司法権の独立が参議院の法務委員会の議決によっておびやかされたかどうか、第二に参議院がこのような調査を行うことができるかどうか、第三にこの問題で最高裁判所と参議院法務委員会との間で文書の往復や意見の公表がなされたが、このようなことが適法にできるものか否かである、と問題を整理している。そして、第一点について、「司法権が直接におびやかされているとはいえない」としている。[37]「司法権というものは権力的な働きで法律関係を具体的にきめてしまう、これが中心だろうと思う、そうすれば参議院でどんな意見を立ててもそれによって裁判所の働きがいかなる意味においても具体的決定について変更を受けるということはないわけだから、その意味の司法権の侵害ということは考えられない」[38]としている。第二点について、討論会の出発時には、「参議院がこういうことを調査する権能があるかということについては……いまはっきりと答えられない」[39]としていたが、後に「大体原則として宮沢さん、田中さんの言うところと同じ」[40]としていることから、補助的権能説に立つと見られる。ただし、本来国会の権能は広汎であることや、裁判に関わる立法との関係で裁判の調査をし、その関係で裁判批判が出現することを是認している点で、両氏との相違が認められる。第三点について、国家機関同士の対立とは認められず、あくまで個々人の見解の違いとしていることが興味深い。

これに対して、宮沢教授の見解は、前記第一の点について、金森元大臣と意見を異にし、第二点については同様である。すなわち、司法権の独立について、「通常の人間が裁判官になった場合にその裁判官がその与えられた社会において、通常の条件の下において自由に自分の信ずるところに従って裁判をすることが出来る、そのことに対して何らの事実上の影響を与えないというのが司法権の独立を保証することである、その際何らかの事実上の影響が与えられるならそれは司法権の独立が侵害されたことになる」、と述べている。[41] 例えば、内閣総理大臣が、この刑事被告人は無罪となるべきだと言ったとすれば、これはすでに司法権をおびやかすものであるという。「今回の事件についていえば参議院の法務委員会が国政調査権を名として裁判官の裁判における個々の行為を批判し、その事実の認定、刑の量刑を非難したということはどうしても司法権をおびやかすといわなければならんのであって、通常司法権の独立をおびやかすというのはまさにそういう現象をいうのである」[42]、としている。第二の参議院法務委員会に調査する権限があるかということについて、「これは金森さんの話に大体私も賛成であるが、そこには限界があって、国会の権限というものが限られている以上はその調査権も限られていることはとうぜんである」[43]。「参議院は国会の権能に関する限りにおいて、裁判の対象となったような事件、もしくは対象となるべき事件をも調査することが出来るのであって、裁判所がしたと同じような目的で事件を調べるということは許されないのではないか、その意味からいって浦和充子事件などにおける参議院の態度には相当な疑問があるといわなければならぬ」[44]、という問題であり、その問題で最高裁判所が意思表示をすることがなぜ憲法の精神に反するであろうか、私にはとても了解できないところである」[45]、と述べている。

この宮沢教授の見解と真っ向から対立するのが、鈴木安蔵教授の見解であり、その後佐々木惣一教授などによって展開される独立権能説につながるものである。「美濃部先生などは国会の権能として憲法上与えられていない問題については調査出来ないのは当然だという御意見だと思うが、そういうふうに解釈すべきではなくて国政調査権というものが議会自身の憲法上の権能として独立に与えられたものであるというふうに一応受取るべきではなかろうか」、「国民の代表機関としての国会が国権の最高権力であることを宣言し得るまでに確定した段階においては当然国政調査権というものは最も広い意味における国政の調査をなし得る権能であると解釈している」[46]。そして、大戦後のイタリア共和国憲法、あるいはブルガリア人民共和国憲法においては独立の権能として与えられているとみていいとの見解を述べ、「参議院法務委員会が出した反論と共通する結論になる」[47]。司法権の独立との関係については、「もちろん司法権の独立は人民主権の国家においても当然要請される条件であるから、司法権の独立を侵すことは避けなければならない、しかし事実としてなんらかの重大な影響を与えること自体も司法権の独立を侵すことになるのだというと、国会の行使し得る調査権、裁判事件などに関する調査は限界が狭くなる、もちろん拘束することは出来ないけれどもある程度の影響を与えることはやむを得ないし、またそういう影響を与えることによって司法権が司法権の独立の名において社会環境から離れた、社会通念から置き去られた判決を出すことに対する有力な意思表示をすることになるので、人民民主主義国家における司法権の在り方に対してはむしろ有益ではなかろうか」[48]、と述べる。

この鈴木教授の見解に真っ向から対立し、ほぼ宮沢教授の見解に近いのが、田中教授の見解である。第一の国政調査権の範囲について、「本来議会の権能に属する事項についてその権能を十分に行使せしめるための一切の補助的な権能というふうに見ていくのが正しい見方ではないかと考える」[49]。「結局国政調査権というものの具体的の範囲を考える場合にはその対象、程度、方法、時期というような点が検討されるべきだと思うが、そういうものを具体的に考えてゆく場合にも、それは具体的な裁判の内容には絶対におよび得ないというところに最小限の段階はある、新聞の報じているところを基礎にしていうと、やはり具体的事件についての再審をしているようなきらいが多分にあるという意味において、国政調査権の範囲を越えているのではないかという疑いをもっている」[50]。司法権の独立については、「これは先程宮沢さんがいったようにその判決が他の機関によって覆される、あるいは裁判所が他の判断に拘束されるということからの独立という意味ではなくて、やはり裁判官がその裁判官の良心にしたがって憲法、法律に従って行くということのできる状態を保証するということに意味があるのだと思う[51]」、と述べている。

(37)『朝日新聞』昭和二四年五月二八日号。
(38) 同右。
(39) 同右。
(40)『朝日新聞』昭和二四年五月二九日号。
(41)『朝日新聞』昭和二四年五月二八日号。
(42) 同右。
(43) 同右。
(44) 同右。
(45) 同右。
(46)『朝日新聞』昭和二四年五月二九日号。
(47) 同右。
(48) 同右。
(49) 同右。
(50) 同右。
(51) 同右。

四　国政調査権についての残された二つの論点と原意主義

日本国憲法をめぐる初の論争であり、その後の国政調査権をめぐる理論と実務に大きな影響を与えた浦和事件には、先に検討したように、三つの論点が存在している。第一は、憲法四一条に述べる「国会は、国権の最高機関」の意味である。第二は、このことと関連して「国政」の範囲が問題となり、その捉え方の相違から、独立権能説と補助的権能説のいずれが日本国憲法の解釈として妥当かということが問題となる。第三に、司法権の独立の意味である。既に、第二の論点については、本章において検討しているので、ここでは残された二つの論点、すなわち第一と第三の論点を簡単に検討してみることにする。

ところで、この章を始めるにあたって指摘したように、わが国の憲法学は、諸外国の制度や判例法理の導入を競うのみで、これまで憲法解釈方法論について、十分な検討をすることを怠り、またこの点だけについては諸外国、とりわけアメリカ合衆国での議論を検討することをなしにすませてきた。既に論じ、本章の「はじめに」においても簡単にふれたように、憲法解釈の方法としては、原意主義（緩やかな）が妥当する、と考える。そこで、これらの論点について、原意主義からはどのような結論となるのかを、以下検討したいと思う。

（一）「国会は、国権の最高機関」であることの意味

この意味について、周知のように、統括機関説と政治的美称説との対立が存在し、これが国政調査権の独立権能説と補助的権能説に直結していく。日本国憲法の成立過程、その中でも議会での審議を検討すると、今日政治的美称説として括られる学説がその原意である、と考えられる。次のようなやりとりが、赤沢議員と金森国務大臣の間においてなされていることが、まず注目される。

「赤沢正道（日本民主党準備会――衆委七・五）　文字上の問題でありますが、……『国権の最高機関』、『最高』と非常に強く表されて居ります。……簡単に御解明願いたいと思います。

国務大臣　金森徳次郎　『国権の最高機関』と申しましたのは、機関と云う言葉の意味に結局落着くことになりますが、国民が選挙権を持ち、或はこれと同じような意味の投票権を持つと云うその場合の国民は、謂わば国の主権の最初の現われを成すものでありまして、これを機関と云う言葉の中に包容しなかったのであります。又天皇は我々の心の繋がりの中心であり、国の象徴であり、特殊なる尊厳の地位を有せられまするが故に、この憲法の中ではこれを機関と云う中に数え上げることをしないと云う気持ちで文字が出来て居る。勿論理論的に申しまして、天皇が機関であるかどうか、これは学問の問題で別でありますが、この憲法の建前では選挙する有権者、それから象徴としてあらせられる天皇、この両方を機関と云う文字の外に除きまして、その他の機関、裁判所、議会、行政部門と云うものの類を並べまして、それを比べて国会はそれらの中の最高のものである。これは常識的な、寧ろ標語的な字句でありまして、誰が見ても国の三権分立の思想におきまして、国会が中心を成して居る最高のものである。こう云うような意味を表わしたのであります。[52]」

さらに、九月二〇日の貴族院委員会における佐々木惣一議員からの質問に対して、金森国務大臣は、次のように答えている。

「国務大臣　金森徳次郎　一般的地位から見て最高の機関と云う訳である。こう云う御説明に依って御承知下されば、その通りの意味である訳であります。ただ、御質疑の次第が、最高と云う関係は、例えば国会が内閣を指名すると云うような権能を持って居っても、そう云うことはただ法律的に一つの連絡関係があると云うだけであって、その間に最高も何もないのじゃないか、こう云う御趣旨のように思いましたから、そう云うことは成程法律的に上下も何もこれは論証出来ませぬ。そう云うことは政治的意義に判断して、そう云うことを最高と言って、ここに最高機関と云う言葉を使ったのである、こう云う意味であります。[53]」

以上のように、憲法制定者は「最高機関」ということから、何か特別な権能が引き出されると考えていたわけではなく、いわば法的概念ではなく、政治的意味に解釈していたことが理解されるのである。既に検討した、国政調査権の「国政」が司法権を除外していると憲法制定者は理解していたことから、原意主義の立場からは、補助的権能説として理解するのが、国政調査権の正しい理解であるということになる。

(52)　清水・前掲注(19)・四五―六頁。
(53)　同右・五八頁。

(二)　司法権独立の意義

補助的権能説のほとんどは、司法権の独立の意義について、それを広く理解するのが一般である。例えば、芦部教授は、「司法権独立の原則には、二つの意味がある。一つは、司法権が立法権・行政権から独立していることである（広義の司法権の独立）。もう一つは、裁判官が裁判をするにあたって独立して職権を行使することで、裁判官の職権の独立とも呼ばれる。この職権の独立こそ、司法権独立の核心と言ってよい[54]」、とした上で、次のように続ける。「裁判官職権の独立は、単に、他の指示・命令に拘束されないというだけでなく、事実上、他の機関から裁判について重大な影響を受けないという要請をも含んでいる。裁判官の自由な判断に対して事実上重大な影響を受けないという要請をも含んでいる。裁判官の自由な判断形成に対して事実上重大な影響を及ぼす行為は、司法権の独立を侵す[55]」。したがって、浦和事件のような、裁判官の事実の認定および量刑を批判することは、司法権の独立を侵害するとの結論に至ることになるのである。

しかし、原意主義によるならば、司法権の独立については、通説と異なる見解となる。日本国憲法の審議過程の中において、次のような質疑・応答が見られる。

「**本田英作**（日本自由党―衆委七・一九）『裁判官は、その良心に従い』、こうあります。この憲法の一四条（憲一五条）の第二項に於いて『すべて公務員は、全体の奉仕者であって、一部の奉仕者ではない』と云うことが定められて居るに拘わらず、独り裁判官は『その良心に従い』と云う文句を使われて居るのはどう云う訳でありましょうか。一応御説明を御願いします。

国務大臣　金森徳次郎　外の行政官でありますれば、上官の命令に従って自己の決定する方針の内容を制約せられると云うことがありまするが、裁判官は所謂職務上の独立を持って居りまして、自己の良心と憲法法律に依って執るべき態度を決めて行くと云う趣旨であります。これは裁判官に関する基本原理の一つであり、規定を俟たずともそうなることを明らかにしたに止まる、と思っております。(56)」

この金森国務大臣の発言は、「裁判官の良心」について、これを削除すべきであるという主張の前提としての、本田委員の質問の中での答弁であるが、ここから窺えることとして、司法権の独立、その中でも核心となる裁判官の独立について、「上官の命令に従って自己の決定する方針の内容を制約」されないこと、すなわち裁判官の「職務上の独立」を指している、と理解することができよう。したがって、憲法制定者は、司法権の独立について、少なくともその核心としては職権の独立を意味していたのであり、通説のように広く捉えていたことを窺わせる形跡はないのである。このような理解は、先に検討した、朝日新聞紙上の金森憲法担当国務大臣の発言にも符合するのであり、これは当然の帰結であるとも言えるのである。

(54)　芦部信喜（高橋和之補訂）『憲法（第三版）』（二〇〇二年）三二七頁。
(55)　芦部・同右。
(56)　清水・前掲三巻・四七七―七八頁。

五　むすび

以上、原意主義によるならば、浦和事件において、司法権の独立を侵害したとはいえないが、国政調査権として議院に認められた範囲を逸脱した違憲な調査であったということになる。通説としてその後形成された、補助的権能説が妥当なのである（ただし、その多くが採用する司法権の独立の捉え方には問題が残る）。

実は、このような浦和事件についての理解を、原意主義とは解釈方法論を異にし、またその後ほとんど注目されることはなかったのであるが、既にこの事件直後に提示していた学説が存在するのである。柳瀬良幹教授は、「参議院は憲法に違反したか――浦和事件の法律問題――」(57)において、極めて注目すべき見解を述べている。まず、柳瀬教授は「参議院の法務委員会が浦和充子事件の調査をしたことが憲法違反であるかどうかは、法律問題としてはなかなか簡単に断言できない(58)」、と前置きした上で、まず、この調査が司法権の独立を侵害したか否かの検討から開始し、次のように述べる。

「世間一般では問題はもっぱら司法権の独立ということにあるとされているらしいが、もしそうだとすると、参議院の行動が果して司法権の独立を侵害したかどうかについてはよほど疑問の余地があると思う。それは、一体司法権の独立というのは、裁判官が裁判については法律上他の何者からも指揮命令を受けず、自分の自由な判断で法律を解釈適用して判決を下すことの意味であるから、従って司法権の独立が侵されたというためには、参議院の行動が法律上に裁判官の判断の自由を妨げ、判決内容に影響を及ぼすようなものであったことが必要であるが、参議院の今度の行動にはどうもそういう性質は認め難いように思われる。(59)」

このように述べた上で、今回の調査は、判決が確定した後のことであり、この調査のために判決がその内容に影響を受けたということはあり得ないことであるとする。また、参議院がこのような意見を発表することによって、今後裁判官がその精神にある種の圧迫を受け、判断の自由を妨げられるということは十分考えられることであるが、それは事実において裁判官が心理の上に圧迫を受け、判断の自由を妨げられるであろうということであって、法律上に裁判官がそのために自分の判断を曲げなければならぬ義務を負わせられるということではないとする。(60)「だから、参議院の行動についても、裁判官の判断の自由を妨害するような結果になる虞のある行動は慎むべきだということはいえるとしても、それを慎まなかったからといって直ぐに司法権独立を侵害したというのは無理であろうと思う(61)」、と述べる。

このように、参議院が浦和事件の調査をしたことが、司法権の独立を侵害したとは考えがたいが、しかしなお、次のような問題が残されているという。

「参議院の今回の行動が……憲法に対する違反でもないといふためには、これまでは当然の前提として触れずにおいたところの、参議院には果して裁判についても調査し批評する権能があるのかどうか問題を改めて取上げてみなければならないのであって、そしてこの点については、相当慎重に考えてみなければならない問題が含まれていると思うのである。(62)」

そこで、考察を要する問題は、「憲法は一体何のために議院に対してこのような調査の権能を認めているのであろうかということである。そしてこれに対する答えは、いうまでもなく、議院をしてその職責を果す上に必要な事実の認識を得しめることの外にはない(63)」として、次のように述べる。

「憲法のこの立法理由からいうときは、たとえ文言の上では無条件に広く認められていても、実際にはその及ぶ範囲は議院の職責に属する事柄に限るものと解しなければならぬ。そして議院の職責に属するのは立法と内閣の監督との二つであるから、議院の調査できるのもまたこの二つのこと、即ち法律の制定権と予算の議定権とで左右することのできる事項及び議院が批評し問責することのできる内閣の権限に属する事項に限り、それだけが憲法第六二条の『国政』の本当の意味であって、その他はすべてその『国政』には属しないと考えなければなら次のように述べる。

「裁判といふものは、議院の力を以てしては如何なる意味においても左右することのできないもので、その意味においてそれは議院の職責の範囲外にあるものであり、従ってそれについて議院に調査の権能を認めても、それは法律的には全く無意味のことであつて、その意味でそれは議院の調査できる『国政』の範囲に属せず、議院はそれについては調査の権能はないものと考えられるのである。[65]」

従って、柳瀬教授によるならば、浦和事件の調査については、参議院はそもそも調査の権能を有しないのであって、実際にした調査のやり方や、またそれから取り出した結論が司法権の独立を侵害したのか否かに関わりなく、調査をしたそのことが憲法違反になるというのである。

このような柳瀬教授の見解は、妥当な結論として支持されるものである。この見解が原意主義によるならば、原意に則した見解として、支持されることになる。先に検討した、金森元憲法担当国務大臣の見解がこれと同主旨なのは、原意主義によるならば当然のこととなるのは、ここで繰り返し説明するまでもないであろう。

なぬ。[64]」

以上のことから、裁判はこのどちらにも属するものではなく、議院にはそれについて調査する権能はないとして、

(57)　柳瀬良幹「参議院は憲法に違反したか——浦和事件の法律問題——」『人権の歴史』（一九四九年）二一〇頁以下所収。なお、原文は旧字体であるが、新字体に改めていることを、お断りしておきたい。
(58)　同右・二一〇頁。
(59)　同右・二一〇—二一一頁。
(60)　同右・二一一—二一三頁参照。
(61)　同右・二一四頁。
(62)　同右・二一八頁。
(63)　同右・二一九頁。

(64) 同右。
(65) 同右・三〇頁。

第二部　アメリカ連邦最高裁と司法審査の研究

第五章　ニューディールと連邦最高裁

「勝者が導入した改革は、時期の点でも場所の点でも、他に例のないものであった。それらの改革は、リベラルなニューディール的態度、労働運動を基礎とした社会改良主義、そして権利章典的な理想主義にそうとう強く影響されたもので、これらは合衆国ではすでに否定（もしくは無視）されつつあった思想であった。」

ジョン・ダワー（三浦陽一・高杉忠明訳）『敗北を抱きしめて』一一—一二頁

一　はじめに

憲法を解釈するには、緩やかながらも原意を基に解釈（ヘルメノイティク）するのが正当なあり方である[(1)]。原意主義とガダマーの哲学的解釈学とは両立しないとの見解も存在するが[(2)]、これは原意主義を厳格に考えるならば妥当する考え方だとしても、緩やかな原意主義を前提とするならば、解釈学の導入が可能となる。原意主義の意義と限界については、既に詳しく論じたことがあるので[(3)]、ここでは繰り返さない。いずれにせよ、そこで議論したのは、各論的事例を念頭に置いてというよりも、緩やかな原意主義自体の正当性の問題であったが、本章においてはより具体的に、日本国憲法の性格の捉え方および具体的判断（審査）基準との関わりにおいて、このような考え方が、いかなる意味を有するかを考察することにしたい。

日本国憲法は、言うまでもなく、それがすべてではないけれども、その中にニューディールの精神が組み込まれ、緩やかな原意主義によるならば、そのようなものとして解釈される必要がある。このことが、日本国憲法に基づいて解釈する場合において、例えば、「二重の基準論」を正当化する可能性があることを、本章では示そうとするものである。[4]

（1）猪股弘貴『憲法論の再構築』（二〇〇〇年）参照。

（2）*See* Keith E. Whittington, Constitutional Interpretation 74 (1999).

（3）猪股・前掲(1)・九頁以下参照。

（4）本章は、筆者が二〇〇〇年三月から二〇〇一年八月末までの、カリフォルニア大学バークレー校における文部科学省在外研究の成果となるものである。スポンサーとなっていただいた、同校ロースクールのM・シャピロ教授に、この場を借りて謝意を述べさせていただきたい。とりわけ、この論文の発想が、シャピロ教授とのオフィスアワーでの議論を通じて形成されたものであるだけに、その出来、不出来についてはひとまず置くとして（今後の精進を約束して同教授にお許しを請うとして）、心からのお礼を申し述べさせていただきたい。

二　ニューディールと連邦最高裁

アメリカ合衆国憲法は、一七八九年の制定（一七九一年には、一〇箇条におよぶ、人権宣言に相当する修正条項が追加されている）以来、これまで、二度の大きな変動を経験している。一つは、南北戦争直後の、再建期における修正第一三条、第一四条および第一五条の追加であり、もう一つは、ニューディール期における「憲法革命」である。ここでは、合衆国憲法の歴史を詳細に論じる余裕はないが、本章を展開するのに必要な範囲で、後者について略述することにしたい。

ニューディールは、一九二九年の大恐慌を契機として始まった不況に対して、一九三三年に大統領に就任した、民主党フランクリン・ルーズベルトの指導の下で採用された、一連の社会経済改革であり、労働者、農民、さらには知識人からの幅広い支持（いわゆるニューディール連合）を背景とした社会改革運動であった[5]。具体的には、一九三三年に全国産業復興法（ＮＩＲＡ）と農業調整法（ＡＡＡ）を、三五年には社会保障法を成立させるに至ったのである[6]。しかし、ルーズベルトは一九三六年の大統領選挙において再選されたが、後述する連邦最高裁との闘争、三七年の景気後退、三九年に入ってからの戦争の危機を前にして、その政策は終焉を向かえ、戦時体制へと一気に突入するのである[7]。

さて、このニューディール政策は、アメリカ合衆国の福祉国家化ないしは社会国家化（完全には成功したとは言えないが）、さらには行政国家化を促進させたという面を有する。この政策に対して、合衆国連邦最高裁はその障害となったのであったが。ここでは、以下において、この点に焦点を当てて検討を加えることにする。

とはいえ、ニューディール期の連邦最高裁を語るには、それ以前の、「レッセフェール立憲主義」について一言しておく必要がある。周知のように、南北戦争後、アメリカ合衆国は、産業化、いわゆる「金ぴかの時代（gilded age）」に入る。合衆国憲法について、戦争直後の一八六五年から一八七〇年までの間に、既述のように、修正第一三条、修正第一四条、および修正第一五条の大きな修正が加えられた。この時期の最高裁の特色は、トーニー・コート（一八三六—六四年）の時代に発生し、南北戦争の引き金の一つにもなった、一八五七年のドレッド・スコット事件判決[8]を嚆矢とする、実体的デュー・プロセス上の自由として保障されている（と称される）「契約の自由」を根拠に、州による経済（営業）規制を次々と違憲とする判決を下したことである。今日でも悪名を馳せている、一九〇五年のLockner v. New York事件判決[9]は、当時の連邦最高裁の動向を代表する判決である。契約の自由至上主義の、ロックナー流の法学が、最高裁を支配していた時代であった。

一九二九年の大恐慌の発生と、一九三四年のフランクリン・ルーズベルト大統領の登場による、連邦による経済規制の大幅な拡大は、このような連邦最高裁、ひいては司法の状況下において行われ、そこに連邦最高裁が大きな障害として立ちはだかったのである。その妨害、ないしは違憲としてその政策を阻止する理由として使用されたのは、合衆国憲法第一条八節の中に規定されている、州際通商権と、課税および支出についての連邦議会権限に対する制限であった[10]。一九三四年から一九三六年までの間に、一六件のニューディール立法が違憲とされている[11]。ここで、その主要なものを列挙してみると次のようになる。ニューディール政策のまさに目玉である、全国産業復興法は、Schecter Poultry Corp. v. United States において、州際通商条項および連邦制における州の権限を制限するものとして（連邦主義）違憲とされた[12]。一九三四年の Railroad Retirement Act は Railroad Retirement Board v. Alton Railroad Co. によって[13]、一九三五年の Bituminous Coal Conservation Act は Carter v. Cater Coal Co. によって[14]、さらに同年の Agricultural Adjustment Act は United States v. Butler によって[15]、それぞれ違憲とされたのである。また、下級裁判所の判事も、ニューディール計画に対して、数百の差し止め（injunction）を発したのであった[16]。

ここに、州や私人の手に委ねられていた事項に、連邦政府が積極的に介入し、経済不況を克服しようという新しい考え方と、古い時代精神に支配された裁判官、とりわけその指導的立場にある連邦最高裁とが真っ向から対立したのである。そこで、ルーズベルト大統領は、連邦最高裁の定員を拡大し、そこにニューディール政策に理解を有する最高裁判事を送り込もうとした。これが有名な司法制度改革案（コート・パッキング・プラン）である。一九三六年の大統領選挙において、ルーズベルトは記録的な大勝利を収め、ついにこの案を具体化する決心をするのである。この法案の骨子は「七〇歳に達した連邦最高裁判事が、その職を退かない場合、大統領は、上院の承認のもとに、その分の最高裁判事を追加任命することができる」というものである。当時、定員九名の連邦最高裁に在職していた判事のうち、六名が七〇歳を超えていたので、この六人分の最高裁判事を追加指名することによって、五対四判決は五対一〇判決に逆転することが可能になるのである[17]。

ルーズベルト大統領は、一九三七年のラジオ演説において、国民に対して、次のように語りかけている。「最高裁は」連邦議会の法律の「知恵に対して、付け入る権力を持とうとしてきた。」そこで、「連邦最高裁から、合衆国憲法を救済するための行動を採る必要がある。連邦最高裁に替えて、憲法自体に訴えかける手段を発見しなければならないのである。[18]」

しかし、上院の司法委員会は、このルーズベルトのコート・パッキング・プランを承認することを拒否したのである。[19] 上院議員の中には、連邦最高裁に対して信任の厚い者が多く、連邦最高裁の権能を実質的に破壊することになる、この法案に懐疑的であった。ルーズベルト大統領は、この連邦最高裁を包囲する戦いには負けた。とはいえ、連邦最高裁判決において、ニューディール立法を合憲とする勝利判決を得ることになる。これは、ロバーツ最高裁判事が、政治的圧力に押され、ニューディール立法に好意的態度を示すに至ったことが理由であると言われている。すなわち、West Coast Hotel v. Parrish において、[20] 女性と児童の最低賃金を定めるワシントン州法が、ブランダイス、カードーゾ、ストーン最高裁判事に、ヒューズ長官、ロバーツ最高裁判事が加わる形で支持されたのである。また、その後の四年間で、矢継ぎ早に連邦最高裁判事の交代が実現する。上院において、コート・パッキング・プランの実現を積極的に推進した、ブラック（Hugo Black）を皮切りに、リード（Stanley Reed）、フランクファーター（Felix Frankfurter）、ダグラス（William O. Douglas）、マーフィー（Frank Murphy）、バイネス（James Byrnes）、ジャクソン（Robert Jackson）が連邦最高裁入りするのである。また、一九四一年にはストーン最高裁判事が長官に就任し、さらに一九四三年にはラトリッジ（Wiley Rutledge）が最高裁判事となるのである。

ここに、ニューディール・コートが実現し、連邦議会に、ほとんど無限の通商規制権限を認め、経済的実体的デュー・プロセスを放棄するに至るのである。[21] このことを称して「憲法革命」と言われることがある。その象徴と言えるのが、有名な United States v. Carolene Products Co. 事件判決の中の、ストーン判事が述べた脚注四である。キャロリーン事件判決における、ストーン最高裁判事の脚注四は、その数ヶ月前に判決が下された、

Palko v. Connecticut 事件(23)に付されたカードーゾ最高裁判事の意見を発展させたものであると言われている。(24)カードーゾ最高裁判事は、そこで、秩序付けられた自由（ordered liberty）の概念に含まれる自由と、そうではない自由という、権利について、二つの主要な概念を区別した。ストーン最高裁判事は、キャロリーン事件判決において、カードーゾ最高裁判事のこの区別を意識したと言われている。(25)キャロリーン事件そのものは、脱脂乳に植物油を加える牛乳を規制する連邦法が(26)、合衆国憲法によって連邦議会に認められる、州際通商規制権限の行使の範囲内であるか否かという事件であり、ニュー・コートによって、既に連邦議会の有効な権限行使と認められている、いわば「ありきたりの事件」であったが、その中で、ストーン最高裁判事は、次のような意見を述べたのである。

「立法部の判断を支持する事実の存在は、推定される。というのは、通常の商取引に影響を与える規制立法は、公知の、あるいは一般的に推定された事実に照らして、議員の知識や経験の範囲内で、ある合理的な基礎に依拠する推定を排除するような性格のものでない限り、違憲であると宣言されるべきではないからである。(27)」

有名な脚注は、この部分に付されているが、今日広く知られている事実として、これはストーン最高裁判事の、当時有能なロー・クラークであった、ラスキーによって原案が作成され、また第一文については、ヒューズ長官が加えたものであるといわれている。(28)それは以下のように述べている。

「一　修正第一四条に包摂されると考えられる場合と同様に特定的である、最初の修正一〇ヶ条のような、立法が、一見して、合衆国憲法の特定的禁止の範囲内にあるような場合、合憲性の推定が作用する余地は、より狭いものとなり得る。

二　通常、望ましくない立法を廃止することが期待可能な、これらの政治プロセスを制限する立法が、立法についてのその他の型以上に、修正第一四条の一般的禁止の下で、より実効的司法審査に服すべきかについて、ここでは考慮する必要がない。

三　また、以下のことも検討する必要がない。すなわち、同様の考慮が、特定の宗教……あるいは国籍……あるいは人種的少数派に向けられた制定法を審査するにつき要求されるかどうかということと、通常少数派を保護するための拠り所とされる、これらの政治プロセスの作用を極めて抑制する傾向を有し、そして同様により慎重な司法審査を要求し得る、隔絶され孤立した少数派に対する偏見が、特別な状態であるかということである。[29]」

このストーン最高裁判事の考え方は、ブラック、ダグラス、マーフィー、ラトリッジ最高裁判事からの同意が得られ、さらには、しばしばジャクソン判事が同調し、時にはフランクファーター、リード最高裁判事も加わり、一九四三年と一九四九年の間において、少なくとも5人の判事の賛同を得られたことから、連邦最高裁において優勢となり、特筆すべきいくつかの判決が下されたのである。[30] M・シャピロ教授は次のように総括している。

「優越的自由の原理は、単にニューディールの友だけではなく、あらゆる話し手を保護する表現の自由についての憲法原理を助長するために存在した。しかし、この事実は、脚注四が、連邦最高裁と、ニューディールの不確定な勝利に当時好意的と思われる、まさに政治的力との同盟関係を求めたものであることが曖昧にされるべきではない。[31]」

しかしながら、マーフィー、ラトリッジ最高裁判事が一九四八年の夏に死去し、代わってクラーク（Tom C. Clark）、ミントン（Sherman Minton）が連邦最高裁に加わり、一九四六年にストーン長官が死亡し、ヴィンソンが長官に就任したこともあって、この「優越的自由」の考え方および「二重の基準」は、一九五三年にアール・ウォレン長官が登場するまで、ほとんど無視される状態となったのであった。

（5）「当初のニューディール政策とは……極めて多様な部門からの危機的な現状に対する救済の要求を、ローズヴェルトと議会が取捨選択した上で、しかし時間の切迫からごく即時的な選択として、そこにみられた諸々の要求のどれにも一定程度に対応するという非常に総花的な形で、文字通り矢継ぎ早に出されていった一連の、国家的危機に対処する救済の施策であった。」三宅一郎・山川雄巳編『アメリカのデモクラシー』（一九八二年）四一頁（紀平英作執筆）。

（6）大須賀明『社会国家と憲法』（一九九二年）参照。

（7）ニューディール政策について、例えば、小松聰『ニューディールの経済体制』（一九八六年）、秋元英一『ニューディールとアメリカ資本主義（一九八九年）、紀平英作『ニューディール政治秩序の形成過程の研究』（一九九三年）参照。

（8）Scott v. Sandford, 19 How. 393（1857）.

（9）198 U. S. 45（1905）.

（10）アメリカ合衆国における州際通商権についての邦語文献として、例えば、木南敦『通商条項と合衆国憲法』（一九九五年）参照。

（11）HENRY J. ABRAHAM, FREEDOM AND THE COURT（3D ED.）10（1977）.

（12）295 U. S. 495（1935）.

（13）295 U. S. 330（1935）.

（14）298 U. S. 238（1936）.

（15）297 U. S. 1（1936）.

（16）ROBERT H. BORK, THE TEMPTING OF AMERICA 53（1990）.

（17）ルーズベルトの「司法制度改革案」についての邦語文献として、例えば、アメリカ学会訳編『原典アメリカ史第五巻』（一九五七年）五七二頁以下参照（斎藤眞執筆）参照。

（18）Radio address by President Roosevelt§ Mar. 9. 1937. Cited from G. GUNTHER, CASES AND MATERIALS ON CONSTITUTIONAL LAW 151（10TH ED. 1980）.

（19）JOHN V. ORTH, DUE PROCESS OF LAW 68（2003）.

（20）300 U. S. 379（1937）.

（21）実体的デュー・プロセスについての邦語文献として、例えば、石田尚『実体的適正手続』（一九八八年）参照。

（22）304 U. S. 144（1938）.

（23）302 U. S. 319（1937）.

（24）*Id*. at 326-327.

（25）ABRAHAM, *supra* note 11 at 18.

（26）The Filled Milk Act of 1923

（27）304 U. S. 144, at 152.

（28）ABRAHAM, *supra* note 11 at 18. なお、この脚注が有名になったのは、当時プリンストン大学の教授であった Alpheus Thomas Mason に負うところが大きいと言う。メーソン教授の理論についての、邦語文献として、松井茂記『二重の基準論』（一九九四年）六三頁以下参照。
(29) 304 U. S. 144, at 152-3.
(30) ABRAHAM, *supra* note 11 at 19.
(31) Shapiro, *The Constitution and Economic Rights* 75 in M. JUDD HARSON, ESSAYS ON THE CONSTITUTION OF THE UNITED STATES (1978).

三　ニューディールとウォレン・コート

ニューディール・コートの成立以後これまで、経済的自由をデュー・プロセスによって保護することに立ち戻ることは、もはや生じなかった。[32]ニューディール政策が、社会・経済政策として、必ずしも成就したものとはならなかったことについては、先に一言したが、この精神が、後に司法の場において実現されることになるのである。すなわち、一九五三年から六九年までのウォレン・コートの出現である。ちなみに、実体的デュー・プロセスが再登場するのは、バーガー・コートにおいて、中絶する権利が、プライバシーの権利として認められたRoe v. Wade事件判決以後のことである。[33]また、連邦議会の州際通商権が、連邦主義（州権）の観点から、収縮した解釈に先祖帰りするのは、レーンクイスト・コートになってからのことであり、今日の連邦最高裁が様変わりしたことは、ここで改めて述べるまでもない。[34]

アール・ウォレンは、カリフォルニア州知事をも経験した、共和党員であり、共和党の大統領であるアイゼンハワーによって任命されたのであるが、[35]ニューディールの目指した福祉国家が、立法部や行政部において後退したにもかかわらず、司法の場においてその精神を実現するという、皮肉な役割を担ったのである。その際、ストーン判事の述べた、脚注四は、ニューディール期の憲法革命の輪郭を描いたものであるが、ウォレン・コートの教義の基礎となるものを提供した。[36]ウォレン・コートは、ニューディール・コートの楔、すなわちキャロリーン事件判決において述べられた二重の基準を維持しながら、ニューディールの目標である福祉国家を、合衆国憲法に述べられている平等権によって実現しようとしたものである。M・シャピロ数授は、ヴィンセント・プラジ教授の編集になる、バーガー・コートを総括する著書の一章を担当し、その中で、次のように述べている。

「ウォレン・コートは一貫して平等を追求し、しかもニューディールによって敷かれたレールに沿ってそうしたのである。実際、ウォレン・コートは、立法部と行政部とがためらっている時、福祉国家と平等主義的政治プロセスにおいて、ニューディール計画を、その究極の価値とすることをその前提としていたことを示している。」(37)

経済的実体的デュー・プロセスの放棄という点では一致していたが、ニューディール・コートの成立後、司法の自己抑制の立場と、優越的自由を支持する立場とに別れるが、ウォレン・コートは、一部政治的妥協をしながらも、(38)この後者の流れに沿って、ニューディールの究極の目的である福祉国家を、平等保護を武器に実現しようとしたのである。

ウォレン・コートの研究がここでの課題ではないので、実際の判例にまで立ち入っての検討は差し控えるが、ウォレン・コートの平等主義は、ニューディール政策と親和性を有しているのである。ニューディールが「父」ないしは「母」であるとすると、ウォレン・コートはその「子」となるのである。ところで、ニューディールの「子」は、実はウォレン・コートのみではない。私見においては、日本国憲法もそうなのであり、これが次の課題である。(39)

(32)　Olsenv. Nebraska 313 U. S. 236（1941）において、連邦最高裁は、州法によって雇用機関が手数料の最高額を固定することを支持したのは、その象徴である。

(33)　なお、緩やかな原意主義においても、ウオーレン・コートの平等主義は是認されるが、Roe v.Wade 事件の中絶する権利を認めることは困難である。ただし、このようなプライバシーの権利を先例拘束性の原理によって認める余地は存在する。猪股・前掲・注(1)参照。

(34)　猪股弘貴「プッシュ対ゴア連邦最高裁判決とその含意」『商学討究』五三巻一号一二九頁以下（二〇〇二年）参照。

(35) アール・ウォーレン著（森田幸夫訳）『ウォーレン回想録』（一九八七年）四四一頁以下参照。

(36) Shapiro, *Fathers and Sons: The Court, The Commentators, and the Search for Values* 220-26 including VINCENT BLASI ED., THE BURGER COURT (1983). ウォレンコートについて、例えば、アーチバルド・コックス（吉川精一・山川洋一郎訳）『ウォレン・コート』（一九七〇年）参照。

(37) *Id* at 237

(38) Barrenblattv. United States 360 U. S. 109 (1959). 本書一八頁以下参照。

(39) わが国において、ウォレン・コート期の判決が紹介され、そこで述べられた違憲審査（判断）基準の適用が盛んに議論されたのは、単なる偶然ではないと考える。私見においては、それらの判例および審査（判断）基準が、日本国憲法と親和性を有するが故に、わが国での適用が活発に議論されたのである。従って、アメリカ連邦最高裁は今日様変わりしたが、ウォレン・コートの研究は、わが国で色あせることはないのである。しかし、その移入の関係において、奇妙な現象も存在する。例えば、アメリカ合衆国の司法審査理論や違憲審査基準の導入に極めて重要な役割を果した、芦部教授は、二重の基準論と司法の自己抑制論の核心であるブランダイス・ルール、とりわけ憲法判断回避の準則を同時併行的に取り入れているのである。芦部信喜・高橋和之（補訂）『憲法（第三版）』（二〇〇二年）一〇〇頁以下および三五一頁以下参照。この両者はニューディール派の中でまさに対立したところであり、そういう歴史的経緯を別にしても、論理的に矛盾するものである。いずれにせよ、アメリカ合衆国において、二重の基準論はウォレン・コートとともに去り、憲法判断回避の準則は、レーンクイスト・コートによって、Zobrest v. Catalina Foothills School District, 509 U. S. I (1993) において明確に放棄されるのである。*See* Kloppenberg, *Avoiding Constitutional Questions*, 35 BOSTON C. L. REV. 1003 (1994).

四　ニューディールの日本国憲法への影響

日本国憲法の草案は、連合国軍総司令部（ＧＨＱ）の中の、民生局（Government Section 略称ＧＳ）のメンバーによって用意されたことは、今日周知の事実となっている。[40] 連合国軍最高司令官（ＳＣＡＰ）ダグラス・マッカーサーが民生局に憲法草案の作成を命じたのは、民生局が、日本における統治組織の再編成の任にあたっていたこと、局長のホイットニー准将を信頼していたこと、さらに公職追放について大きな成果をあげていたことが[41]、その理由であると言われている。しかし、このことは、いわゆる「押し付け」論に代表されるような見方に帰着させられるのではなく、「土着化と国際化の複合的な入力によって制憲過程を完成させ」[42]た、と見ることができるのである。いずれにせよ、一九四六年四月一〇日の総選挙を経た上で、議会の手で成立させることができた、正当な憲法であることは言うまでもない。

さて、ここで論じたいのは、日本国憲法の中に、それがすべてではないが、実はニューディールの精神が織り込まれており、それは幾つかの条文に具体化され、さらにこのことは日本国憲法の解釈——本章では二重の基準論に的を絞って検討するが——にも影響する、ということである。これは極めて大きなテーマであり、軽々に結論付けられるものではなく、問題の提起として、今後のさらなる検討を約束した上で、論じることにしたい。

既に、五百旗頭教授などの研究において明らかにされているように、アメリカは戦争の早い時期から（一九四二年ごろから）対日占領政策を計画していたことが知られている[43]。当時、言うまでもなく、アメリカはニューディール政策の推進者、F・ルーズベルト大統領の政権下であり、一九四五年四月の急逝後は、副大統領トルーマンがそれを引き継いだのであった。対日占領政策の立案機関として、最終的に、国務・陸軍・海軍の三省調整委員会（SWNCC）が設置され、そこで対日占領政策が形成されることになる。そこでの紆余曲折は、進藤教授の著作によって知ることができるが、結局、知日家グルーなどの保守派によってではなく、ニューディール改革派によって強い影響力が行使されたことを、まず指摘しておかなければならない。そこで通用していたのは、まさにニューディールの精神であり、進藤教授は、次のように述べている。

「ニューディールの時代精神——それは、前世紀の苦悩する資本主義の中から生まれた国内改革と国際平和への、理念と実践の延長線上に位置したものでもあった。若い日、改革と平和の理想に燃えた『ウィルソンの子供たち』が、第二次世界大戦前後の日々の中で自らの場を手にし、挫折したかつての理念を、ニューディールの内政と外交に現実化し、ヴェルサイユの失敗の『歴史の教訓』を読み取ろうとした。[44]」

GHQ草案の起草過程については、今日でもなお不明な点が残されているが、[45] SWNCC二二八がその作成の源の一つとされたことに違いないとしても、[46] アメリカ政府（とりわけ国務省）による直接的影響力の行使の下で作成されたわけではない。マッカーサーおよび民生局独自の判断で作成されたものである。それでは、ニューディールが、GHQ草案に反映されることになったと考えられるのはなぜか。連合国軍最高司令官ダグラス・マッカーサーおよびその腹心で民生局長のホイットニー准将は、ニューディールの洗礼を受けているわけではない。もちろん、当時のアメリカ人であれば、ニューディールの時代精神の磁場から免れることはなかったであろうとはいえ、マッカーサーは共和党の大統領候補になることを切望していたと言われているのである。

民生局の草案の枠組みを形成したのは、有名なマッカーサー三原則であり、これは、おそらくマッカーサーの意向を汲んでホイットニーが作成したものであると考えられ、ここにニューディールの精神を直接見ることはない。[47] しかし、これに血と肉を与えたのは民生局員達である。当時、GHQ内には多くのニューディーラーが在籍し、[48] 彼ら（ないしは彼女ら）が中心となって、憲法制定を始め、さらには女子の参政権、労働者保護法の制定、財閥解体、農地改革を断行していくのである。もちろん、このことは民生局も例外ではなく、その代表が民生局次長ケーディス大佐であり、[49] 自他ともに認めるニューディーラーであり、実際、彼がGHQ草案を作成する中心人物となるのである。国務省の日本部長を勤めたリチャード・B・フィンは、次のように述べている。

「後年、ウォール街の弁護士として活躍するホイットニーの副官チャールズ・ケーディス大佐は、アメリカ人の目から見ても日本人の目から見ても、日本の改革を熱望する聡明でリベラルなアメリカ人の典型であった。マッカーサーとホイットニーは、どう見てもニューディール風には見えなかったにもかかわらず、彼ら二人は民生局のスタッフが改革計画を推進することを認めた。[50]」

憲法草案を作成するための民生局の構成は、全体を統轄する組織としての運営委員会（steering committee）の下に、八つの委員会が置かれていた[51]。この運営委員会は、草案作成過程において極めて重要な役割を果たすことになる。この運営委員会のメンバーは、民政局長ホイットニー、民生局次長であり運営委員会の委員長となった、民生局の代表的ニューディーラーであるケーディスの他に、そこには二名の局員が含まれていた。ハッシー海軍中佐とラウエル陸軍中佐である（その他に書記役としてエラマンが含まれており、彼女が残したメモは草案作成過程の貴重な研究資料となっている）。ハッシーは民主党員であったことが知られており[52]、民生局の中で占領当初から日本政治の再編成を担当しており、日本国憲法の前文の原型は彼の手になるものである[53]。なお、ハッシーについては、ハッシー文書として、ミシガン大学（アン・アーバー校）に、民生局勤務時代の彼の膨大な遺品が残されており、それらはマイクロフィルム化され日本においても見ることが可能である。ラウエルは、民生局において赴任早々から憲法改正担当の任にあたっており[54]、共和党の支持者であったと言われているが[55]、ニューディールの時代精神を担ったとされる陸軍の民政訓練学校を経ており[56]、高野岩三郎や鈴木安蔵などからなる憲法研究会が作成した憲法草案に大いに関心を有していた。その主要な遺品は、高柳賢三博士らによってまとめられ、『日本国憲法の制定過程』として出版されている[57]。民生局時代の全遺品はラウエル文書としてスタンフォード大学フーバー研究所に保管されているが、すべての文書の公開が許されているわけではなく、なお謎を残している[58]。いずれにせよ、民生局草案は、この四人から構成される運営委員会がリードしていたのであり、ラウエル中佐が共和党員であったとはいえ（しかもＧＨＱ草案作成後早々の二月末には日本を離れている）、他の民生局員にも多くのニューディーラーが含まれており[59]、その人的構成から言えることは、民生局は、ニューディールの時代精神を化体していたということである。

日本国憲法がニューディールの影響を受けていることは、何よりもその条文が如実に物語っている。まず、日本国憲法の草案からは削除されたが、ＧＨＱ草案の第七三条の中に、人権に関わる第三章の部分を除外して、国会における三分の二の投票によって最高裁の憲法判断を覆すことができるとされている条項が含まれており[60]、これは既に述べたように、アメリカ合衆国において、ニューディール期、経済政策について、保守的な連邦最高裁が生んだ

不幸な経験から生まれた発想である可能性がある。(61)

次に、財産権については、GHQ草案の二七条、二八条、および二九条の三箇条にわたって規定されていたが、そこでは、「財産権は公共の福祉に従ひ、法律により定義せらるべし」とされ、「財産を所有する者は、義務を負ふ」とされていたのである。(62) 日本国憲法二二条に「公共の福祉」が付されたいきさつには不明な点が残されているが、『日本国憲法の制定過程Ⅱ』の解説に、次のように記述されているのが参考になる。

「『公共の福祉に反しない限り』という文言を付するかどうかは、それ程厳格には考えられていなかったことがわかる。もっとも、この居住・移転等の条文に、特にこの文言を加える趣旨については、十分話し合う時間がなかったということであるが、この修正の間において、集会・言論等の表現の自由と職業選択や居住の自由とでは重要性がちがうという説明がなされたのであった。(63)」

最も注目されるのは、今日、社会権として分類されている条項の制定である。この条項の制定過程を追うことは、民生局内部でのニューディールの影響を考察する上で参考になるだけではなく、実はこの精神を支え、さらには発展させる勢力がわが国においても存在したことを証明するのである。民生局の中で、人権条項の叩き台は、人権委員会に委ねられたのであったが、それは以下の三名、すなわちその長であるP・K・ロウスト陸軍中佐、H・E・ワイルズ、ベアテ・シロタ・ゴードンというリベラルなメンバーから構成されていた。(64)

日本国憲法二五条の原型となった部分が、ハッシー文書を参照すると、以下のようになっている。

「二七　法律は、生活のすべての面につき、社会の福祉並びに自由、正義及び民主主義の増進と伸張のみを目指すべきである。国民の福祉を制限し又は破壊する傾向をもつすべての法律、合意、契約又は公的若しくは私的な関係は、国民の福祉を増進するものによって代置されるべきである。

二八　国は、広範な公の保険措置の負担を負わなければならない。平和的なスポーツは、奨励される。

二九　老齢年金、扶養手当、母親援護及び事故・健康・疾病・失業・生命保険を含む適切な社会保険制度が法律により定められなければならない。その条件及び規定は、少なくとも国際労働局及び国際連合により承認された最低基準に適合するものでなければならない。女子、児童及び恵まれない人々に対しては、特別の保護が与えられなければならない。国民を、故意に招いたものではない一切の貧困と放置から保護することは、国の義務である。[65]」

ここで、人権委員会と運営委員のラウエル中佐とが対立する。この案に対して、ラウエル中佐は、社会福祉についての完全なシステムを確立することは民生局の責任の一部ではない、と異議を述べたのである。[66]日本の大学においてかつて教鞭をとったこともあるワイルズ博士は、これに対して、アメリカは日本に社会革命を持ち込む責任があり、憲法条項はこれを成し遂げるもっとも適切な手段であると応酬した。ラウエル中佐は、法によって一つの国に新しい型の社会思想を押し付けることは不可能であると反論した。この小委員会と運営委員会との対立は、妥協点を見出すことができず、憲法の社会権条項は、局長のホイットニーの判断に委ねられることとなった。ホイットニーは、社会立法に関わるような細部は省略し、社会保障を用意すべしとの一般的言明にとどめるべきであるとして、[67]以下のような案文にまとめたのである。

「有らゆる生活範囲に於て、法律は社会的福祉、自由、正義、及民主主義の向上発展の為に立案せらるべし。無償、普遍的且強制的なる教育を設立すべし。児童の私利的酷使は之を禁止すべし。公共衛生を改善すべし。社会的安寧を計るべし。労働条件、賃銀及勤務時間の規準を定むべし。[68]」

第九〇帝国議会に提出された政府案では、その第二三条として、「法律は有らゆる生活分野に於て社会の福祉及安寧、公衆衛生、自由、正義竝に民主主義の向上発展の為に立案せらるべきこと[69]」、と述べられている。

周知のように、これに対して、衆議院帝国憲法改正案委員小委員会において、森戸辰男委員あるいは鈴木義男委員などの属する社会党の修正案が提出され、現在の憲法二五条の生存権が規定されることになるのである。委員の中には、生存権の規定は原案一一条（憲法一三条）の幸福追求権として認められているので、原案二三条第一項

（憲法二五条一項）は規定する必要がないとの意見が出されたが、これに対して森戸委員は、次のように反論している。

「文化的水準ト云ウコトノ為ニハ最小限度ノ生活ヲ維持スル権利ヲ持ツト云ウコトハ是非共必要ナルコトデアラウト思ヒマス、ソレナシニ色々ナ福祉ト云フコトヲ書イテモ、動トモスレバ恩恵的ナ慈善的ナモノニナルヤウニ解サレル虞ガアルト思フ、ソレカラ一般ニ福祉ヲ保障サレルト云フコトデアレバ、実ハソレヲ解釈スレバ大抵ノコトガソレニ入ツテシマフ、ソレデナクテ一般的ニ福祉ヲ進メルト言ツテモ、ソレガ具体的ニドウ云フ項目ニ付イテ進メラレルカト云フコトガ批ノ条文トシテハ更ニ細目化サレル、後ノ条文ノ初メハ理論的ナ一般的ナ表現デアリマシテ、基本権ノ具体的ナモノデハ、ソレガドウ云フ形デ具体化サレルカト云フコト、生存権ノ場合ニハ其ノ具体化ノ一ツノ重要ナ形式デアリ、人ガ個人的ナ尊厳アル人格トシテ承認サレルト云フコトヲ裏付ケルニハ、ヤハリ生存権ヲ有スルコトニ依ツテ是ガ具体的ニ行ハレタルノデハナイカ、ソレト表裏シテ是ガ明記サレナケレバナラヌト思ヒマス(70)」

また、西尾委員は、「二三条デ我々ガ言ツテ居ルノハ、寧ロ国ガ原則トシテ、之ヲ権利トシテ容認スル、斯ウ云ウコトノ原則ヲ謳ツテ、具体的ニハ二三条ノモノヲ精々具体化シタモノトシテ第二項ニ加ヘタルト云フ意味デアリマス(71)」、と述べている。本会議において、小委員会委員長の芦田均は、修正の提案理由を次のように述べている。

「個人の生活権を認めた修正案第二五条に付いては、多少説明を必要とするかと考えます。改正案第二五条（憲二七条）に於いては、総て国民は勤労の権利を持つと規定して、勤労の意欲ある民衆には勤労の機会を与えられることを示唆致して居ります。比の勤労権は民衆に一定の生活水準を保障し、延いて国民の文化生活の水準を高めようとするものであり、国はこの点に付き社会保障制度、社会福祉に付いての十分の努力をなすべき旨を第二三条（憲二五条）に規定しております。併しながら第二三条の字句には多少意を尽くさない憾みがある如く考えられますので、委員会に於いては一層明白に個人の生活権を認める趣旨を以て、原案第二三条に、『すべて国民は、健康で文化的な最低限度の生活を営む権利を有する』との条項を挿入し、原案を第二項とし、『国は、すべての生活部面について、社会福祉、社会保障、及び公衆衛生の向上及び増進に努めなければならない』と修正した次第であります。斯様に生活権の保障を規定する以上、他方に労働の義務を規定することが正当であるとの意見に従って、原案二五条に修正を加えて『すべて国民は、勤労の権利を有し、義務を負う』としたのでありますが。[72]」

ここで、注目されるのは、民生局の憲法草案に関わる人権委員会において、一度は詳細かつ具体的に作られた規定が、運営委員会、その中でも共和党の支持者であったラウエル中佐の反対に遭い、結局は抽象的なものとされた社会権規定が、古関教授の言う「日本化」[73]を経た政府草案でも法律事項とされていたものが、議会の審議の中で、その抽象性が問題とされ、生存権という具体的な規定として蘇ったのである。ここには、ニューディールを超える社会国家化の提案が認められるのであり、単に民生局員の中にニューディーラーが存在し、憲法の制定を始め、労働組合運動の奨励、財閥解体、農地改革を推進したというだけではなく、わが国の中にこれを受け入れ、支持する勢力が確実に存在したことを意味する。日本国憲法二五条一項の制定は、そのことの例証の一つとして注目されるものである。

（40）　比較的最近の日本国憲法の制定史として、古関彰一『新憲法の誕生』（一九八九年）参照。
（41）　セオドア・コーエン（大前正臣訳）『日本占領革命　上』一四五頁（一九八三年）参照。
（42）　進藤榮一『敗戦の逆説』一九二頁（一九九九年）。
（43）　五百旗頭真『米国の対日占領政策　上・下』（一九八五年）参照。
（44）　進藤・前掲(42)・七八頁参照。
（45）　後掲注(59)参照。
（46）　Theodore McNelly, The Origins of Japan's Democratic Constitution 6 (2000).
（47）　マッカーサー三原則について、古関・前掲(40)・一一一―一二五頁参照。

(48) セオドア・コーエンは次のように述べている。「確かに、一九三三年以来、個々のニューディール計画、ニューディーラーは人気を失ったが、ニューディールの偉大な改革、すなわち国民に対するサービス、とりわけ〝経済ピラミッドの底辺に忘れられた人々〟に対するサービスにおいて、政府を直接的に無際限に関与させるという構想はそのまま残った。占領軍急進的改革の政策立案者たちはこの原則を日本に適用した。」（大前正臣訳・前掲(46)・八六―八七頁）

(49) ここで、誤解してならないのは、軍隊の位階が付されていても、民生局員のほとんどは民間要員ないしは民間人である。例えば、ケーディスはハーバード・ロースクールを卒業し、戦前は政府機関に勤めた経験があり、ＧＨＱを退いた後は弁護士として活躍しており、ハッシーはハーバード大学において政治学を修めた後バージニア大学のロースクールを卒業しており、ラウエルはスタンフォード大学のロースクールを卒業した弁護士である。

(50) リチャード・Ｂ・フィン（内田健三監修）『マッカーサーと吉田茂』（一九九三年）一四二頁。

(51) 古関・前掲(40)・一二七頁参照。

(52) McNelly, *supra* note 46 at 74.

(53) ＧＨＱの経済科学局の労働課長を勤めた、セオドア・コーエンは、「ＧＳの行政課長ケーディス大佐が公職追放の枠を決め、彼の部下のロッド・ハッセ小海軍大佐が新憲法の前文と条文の大半を書いたのであった」（大前訳・前掲(46)・一六五頁）と述べているのも、あながち誇張ではない。

(54) バッシー文書七―Ｈ―一三―一（一九四五年一一月一三日付け文書）によると、民生局行政課（Public administration）内で、バッシーについては統治構造の変革が、ラクエルについては憲法の改正がその役割の一つにされている。

(55) McNelly, *supra* note 46 at 74.

(56) 進藤・前掲(42)・一三六頁参照。

(57) 高柳賢三・大友一郎・田中英夫編著『日本国憲法制定の過程Ⅰ』（一九七二年）参照。

(58) 筆者は二〇〇三年九月にフーバー研究所を訪問したが、ラウエル文書六ホールダーのうち、二ホールダーしか見ることが許されなかった。理由は国家機密であるとのことである。

(59) セオドア・コーエンは次のように述べている。「事実、ＧＳはホイットニーの後ろ盾とケレディスの賢明な操作によって、信頼できる権力をもち、許可が下りれば――警察の改革とか財界人の追放など――他の部署の領域にも、何の気後れもなしに踏み込んでいくことができた。このときマッカーサーは追放問題に関するＧＳの業績に感銘を受け、ＧＳだけでグループをつくり、日本の新憲法の雛型を作成するよう指令してきた。この草案は日本語に翻訳され、日本代表と日本国会で多少修正されたうえで日本の憲法となり、現在にいたっている。」（大前訳・前掲(46)・一四五―四六頁）

(60) 清水伸編著『逐条日本国憲法審議録第四巻（増訂版）』三三三頁（一九七六年）参照。
(61) McNELLY, *supra* note 46 at 74.
(62) 清水・前掲(60)・三三九頁参照。
(63) 高柳賢三・大友一郎・田中英夫編著『日本国憲法の制定過程　Ⅱ』（一九七二年）一六七頁。
(64) 古関・前掲(40)・二二七頁参照。
(65) 犬丸秀雄監修『日本国憲法制定の経緯』一三一頁（一九八九年）
(66) 高柳他・前掲(57)・二〇五―七頁。
(67) McNELLY, *supra* note 46 at 75-76.
(68) 清水・前掲(60)・三三九頁。
(69) 同右・三五四頁。
(70) 『帝国憲法改正案委員小委員会速記録』一一二―一三頁（一九九五年）。
(71) 同右・一一三頁。
(72) 清水伸編著『逐条日本国憲法審議録第二巻（増訂版）』五五〇頁（一九七六年）。
(73) 古関・前掲(40)・二五五頁以下参照。

五　「二重の基準論」の正当化の可能性

日本国憲法の解釈として「二重の基準」が妥当することは、学説においては伊藤正己元最高裁判事や芦部信喜教授によって紹介・導入されて以来、今日広く受容されている[74]。その詳細な内容については、論者によって異同が残されているとはいえ、その趣旨は、「経済的自由の規制立法については合憲性が推定され、緩やかな審査基準が適用されるのに対して、精神的自由権の規制立法については違憲性が推定され、厳格な審査基準が適用されるという考え方[75]」であるということができる。このような考え方は、わが国の最高裁においても、小売商業特別措置法判決[76]、薬事法違憲判決[77]において、承認されているのである。

さて、問題となるのは、その正当化根拠である。この点、この基準の提唱者であり広範な影響を与えている、芦部教授によると、次の二点に集約される。それは、民主的過程論に由来する表現の自由の優越的地位と、政策問題における裁判所の能力の限界である。この両者の関係は明確ではないが、後者について、そのような帰結になる必然性に疑問が残るし、このことが表現の自由を含む精神的自由の優越性という権利の序列問題に解答を与えるものでもないであろう。論拠の核心は、民主的過程論に由来する精神的自由の優越性になるが、憲法学者の立場から、既に中川剛教授などからの批判が存在している[78]。さらに、井上教授[79]、森村教授などの法哲学者から厳しい批判がなされている。例えば、森村教授は次のように述べている。

「〈民主的政治過程論〉には次のような疑問がある。第一に、この議論によると……厳格な基準で審査されるべき精神的自由の範囲は政治的な思想……や表現の自由だけになってしまい、非政治的な精神的自由は取り残されてしまうように思われる。

第二に、それだけでなしに生存権などの社会権の制約も、この議論では緩やかな基準に服することになってしまう。第三に、この説は民主的政治過程についての楽観的すぎる見方に依存している。たとえ民主性が正常に機能しても、多数者の意思によって少数者の権利が侵害されたり、利益団体の力のために立法が国民の自由を不当に制約するということはありうる。裁判所は民衆主義的な専制に対しても基本的自由を守らなければならない。このような自由侵害のおそれは精神的自由についても経済的自由についても考えられるが、後者について一層大きいとさえいえるかもしれない。なぜならば経済的自由の制約は利権を生むからである[80]。」

このような森村教授による批判は、正鵠を射ているといえよう。また、既に井上教授から批判を受けていたように、（日本国憲法を一旦離れてみれば）アプリオリに、精神的自由が経済的自由に優越するという理論が成立する余地はないのである。確かに、民主主義（多数決主義）は近代国家の公理であり、表現の自由が民主主義と深い関係にある（民主主義の前提として重要である）ことは確かであるとしても、すべての表現がそうであるわけではないし、ましてやこれを精神的自由一般に拡大することは説得的ではない。二重の基準論が法哲学者の批判にさらされているのは、そこになお根本的な疑問が残されているからである。わが国の憲法学説が、この理論のアメリカからの導入に性急すぎて、それが日本国憲法において妥当する理論であるかを十分に吟味してこなかったことに由来する、と言われてもやむを得ない面がある。

ところで、キャロリーン・プロダクツ判決の脚注四に着目しながら、通説のように精神的自由（とりわけ表現の自由）の優越的地位からの二重の基準を導き出すのではなく、むしろそれを批判し、これを、民主的プロセスを重視することの宣言と捉える学説が存在する。松井教授の見解である。確かに、アメリカにおいても、キャロリーン・プロダクツ判決脚注四を、精神的自由の優越的自由を述べたものと理解するのではなく、民主的プロセスへのチャンネルが開かれていることと、「切り離され孤立した少数者への偏見」から守る役割を、民主主義の下での裁判所の役割とする、ジョン・H・イリィ教授の見解が存在し、有力に主張されている。[81] 松井教授はイリィ教授の見解に影響されていると思われるが、憲法を、主にプロセスを保障したものと理解し、[82] 憲法解釈をプロセス的に理解しようとしている。しかし、プロセスの重要性は無視できないとしても、実体を離れた人権保障は考えられないのであり、松井教授の解釈方法には疑問を感じるものである。

それでは、日本国憲法の解釈として二重の基準は妥当しないのであろうか。確かに、道徳・哲学（近代）の問題として考えた場合、先験的に、精神的自由が経済的自由に優越し、さらに裁判所の判断基準として二種類存在することを認めることは困難であろう。二重の基準論は、本来、「司法審査と民主主義」という困難な問題に対して、アメリカ合衆国の連邦最高裁が、ニューディール期その解決を模索する過程の中から産み出された、歴史的妥協の産物なのである。[83] 従って、これを哲学的に正当化することには困難が伴うのである。

しかし、日本国憲法がそのことを前提にしていると考えられるなら、話は別であり、むしろそのように解釈すべきことになるのである。先に述べたように、それらがすべてではないにしても、日本国憲法には、二重の基準論、精神的自由の優越的地位、さらには社会国家の側面、すなわちニューディールの成果ないしは教訓が条文やその精神の中に組み込まれていると考えられるのである。従って、原意主義によるならば、その詳細は判例法理として形成されるのを待つしかないが、基本的に二重の基準論は正当なものであり、正しい解釈とする余地が生じてくると言えるのである。

(74) この点について、松井茂記教授による詳細な検討が存在するので、ここでは繰り返さない。松井・前掲(28)参照。
(75) 芦部信喜（高橋和之補訂）『憲法（第三版）』一〇〇頁（二〇〇二年）
(76) 最大判昭和四七年一一月二二日刑集二六巻九号五八六頁。
(77) 最大判昭和五〇年四月三〇日民集二九巻四号五七二頁。
(78) 例えば、中川剛『日本人の法感覚』一〇四頁以下（一九八九年）。
(79) 井上達夫「人権保障の現代的課題」碧海純一編『現代日本法の特質』（一九九一年）所収参照。
(80) 森村進『財産権の理論』（一九九五年）一五四―五五頁。
(81) JOHN H. ELY, DEMOCRACY AND DISTRUST : A THEORY OF JUDICIAL REVIEW (1980).
(82) 例えば、松井・前掲(28)・三三〇頁。「日本国憲法の保障する基本的人権は、圧倒的にそのようなプロセスに不可欠な権利だと言えよう。」
(83) MORTON J. HORWITZ, THE WARREN COURT AND THE PURSUIT OF JUSTICE 78 (1998).

六　むすび

日本国憲法は、そのすべてではないにしても、ニューディールの影響を受けており、二重の基準論もそのようなものとして正当な解釈手法として正当化する可能性が存在する。しかし、周知のように、わが国の戦後改革（占領政策）は、東西冷戦の激化に伴って変化し、逆コースの道を歩むことになった。しかし、憲法の制定はもとより、初期のリベラルな諸改革は、当時の指導層すべてによって支持されたものではなかったとはいえ、それを支持する政治勢力が確かに存在し[84]、一般論として、当時の国民がそれらに共鳴していたことは事実として認められるのである[85]。日本国憲法二五条の制定に見られるように、それが強化される側面さえ存在したのである。当時、厳しい食糧難の下、国民がこれらの問題に真剣に取り組む余裕がなかったとはいえ、憲法の制定をはじめこれらの諸改革を歓迎したのも、GHQの喧伝にすぎないのではなく、事実として存在していたと思われる。ジョン・ダワー教授は次のように述べている。

「結局、戦後日本には保守的な政府が出現したが、にもかかわらず、平和と民主主義という理想は、日本に根をおろした。借り物のイデオロギーでも押し付けの未来図でもなく、生活に根ざした体験として、そしてまたとない好機を生かした成果として。平和と民主主義の理想は、みごとな、そしてしばしば不協和音を奏でる様々な声となって現われ出たのである[86]。」

警察改革や教育改革の面で、初期の計画から後退する時がまもなく訪れるが、それによって初期のリベラルな基本精神が無に帰すことになったわけではなく、その精神は日本国憲法に残され、なおこれを維持する勢力が存在し続けるのである。

このような結論を導くには、さらに詳細な検討が必要であり、今後さらなる研究を加えることにしたい。憲法の制定過程や戦後改革に関わる歴史を検証することが必要であり、また「二重の基準論」そのものの仔細な検討も、今後の課題として残されている。

しかし、いずれにせよ、日本国憲法とニューディールとは、密接な関係にあることは否定できないように思われる。そして、その関係性故にこそ、例えば「二重の基準論」を日本国憲法の解釈として正当化する余地も生まれてくる、と言えるのである。

(84)　リチャード・フィンは次のように述べている。「占領初期には多くの日本の法律専門家は欧米を中心とした種々の法概念を取り入れるのに熱心だったが、彼ら日本人の姿勢はこの状況下にしては驚嘆すべきことだった。戦後の日本でニューディール

政策を推進したのはなにもアメリカ人だけではなかったと言っていいかもしれない。」（内田健三監修・前掲(59)・二六一頁）
(85)　福永文夫『占領下中道政権の形成と崩壊』（一九九七年）参照。
(86)　ジョン・ダワー（三浦洋一他訳）『敗北を抱きしめて上』（二〇〇一年）六頁。

第六章　政教分離をめぐる二つの連邦最高裁判決

一　はじめに

日本国憲法二〇条一項後段、同条三項および八九条は、いわゆる政教分離原則についての規定である。[1] 周知のように、この政教分離原則についての重要事件として津地鎮祭訴訟があり、その最高裁判決は、神式地鎮祭を市が挙行することはこの原則に反しないとした。[2] そしてそこでは、国（地方公共団体を含む。以下同じ）と宗教とのかかわり方の違憲審査基準として目的効果基準が使用され、しかもそれは緩やかな基準として用いられたこともあって、日本国憲法下の政教分離解釈の違憲審査基準としてふさわしくないとの批判が見受けられた。[3] 目的効果基準は、アメリカ合衆国連邦最高裁判例によって確立されてきたものであり、津地鎮祭最高裁判決多数意見はそれを参考にしたものと推測される。しかし、近時の研究によると、この基準は、アメリカにおいて、後述するように不統一もみられるとはいえ、国家と宗教の分離について一般に厳格性を要求するものとして使用されていることが明らかにされている。[4] 本章において紹介する、宗派学校（parochial school）への公的助成に関する二判決もまた、このことを例証するであろう。[5] もちろん、両国において、その使われ方に相違が生じても不思議ではないとの議論があるかもしれない。しかし、その基準の母国での使われ方を検討しておくことは、無益ではなかろう。日本国憲法における政教分離は、戦前の国家神道の反省を踏まえて、[6] 厳格な分離を要求しているものと考えられることから、むしろ大いに参考になるというべきであろう。本章において、判決を詳細に紹介することを心掛けたのは、わが国で目的効果基準を使用するについて、参考とするのにできるだけ便宜になるようにとの配慮からである。

本章で紹介する両判決において扱われている、宗派学校への公的助成と政教分離の問題は、わが国では、従来私学助成の問題の中で論じられてきた。(7) しかし、宗派系私立学校——とりわけその中でも小・中学校——への助成について、政教分離原則との関わりをめぐって、さほどつめた議論がこれまでなされてきたとはいえない。(8) この脈絡でも、両判決は参考になること大であろう。(9)

(1)　近時、政教分離競走は制度的保障規定なのか、人権規定なのかという形で議論が展開されている。この点の議論を整理し、このような論じ方を批判的に検討するものとして、戸波江二「政教分離原則の法的性格」声部信書先生還暦記念『憲法訴訟と人権の理論』五二五頁以下は重要である。筆者は、概ね、戸波教授の見解に賛成であるが、この点は後の機会に詳しく論じることにしたい。さらに、中村睦男『憲法三〇講』九一頁以下、同「政教分離の原則」法学教室八六号三八頁以下参照。

(2)　最大判昭和五二年七月一三日民集三一巻四号五三三頁。その後、箕面忠魂碑訴訟大阪地裁判決（大阪地判昭和五七年三月二四日行集三三巻三号五六四頁）、岩手靖国訴訟盛岡地裁判決（盛岡地判昭和六二年三月五日判時一二二三号三〇頁）、箕面忠魂碑・慰霊祭訴訟大阪高裁判決（大阪高判昭和六二年七月一六日判時一二三七号三頁）においてリーディング・ケースとして踏襲されている。ただし、大阪地裁判決は、津地鎮祭訴訟最高裁判決を先例として引用しつつ、目的効果基準の実際の用い方は、最高裁判決と異なり、かなり厳格な分離の基準として使用していることに注意。さらに、拙稿「箕面忠魂碑・慰霊祭訴訟控訴審判決」判例地方自治四〇号四〇頁以下参照。

(3)　特に、福祉的財政援助事件以外には使用すべきではないとの観点からの批判が多い。たとえば、高柳信一「国家と宗教——津地鎮祭判決における目的効果論の検討」法学セミナー増刊『思想・信仰と現代』一〇頁以下、横田耕一「地鎮祭と政教分離の原則（津地鎮祭訴訟）」樋口陽一編『憲法の基本判例』六三頁以下参照

(4)　芦部信喜「国家の宗教的中立性」法学教室八五号六頁以下参照。詳しい文献として、瀧澤信彦『国家と宗教の分離』がある。アメリカ合衆国における政教分離原則について、熊本信夫『アメリカにおける政教分離の原則』、および芦部・同上一六頁注(1)引用の諸文献を参照のこと。

(5)　本章で紹介する二判決を取り上げている邦語文献として、ジェームズ・E・ハーゲット（著）常本照樹（訳）「アメリカ憲法における宗派学校への公的助成問題について」北大法学論集三七巻一号五一頁以下参照。

（6）国家神道について、たとえば、村上重良『国家神道』参照。
（7）中村睦男「私学助成の合憲性」芦部信喜先生還暦記念『憲法訴訟と人権の理論』四二三頁以下参照。
（8）同右・四四三頁参照。
（9）なお、アメリカにおいて、州憲法の大半が宗派学校への公金支出を禁止する規定を設けていることについて、T・I・エマスン＝木下毅『現代アメリカ憲法』二〇三頁参照。

二　Grand Rapids School District v. Ball(10)

（一）事実の概要

グランド・ラピッズ事件での問題は、非公立学校（そのほとんどは宗派学校である）から賃借した教室において、公費で、非公立学校の生徒に授業を提供する、共有時間（Shared Time）と社会教育（Community Education）の二つのプログラムが、合衆国憲法修正第一条の国教樹立禁止条項（establishment clause of First Amendment）に反するかどうかである。共有時間プログラムは、州が要求しているコア・カリキュラムを補うために、非公立学校において、通常の授業時間に授業を提供するものである。提供される科目には、補習の数学、補習の読書、美術、音楽、体育などが含まれている。共有時間の教師は、公立学校の専任職員である。

社会教育プログラムには子供およびおとなが自発的に参加し、通常の授業時間が終了するとともに開始される。提供される教科には、工芸、家庭経済、スペイン語、体操、卒業アルバム製作などがある。社会教育プログラムの教師は、非公立学校の専任職員（しかもそのほとんどが社会教育課程が開講される学校の）であり、公立学校の臨時職員として活動する。

両プログラムに参加している学生は、これらが実施される非公立学校に通学している。どの教科を提供し、どの教室で実施するかは、非公立学校の管理者が決定する。使用される教室にはいかなる宗教的装飾もなされてはならず、「公立学校の教室」であるという掲示をすることが要求されている。

納税者達が、両プログラムは国教樹立禁止条項に反するとして、学校区および幾人かの州の公務員を相手に、連邦地裁に訴訟を提起した。

連邦地裁は、レモン・テストを適用し[11]、プログラムの目的は世俗的であるが、効果は明らかに許容できないとした。また、両プログラムは、公立学校組織と宗派学校との間に、許されざる程度のかかわり合いを伴うと述べた。そして、両プログラムをさらに実施することを禁止した[12]。

連邦第六巡回控訴裁判所では、意見が割れたが、連邦地裁判決を支持した[13]。

(10)　473 U. S. 373, 87 L. Ed. 2d 267, 105 S. Ct. 3216 (1985).

(11)　レモン・テストは、Lemon v. Kurtzman, 403 U. S. 602 (1971) において定式化されたものである。レモン事件判決では、教会系初等・中等学校の世俗教科の教師の給料および教材の助成が違憲とされた。熊本信夫「宗教と国家の分離」英米判例百選Ⅰ公法一〇六頁以下参照。

(12)　Americans United for Separation of Church and State v. School Dist. of Grand Rapids, 546 F. Supp. 1071 (W. D. Mich. 1982).

(13)　Americans United for Separation of Church and State v. School Dist. of Grand Rapids, 718 F. 2d 1389 (6th Cir. 1983).

(二)　連邦最高裁判決

a　プレナン最高裁判事の法廷意見[14]

1　「連邦議会は国教の樹立に関する法律を制定してはならない[15]」という修正第一条の保障は、国教として一つの宗教を指定してはならないということ以上のものである。また、宗教の間に差別を設ける政府のプログラムは違憲であるということ以上のものである。国教樹立禁止条項は、宗教活動に対する後援、財政援助、および積極的関与を禁止している。

2　国教樹立禁止条項が州に適用されることをエバーソン判決[16]が明らかにして以来、宗教学校に対する州の援助の問題にしばしば取り組んできた。これらの事件のすべてにおいて、われわれの目標は、人々に福祉を提供する州の能力を不当に害さずに、国教樹立禁止条項の乏しい文言と広大な目的に意味を与えることであった。生徒に教育を提供することは、確かに賞賛すべき目的である。しかし、援助が特定の宗教または宗教一般を助長する効果を持つとき、または援助によって政府が宗教に不当にかかわり合うとき、そのような賞賛すべき世俗目的をもってしてさえ、宗派学校に対する政府の援助を有効にすることはできない。というのは、宗教は、精神的慰め、導き、および感化を与えるとともに、社会を分断し、優勢となった特定の宗教ないしは宗派と違う信仰をもつものを排除することをもしてきた。憲法制定者達が採用し、当裁判所が一貫して認めてきた解決方法は、宗教間、および宗教と非宗教との間で中立を維持することを政府に要求する一方、良心の命ずるままに信仰する個人の権利をぬかりなく保護することである。このようにして、さまざまな信仰および信条のための場所を広範に残すことができ、政府の側においていかなる一つの団体にもかたよらないことを示し、支持者の熱意と教義の魅力によって栄えさせる姿勢を政府が保持することができる。

3　レモン事件判決において初めて述べられた三基準は、この領域における検討の指針となる。これらの基準は、憲法上の審査を正確に限界づけるものではなく、国教樹立禁止条項の目的が損われているかを判断する指針である。レモン・テストでは、特定の州の行為が国教の樹立に関する不適切な法であるかどうかを決するにつき、目的(purpose)、効果(effect)、かかわり合い(entanglement)に注目する。

4　学校助成事件においてしばしばそうであるように、本件において、第一の基準(目的基準)に関して問題はない。

5　プログラムが遂行される学校の性質から、われわれの検討は始められなければならない。援助を受ける四一の私立学校のうち、四〇が宗教学校である。当該宗教学校では、学校の存在理由である宗教伝道とともに世俗教育が行われる。学校内において、両者は不可分である。

「本件において、四一の学校のうちの四〇が、このように『広範に宗派的』であることを前提にするなら、宗教学校において遂行されている、異議を申し立てられている公立学校プログラムは、三つの異なった仕方で、許されざる宗教の助長となりうる。第一に、プログラムに加わっている教師達は、意図的にまたは不注意に、特定の宗教教義や信念を教化することに関るかもしれない。第二に、プログラムは、政府と宗教との間の重大な象徴的結合を提供するかもしれないし、それによって――少なくとも感受性の強い若者の目には――学校に影響している宗派に、政府権力による支持を与えていると映るかもしれない。第三に、プログラムは、援助を受ける学校の重要な宗教伝道に許されざる補助金を提供することによって、直接的に宗教を助長する効果をもちうる。[17]」

６　国教樹立禁止条項は、政府の援助によって、あるいは政府の後援によって、信仰を教化することを絶対に禁止する。もしそのような教化が遂行されたなら、腐食作用を有する世俗主義によって、信仰が腐敗させられる一方、国家からのいかなる強圧からも自由に、自発的に、何を信じるか（あるいは信じないか）を決定する個々人の権利に壊滅的な効果を与える。

Meek v. Pittenger 事件[18]で、当裁判所は、非公立学校の構内において、補習授業、ガイダンス、およびテスト等の業務を提供するために、州の専門職員を派遣することとしている法令を無効にした。そのようなプログラムは、広範な、鋭い、継続的な州の監視に服さなければ、州の後援による教員が、教会立学校の宗教伝道を援助するという受け入れがたい危険を招くであろう。教師は、州から給料を支払われているとはいえ、彼らの置かれた状況のもとで、宗教の許されざる助長となる可能性がある。Meek 事件におけるプログラムは、もし十分に監視されなければ、州による援助によって教化するという多大な危険を伴うであろう。

両プログラムは、Meek 事件におけると同様の欠陥を持つ。すなわち、社会教育プログラムに関して、連邦地裁が判示したように、非公立学校から貸りた施設で行われるほとんどすべての課程は、同じ非公立学校の専任教師によって遂行される。これらの教師達――その多くはその宗派の支持者であり、教団に奉仕したいが故に教鞭を執っているのであるが——は、通常の授業時間において、学生にその宗派の教義や信仰を教化することを期待されている。ところが、このプログラムにおいては、これらの教師達は、授業時間が終るやいなや宗教的確信をひとまず忘れ、全く世俗的社会教育に従事することができる、ということが前提になっている。しかも、同じ宗教学校の学生の前で、同じ宗教学校の教室でそうすることを期待されている。上告人自ら述べているように、社会教育の授業は、宗教的内容に関して特に監視されない。社会教育プログラムに雇われた宗教学校の教師達が、彼らの世俗的使命を誠実に遂行することは疑いない。しかし、公然にしろ秘かにしろ、通常の授業時間に期待されている宗教伝道が、放課後に教える世俗的授業に入り込む実質的危険が存在する。危険は、自らの任務を宗教への奉祉に故意に転化しやすいからではなく、むしろ環境の圧力によって通常のコースからそれるおそれがある故に生ずる。

共有時間プログラムは、社会教育プログラムとその仕組にいく分違いがあるとはいえ、州の後援による教化の危険性を有する。両プログラムの最も際立った相違は、以下の点にある。すなわち、共有時間プログラムの教師のほとんどは、公立学校の専任教師——しかもそのうちのわずかの人達のみが以前宗教学校に勤務していたのに対して、ほとんどの社会教育の教師は、専任の宗教学校の教師である。しかし、宗教的内容に関して、共有時間課程を監視する試みがなされていないので、両プログラムの間にこのような相違があるとはいえ、Meek 事件における判示は、共有時間に関してもあてはまる。共有時間の教師は、宗教学校において、宗教学校の通常の授業時間に提供される教科と密接不可分な教科を教えている。このプログラムにおける教師は、教育が宗教伝道に絶対不可欠な部分であり、信仰を促進させる雰囲気が常に維持されている学校において、社会教育の教師達以上に重要な教育業務を行っている。学生は、提供される教育を学校の宗教伝道の脈絡で受けとめる一方、教師は、そのような雰囲気において、秘かに（あるいは公然と）教育を彼らが教えている環境に一致させる可能性がある。州が作成した標準テスト（Committee for Public Education and Religious Liberty v. Regan, 444 U. S. 646 (1980)）、または診断業務（Wolman v. Walter, 433 U. S. 229 (1977)）のような、当裁判所が支持した援助の型と違って、この環境において遂行されるプログラムには、宗教教育目的のために使用される実質的危険が存在する。

7 「国教樹立禁止条項は、特定の信仰を若者に教化するための、直接的な州の資金提供以上のものを保護していることを、われわれが扱ってきた諸事件において認めてきた。政府が、その権限と責任とを、いかなる――あるいはすべての――宗教教義とも、密な同一化を促進するとき、特定の宗教教義を教化しようとするのと同じだけ有効に、政府は宗教を助長する。もしこの同一化によって、政府による宗教の是認または否認の趣旨を伝えるなら、国教樹立禁止条項の核心は害される。[19]」

効果基準の重大な関心の一つは、以下のことにある。すなわち、異議を申し立てられた政府の行為によって生ずる、教会と国家との象徴的結合（symbolic union）が、当該宗派の支持者によっては支持と受けとられ、非支持者によっては否認と受けとられるのに十分であるかどうかということである。効果に関するこの種の検討は、政府の趣意を受けとる市民の多くが、形成期にある子供達であるとき、特別に注意して行われなければならない。教会と国家との結合の象徴主義（symbolism of a union）は、その経験が限られ、その信仰が自由な、自発的な選択であるとともに、環境の作用でもある、若年の子供達に特に影響しがちである。

「本件で異議を申し立てられたプログラムにおいて、宗教学校の学生達は、宗教学校と『公立学校』の授業の間を移動しながら通常の授業日を過ごす。両タイプの授業は、同じ宗教学校の建物で行われ、大部分同じ宗派の信者である学生によって構成されている。この環境において、たとえ『公立学校』の授業が宗教の教化から首尾よく免れたとしても、学生は、宗教学校の授業と『公立学校』の授業との間の決定的相違を見分けることができないであろう。[20]」この効果、すなわち、政府と宗教との象徴的結合は、国教樹立禁止条項のもとで許されざる効果である。

8 「エバーソン事件 330 U S 1,91 L Ed 771, 67S Ct 504, 168 ALR 1392（1947）において、当裁判所は次のように述べた。『多少にかかわらず、いかなる額の税金も、宗教を教え実践することに使うため、何と名づけられようと、またどのような形態をとろうと、いかなる宗教活動や教育をも援助するために賦課されえない。』 Id., at 16, 91 L

Ed 711, 67 S Ct at 504, 168 ALR 1392」[21]一つの例外を除いて[22]、その後の事件において、州が直接初等または中等宗教学校に公金を支払うことを無効としてきた。

現金の支払いを別として、当裁判所は、宗教学校の世俗活動を援助する計画を二つのカテゴリーに区別してきた。第一のカテゴリーとして、宗教学校への間接的（indirect）、遠回しの（remote）、付随的（incidental）利益を付与する法律は、この理由のみでは違憲とならない、と当裁判所は述べてきた。「このような『間接』援助事件において、主に世俗的目的を遂行するために主に世俗的手段を使用し、従って、宗教を助長する『主要な効果』は見い出されなかった。このような理由で、当裁判所は、非公立学校学生に世俗教科書を貸与するプログラム Board of Education v. Allen, 392 U S 236, 20 L Ed 2d 1060, S Ct 1923（1968）; see also Wolman v. Walter, 433 U S, at 236-238, 53 L Ed 2d 714, 97 S Ct 2593, 5 Ohio Ops 3d 197 ; Meek v. Pittenger, 421 u s, at 359-362, 95 S Ct 1753[23]、並びに非公立学校生徒のためにバス輸送をするプログラムを支持してきた Everson v. Board of Education, supra.」

第二のカテゴリーとして、当裁判所は、宗教学校を、直接、実質的に援助する型を、国教樹立禁止条項によって禁止されるとしてきた。「このような理由で、当裁判所は、次のような州のプログラムを無効としてきた。すなわち、子供が宗教学校に通学している親に対する授業料助成（tuition grants）および税金控除（tax benefits）プログラム see Sloan v. Lemon, 413 U S825, 37 L Ed 2d 939, 93 S Ct 2982（1973）; Committee for Public Education v. Nyquist, supra, at 780-794, 37 L Ed 2d 948, 93 S Ct at 2955、並びに宗教学校において使用される教材の『貸与』プログラムである see Wolman v. Walter, supra, at 248-251, 53 L Ed 2d 714, 97 S Ct 2593, 5Ohio Ops 3d 197 ; Meek v. Pittenger, supra, at 365, 44 L Ed 2d 217, 95 S Ct 1753。[24]」Sloan 事件と Nyquist 事件において、援助は、親に対するものであって、直接宗教学校に対するものではなかった。また、Wolman 事件と Meek 事件において、援助は、公金の直接的支出というよりは、本来的に補助的なものであった。しかし、これらの型態における相違は、効果において宗教学校への直接的助成と区別がつかないプログラムを救済するのに十分ではなかった。

以上のように、当裁判は、助成であるということだけでは、援助プログラムを無効にしてこなかった。各事件において問題なのは、提供される援助の効果が、直接的、実質的か、それとも間接的、付随的かということである。憲法における多くの問題同様、程度の問題である。

宗教学校は、特定の宗教的観点を促進させながら、学生に世俗教育を提供するという二重の機能を持っている。Meek事件とWolman事件において、教育設備や教材を宗教学校に貸与する州のプログラムを、宗派学校の主要な、宗教に指向された教育を助長するという理由で違憲とした。本件で異議を申し立てられたプログラムは、教育設備や教材に加えて教師を派遣するものであり、宗教を助長する同様の効果を持つ。宗教学校の教育活動に対するこの種の直接的援助は、国教樹立禁止条項によって明確に禁止される、宗教学校に直接現金を支出する規定と区別することができない。

上告人は、ここでの援助はAllen事件における教科書同様、宗教学校ではなく、主に学生に流れると主張する。宗教学校へのあらゆる援助は、究極的には学生に流れるのであり、もし上告人の主張が受け入れられるなら、イデオロギーにかかわらない宗教学校へのすべての援助の型が有効となるであろう。しかし、Meek事件において、宗教学校への教材の貸与を違憲とし、Wolman事件において、類似のプログラムを、個々の学生への援助として隠蔽することによって救済することを拒絶した。本件での援助は、教材だけではなく、宗派学校の建物における教師による授業の提供をも含むものであり、宗派学校を直接かつ実質的に援助する主要な効果を持つ。本件のように、学生への援助と学校への援助との間に意味のある区別ができないところでは、個人への貸与との考えは、見え透いた擬制である。

上告人はまた、社会教育および共有時間プログラムは、宗教学校において以前には提供されていない、学校規則あるいは州の規定が要求していない教科によって、カリキュラムを補う故に、本件における助成金の効果は重要ではないと主張する。しかし、これは決定的ではない。第一に、公立学校組織がこれらの教科を申し出なかったなら、宗教学校がこれらのいくつか、あるいはすべてを開講したかどうか知る手立てはない。従って、通常のカリキュラムを補充すること（supplement）と代替すること（supplant）との相違は、上告人が申し立てる程明確ではない。第二に、これらのプログラムにおいて提供される教科は、宗教学校にとって目新しいものとはいえ、それらの一般的主題、すなわち、読書、数学等々は、カリキュラムの一部だったのである。従って、科目の補習的性格にもかかわらず、国教樹立禁止条項との関わりを誘発する。第三に、そして最も重要なことは、上告人の主張を認めるならば、公立学校が宗教学校の全世俗教科を漸次肩代りすることが可能となる。というのは、宗教学校は既存の教科を中止し、そして一、二年後、同じ内容を社会教育課程あるいは共有時間課程によって代替することができるからである。

9「われわれの結論は、異議を申し立てられたプログラムは、三点において宗教を助長する効果をもつということである。州によって給料を支払われる教師達は、彼らが働く宗教学校に深く浸透した宗派的性格に影響され、秘かにあるいは公然と、公費で学生達に特定の宗教教義を教化するかもしれない。宗教学校の建物における州の世俗教育の提供に本来的な、教会と州の象徴的結合は、学生および公衆一般に、宗教に対する州の支持の趣旨を伝達する危険がある。最後に、プログラムは、世俗教科を教える責任の実質的部分を肩代りすることによって、結果的に宗派学校の宗教作用を助成する。これらの理由によって、社会教育および共有時間プログラムは、宗教を助長する『重要ないし主要な』効果をもち、従って修正第一条の国教樹立禁止条項の命令を侵害する。」

非公立学校は、アメリカの教育の発展において重要な役割を演じてきたし、親および子供は、公立学校と宗派学校の間で選択する権利を持っことを以前から認められてきた。Lemon 事件において当裁判所の長官が述べたようにLemon v. Kurtzman, supra, at 625, 29 L Ed 2d 745, 91 S Ct 2105、『教会に関連した初等および中等学校が、われわれの国民生活において果している役割をさげすんでいると解されるようなことを、われわれは何一つ述べたことはない。それらの貢献は多大なものであったし、そうであり続けている。』しかし、国教樹立禁止条項は、『政府と宗教の結合は、政府を破壊し、宗教を堕落させる方向に向かうという信念に依拠している』Engel v. Vitale, 370 U

S, at 431, 8 L Ed 2d 601, 82 S Ct 1261, 20 Ohio Ops 2d 328, 86 ALR 2d 1285。従って、『宗教は、個人のための、家庭のための、そして私人が選択した団体のための私事でなければならず、幾分の接触やかかわり合いは不可避であるとはいえ、境界線が引かれなければならないことを憲法は命じている』Lemon v. Kurtzman, supra, at 625, 29 L Ed 2d 745, 91 S Ct 2105。『支配的な憲法基準が堅固に定着するようになり、われわれが検討した広範な輪郭が今や十分明確にされている』Committee for Public Education v. Nyquist, 413 U S, at 761, 37 L Ed 2d 948, 93 S Ct 2955 ので、これらの限界の位置は、今や全く明らかになり、そして控訴裁判所を支持することを要求しているのである。」(25)

ｂ　バーガー最高裁長官の一部同意・一部反対意見

レモン事件判決のもとで、グランド・ラピッズの社会教育プログラムが国教樹立禁止条項に反するという法廷意見に同意する。共有時間プログラムに対して、Aguilar 事件判決において述べる理由で反対する。

ｃ　オッコンナー最高裁判事の一部同意・一部反対意見

Aguilar 事件判決の反対意見において述べた理由で、グランド・ラピッズの共有時間プログラムは、宗教を助長する許されざるものであるという法廷意見に反対する。共有時間プログラムに従事するのは公立学校の専任教師であり、学生達に宗教を教化しようとしたことを示す記録は何もない。一三人の共有時間プログラムの教師が、宗派学校に勤務したことがあるだけであり、そのうちのほんのわずかが以前に勤めていた宗派学校で教えるのである。これらのわずかな数の教師の経験というものが、共有時間プログラムの現実の効果として、公費で宗教を教化する危険を増大するとはほとんど考えられない。しかし、社会教育プログラムについては、国教樹立禁止条項を侵害するという法廷意見に同意する。宗派学校における社会教育課程は、ほぼ現に宗派学校の専任である教師が教える。さらに、社会教育プログラムの管理者は、概ね当該学校の校長である。専任の宗派学校の教師が、宗派学校の監督のもとで宗派学校の学生に世俗教科を教えるために公費を受領するとき、プログラムは教会立学校の宗教目的を助長する現実的効果を持つ。

d　レーンクイスト最高裁判事の反対意見

Wallace事件判決(26)の反対意見において述べた理由で、法廷意見に反対する。グランド・ラピッズ事件において、法廷意見は、Everson事件およびMcCollum事件(27)に依拠し、これらの事件が依り所とした「壁」という誤った前提を議論することをしていない。それによって、法廷意見は、国教樹立禁止条項一五〇年の歴史に目をつむっている。法廷意見は、政府と宗教との間の象徴的結合によって許されざる効果を生じると判示し、レモン・テストの効果基準に内容を与えようとしている。しかし、数学、スペイン語、体育を教えることが、Lynch事件(28)において支持された市のキリスト像（creche）、あるいはMarsh事件(29)において支持された議会専属牧師（legislative chaplain）より、より大きな象徴的結合を生じるかは疑問である。グランド・ラピッズ事件の最も不幸な帰結は、公立学校教師の誠実性（integrity）を論難することになることである。絶えざる監視を必要とする、宗教教義の熱心な伝導者と考えられているのである。グランド・ラピッズおよびニューヨークのプログラムは数年にわたって遂行されてきたが、本件の記録には宗教が教化されようとした例を示すものはない。

e　ホワイト最高裁判事の反対意見(30)

Lemon事件判決とNyquist事件(31)の反対意見で述べたように、私立学校への州の援助事件における当裁判所の国教樹立禁止条項の解釈および適用に反対してきた。これらの反対意見で述べたように、Lemon事件やNyquist事件のような事件での当裁判所の判決は、修正第一条によって要求されず、国の長期的利益に反することを確信している。同様に、Grand Rapids事件およびAguilar事件で問題とされている州の行為は、国教樹立禁止条項に違反しない。

(14)　この法廷意見には、マーシャル、ブラックマン、パウエル、スティーブンス各最高裁判事が加わっている。
(15)　“Congress shall make no law respecting an establishment of religion”.
(16)　Everson v. Board of Education, 330 U. S. 1 (1947). 宗派学校の学生が支払うバス運賃を州がその親に償還することを合憲とした。

（17）473 U. S. at 385.

（18）421 U. S. 349（1975）

（19）473 U. S. at 389.

（20）*Id.* at 391.

（21）*Id.* at 392.

（22）Committee for Public Education and Religious Liberty v. Regan, 444 U. S. 646（1980）. 州が作成した各種テストの実施、採点、記録の保存、および報告等の業務について、非公立学校への実費償還が合憲とされた。本件の全訳として、拙訳「宗教学校に対する財政援助に係るアメリカ連邦最高裁判例── Committee for Public Education and Religious Liberty v. Regan, 444 U. S. 646（1980）──」北海学園大学法学研究二〇巻一号二九頁以下参照。

（23）473 U. S. at 393.

（24）*Id.* at 394.

（25）*Id.* at 397-8.

（26）Wallance v. Jaffree, 472 U. S. 38（1985）.

（27）McCollum v. Board of Education, 333 U. S. 203（1948）. 公立学校の中で行われる宗教教育プログラムを違憲とした。

（28）Lynch v. Donnelly, 465 U. S. 668（1984）.

（29）Marsh v. Chambers, 463 U. S. 783（1983）.

（30）ホワイト最高裁判事は、Grand Rapids および Aguilar 両事件について単一の反対意見を提出している。

（31）Committee for Public Education v. Nyquist, 412 U. S. 756（1973）. 非公立学校の施設の維持・修理費の助成、親に対する授業料の一部償還、および所得控除を違憲とした。

三　Aguilar v. Felton(32)

（一）事実の概要

ニューヨーク市は、宗派学校において教育活動に携わる公務員の給料を支払うために、連邦資金を使用した。ここでの問題は、これが修正第一条の国教樹立禁止条項を侵害するかどうかである。

本件において問題となっているプログラムは、一九六五年の「初等および中等教育法」の第一章（Title I of the Elementary and Secondary Education Act of 1965）として制定されたものであり（以下「第一章プログラム」という）、低所得家庭の教育的に恵まれない子供達のために、教育長官（Secretary of Education）が地方教育機関（local educational institutions）に財政援助をする権限を認めている。資金は、地方教育行政機関（local educational agencies）が提案し、州教育行政機関（state educational agencies）が承認したプログラムに支出される。プログラムは、次の条件を満たさなければならない。すなわち、子供は、教育的に恵まれない条件にある者に限り、低所得家庭の密集地域に住んでいなければならない。そして、プログラムは、当該援助がなされなくても遂行されるものを補充するものであり、代替するものであってはならない。一九六六年以来、ニューヨーク市は、第一章プログラムの教育業務を宗派学校の構内において、宗派学校の学生に提供してきた。これらの学校で遂行されるプログラムには、補習の読書（remedial reading）、読む技術（reading skills）、補習の数学、第二外国語としての英語、ガイダンスを含んでいる。これらのプログラムは、公立学校の専任職員（教師、ガイダンス・カウンセラー、心理分析家、精神科医およびソーシャル・ワーカー）によって遂行される。各職員が宗派学校において費やす時間の総計は、特定のプログラムにおける学生数、これらの学生のニーズによって決められる。市の非公立学校援護局（Bureau of Nonpublic School Reimbursement）が教師の割当てをし、教師は、一ヵ月に少なくとも一回予告なしに現場視察官（field personnel）

の監督をうける。そして、現場視察官は、計画調整者（program coordinators）——彼らもまた宗派学校における第一章授業を監視するために予告なしに視察にでる——に報告する。プログラムに携わる専門職員は、私立学校の中で行われる宗教活動にかかわることを禁じられ、教室内の宗教にかかわるものを取り除くように命じられている。プログラムに使用されるあらゆる教材や用具は、政府から提供され、これらのプログラムにのみ使用される。専門職員は、学生の選抜に責任を負うのみである。専門職員は、私立学校職員と接触するのは最小限にするよう指示されている。宗派学校の管理者には、公立学校職員が使用する教室からあらゆる宗教的象徴を一掃することが要求されている。一九七八年に、六名の納税者が、ニューヨーク市によって遂行される第一章プログラムは、国教樹立禁止条項を侵害すると申し立てて、連邦地方裁判所に訴訟を提起した。これらの納税者、すなわち本件の被上告人達は、宗派学校の構内での教育を含んでいるプログラムに資金を提供することの禁止を求めた。

連邦地裁は、National Coalition for Public Education and Religious Liberty v. Harris 事件判決[33]における証拠記録に基づいて、被告の主張を支持する形で略式命令（summary judgment）を出した。

連邦第二巡回控訴裁判所は、全員一致で破棄し、宗教学校に教師等を派遣するために使用される連邦資金は、国教樹立禁止条項に反するとした[34]。

（32）473 U. S. 402, 87 L. Ed. 2d 290, 105 S. Ct. 3232（1985）.

（33）489 F. Supp. 1248（S. D. N. Y. 1980）.

（34）Felton v. Secretary, United States Department of Education, 739 F. 2d 48（2d Cir. 1984）.

（二）連邦最高裁判決

a　ブレナン最高裁判事の法廷意見[35]

1　Grand Rapids School Districts v. Ball 事件判決において、連邦最高裁は、本日、グランド・ラッピズ公立学校区によって遂行される二つの補習プログラムを、国教樹立禁止条項のもとで無効とした。このプログラムでは、授業は、私立学校から賃貸した教室において、公費で私立学校の学生に提供される。本件において異議を申し立てられたプログラムは、グランド・ラッピズ事件において検討したプログラムと非常に似ている。両者ともに、公費を支給される教師は、私立学校の建物において、もっぱら私立学校の学生によって構成される授業で教える。両者において、私立学校の圧倒的多数は宗教学校である。両者において、専門職員だけではなく、プログラムの遂行に必要なあらゆる教材や設備が提供される。最後に、両事件において、教師は公立学校組織のみのコントロールのもとに置かれる公立学校職員とされる。

上告人は、宗教学校における第一章授業に宗教的内容が含まれないかを監視する制度を採用してきた点をあげ、ニューヨークの場合をグランド・ラッピズの場合と区別しようとしてきた。本件における監督は、宗派学校の宗教教義を、意図的にせよ無意識にせよ、教化するのを妨げる助けとなるであろう。しかし、上告人の主張は失敗に帰する。なぜならば、ニューヨーク市によって確立された監督制度は、必然的に教会と国との過度のかかわり合い――国教樹立禁止条項が効果基準とは別に関心がある――を生じる。宗派学校への州の援助が、たとえ宗教を助長する主要な効果を持たないときでさえ、援助遂行中の教会と州との相互作用の故に国教樹立禁止条項を侵害しうる。

「州は援助の遂行において、教会とあまりに密接にかかわるようになるべきでないという原理は、二つの関心事に根差している。州が、宗教的意義のあることにおいて、所定の宗派に巻き込まれるようになるとき、かかわり合いの根底にある政府の目的が主として世俗的なものであるときでさえ、この宗派の非支持者の信教の自由は害される。さらに、宗派の支持者でさえ、神聖なものへの政府の侵入によって、その自由が制限される。『宗教と政府の両者は、それぞれが各自の領域の中で他から自由であるとき、それらの高尚な目的を最もよく達成するように働くことができるとの前提に、修正第一条は依拠している』McCollum v. Board of Education, 333 U S 203, 212, 92 L Ed 2d 649, 68 S Ct 461, 2 ALR 2d 1338（1948）。[36]」

２　控訴裁判所が認めたように、小・中学校は、Roemer 事件判決[37]、Hunt 事件判決[38]および Tilton 事件判決[39]において問題とした大学とは異なる。

宗派性が深く浸透していない大学と異なり、本件に関わりのある学校の多くは、宗教的価値の教化が実質的目的である宗派学校である。さらに、本件と類似した教育業務を無効にした Meek 事件判決は、次の事実を根拠とした。すなわち、教育が宗派伝道の必要不可欠の部分であり、信仰を促進するための雰囲気が常に維持されている学校において、教師達は教育業務を遂行していることである。控訴裁判所が判示したように、本件に関わりのある学校にはこのような性格が備わっている。学校の多くは、教会から基金を受領しそして教会に報告し、教会の宗教行事に参列することを要求し、学校日または授業時間をお祈りで開始し、その宗派の信者を優先的に入学させている。なお、援助を受ける学校の大多数を占めるカトリックの学校は、地域教会（local parish）の一般的監督および統制下にある。

３　「従って、Lemon 事件判決および Meek 事件判決で禁止されたかかわり合いの決定的要素が本件にみられる。第一に、既述したように、援助は宗派性が浸透した環境においてなされる。第二に、援助は教師を派遣する形態でなされるので、宗教伝道がなされていないことを保証するために、継続的な監督が必要である Cf. Lemon, 403 U S., at 619, 29 L Ed 2d 745, 91 S Ct, at 2105, with Tilton, supra, at 688, 29 L Ed 2d 790, 91 S Ct, 2091, and Roemer, supra, at 765, 49 L Ed 2d 179, 96 S Ct 2337。要するに、ニューヨークの第一章プログラムが及ぶ範囲と継続性は、援助を受ける宗派学校において、永続的、広範な州の関与を必要とする[40]。」

宗派学校におけるこのように広範な公権力による監視は、過度のかかわり合いの禁止の根底にある、国教樹立禁止条項の諸価値を侵害する。州の公務員は宗教学校を定期的に訪問し、監視しなければならず、第一章授業において、密かにまたは公然と宗教的事項に関わることに対して油断なく警戒しなければならない。さらに、州の公務員が、何が「宗教的象徴」であるか、従って、第一章授業に持ち込まれてはならないかを決定したなら、宗教学校はこれに従わなければならない。要するに、主要な目的が特定の宗教の助長にある宗教学校は、宗教思想の侵入を防ぐために教師や学生を監視することが主要な目的である州の公務員の継続的関与に耐えなければならない。

ここで問題としている教育プログラムを維持するために必要とされる行政上の協力は、さらにもう一つの仕方において、国教樹立禁止条項の核心的部分にあたる利益を害する。すなわち、公務員と宗派学校組織は、スケジュール、教室の割当、プログラム遂行中に生じる諸問題、業務の増加要求、プログラムに関わる情報の普及に関する問題を解決するに際して一緒に働かなければならない。さらに、プログラムは、常勤教師と補習担当教師（またはその他の職員）との頻繁な接触――そこでは、各サイドの教師が、個々の学生のニーズ、直面している問題、達成された結果について報告する――を必要とする。

国教樹立禁止条項の根底にある目標は、教会と国はそれぞれ他の領域に侵入することをできるだけ妨げることである、と従来から理解されてきた。分離はあらゆる接触の禁止を意味しないが、ニューヨークの第一章プログラムを維持するのに必要な細部にわたる監視と行政上の密接な接触は、継続的、日常的関係――中立の要請から最小限度であることが要求される――を生じる。州の公務員による無数の判断は、微妙で議論の余地のあるものであるが、宗派には深い宗教的意味を持ちうる諸事項である。公務員がこれらの判断をするとき、宗教上の傾向に沿った政治的分断（political divisiveness）が増大する。州の視察官が宗教学校の廊下を巡回し、教室での教育を検査するさまは、政府による信仰の世俗化の亡霊以上のものを生ずる。

4　援助の性質、援助を受ける機関、そして次のような憲法原理、すなわち、州政府も連邦政府も、特権の促進を通じ、または特権の遂行において教会と過度にかかわり合うことを通じて、特定の信仰または信仰一般を推進または妨げてはならないという原理によって、ニューヨーク市による善意の努力にもかかわらず、本件のプログラムには憲法上の欠陥がある。

b　パウエル最高裁判事の同意意見

本件において、宗教学校の活動に対する政府のかかわり合いの危険があまりに大きい故に、国教樹立禁止条項に反するという法廷意見に同意するが、このことは Grand Rapids 事件についてもいえることである。また、このインタングルメントの危険は、政治的分断（political divisiveness）の危険によって増長される。すなわち、宗教学校への直接的援助の妥当性、および限られた政府資金の妥当な配分をめぐって継続的政治闘争を生じる危険が存在する。この点は、法廷意見では詳細には論じられなかったが、第一章プログラムおよびグランド・ラッピズのプログラムがインタングルメントを理由に無効であることの強力な理由となる。

第一章プログラムは、Lemon 事件判決において適用された効果基準のもとでも無効となるであろう。すなわち、第一章プログラムによってニューヨークに提供される援助の型は、補習教育を当該学校に免除することによって、宗派学校への州の補助金となっている。これは、合憲となりうる、間接的、付随的効果の型ではない。レモン・テストの効果基準とインタングルメント基準の相互作用によるディレンマについては、承知している。当裁判所の諸判決は、援助の主要な効果として宗教を助長しないことを保証することと、過度のかかわり合いを避けることとの間の、非常に狭い道を歩くことを要求してきた。しかしこのことは、援助を締め出すことを意味しない。当裁判所の意見として、宗教学校への間接的援助は否認していない。たとえば、世俗目的であることからそれるおそれがない故に、私立学校において政府の監督なしに遂行しうる、公立学校と私立学校の両者に公平な財政援助計画を連邦議会が作ることができるなら、問題はなかろう。

c　バーガー最高裁長官の反対意見

一八世紀およびそれ以前の国教会の害悪からアメリカの人々を守ることを装って、法廷意見は、無数の生徒に絶対不可欠な補習教育業務を拒否することになろう。法廷意見の結論について困惑させられるのは、この判決に伴う損失にもかかわらず、第一章プログラムの遂行によって生じるとされる信教の自由に対するいかなる脅威をも明らかにしていないことである。ホワイト裁判官がいうように、レモン・テストに固執することは、国の長期的利益に反する結果となる。Wallace 事件判決の反対意見で述べたように、われわれの責務は、窮屈な定式を機械的に適用することではない。われわれの義務は、当該法令や行為が国教を樹立する一歩であるかを決定することである。宗教学校の学生にこれらの業務を提供しないことが、国教樹立禁止条項によってわれわれを守る中立的行為であるとの主張は、論理、経験、歴史において支持されない。法廷意見が自慢する中立性を示すどころか、宗教および宗派学校に通う子供達に対して敵意を示しているにすぎない。

d　レーンクイスト最高裁判事の反対意見

Wallace 事件判決の反対意見で述べた理由で反対する。法廷意見は、援助によってインタングルメントが生じないことを保証するために監督がなされなければならないが、監督そのものがインタングルメントを生じる、という不条理な逆説（"Catch-22" paradox）を作り出した。法廷意見は、低所得家庭の教育的に恵まれない子供達に対する、平等な、非宗派的援助を無効にしている。国教樹立禁止条項は、このような非常に必要性の高い援助を禁止していない。全く世俗的な必要性を明らかに満たしている法律を無効とするために、軽薄な抽象概念に依拠するとき、修正第一条の採択を促した関心からはるかかなたに遠ざかっているのである。

e　オッコンナー最高裁判事の反対意見（2および3にレーンクイスト最高裁判事同調）

1　第一章プログラムは、恵まれない子供達に特別の教育的援助を提供するものであり、その目的は世俗的である。一九年間に、第一章プログラムの教師が、密かにあるいは公然と、公費で特定の宗教教義を学生に教化しようとしたことは一度もなかった。このことは常識からも納得のいくものである。教師達は、授業で宗教を教化しないようにとの指示に従うことができる、専門の教育者である。彼らが宗派学校の宗派的性質に影響されないのは、注意深く監視されるからだけではなく、彼らの大多数は毎週いくつかの異なった学校を訪問し、学生とは異なった信仰をもっているからである。許容され得ない効果を生じそうな唯一の問題は、世俗教科を教えることを肩代りすることによって、宗派学校の宗教的機能に補助金を支出する効果が生じないかということである。しかし、第一章プログラムの資金は、それがなされなければ参加学生には利用不可能なサービスにのみ提供されることを法令が命じているので、この効果は取るに足らない。たとえある程度重なる部分があるとしても、このことは重大な欠陥とはならない。国教樹立禁止条項をめぐる判決において、宗派学校の学生に対する補助的援助が禁止されてきたのではなく、宗教学校の構内における補助的援助が禁止されてきたのである。しかし、宗派学校の構内で提供される補習の読書が、学校に隣接した移動教室で提供される同じ授業より、世俗課程をより代替することになるということを理解するのは困難である。

２　過去二〇年間、グランド・ラッピズおよびニューヨークにおいて提供された数千の授業で、宗教の教化が何一つ起こらなかったことを考えると、世俗教育に宗教教義がもぐり込む危険は、非常に誇張されたものであることがわかる。この危険が誇張されたものであるように、この危険をコントロールするのに必要とされる監督の程度についてもそうである。ニューヨークの第一章プログラムにおける監督は、いかなる公立学校教師もが受ける監督とほとんど異なるところはない。たとえインタングルメントが国教樹立禁止条項の基準として有用であることを認めるとしても、第一章プログラムの授業において宗教の教化を阻止するニューヨークの努力は適切であるし、教会と州の過度の制度的かかわり合いは生じないのである。また、法廷意見が政治的分断の可能性に依拠したのも説得的でない。ニューヨークの賞賛すべき第一章プログラムが、本件訴訟以外の論争を惹起したことを示す証拠は見当らない。

インタングルメント・テストそのものに疑問を持つ。当事者が単に訴訟を提起したことによって作り出された現象というものからの推測に、憲法解釈を基づかせるのはおかしなことである。加えて、インタングルメント基準の制度的局面にもためらいを感じる。国教樹立禁止条項をめぐる事件における変則的な結果は、大部分、インタングルメント基準によるものである。教会と国家の広範な制度的かかわり合いは、国教樹立禁止条項に反すると申し立てられた法令の効果を決定することには関連するが、公的財源が非宗派的目的のためだけに使われることを保証しようとする国の努力は、その他の点においては有効な法令の効力を無効とするのに使われるべきではない。

3　本日の判決は第一章プログラムの終りを告げるものではない。宗派学校に通う貧困な家庭の子供は、構外で——ことによると学校に隣接した移動教室で——提供される第一章プログラムから利益を得続けることもできる。問題は、宗派学校に近隣した補習教育のための公共施設を利用できない子供達である。これらの子供達にとって、この判決は悲劇である。人生において成功するための有意義な機会を与えているプログラムを、当裁判所は、彼らから奪う結果となる。しかも、公立学校教師（彼らのほとんどの信仰は学生と異なっている）は、宗派学校の門から中に入っただけで宗教を教化しようとするであろうという、擁護できない理由によってである。ほぼ二〇年にわたって、ニューヨークの公立学校教師が、一度も宗教を教化しようとせずに、教育的に不利な立場を克服する手助けを、数千の貧困家庭の子供達にしてきた事実に目をつぶることはできない。これらの賞賛に値する努力は、国教樹立禁止条項によって確固としたものとなる信教の自由を侵食もしなければ、それに対する脅威ともならない。控訴裁判所の判決は破棄されるべきである。

（35）この法廷意見には、マーシャル、ブラックマン、パウエル、スティーブンス各最高裁判事が加わっている。
（36）473 U. S. at 409-10.
（37）Roemer v. Maryland Public Works Board, 426 U. S. 736（1976）. 高等教育機関に対する非宗派目的のために使用される助成金を合憲とした。
（38）Hunt v. McNair, 413 U. S. 734（1973）.
（39）Tilton v. Richardson, 403 U. S. 672（1971）. 世俗目的のために用いられる大学の施設の建設費の助成を合意とした。
（40）473 U. S. at 412-3.

四　むすび

一九八四―八五年開廷期には、この二判決の他にも信教の自由や国教樹立禁止条項をめぐっていくつかの注目すべき判決が出されている。[41] その中でも、とりわけ Wallance v. Jaffree は重要である。この判決では、黙想や自発的お祈り（meditation or voluntary prayer）のために、公立学校の授業において沈黙の時間を要求しているアラバマ州法を無効とした。スティーブンス最高裁判事が法廷意見を述べたが、[42] レモン・テストの第一基準、すなわち当該法律の立法目的が世俗的か否かという点から検討を加えている。そしてその際、「政府の現実の目的が宗教を是認もしくは否認することにあるかどうか[43]」吟味する必要があるとしている。そして、世俗目的であることのいかなる証拠をも提出できず、法案の提案者がその目的を自発的お祈りを学校に復活させることにあると述べていることから、アラバマ州が当該法律を制定した目的は宗教の是認にある、と法廷意見は述べた。[44]

ところで、これら二判決の前年と前々年の判決に目を転じてみると、そこには違う傾向がみられる。まず一九八三年の Marsh v. Chambers において、連邦最高裁は、ネブラスカ州議会の長年の慣行である専属牧師の制度を合憲とした。法廷意見は[45]われわれの社会の仕組の一部となった長年の伝統は、国教樹立禁止条項に反しないと述べた。次に、Mueller v. Allen は、[46] 非公立学校に子供を通学させるのに必要な、授業料、交通費、教材および教科書の支出を所得控除（tax deduction）することを納税者に認めているミネソタ州法を合憲とした。[47] さらに、一九八四年の Lynch v. Donnelly では、市のクリスマスの飾り付けにキリストの降誕像を展示することを合憲とした。この Lynch 事件判決の特徴は、レモン・テストをゆるやかに適用していることである。法廷意見によれば、[48] この像は国民の休日として長く承認されてきた伝統的行事の歴史的起源を表現するものであり、世俗目的であることは明らかであるという。またこの像は、教科書の貸与あるいは所得控除以上に宗教を助長する効果を持っとは考えられず、一年に一回催されるものであるから、かかわり合いが度を越えるのは最小限度であるとした。

以上のことからもわかるように、八三年および八四年の判決と、八五年の判決とを整合的に理解することには困難が伴うといわなければならないかもしれない。しかし、これを保守的な裁判官として捉えることのできる、バーガー、レーンクイスト、ホワイトと、リベラルな裁判官である、ブレナン、マーシャル、スティーブンスとの対立に対して、パウエル、オッコンナーの中道派がスイング・ヴォートをアド・ホックに投じた結果であるとみれば説明がつくかもしれない。[49] また、過度のかかわり合いが独立の基準として使われるべきか等の問題が残されており、[50] 個々の判決の妥当性に疑問の余地がないわけではない。[51] とはいえ、Grand Rapids 事件判決、Aguilar 事件判決、さらには Jaffree 事件判決において、レモン・テストの使用を確認し、各基準を再構成し、国教樹立禁止条項事件を解決しようとしている姿の一端を窺い知ることができるのである。[52]

(41)　*See* Teitel, *The Supreme Court's 1984-1985 Church-State Decisions : Judicial Paths of Least Resistance*, 21 Harv. C. R.-C. L. L. Rev. 651（1986）.

(42)　法廷意見に加わったのは、ブレナン、マーシャル、ブラックマン、パウエル各最高裁判事である。パウエル最高裁判事は補足意見を述べ、オッコンナー最高裁判事は、結論は法廷意見と同じであるが、理由は異なっている。バーガー最高裁長官、ホワイト、レーンクイスト各最高裁判事が個別に反対意見を書いている。

(43)　472 U. S. at 60-1.

(44)　なお、オッコンナー最高裁判事は、その意見の中で、Lynch 事件判決の中で述べた同意意見をもとに、レモン・テストに再検討を加え、"endorsement test" を採用すべきことを主張している。それによると、裁判所は、「政府の目的が宗教を是認することにあるのか、法令は是認のメッセージを現実に伝達するか」の点から審査することになる。このテストを批判的に検討している文献として、たとえば次のものがある。Smith, *Symbols, Perceptions, and Doctrinal Illusions : Establishment Neutrality and the "No Endorsement" Test*, 86 Mich. L. Rev. 266（1987）.

(45)　バーガー最高裁長官が法廷意見を書き、これにホワイト、ブラックマン、パウエル、レーンクイスト、オッコンナー各最高裁判事が加わっている。反対意見は、ブレナン、マーシャル、スティーブンス各最高裁判事である。

(46)　463 U. S. 388（1983）.

(47)　レーンクイスト最高裁判事が法廷意見を書き、これにバーガー最高裁長官、ホワイト、パウエル、オッコンナー各最高裁判事が加わっている。反対意見は、ブレナン、マーシャル、ブラックマン、スティーブンス各最高裁判事である。

(48)　バーガー最高裁長官が法廷意見を書き、これにレーンクイスト、ホワイト、パウエル、オッコンナー各最高裁判事が加わっている。反対意見は、ブレナン、マーシャル、ブラックマン、スティーブンス各最高裁判事である。

(49)　とりわけ、合憲・違憲の結論が接近した宗教関連事件において、パウエル最高裁判事の判断が鍵となっていることが見逃せないであろう。*See* Stewart, *The Court and Religion : An Unanticipated Lack of Change*, 71 A. B. A. J. 92 (1985).

(50)　オッコンナー裁判官は、前述したように、endorsement test を提唱しており、またレーンクイスト裁判官は、Aguilar 事件判決の反対意見で、援助は監督を必要とし、その監督がインタングルメントに導くという矛盾が生じていることを指摘している。学説の中にも、行政的かかわり合いを独立の害悪とすることは両刃の剣であり、憲法上の要請を保護するための政府の関与と、政府による違憲な宗教の促進のためのかかわり合いとを区別すべきことを主張するものがある。*See* Teitel, *supra* note 41, at 680-1.

(51)　例えば Wolman 事件判決において宗派学校構外での補習授業が合憲とされているが、構外での授業が構内での授業より非公立学校における財政負担を軽減しないことを説明するのは困難であるとの指摘がある。このことは、Aguilar 事件判決の反対意見の中でオッコンナー裁判官によって述べられているが、次の文献を参照のこと。24 DuQ. L. Rev. 1237, 1256 (1986).

(52)　*See* The Supreme Court-Leading Cases, 99 Harv. L. Rev. 173 (1985); Brushi, *Praying for Direction : The Establishment Clause and the Supreme Court*, Nova L. J. 217 (1985).

第七章　ブッシュ対ゴア事件連邦最高裁判決

一　はじめに

今日、法と政治が密接な関係を有することを否定する者はいないであろう。法はそのすべてではないにしても、多くが政治プロセスの中から生まれることの一事からしても、容易にこのことを理解することができるのである。とりわけ憲法は、政治を規律することを主な狙いとしていることから、政治とは密接不可分な関係にある。ただし、現代アメリカ憲法学において一派を形成している、批判的法学研究（Critical Legal Studies）の論者のように(1)、憲法は政治であり、政治そのものが憲法であると考えるべきではない。また、例えば、アメリカ合衆国において、影響力を持つ法理論家の一人である、シカゴ大学のフィッシュ教授のように、憲法典における法文の存在をほとんど無意味・無価値とする考え方も(2)、支持することはできない(3)。憲法解釈は、憲法制定者が原理化したものとしての条文を基に、裁判所、とりわけ最高裁判所の先例に照らして判断されなければならないものであることは、既に論じたことがあるので、ここでは繰り返さない(4)。

ところで、憲法と政治との関係、憲法解釈の最終的判断権者である最高裁判所と政治との関わりを考察する上で、見逃し得ない事件がアメリカ合衆国で発生し、この事件およびそれについての連邦最高裁判決を検討しておくことは、わが国において憲法理論を構築する上で、大いに参考になると思われる。すなわち、二〇〇〇年のアメリカ大

統領選挙と、その最終的勝利者を決定付けたと言える、Bush v. Gore 事件連邦最高裁判決である。(5)

二〇〇〇年秋のアメリカ大統領選挙は、ブッシュ、ゴア両候補の稀に見る大接戦であり、それがその後、フロリダ州においてどちらが勝利したのか、すなわち大統領選挙の勝利を決定することになる、フロリダ州における二五人の大統領選挙人をどちらが獲得したのかについて、裁判所をも巻き込んだ、憲法の危機（Constitutional Crisis）とも称される事態を招いたことは、わが国でもマスコミを通じて大きく取り上げられ、話題となったことは、周知の通りである。(6)

私事にわたるが、この時期、文部省（当時）長期在外研究員としてカリフォルニア大学バークレー校に滞在し、日米比較憲法の研究中であった筆者には、この事件および同判決は、忘れることのできない、印象深い出来事として今でも記憶に新しい。

二〇〇〇年一一月七日から八日の未明にかけて、アメリカ三大ネットワークをはじめ、ＣＮＮ、ＦＯＸニュースは、一度はブッシュ共和党候補の勝利を報じ、次期大統領として報道したのであった。しかし、翌朝、テレビのスイッチを入れた時には、フロリダ州の二五票分の選挙人がブッシュ候補から除かれ、画面がまるで時計の針を逆にしたかのようになっていたのである。迂闊にも、すぐにはその意味が理解できず、筆者は授業に出席するために急いでアパートを出たのであったが、その後サンフランシスコ・ベイエリア周辺で非常に人気の高いニュース番組に、その後しばしば登場することになる、カリフォルニア州立ヘイスティング・ロースクール（Hastings College of the Law）の教授で、バークレー校ロースクールでも憲法を教えていたアマー（Vikam Amar）教授の授業は休講であった。これが、アメリカ合衆国の三六日間にわたる大混乱の始まりであることを知ったのは、親しくしてもらっていた学生の解説によってであった。

この事件は、大きな政治事件（アメリカ合衆国大統領が有する影響力から、それは国際的な政治事件）であることはもちろんであるが、アメリカ合衆国憲法、さらには連邦選挙法、フロリダ州憲法、同州選挙法を争点とした、裁判闘争としてその後展開されたのである。当時、合わせて三〇以上の訴訟が提起されたと言われている。そして、最終的には、合衆国連邦最高裁判所において決着が付けられ、同時に政治的にも解決されたのであった。

わが国とアメリカ合衆国とでは政治制度が異なり、選挙の方法、裁判所の役割についても大きな相違があるとはいえ、この事件、特に連邦最高裁判所判決を紹介・検討しておくことは、わが国においても大いに意味のあることと考える。まず、連邦最高裁判決に至るまでの経過を中心に、時系列的にこの事件を振り返ってみることにしよう。(7)

（1）　*See* M. Tushnet, Red, White, and Blue（1988）; Duncan Kennedy, A Critique of Adjudication［*fin de siecle*］（1997）。邦語文献として、デヴィッド・ケアリス編（松浦好治・松井茂記編訳）『政治としての法――批判的法学入門――』（一九九一年）

（2）　S. Fish, *Introduction : Going Down the Anti-Formalist Road*, in Doing What Comes Naturally（1989）.

（3）　この点について、例えば、野坂泰司「解釈・理論・実践――S・フィッシュと二つの論争をめぐって――」小林直樹先生古希祝賀『憲法学の展開』（一九九一年）八一頁以下参照。

（4）　猪股弘貴『憲法論の再構築』（二〇〇〇年）。

（5）　Bush v. Gore, 531 U. S. 98（2000）. E. J. Dionne Jr. & William Kristol eds., Bush v Gore, The Court Cases and the Commentary（2001）.

（6）　松井茂記『ブッシュ対ゴア』（二〇〇一年）、木南敦・久保文明・高橋和之・ダニエル・H・フット「選挙戦を通して観たアメリカ大統領制の特徴」ジュリスト一一九六号四四頁以下、寺尾美子「二〇〇〇年アメリカ大統領選と連邦最高裁」ジュリスト一一九六号七三頁以下、楡井英夫「アメリカ大統領選挙裁判――三五日間の裁判の軌跡（上）・（下）」ジュリスト一二〇一号九四頁以下一二〇三号一一四頁以下、右崎正博「二〇〇〇年アメリカ大統領選挙管見（上）・（下）」法律時報七三巻三号九六頁以下・七三巻四号五〇頁以下、安部圭介「『連邦裁判所の役割』再考：大統領選挙とレーンクイスト・コート」アメリカ法二〇〇一―一号二九五頁以下、前田智彦「アメリカ国民の司法観と二〇〇〇年大統領選挙」アメリカ法二〇〇一―一号三一六頁以下参照。

（7）　See The New York Times, 36 days, The Complete Chronicle of The 2000 Presidential Election Crisis III-X（2001）; The Washington Post, Deadlock: The Inside Story of America's Closest Election（2001）; Joel Achenbach, It Looks Like a President（2001）; James W. Ceaser & Andrew E. Busch, The Perfect Tie（2001）; Jake Tapper, Down & Dirty（2001）.

二　事件の経過

二〇〇〇年一一月

七日　アメリカ大統領選挙の投票日。フロリダ州における選挙人（二五名）をブッシュ、ゴア、どちらの候補が獲得するかが、今回の大統領選挙の勝敗を決する鍵となる。この時点での、フロリダ州でのブッシュ候補のリードは一七八四票であると公表された。

九日　フロリダ州での両候補の得票差が〇・五％以内であることから、機械による再集計が、州法に則り実施される[8]。これにより票差は三二七票にまで縮小された。

ゴア候補は、ヴォルシア、パーム・ビーチ、ブロワード、マイアミ・デードの四つのカウンティにおいて、異議を申し立て（protest）、手作業による再集計を要求し[9]、それらが完了するまで、フロリダ州州務長官が票の確定をしないように求めた。

一四日　各カウンティが州務長官に票の集計結果を提出する最終日。

一八日　票の総計に、海外からの不在者投票を付加する最終日。

二一日　ゴア候補による異議申し立て訴訟において、フロリダ州最高裁（七名の最高裁判事のうち、六名は民主党員からの任命であり、一名は民主、共和両党妥協による任命）は、一一月一四日の集計締切日を一一月二六日に延期する判決を下す（ハリスⅠ判決[10]）。

二六日　フロリダ州のハリス州務長官は、フロリダ州における投票の勝利者としてブッシュ・テキサス州知事（当時）を決定する。票差は五三七票である。

二七日　ゴア副大統領（当時）は、レオン・カウンティ巡回区裁判所（フロリダ州の州都タラハシに所

ティにおける手作業による再集計を求めた。(11)

在する）に、州務長官の票の確定に対して不服を申し立て（contest）、上記四つのカウン

一二月

四日　アメリカ合衆国連邦最高裁は、全員一致で、一一月二一日のフロリダ州最高裁判決、すなわち票の確定を延期させ、手作業による読み直しを認めた判断、の根拠が不明確であるとして、これを差し戻す判決を下す（ブッシュⅠ判決）(12)。

レオン・カウンティ巡回区裁判所のザウルス判事は、四つのカウンティでの手作業による再集計を求めるゴア候補からの不服申し立てを、票の集計が正しくなされていたならば、選挙の結果が異なっていたであろう「合理的可能性」を立証していないとして、棄却した(13)。

八日　フロリダ州最高裁は、四対三で、レオン・カウンティ巡回区裁判所判決を破棄し、機械による再集計によっては無効とされている票（undervotes）を、フロリダ州全体にわたり、手作業によって再集計するように命令を下した（ハリスⅡ判決）(14)。この裁定によって、その日のうちに票差は一五四票にまで迫り、このまま手作業による再集計を続行することにより、ゴア候補の逆転勝利もあり得るとの予想も出されたのであった。

九日　連邦最高裁は、フロリダ州最高裁が命じた手作業による再集計を、五対四で、差し止める命令を下した(15)。

一一日　フロリダ州最高裁は、指定された期日に遅れたとして、州務長官が、パーム・ビーチおよびヴォルシア各カウンティからの集計報告を拒絶したのは、州務長官の裁量権の範囲内であるとして認めた、レオン・カウンティ巡回区裁判所判決を、破棄した。この判決は、一二月四日の連邦最高裁判決に応えてのものである。

一二日　州による大統領選挙人を任命するについてのセーフ・ハーバーの最終日である。連邦最高裁は、五対四で、フロリダ州最高裁の一二月八日判決を被棄した（ブッシュⅡ判決）[16]。フロリダ州議会は、共和党ブッシュ候補側の大統領選挙人を任命する。

一三日　ゴア副大統領は、ブッシュ知事を二〇〇〇年アメリカ大統領選挙の当選者として容認する演説をする[17]。

一八日　大統領選挙人団（electoral college）による投票日。

二〇〇一年一月六日　上院議員および下院議員は、連邦議会に集会し、大統領選挙人の投票を集計し、ブッシュ・テキサス州知事（当時）を、二〇〇〇年大統領選挙の勝利者とし、次期大統領であることの宣言を行った。

（8）　Fla. Stat. § 102. 141(4)（2000）.
（9）　Fla. Stat. § 102. 166（2000）.
（10）　Palm Beach County Canvassing Bd. v. Harris, 772 So. 2d 1220（Fla. 2000）.
（11）　Fla. Stat. § 102. 168（2000）.
（12）　Bush v. Palm Beach County Canvassing Bd. 531 U. S. 70（2000）. この審理では、テレビカメラが連邦最高裁の法廷に入ることこそ認められなかったが、即時録音され、全米に流された。ゴア候補側の法廷代理人を勤めたのは、わが国でも高名なハーバード大学のトライブ教授である。
（13）　Gore v. Harris, 2000 WL 1790621（Fla. Cir. Ct Dec.4, 2000）.
（14）　Gore v. Harris, 772 So. 2d 1243（Fla. 2000）.
（15）　Bush v. Gore, 531 U. S. 1046（20000）. この命令には、スカリア連邦最高裁判事の同意意見が付されており、同命令はスカリア判事のイニシアチブでなされたものとの理解が一般である。保守派の裁判官であるスカリア判事がイニシアチブを取ったことは、リベラル派の警戒心を強める結果となったのである。
（16）　Bush v. Gore, 531 U. S. 98（2000）.
（17）　一二月一三日夜、民主党ゴア候補は「連邦最高裁判決には断固として反対であるが、私はそれを受け入れる」との終結演説によって、この憲法の危機は終焉したのである。

三　ブッシュ対ゴア事件連邦最高裁判決の紹介

ここでは、二〇〇〇年のアメリカ大統領選挙の勝利者を決定するにつき、極めて重要な意味を持った、ブッシュ対ゴア判決（ブッシュⅡ判決）を、詳細に検討する。このことは、法理として、本判決の持つ意味が重要であるというよりも、この判決に各最高裁判事がどのように関わり、またどのような意見を述べたのかが、今後のアメリカ連邦最高裁の行方を占う上で、大変有用であると考えるからである。

（1）　パー・キュアリアム（Per Curiam）[18]

Ⅰ

ここでの問題は、以下の二点である。

①　フロリダ州最高裁は、大統領選挙に対する不服申し立てを解決するにつき、新たな基準を設定し、これによって合衆国憲法第二条一節二項[19]を侵害し、また3 U. S. C. §5[20]に違反したのか。

②　基準の存在しない手作業による再集計は、平等保護およびデュー・プロセス条項に違反しないのか。平等保護の問題に関して、われわれは平等保護条項違反があるものと認める。

ⅡA

合衆国全体で、二％もの票が無効となっている。今回の事件でも、パンチカード式の投票機械では、投票者によって、完全に穴が開けられていない、数多くの不幸な票が存在したのである。立法機関により国全体で、投票方法および機械の改善がなされる必要がある。

ⅡB

投票権は議員定数に不均衡が存在しないように保護されるが、平等保護は投票の取り扱われ方にも適用される。ゴア候補側は、投票権を保護するために、再集計が必要であると主張する。問題なのは、再集計手続が、恣意的な、異なった取扱を許すものとなってはならないことである。この点、フロリダ州最高裁は、ぶら下がり票（hanging chad）やえくぼ票（dimple chad）[21]の中から、投票者の意図を見分けるべきであると命じた。しかし、この命令は基本的権利[22]を守るために必要な、非恣意的取扱の要求を満たすものではない。投票者の意図を考慮することは、抽象的な命題としては異論のないものであるが、平等な適用を保障するための特定された、基準が必要とされるのである。

基準の欠如は、以下のような事態を招く。すなわち、異議を申し立てられた投票を、票として受け入れるのか拒絶するのか、カウンティごとに異なるだけではなく、同じカウンティの中でも再集計チームごとに異なる結果を生ずる。

フロリダ州最高裁によって加えることが認められた票の中には、再集計が途中で中止された、マイアミーデード・カウンティから寄せられた集計半ばの票も含まれていた。このことは、フロリダ州最高裁判決は、票の再集計が完結することを保障するものではないことを意味する。さらに、この命令は、誰が再集計をするのかについても述べていない。また、再集計について監視を認めるカウンティもあれば、再集計に対する異議を申し立てることを禁止する所も出てくるであろう。

地方団体が選挙を実施するにつき、異なるシステムを採用することができることを問題にしているのではない。われわれが直面しているのは、統一性を確保する権能を有する州の裁判所は、最低限の手続的保障をした上で、州全体での再集計を命令したのかということである。裁判所が州全体にわたる救済を命令するについては、平等な取扱と基本的な公正さの要請という、初歩的な保障が存在しなければならない。フロリダ州最高裁判決には、このような手続の保障が含まれていない。例えば、フロリダ州最高裁長官がその反対意見の中で注意を促しているにもかかかわらず、およそ一一万におよぶオーバーボート（overvotes）の票の問題には何らの注意も向けられていないのである。[23]

平等保護やデュー・プロセスの要請に応えて、再集計を行うためには、さらなる検討が必要であったのである。すなわち、適法な票を決定する基準、それを実行する手続、争いが生じた場合の適正な審査である。

フロリダ州最高裁は、3 U. S. C. §5に規定されているように、州の大統領選挙人が「連邦の選挙プロセスに完全に組み込まれる」ことを、州立法府は意図している、と述べている。翻って、この連邦法は、最終的な選挙人の選定のために準備される、いかなる争訟あるいは不服申し立ても、一二月一二日までに完了することを要求しているのである。まさに本日がその日にあたり、そして州最高裁の命令は、憲法上の保障に最低限適う再集計手続を設定することが不可能なのである。一二月一二日に間に合うような形での、いかなる再集計も違憲となる故に、再集計を命じているフロリダ州最高裁の判断を破棄する。

フロリダ州最高裁判所によって命じられた再集計に、憲法上の問題が存在することについて、連邦最高裁の七名の裁判官が一致している。唯一不一致が存在するのは、救済に関してである。フロリダ州最高裁は3 U. S. C. §5のセーフ・ハーバー（safe harbor）の利益を受けることをフロリダ州議会は意図していると述べているので、プライアー裁判官が提案している救済は、フロリダ州選挙法に違反する。

「当法廷の裁判官ほど、司法権に課せられた非常に重要な限界を意識している者は他には存在しないし、大統領の選出を、立法部を通じて人民に、そして政治の世界に委ねている、合衆国憲法の企図を称賛する立場に立つ者はいない。だがしかし、異を唱え合っている当事者が裁判のプロセスに訴えているとき、司法制度が直面している連邦上、憲法上の争点を解決するのは、未だ求められたことのない、われわれの責務なのである。[24]」

（２）　レーンクイスト連邦最高裁長官の同意意見（スカリア最高裁判事、トーマス最高裁判事が賛同）

パー・キュアリアムの意見に加わるが、フロリダ州最高裁判決を棄却する、さらなる理由が存在すると信じるので、別に意見を述べることにする。

Ⅰ

ほとんどの事件においては、連邦主義への礼譲と尊敬から、州法の問題についての州裁判所の判決に対して敬意を払うことが求められる。しかし、いくつかの例外的事件が存在する。それは、合衆国憲法が州政府の部門に義務を課し、権能を与えている場合である。本件は、そのようなものの一つである。

フロリダ州最高裁が認めたように、3 U. S. C. §5は、フロリダ州の法体系においても考慮に入れられなければならないものである。従って、合衆国憲法第二条によって州の立法府に与えられている権能を尊重すべきであるならば、選挙後の州裁判所の活動は、第五章に規定されたセーフ・ハーバーの恩恵を受けようとする、立法府の意図を妨げないようにしなければならない。

フロリダ州最高裁によるフロリダ州選挙法の解釈は、合衆国憲法第二条に反するものであり、正しい解釈の範囲を超えている。こう述べることは、州裁判所を無視することではなく、合衆国憲法に規定された、州の立法府の役割を尊重すべきことを意味するのである。州裁判所の判決に決定権を与えるとすれば、合衆国憲法第二条が規定する明確な保障について、われわれの責務を放棄することになるのである。

Ⅱ

州の立法府は、投票結果に異議を申し立てること（protest）と、選挙結果に不服を申し立てること（contest）、の仕組みを設けている。不服を申し立てることができる根拠は、「選挙結果を変え、あるいはその結果を疑わしいものとさせるのに十分な、多くの不適法な投票の算入、あるいは多くの適法な投票の拒絶」がなされている場合である。(25) 大統領選挙においては、不服申立の期間は、州による「選挙争訟の最終的決定」について結論を下すために、3 U. S. C. §5に述べられた日に終了しなければならない。そして、勝利を認定された者には、その有効性が推定される。しかしながら、フロリダ州最高裁は、実質上、すべての合法的な結果の認定を無意味なものにし、フロリダ州立法府によって定められた諸規定から逸脱しているのである。

さらに、フロリダ州最高裁は、異議申立の期間中に到着した、集計が遅れた投票の結果を、定められた最終日（ハリスⅠ判決によって定められた最終日）を経過したにもかかわらず、自動的に組み入れられるべきであるとして、最終日までに達成されなかった再集計を無視することができる、州務長官の裁量権を侵害しているのである。

加えて、「合法的投票（legal vote）」についての裁判所の解釈、それに従って不服申し立て期間中に再集計を命じた決定は、明らかに立法の体系から乖離している。フロリダ州法は、適切にマークされなかった票を集計することを要求している、と合理的に考える余地はないのである。

Ⅲ

3 U. S. C. §5のセーフ・ハーバーの利益を得るとの立法府の狙いに照らして、フロリダ州最高裁によって命じられた、数万に及ぶアンダーボート（undervotes）の票を再集計する救済方法では、一二月一八日までに完結することは不可能であり、一二月八日段階のものとして、適切であるとは考えられない。

パー・キュアリアムにおいて述べられていることとともに、以上に述べた理由により、フロリダ州最高裁判決を破棄する。

（3）　スティーブンス最高裁判事の反対意見（ギンズバーグ最高裁判事、ブライアー最高裁判事賛同）

合衆国憲法は、大統領選挙人を選出する方法を決定する責務を、主に、州に割り当てている（合衆国憲法第二条一節二項参照）。選挙法を含む、州法の意味について争いが生じた時に、州の最高裁判所の意見を、最終的なものとするのが、わが国において確立されている慣行である。稀に、連邦法か合衆国憲法において、州で行われた選挙に、連邦の司法が介入することを求めていることがあるが、今回の場合は、このような例ではない。

3 U. S. C. §5は、選挙人候補者について争いが存在する場合に、連邦議会が従うべき規則にすぎない。真の勝利者が決定されるまで、法に適う投票がどれであるかを、州が認定することを禁止するものではない。事実、一九六

○年に、ハワイ州から、二種類の選挙人候補者名簿が提出されたのであったが、連邦議会は、３U. S. C. §５の最終日以降である一九六一年一月四日に、確定された選挙人名簿を採用したのである。

「いつしか、本日の判決によって加えられた、信頼に対する傷を癒す時が来ることであろう。とはいえ、確かなことが一つだけ存在する。完璧な確実性をもって、今回の大統領選挙の勝利者がどちらであるのかを知ることは不可能であるとしても、敗者が誰であるかだけは極めて明白である。それは、法の支配の公平な擁護者としての裁判官に対する、国民の信頼である。(26)」

（４）スーター最高裁判事の反対意見（プライアー最高裁判事賛同。Ｃを除外した部分について、スティーブンス最高裁判事、ギンズバーク最高裁判事賛同）

Bush v. Palm Beach County Cavassing Bd.（ブッシュⅠ判決）であれ、本件であれ、連邦最高裁は審理すべきではない。また、この審理の期間中、フロリダ州最高裁による命令を停止させ、再集計しようとしたフロリダ州の試みを止めるべきではなかった。

争点は、以下の三つである。①フロリダ州における選挙に対する不服申し立てについて規定している州法についての州最高裁判所の解釈は、３U. S. C. §５のセーフ・ハーバー規定を侵害する結果となるのか。②不服申し立てについての規定の州最高裁判所の解釈は、合衆国憲法第二条一節二項に従い、州の立法府が規定したものから逸脱し、州法を変更したのか。③機械によっては投票と見做されなかった票の集計方法は、修正第一四条によって保障された、平等保護ないしは適正手続を侵害するのか、である。

Ａ

いかなる州も、どのような理由であれ、３U. S. C. §５に従うことを求められてはいないのである。この規定の諸条件が満たされない場合に、セーフ・ハーバーの利益を失うことになるだけである。

Ｂ

フロリダ州最高裁の多数意見は、合理的な解釈の範囲内にあり、合衆国憲法第二条と矛盾するものではない。

C

パー・キュアリアムの意見が認めているように、③の争点のみが議論に値するものである。これは、もし州の手続が中断されていなかったなら、フロリダ州の裁判所によって適切に扱われたであろう争点である。また、もし州レベルで処理されなかったなら、選挙人団による投票を巡る論争において、連邦議会によって検討されるべきものであった。とはいえ、州による手続は中断され、残された時間は少なく、争点がわれわれの前に提起されているので、この点について、当法廷が判断を加えるのが賢明であると考える。

投票者の基本的権利の表明が、異なる取扱を受けることになることを正当化する、州の利益は存在しない。違いが設けられることは、非常に恣意的であると思われる。様々なタイプの投票を判断するための、統一的基準を定めるように、本件をフロリダ州の裁判所に差し戻すことを求めるものである。一二月一八日の、選挙人の集会のために設定された日までに、フロリダ州がこの要求に応じることを不可能と考えるのは正当ではない。

（5）　ギンズバーク最高裁判事の反対意見（スティーブンス最高裁判事が賛同。Ｉの部分に、スーター最高裁判事およびブライアー最高裁判事が賛同）

Ｉ

フロリダ州最高裁判所による、フロリダ州法についての合理的な解釈を覆す理由は存在しない。また、合衆国憲法第二条は、当法廷による審査を求めるものではない。

本件が置かれている特異な状況は、事件を適切に解決するための、当たり前の原理を曖昧にする。すなわち、連邦の裁判所は、州法についての州最高裁判所の解釈に従うということである。これは、すべての者が同意する、連邦主義の核心である。当裁判所が、二重の主権というわが国のシステムに留意するなら、フロリダ州最高裁の判断を肯定すべきである。

Ⅱ

再集計のための判断基準が完全無欠であることが理想であろう。しかしながら、われわれの生きている世の中は不完全であり、何千という票が数えられないままにされているのである。たとえそれには欠陥が存在するとはいえ、フロリダ州の裁判所によって採用された再集計が、これに先立つ認定より、より公正でないとか、正確ではない結果を生ずるという意見に賛成することはできない。

一二月一二日が選挙結果を確定する最終日であるという法廷意見は、誤っている。

（6）　ブライアー最高裁判事の反対意見（スティーブンス最高裁判事およびギンズバーク最高裁判事はⅠ―A―Ⅰに関する部分を除いて賛同。スーター最高裁判事はⅠの部分全体に賛同）

法廷意見がこの事件を取り上げたのは間違いである。差止めたことも誤りであった。この差止めを無効にした上で、再集計すべしとの、フロリダ州最高裁判所の決定を認めるべきである。

Ⅰ―A―Ⅰ

異なる基準を使用することは、どちらかの候補者に有利になる。また、通常の司法審査によって、差異を取り除くことを下級裁判所に認めるには時間が不足している。このような特異な状況においては、公正さについての基本的な原理に従い、問題を解決するための統一的な基準を採用するように求めることである。

Ⅰ―A―2

再集計を停止させるとの、多数意見が主張する救済を正当化することはできない。異議申し立て期間の終了前に再集計されたものであろうとなかろうと、ブロワード、ボルシア、パーム・ビーチ、マイアミ・デード各カウンティを含む、フロリダ州におけるすべての、正式な票とはされなかった票を再集計することを認めることは、この遅い時期においてさえも適切な救済となる。選挙人が集会を持つことが予定されている、一二月一八日までに、再集計する時間が残されているか否かは、州の裁判所が決定する問題である。

I—B

本件において、合衆国憲法第二条一節か、あるいは3 U. S. C. §5に照らして、州法を審査することを認める、レーンクイスト最高裁長官の意見に与することはできない。さらに、たとえこのような審査が適切であるとしても、フロリダ州最高裁の判決が、連邦法に違反するとの結論を支持することはできない。

II

接戦の大統領選挙を決するについて、連邦最高裁の役割を最小限にする、憲法制定者や一八八六年の連邦議会の決定が賢明であることは明白である。選挙をめぐる争いが連邦議会にとっていかに困難であろうとも、政治的組織である連邦議会は、選挙で選ばれたのではない連邦最高裁より、はるかに人民の意思を正確に表明することであろう。

かつて、ブランダイス最高裁判事は、次のように述べた。「われわれがすべき最も重要なことは何もしないことである。[27]」今すべきことは、連邦最高裁を何もしないままにしておくことである。

フロリダ州での再集計を、統一的基準のもとで、継続することを認めるべきである。

(18)　Per Curiamというのは、「裁判所の名において」というラテン語である。これに対して、以下に検討するように、六種類の意見が付されているが、これらの意見の中に、ケネディおよびオッコンナー各最高裁判事の名前が見られないことから、この両者あるいはいずれかの判事が、この無記名の判決文を書いたと言われている。

(19)　アメリカ合衆国憲法第二条一節二項は、次のように規定している。

「各州は、その立法部の定める方法によって、その州から選出できる連邦上院議員および連邦下院議員の総数と同数の選挙人を任命する。ただし、連邦上院議員、連邦下院議員、または合衆国から信託または報酬を受ける公職にある者を、選挙人に任命してはならない。」飛田茂雄『アメリカ合衆国憲法を英文で読む』（一九九八年）一〇三頁参照。

なお、アメリカ合衆国憲法修正第一二条は、次のように規定している。

「選挙人は、それぞれの州で集まって、大統領および副大統領になるべき者を選ぶため、無記名で投票する。……選挙人は無記名の投票用紙に、大統領として選出したい者の氏名を記入し、それとは別の無記名投票用紙に、副大統領として選出したい者の氏名を記入する。さらに選挙人団は、大統領候補として投票されたすべての者の氏名と各人の得票数、および副大統領候補として投票されたすべての者の氏名と各人の得票数の双方を、それぞれ別のリストにまとめ、そのいずれにも署名し、確証したうえ、封印し、連邦上院議長に宛てて、合衆国政府の所在地に送付しなければならない。──上院議長は、上院議員および下院議員の列席のもとで、すべての認証文書を開封して、得票数を計算する。──大統領候補として最も多数の票を得た者は、もしその得票数が任命された選挙人の総数の半数を超えているときは、大統領となる。──副大統領候補として最も多数の票を得た者は、もしその得票数が任命された選挙人の総数の半数を超えているときは、副大統領となる。」飛田・前掲一九〇─一頁参照。

(20)　3 U. S. C. §5すなわち、セーフ・ハーバーは、次のように規定している。

「選挙人の任命前に制定された法によって、裁判その他の方法ないしは手続に従って、州の選挙人のすべてあるいは幾人かの任命に関する不服の申し立て、あるいは異議の申し立てについて、州が最終的な決定を下し、この決定が、選挙人が集会するために定められた日の、少なくとも六日前になされたならば、当該州によって任命された選挙人の確定に関する限り、上記の期日に存在する法に従ってなされ、選挙人の集会に関する上記の期日に先立つ六日前になされたこの決定は最終的なものであり、憲法に規定され、以下に規定された選挙人の投票において決定的なものとなる。」

二〇〇〇年の大統領選挙では、3 U. S. C. §7により、一二月一八日が大統領選挙人による投票日であり、従ってその六日前である、一二月一二日がセーフ・ハーバーの最終日となる。

(21)　chadというのは、パンチカード式投票用紙において、候補者の名前に続いて、ミシン口を入れられている、通常長方形の部分であり、投票人は投票の記録とするために穴を空ける部分のことである。hanging chadと言われるのは一つのコーナーにのみ付着して、穴が貫通していないものを指し、dimple chadというのは、膨らみ、ほぞ穴が付けられ、印が残されているが、四つのコーナーすべてに付着しているチャドのことである。*See* R.A.Posnkr, Breaking the Dead Lock XV (2001).

(22)　周知のように、基本的権利（fundamental right）は、平等保護をめぐって、一九六〇年代からアメリカ合衆国で盛んに議論になってきた概念で、ここで軽々に扱える問題ではない。いずれにせよ、裁判所が、修正第一四条の平等保護において、基本的権利を持ち持ち出すことは、厳格な審査、違憲という結論に導く、いわば前置的概念であると言ってよい。例えば、松井茂記『アメリカ憲法入門［第四版］』（一九九九年）二九六頁以下参照。しかし、保守派の裁判官が、ウオレン・コートにおいて盛んに使用された、この権利概念を持ち出したこと自体、違和感を感じさせるものがある。

(23)　フロリダ州最高裁がundervoteのみを問題にし、overvoteを取り上げ問題視しなかったことが、その判決に説得力を失わせる一つの原因となっているのは確かである。

(24) 531 U. S. at 111.
(25) §102. 168(3)(C).
(26) *Id* at 128-29.
(27) *Id* at 158.

四　判決内容の整理

以上が、ブッシュ対ゴア事件判決の概要である。この判決は非常に錯綜しているので、整理すると、以下のようになる。

① 多数意見（五名）
（オッコンナー連邦最高裁判事、ケネディ連邦最高裁判事、レーンクイスト連邦最高裁長官、スカリア連邦最高裁判事、トーマス連邦最高裁判事）
（A） 手作業による再集計には統一的な基準が存在しないので、恣意的なものとなり、合衆国憲法修正第一四条の平等保護に反する。
（B） 3 U. S. C. §5は各州における大統領選挙人選出の最終日を定めている。

② 補足意見（三名）
（レーンクイスト連邦最高裁長官、スカリア連邦最高裁判事、トーマス連邦最高裁判事）

上記（A）と（B）に加えて、さらに、（C）フロリダ州最高裁によるフロリダ州選挙法の解釈は、州議会の権限について規定している、合衆国憲法第二条に反している。

③ 反対意見（四名）

（スティーブンス連邦最高裁判事、ギンズバーグ連邦最高裁判事、スーター連邦最高裁判事、プライアー連邦最高裁判事）

（a）フロリダ州最高裁の多数意見を支持し、このような問題に連邦最高裁は介入すべきではない。

（b）手作業による再集計を行なうこと自体に問題はない。

（c）3U.S.C.§5は、州における大統領選挙人の選出の最終日であると解釈されるべきではない。

④　少数意見（二名）

（スーター連邦最高裁判事、プライアー連邦最高裁判事）

上記（A）の問題を回避するために、連邦最高裁は統一的基準を示した上で、事件をフロリダ州最高裁に差し戻すべきである。

なお、パー・キュアリアムの意見は、①と④を組み立て直した、七名の意見として構成されている。

五　ブッシュ対ゴア事件判決の検討

選挙集計が、例外的な場合を除き、(28) 整然と行われるわが国において、このような選挙結果を巡る激しい争いを理解することには困難を感じさせるものがある。アメリカにおける投票方法が、各州のカウンティごとに異なり、しかも非常に旧式なパンチカード方式を採用している地域がかなり存在していることも、驚きである。(29) また、州における選挙法が不完全な場合があり、まさにフロリダ州において見られたように、曖昧で、多様な解釈が存在する余地を残しているのである。しかし、これらの問題は、今後の予算上の措置や、州法の改正によって改めることが十分可能なものである。

これに対して、今後とも大きな問題点として残るのは、アメリカの大統領選挙が、未だに間接選挙であり、有権者は、まず選挙人（elector）を選出し、これによって各州に選挙人団（electoral college）が形成され、この選挙人団が大統領を選出するという仕組みを採用していることである。今日、選挙人団による投票は形式的なものとなっており、各州の投票によって形成された多数意思に従うことになってはいるが[30]、この仕組みは実質的に小さな州に有利に働くので、合衆国全体での勝利者と、選挙人の投票結果との間に齟齬が生じる場合があり、今回ゴア候補は全米では五〇万票程、ブッシュ候補をリードしているのである。しかし、この点を改めるには合衆国憲法の修正が必要とされ、現在有利な立場に置かれている小州の賛同を得ることは困難なことが予想され、これを改めることはほとんど不可能に近い。全米で最多得票数を獲得した大統領候補者と、大統領選挙人の過半数を獲得した大統領候補者とに齟齬をきたすことは極めて稀であるとはいえ、今後も問題点として残ることになる[31]。

さて、本判決は、四において一応の整理を試みたが、アメリカ合衆国連邦最高裁判事の意見が錯綜しており、そこから判例法理として何を読み取るか自体、非常に困難な問題である。そもそも、これが七対二判決なのか、五対四判決として理解すべきなのかについて争いがある。

この判決を、フロリダ州最高裁判決が手作業による再集計を命ずるにつき、明確な基準を示していない故に、合衆国憲法修正第一四条違反の判決であるとしたと理解することも可能である。パー・キュアリアムの部分をそのまま受け止めるならば、このような見方になるであろう。そうすると、この判決は、合衆国憲法修正第一四条の平等保護は、連邦下院議員の議員定数不均衡を違憲に導くだけではなく[32]、各州の選挙の再集計の際に、明確な基準に従わなければならないことを求めていることになろう。しかし、この判決が有する先例としての意味は、今後の裁判所、特に最高裁判所の判断を待つしかないであろう。

これに対して、スーター、ブライアー各連邦最高裁判事が、再集計のための明確な基準を示した上で、フロリダ州最高裁に差し戻すことを、パー・キュアリアム判決に対する反対意見として述べていることに着目し、手作業による再集計を認めたフロリダ州最高裁判決を妥当とするか否かが争点であるとすると、五対四判決であるということになり、多くの論者はそのようなものとして理解しているし、このような理解が、本判決が有する意味を正しく捉えていると言える。そして、この判決は、レーンクイスト、スカリア、トーマス、ケネディ、オッコンナーという五人の裁判官に対して、スーター、ブライアー、ギンズバーグ、スティーブンスというリベラルな裁判官の意見の対立として見ることができるのである。

さて、本判決は、二〇〇〇年の大統領選挙の勝利者を、事実上、最終的に決定したのであり、従って、この判決の評価をめぐっては賛否両論激しく対立している。

例えば、ハーバード大学のダーショウィッツ教授は、連邦最高裁は二〇〇〇年の大統領選挙をハイジャックしたとして、激しく非難している。(33) これに対して、わが国でもその名が広く知られている、リチャード・ポズナー連邦控訴裁判所判事は、その判決内容、特にパー・キュアリアムの判決内容についてはひとまず置くとして、連邦最高裁はデッドロックを打ち破る上で重要な役割を果たしたとして高く評価している。(34) 共和党の大統領を勝利に導いた結果となったことから、シカゴ大学のエプステイン教授、ユタ大学のマッコーネル教授のような保守派の学者はこれを評価しているのに対して、(35) 上にあげたダーショウィッツ教授はじめ、イェール大学のアッカーマン教授、ニューヨーク大学のドゥオーキン教授、テキサス大学のバルキン教授などのリベラル派は、連邦最高裁判決、特に五名の多数意見を激しく非難し、今後の連邦最高裁の行く末を非常に憂えるのである。(36) 研究者間の対立も、先の連邦最高裁の対立図式同様、ほぼ保守とリベラルの対立という様相を呈している。

とりわけ、リベラル派にとって気がかりなのは、両大統領候補の選挙争点の一つでもあった、妊娠中絶をめぐる一九七三年の Roe v.Wade 判決が変更されるか否かである。(37) というのは、同種の事件が連邦最高裁で問題となった、一九九二年の Casy 判決では、(38) 先例拘束性の原理（stare decisis）を引き合いに出すことによって、辛うじて判例変更せずに済ませたという経緯があり、次に誰が最高裁判事に指名されるのかは極めて重要な問題だからである。

それでは、結局、この判決は、どのように評価されるべきか。評価するにつき、重要と思われる点を指摘しておきたい。まず、指摘しなければならないのは、五裁判官の多数意見は、従来の見解と、不整合を感じさせることである。すなわち、これらの裁判官は、これまで、州権を重視してきたのに対し[39]、本件においては、合衆国憲法修正第一四条を通して、州の行為を違憲にするという、これまでウォレン・コートのリベラル派が得意としてきた手法を採用し、これには違和感を感じさせずにはおかないということである。おそらく、三裁判官の同意意見にオッコンナー、ケネディというどちらかというと穏健な立場の人達、さらにはスーター、ブライアーというリベラルな裁判官をも巻き込む形で意見をまとめるための便法として利用された面があるのであろう。同意意見を書いた三裁判官が、今後も修正第一四条に着目し、人権保障に積極的であるとは考えられない。憲法解釈という観点からすると、三名の同意意見が述べている、合衆国憲法第二条の、大統領の選挙の方法は「各州の議会に定める方法に従う」との規定に、フロリダ州最高裁が反している、との理由付けに説得力があるように思われる。

次に、われわれの目は、合衆国連邦最高裁判決にのみ向けられがちであるが、フロリダ州最高裁の判決内容にも注目しておかなければならない。ここでは詳しく扱うことができなかったが、七人の最高裁裁判官のうち、六名は民主党の知事時代に任命された民主党員であり、一名は民主、共和両党の妥協として任命された裁判官であった。このことの意味は、フロリダ州最高裁判決に如実に現れている。すなわち、州法に定められている手作業による再集計についての規定を拡大解釈し、選挙結果の確定日を延期し、ゴア候補側から求められた四つのカウンティの手作業による再集計結果を州の最終結果に加えることを命じ、いわばゴア陣営からの要求を丸飲みしているのである。連邦最高裁判決の政治性を問題にする前に、フロリダ州最高裁の政治性を問題にする必要がある。

とはいえ、合衆国連邦最高裁が大統領選挙に介入したこと自体の善し悪しは、そう容易に解決のつく問題ではない。今回、連邦最高裁がフロリダ州全体にわたる手作業による再集計を停止させず、ゴア候補が逆転する結果となった場合、今度はブッシュ共和党陣営がそれに納得するとは考えられず、フロリダ州からは二つの大統領選挙人団の投票結果が提出され、その場合、どちらが正当なものか、連邦議会を巻き込んだ大きな混乱を招いたであろうことが予想される。これは、一八七六年の共和党ヘイズ候補と民主党ティルデン候補の争いという悪夢の再来となる。[40] このように考えると、連邦最高裁の介入は、予想される政治的混乱を回避する役割を果たしたという意味で、十分理由のあるものであるといえよう。

(28) 有名な例として、鹿児島県伊仙町の選挙がある。松井・前掲注(6)・二五六―七頁参照。

(29) 驚くべきことに、全米のうちの三七・四%の選挙区で、パンチカード式の投票方法が採用されている。*See* R. A.Posner, *supra* note 21 at 242.

(30) 大統領選挙人が州民の意思に拘束されるということには、制定法上の根拠が存在するものではなく、慣習上のものとされている。非常に稀ではあるが州の多数の意思を無視した投票がなされることがあり、この点問題が残る。

(31) *See* Lawrence D. Longley & Neal R. Peirce, The Electral College Primer 2000 (2000). この点、松井教授の著書では、戦術上の問題、すなわち今回のゴア候補の敗北を、地元テネシー州で選挙人を獲得できなかった点等を挙げ、エレクトラル・カレッジが有する問題点を重視していないように読める（松井・前掲注(6)・二二六頁）。しかし、歴史上、理論上、この制度が有する問題点は無視することはできない。エレクトラル・カレッジの問題点ついてのわが国における研究として、例えば、太田俊太郎『アメリカ合衆国大統領選挙の研究』（一九九六年）三七頁以下、阿部斉『アメリカ大統領　新版』（一九七七年）五四頁以下参照。

(32) *See* Reynolds v. Sims, 377 U. S. 533 (1964).

(33) Alan M. Dershowitz, Supreme Injustice : How the High Court Hijacked Election 2000 (2001).

(34) R.A. Posner, *supra* note 21.

(35) Epstein, *"In such Manner as the Legislature Thereof May Direct" : The Outcome in* Bush v. Gore *Defended* ; McConnell, *Two-and-a-Half Cheers for* Bush v. Gore, in Cass R. Sunstein and Richard A. Epstein, The Vote (2001).

(36) *See* Balkin, Bush v. Gore *and the Boundary Between Law and Politics*, 110 Yale L.J. 1407 (2001); Howard Gillman, The Votes That Counted (2001).

(37) Roe v. Wade, 410 U. S. 113 (1973).

(38) Planned Parenthood of Southeastern Pennsylvannia v. Casey, 505 U. S. 833 (1992). 邦語文献として、例えば、小竹聡「アメリカ合衆国における妊娠中絶をめぐる議論の一断面」浦田賢治編『立憲主義・民主主義・平和主義』七三頁以下参照。

(39) 例えば、連邦議会の州際通商権限に関するものであるが、これを拡張的に解釈する態度を変更し、学校周辺での銃の所持を禁止した連邦法を違憲とした United States v. Lopez, 514 U. S. 549 (1995) 判決がある。さらに、久保文明・草野厚・大沢秀介『現代アメリカ政治の変容』(一九九九年) 所収の大沢論文「第六章最高裁の保守化の意味」参照。

(40) この事件についての邦語文献として、例えば、岡山裕「アメリカ合衆国大統領選挙危機にみる法と政治の交錯：一八七六―一八七七年の事例を中心に」アメリカ法二〇〇一―一号三〇九頁以下参照。

六　むすび

連邦最高裁がフロリダ州の選挙結果を巡る争いに介入したことについて、政治的デッドロック状態を解き、政治的混乱の招来を防いだとして、積極的に評価すべきであろう。ただし、その理由付けは、上述したように、パー・キュアリアムではなく、三名の同意意見に説得力があるように思われる。本来ならば、フロリダ州最高裁が、説得力のある理由を持って、解決することが好ましかったとはいえ、そうではなかった以上、連邦最高裁の登場には止むを得ない面があったと言わざるを得ないであろう。このような見解は、ブッシュ候補と、ゴア候補が逆の立場であったとしても変わるところはない。つまり、最初ゴア候補がリードし、それをブッシュ候補が追いかける形となっていたとしても、である。

その後、マスコミ各社は、連邦最高裁が手作業による再集計の中止を命令することなく、続行させていたならば、どのような結果となっていたのかに関心を寄せ、フロリダ州の情報公開法を利用して、それを明らかにしようとしている。もちろん、その場合、機械によってはカウントされず、無効とされた票を、手作業において、どのような基準で有効と見做すかという非常に困難な問題が残り、単純に結論の出せる問題ではない。その基準の設定によって、結果が異なるからである。

現在最も信頼することのできる報告として、マイアミ・ヘラルド社によって本にまとめられたものが存在するが、それによると、フロリダ州最高裁が命じたアンダーボートのみの再集計によるならば、ブッシュ大統領の勝利は動かないとのことである。[41] 安堵したのはブッシュ大統領だけではなく、連邦最高裁の判事も同様であろう。

結果的に、連邦最高裁の保守派の判事達が、共和党の候補の勝利を導いたということになる。そして、その多数意見には、先に述べたように、従来までの見解との間に不整合が存在することを認めざるを得ない。この連邦最高裁判決は、アメリカの政治的混乱を収拾した点において高く評価することができるとはいえ、憲法判断のあり方、内容は混乱している。

連邦最高裁の憲法解釈が政治と無縁でないことは言うまでもないが、政治そのものであってはならない以上、それには正当なあり方があるはずであり、そのあり方の追求が憲法学の課題として残されているのである。

(41) *See* Martin Merzer and the Staff of the Miami Herald, The Miami Herald Report 167 (2001).

第三部　行政救済法の研究

第八章　行政訴訟における専門技術的問題と裁判所の役割

一　はじめに

近年の科学技術の発展は、人々に多大の利益をもたらすとともに、危険を及ぼす規模と程度をも著しく増大させた。原子力の平和利用も、まさにそのようなものの一つである。とくに原子力発電は、そのもつ潜在的危険性に対する危惧から、いくつかの訴訟が提起されるに至っている。

ところで、従来からの考えによるならば、原発訴訟のような高度に専門的・科学的な問題は、裁判所の判断能力外のことであり、司法の判断にはなじまないとするのが一般である。そこで、関係住民に訴えの利益がないとして却下するとか、原子力発電の安全性は行政機関の裁量処分に属する事項であるとした上で棄却することが考えられる。確かに、専門技術的な判断は行政機関のよくするところである。しかしながら、それをもって最終的な判断とすることは司法審査の意義を否定することになり是認できない。行政機関の判断がしばしば被規制企業に傾いた判断になりがちであることはよく指摘されることであるし(1)、また、わが国の場合は、公害関係法令に住民参加の規定が少なく、行政機関の判断に広く関係住民の利益を反映させようとする十分な配慮に欠けるため、住民はその代償機能として訴訟を提起することになるのである。原子力発電所の設置に関しては、例外的に住民に対する公開聴聞が用意されているが、そこには次に検討するように多くの問題を抱えているゆえに、公正な第三者的な判断を求めたいという住民の心理には無視しえないものがある。

そこで、行政機関の専門技術的判断能力を一方で重視しつつ、住民の利益の公正な反映の確保をねらいとする法理論——手続的審理方式——が登場してくる。この理論は、後に検討するように、非常に示唆に富み有用であると考えられるが、やはり限界が存在するといえる。手続的審理方式だけでは不十分であるとすると、裁判所はどうしても実体的判断——原発訴訟に関していえば、原子炉の安全性についての判断——をせざるをえなくなるわけであるが、ここでは十分な専門技術的判断能力を持たない裁判所が、いかにそれを克服することができるかを——立法論をも含めて——検討してみようというものである。

（1）　小高剛『住民参加手続の法理』一七八—一八二頁参照。

二　現行の原子炉設置許可手続の問題点

わが国において、原子炉設置許可に関係する法律として、まずその前段階の国の電源開発基本計画に関するものとして電源開発促進法があり、さらに発電所一般に適用のある電気事業法があり、原子炉の設置そのものについては「核原料物質、核燃料物質及び原子炉の規制に関する法律」（いわゆる原子炉等規制法）がある。原子炉設置許可のプロセスを論じている論稿は既に存在しているので[(2)]、本章での関心はその問題点を指摘するだけにとどめたい。

（問題点一）

まず第一にあげられるのは、原子力発電のような、万が一事故が発生した場合には、多数の人命を奪い、環境を破壊することが考えられ、平常運転時でも放射線漏れなどを起こしやすい施設の許可処分を定める法律には、適正な事前手続が必要とされるが、このことが十分には満たされていないということである。広く関係住民の意見を聞くことは、その過程の中で安全性をテストしていく上で重要なことはもちろんであるが、信頼関係を保つ上でも重要である。

確かに、原子力委員会は一九五三年に「原子炉の設置に係る公聴会開催要領」および「実施細則」を定めてはいる。しかしながら、それには多くの問題点がある。主なものを列挙すれば以下のようになる。（１）開催するか否かは原子力委員会の一方的判断だけに委ねられ、対象の原子炉が大型、集中化、新型のいずれかの条件をみたすか、地元知事の要請がある場合に限られている。住民の要請があっても開かれる保障はない。（２）意見陳述者が原子力委員会の指定する地元利害関係者に限られている。（３）発言時間は一五分以内で、しかも質疑・討論が禁止されている。（４）公聴会の混乱を理由に口述をやめて、文書提出だけで終了させることが可能である。

このように、右のような公聴会制度は、短時間、一方通行の意見陳述に終始しており、適正な事前手続ということからは程遠いといわざるを得ないであろう。制度上の改革点としては、まず事前にデータを開示した上で、実のある質疑・討論の場とすること、さらには、地元住民の推薦する科学者を意見陳述人の補佐役として同席することを認め、科学的にも真に意味あるものとしていくことなどが考えられよう[3]。

（問題点二）

次に問題とすべきは議事録の作成と公開である。後に検討する伊方原発訴訟の過程で安全専門審査会の部会[4]には議事録が存在していないことが明らかになった[5]。議事録の作成を義務づける法的拘束力が今のところ存在していないとしても、会議体として何を審議したかということを議事録という形で残すことは当然のことであるといえる。被告国側の主張によれば、「それを備えるとすれば、かえって、それが専門技術的事項に係る自由活発な討論を妨げるおそれなしとしない[6]」ということであるが、これは強弁としかいいようがなく、議事録作成を法的に義務づける必要があろう[7]。

さらには、議事録を公開し、公聴会などでの討論の際のデータとすべきことが考えられる。原子力基本法二条は、

「原子力の研究、開発及び利用は、平和の目的に限り、安全の確保を旨として、民主的な運営の下に、自主的にこれを行うものとし、その成果を公開し、進んで国際協力に資するものとする」とし、公開の原則を規定している。しかしながら、通説によればこの規定はプログラム的な基本方針を示しているにすぎないと考えられ、(8)伊方原発訴訟第一審判決も、原子炉の安全に関わる資料を事前にすべて公開すべきことを原子力委員会に課したものとはいえない、(9)と述べている。原子力基本法二条の公開規定の解釈については法理論的に再検討してみる必要があるとともに、(10)公開についての具体的な立法の整備が望まれるところである。

さらには、委員会や部会の議事そのものを公開することが考えられる。この点については、アメリカの審議会公開法やサンシャイン法が参考になるが、(11)原子力発電の場面だけではなく行政過程全般について、今後のわが国の検討課題となるであろう。

（２）　磯野弥生「原子力発電所建設手続と住民の位置」公害研究六巻四号三六頁以下。保木本一郎「原子力開発と住民参加」ジュリスト五八〇号二九頁以下。アメリカの場合については、坂口洋一『アメリカと日本の公害法』八二頁以下参照。

（３）　保木本一郎「伊方原発訴訟における許可処分手続の違法性の存否」判例時報八九一号一六頁参照。

（４）　原子力委員会設置法施行令四条および原子力委員会専門部会運営規定一条によって、原子炉安全専門審査会は部会を設けることができる。

（５）　松山地判昭和五三年四月二五日行集二九巻四号六〇五頁。

（６）　判例時報八九一号一九六頁。

（７）　議事録の作成は、情報を公開する場合の当然の前提となることからも重要である。議会の委員会の場合について、奥平康弘『知る権利』三四六頁参照。

（８）　奥平教授も、「これ（引用者注　原子力基本法二条）をもって、原子力関係資料の開示をもとめる権利が、国民にあると解したいところだが、残念ながらむりであろう。この規定は、国家の側に、国民にたいする義務づけをしたのではなく、文字どおり、プログラム的な基本方針を明らかにしたものにすぎない」（奥平・前掲書二一一頁）と述べている。

（９）　行集二九巻四号五九七—五九八頁。

（10）　民主、自主、公開の三原則について、下山俊次「Ⅳ原子力」（山本他『未来社会と法』所収）五〇二—五〇六頁参照。なお、憲法二五条のプログラム規定説の問題性については、大須賀明「憲法上の不作為――生存権条項に即しての検討――」早稲田法学四四巻一・二号参照。
(11) この点については、奥平・前掲書第六章参照。

三 判決例の検討

本章では、アメリカの代表的な原発訴訟であり、そこでは司法審査の及ぶ範囲が問題となったバーモント・ヤンキー事件と、原子炉の安全性に関するわが国初の司法判断である、伊方原発訴訟第一審判決を検討する。両判決には国の違いとともに、審級の違いもあり、安易な比較はできないと考えるが、それぞれに重要な争点を含むことから、ここで取り上げることにしたい。

(一) バーモント・ヤンキー事件

(1) 事件の概要

この事件は、二つの連邦控訴裁判所の判決に対する連邦最高裁判決である。控訴審判決の一つは、Natural Resources Defense Council, Inc. v. Nuclear Regulatory Commission であり(12)、もう一つは Aeschliman v. Nuclear Regulatory Commission である(13)。

前者の事実関係および控訴審判決の概要は以下の通りである。原子力委員会は、正式な裁決手続による聴聞の後、原子力発電所の操業を許可した。しかし、その聴聞手続においては、核燃料再処理による環境に対する影響の問題は検討課題とされていなかった。その後、原子力委員会は、規則制定手続によって、「使用済み核燃料サイクル規則」を制定したが、ウラニウム燃料サイクルの環境に対する影響は比較的軽微であることが証明されているとして、環境影響評価の終了している本件には適用しないことにした。環境保護団体は、操業の許可および規則制定手続に対して異議を申し出、控訴した。これに対して控訴審は、規則制定手続は不適切であり、有効な規則制定手続が欠けている場面では、原子力委員会は、個々の許可手続において、核燃料再処理および核廃棄物の環境に対する影響を検討しなければならないと判示して、規則を破棄し、許可決定を委員会に差し戻した。

後者については、以下の通りである。原子力委員会は、聴聞、原子炉の安全に関する諮問委員会による報告の検討、環境影響陳述書の検討をした後、二つの原子炉の建設を許可した。その後、環境質委員会（Council on Environmental Quality）は、ガイドラインの修正を公表し、その中で、提起されたプロジェクトに対する代替案の一つとしてのエネルギー保全（energy conservation）を、環境影響陳述書において考慮することを求めていた。原子力委員会は、委員会においてそのような代替案が検討されうるためには、入り口の基準（threshold test）[14]が満たされていなければならないと述べて、環境保護団体によって求められた、エネルギー保全の代替案を再考するための許可手続の再開を拒否した。そこで環境保護団体は、連邦控訴裁判所に訴えたわけである。連邦控訴裁判所は、環境影響陳述書は原子炉の建設に対する代替案としてのエネルギー保全を検討していないという致命的な欠陥があり、入り口の基準に基づいてエネルギー保全を検討しないという委員会の決定は恣意独断であり、諮問委員会の報告は不適切であり、素人にも理解しうるよう説明を加えるべきであるとして、委員会の決定を差し戻した。

（2）　連邦最高裁判決

連邦最高裁は、全員一致で（ただし、ブラックマン、パウエル両最高裁判事は判決に加わっていない）破棄差し戻しの判決をした。レーンクイスト最高裁判事は法廷意見を代表して以下のような判示をしている。

一　法廷意見は、まず冒頭で、行政手続に関する制定法や判例法の解釈を展開して次のように述べる。規則制定を扱っている行政手続法（ＡＰＡ）五五三条ｃ項は、「一般論として、連邦議会が規則制定手続を行使する行政機関に対して裁判所が課す最大限の手続的要求を規定したものである、と当法廷は判示してきた。行政機関は裁量権を行使するに際して、加重の手続を課す自由を持つが、審査裁判所は行政機関がそのような選択をしなかったとしても、一般的には加重な手続を課す自由を持つものではない。このことは必ずしも、制定法で要求されている手続以上のものを行政機関が採用しなかったとして、行政機関の行為を裁判所が取り消す場合のあることを否定するものではない。が、そのような場面は、存在するとしても極めて稀な場合である[15]」。「連邦行政手続法を離れても、当裁判所は四〇年以上も前に、手続の形成は、連邦議会が実体的判断の責任をゆだねた行政機関の裁量の範ちゅうに基本的に属することを強調した。FCC v. Schreiber, 381 U. S. 279, 290（1965）において、当裁判所はこの原理を明らかにし、『行政機関や行政官は被規制企業について詳しく知っており、企業の特性や当該行政機関の役割に適した手続的ルールを作るのに、連邦裁判所や連邦議会より有利な立場にあるとする、議会の判断の当然の帰結である』と述べた[16]。」法廷意見によれば、控訴裁判所はこれらの点について、判断の誤りをおかしているとする。

二　行政手続法五五三条は、行政機関の裁量を意図し、裁判所が加重な手続をとるよう命ずることを認めるものでないことを、法廷意見は立法史によって明らかにしようとし、Senate Report や House Report などを引き合いに出した後[17]、その実質的根拠を三つあげ次のように述べている。「第一に、裁判所自らが『最善』ないしは『正しい』と考える結論に到達するための手続を行政機関が採ったかどうかを決定するために、裁判所が行政機関の手続を常に審査するとなると、司法審査は全く予測できないものとなるであろう。そして、『最善』の手続を採用しないことに対するこのあいまいな差止め命令のおそれのもとで活動し、破棄のおそれに直面している行政機関は、いきおいすべての場合において、正式な裁決手続を採用することになるであろう。このことは、連邦議会が『相対立する社会的・政治的力関係をその手続のもとで調整しようとして』立法した目的を完全にだいなしにしてしまうだけでなく、……略式な規則制定の利点を失わせてしまうだろう[18]。」「第二に、明らかにこれら事件において裁判所は、現実の聴聞において生じた記録に基づいて行政機関の手続の選択を審理するのであって、手続をどのようにするかという決定をするときに行政機関が利用しうる情報に基づくものではない。このように、後からとやかくいわれることになると、通常は裁決手続とのみ結びつく、正式な手続的方法ですべての規則制定手続を行なうよう仕向けてしまうことになる。[19]」「最後に、そしておそらく最も重要なことは、この種の審査は行政機関の決定についての司法審査の基準の性質を基本的に誤認していることである。裁判所は、手続を過重にすれば、利害関係人が手続に参加し貢献するより多くの機会が生じる故に、適切な記録を自動的に生じるということを無批判にその前提としている。しかし、略式な規則制定は、行政機関の面前で開かれた聴聞の記録に基づく必要はない。実際、行政機関は正式な聴聞を開く必要はないのである。それ故に、このタイプの手続における『記録』の適切さは、とられた手続的方法のタイプと直接には関係せず、行政機関が行政手続法やその他の関連法の命令に従ったかどうかに帰するのである。もし行政機関が正式な裁決手続の聴聞の後に生じた記録でもって制定された規則のみを支持させられるとなると、選択の余地はなくなり、すべての規則を制定するに先立って、正式な裁決手続の聴聞を行なうようになるであろう。要するに、この種の規則制定手続の想像上の手続的欠陥に対する不当な司法審査は、連邦議会によって規定された手続に対する重大な干渉となるにすぎない。[20]」

三　国家環境政策法（NEPA 42 uscs §§ 4321 et seq.）は、行政手続法に規定されている規則制定手続を実質的に変更する基礎をなすものではない。[21]

四　要するに、行政手続法、国家環境政策法、この事件の状況、考慮されるべき問題の性質、過去の行政機関の慣行は、委員会が少なくとも法律の定める最小限の手続を行使している限り、裁判所は、委員会によってとられた、またはとられなかった手続的方法に基づく規則制定手続を審査し、無効にすることを許すものではない。[22]

五　しかし、控訴裁判所は、行政機関の決定が記録に基づいて支持されうるものであるかどうかを、なお審査する必要があり、差し戻す。[23]

六「原子力エネルギーは、いつかは安価で安全な動力源となるかもしれないし、そうはならないかもしれない。しかし、連邦議会は原子力エネルギーを少なくとも利用する選択をなし、そして裁判所は単に限定された役割を演ずるに止まる審査手続を設けている。連邦議会や州議会で適切に解決された基本的政策問題は、行政機関の行為の司法審査の名目で、連邦裁判所において再検討を受けることを要するものではない。原子力エネルギー開発の決定の間違いを時が証明するかもしれないが、連邦議会や州のしかるべき諸機関が最終的に判断すべきである。その間、司法裁判所は、定められた任務を遂行すべきである。国家環境政策法は、国家の重大な実体的目標をなるほど述べてはいるが、その行政機関への命令は本質的に手続的なものである。……国家環境政策法は十分な情報に基づくよく検討された決定を保障しようとしているのであって、控訴審や当裁判所の判事達が、政策決定機関の一員ならば到るであろう決定を、必ずしも保障するものではない。その他あらゆる場合と同様、この場合も、行政機関の決定は、単に裁判所が到達された結論が好ましくないからという理由ではなく、……制定法の命ずる手続上、実体上の理由によってのみ取消されるべきである。そして、十分には協力せず、争点を提起しなかった当事者から主張された、周辺的問題のただ一つの申し立てられた見落しは、その他の点では徹底的な手続の後に適切になされた決定を取り消す基礎となるものではない[24]。」

（３）　本判決の問題点

バーモント・ヤンキー事件最高裁判決について、ハーバード・ロー・レビューは三人の行政法学者のコメントを同時掲載している。ここでは、簡単にではあるが、三教授の見解にふれることによって、問題点の摘示としたい[25]。

まず、スチュアート教授は、このような最高裁判決の背景には、「控訴審判決が不当な手続的負担を課すことによって、原子力の発展を遅らせ妨害しようとしているという認識[26]」があるとする。スチュアート教授は、本判決について、「多くの行政手続を一九四六年に行政手続法によって規定された時代遅れのモデルに凍結するとき、最高裁は、政策を決定するに際して裁決から規則制定へという行政機関による最近の動向を無視し、それに対応する形での新しい手続を発展させる必要を無視している[27]」と述べている。そして、「バーモント・ヤンキー判決は、制定法を調整しアップデートにする適切な役割を裁判所に否定し、そのかわりに全部の責任を連邦議会と行政官にまかせた点において近視眼的である」[28]とする。

これに対してバイス教授は、統治組織における裁判所、立法部さらには行政機関の果たすべき役割を考慮するならば、制定法以上の行政手続を課すかどうかは行政機関の自由裁量とする本判決は妥当である、とする[29]。他方、ブライアー教授（当時。現在連邦最高裁判事を勤めている）は、スチュアート教授とは違う立場から本判決を批判している。ブライアー教授によると、原子力発電の規制の問題に注意深い完全な司法審査が及ぶとなると、原子力発電の進展に遅れが生じ、より人体に危険をもたらす火力発電（coal generation）の方向に進むとする。それ故に、最高裁は、本件を下級審に差し戻すことなく、行政機関の決定を認めるべきであった、としている[30]。

（12）　547 F. 2d 633（D. C. Cir. 1976）.
（13）　547F. 2d 622（D. C. Cir. 1976）.
（14）「入り口の基準」について詳しくは、綿貫芳源「アメリカにおける原子力発電所建設等の許可と司法審査」ジュリスト六六八号七〇―七一頁参照。
（15）　Vermont Yankee Nuclear Power Corp. v. Natural Resources Defense Council Inc., 435 U. S. 519, 524（1978）.
（16）　*Id.* at 524.
（17）　*Id.* at 545-46.
（18）　*Id.* at 546-47.
（19）　*Id.* at 547.
（20）　*Id.* at 547-48.
（21）・（22）　*See* id. at 548.
（23）　*See* id. at 549.
（24）　*Id.* at 557-58.
（25）　これらのコメントについては、すでに外間教授によってわが国にも紹介されている（アメリカ法〔1980〕三一一―三一五頁参照）。
（26）　Stewart, *Vermont Yankee andthe Evolution of Administrative Procedure*, 91 HARV. L. REV 1804, 1805（1978）.

（27）　*Id.* at 1805.
（28）　*Id.* at 1820.
（29）　*See* Byse, *Vermont Yankee and the Evolution of Administrative Procedure : A Somewhat Different View*, 91 Harv. L. Rev. 1823（1978）.
（30）　*See* Breyer, *Vermont Yankee andthe Courts' Role in the Nuclear Energy Controversy*, 91 Harv. L. Rev. 1833（1978）.

（二）　伊方原発訴訟第一審判決（松山地裁昭和五三年四月二五日民事第一部判決）

伊方原発訴訟はさまざまな法律問題を含むが、ここでは原告適格の問題と、裁量処分性の問題を取り上げたい。前者について、判決は法的利益説に立った上で、原子炉等規制法二四条一項四号は、「公共の安全を図ると同時に、原子炉施設周辺住民の生命、身体、財産を保護することを目的としていると解さなければならない」[31]として、原告適格を認めた。結論にはもちろん異論はなく、行政処分の名宛人でない第三者にも原告適格を認めた点は評価すべきである[32]。

次に、原子炉設置許可処分は裁量処分かどうかについて、判決は次のように述べている。「規制法二四条は、原子炉設置許可処分は、周辺住民との関係においても、その安全性の判断に特に高度の科学的、専門的知識を要するとの観点及び被告の高度の政策的判断に密接に関連するところから、これを被告の裁量処分とするとともに、慎重な専門的、技術的審査によって、一定の基準に適合していると認めるときでなければ、その設置許可をすることができないとして、被告の裁量権の行使に制約を加えているものと解すべきである[33]。」

本判決の論理は、多くの論者が指摘しているように[34]、必ずしも明確なものではない。本件許可処分行為を裁量処分であると述べているところからみれば、安全の認定について、「多くの専門家を擁する被告の判断に専門技術的裁量の余地が認められる[35]」（しかも証明責任はその違法性を主張する原告側にある）という国側の主張を認めているかにみえる。しかし、裁量権の行使は制約を受ける（行訴法三〇条の「濫用」・「逸脱」の法理ではない）ともしているから、「人の生命、身体等に対して安全であるか否かの判断は、一義的に定めらるべき法的価値判断であり、判断過程において、高度な科学的技術上の知識を要することはあっても、その事は、専門的技術的な裁量の余地を許容するものではない(36)」と述べていた原告側の主張に近いともいえよう。思うに、このような判決にならざるを得なかった理由として、裁判官には専門技術的な判断が困難であると認識しつつも、原発による生命、身体等に対する潜在的危険性をも無視できなかったからではなかろうか。しかしながら結局は、裁判所の専門技術的判断能力の欠如から行政機関の「専門技術的裁量」を帰結し、事実上は行政機関の認定をほとんどそのまま受けいれてしまっているのである。

(31)　行集二九巻四号五九四頁。
(32)　なお、拙稿「行政訴訟の原告適格試論」早大法研論集二三号参照。
(33)　行集二九巻四号六一八頁。
(34)　例えば、佐藤英善「原子炉設置許可の裁量処分性」判時八九一号一八頁。下山瑛二「伊方原発訴訟の意義と問題点」判例時報八九一号五頁参照。
(35)　判時八九一号一九八頁。
(36)　同右三一〇頁。

四　理論の検討

(一)　手続的審理方式

この考え方はかねてから原田尚彦教授の提唱されるところである。原田教授は、「少なくとも複合的行政過程を経て形成される行政判断の審理にあたっては、裁判所が労多き実体判断の代置方式をむしろ回避し、ただ行政過程全体が公正な手続に従って実施されたかどうか、行政判断の過程が民主的雰囲気によって支配されたかどうかを、広く事後的に監視するといった姿勢で審理に臨むことが肝要である[37]」と述べ、いわゆる「判断代置方式」ではなく、「手続的審理方式」の重要性を説かれる。環境行政訴訟の場面における「手続的審理方式」の重要性については、次のように述べている。「発電所など公共施設の設置の可否をめぐる問題は、結局、公共性と環境とをいかに調和させるかの選択の問題である。地域的な空間形成政策の一環に位置する問題であるということもできよう。したがって、その終局的決定の当否は本来は政治的選択に委ねらるべき事項であって、裁判所が断定すべき事柄ではない。裁判所の審理は、行政庁による政策的意思の形成過程が法律の予想するルールに従っているかどうかを、まずもって中心に論ずべきなのである。裁判官が行政判断の内容的当否を終局的に断定することは、具体的な人権侵害の生じている場合のほかは、民主政治の原理に反するという危険をはらむことを知らねばならない。それゆえ、発電所立地に関連する環境行政訴訟においては、好むと好まざるとにかかわらず、手続的側面からの司法審査が強調されることにならざるを得ないであろう。[38]」そして、原子炉設置許可を争う環境行政訴訟において、「手続的審理方式」で問題となるポイントを数点挙げている。[39]内容的審理について原田教授は、「環境と開発の衝突は、結局妥協と選択の問題に帰着[40]」し、地域住民の受忍限度か否かが問題になるとする。原田教授は、「もっとも、この場合、裁判所は何をもって受忍限度と判断するかはむずかしい問題であるが、実現可能な行政の統一基準として環境基準が定められている事項については環境基準、これが未設定であってもそれに代わりうる信頼しうる数値（たとえば国際放射線防護委員会の定める平常時および事故時の許容被曝線量のごとし）があるものについてはその数値を、いちおうの目安と考えるべきであろう[41]」と述べている。

原田教授の考え方は、先に検討したように、わが国の許認可における事前行政手続が多くの問題をはらんでいることから、訴訟上の有用な武器になることは十分考えられる。[42]しかしながら、問題点があることも否定できないのではなかろうか。まず問題となるのは、原田教授はいわゆる環境権論を否定し[43]、受忍限度論に立った上で、受忍しうる限度かどうかの基準として環境基準をあげる。環境基準について公害対策基本法九条一項には、「政府は、大気の汚染、水質の汚濁、土壌の汚染及び騒音に係る環境上の条件について、それぞれ、人の健康を保護し、及び生活環境を保全するうえで維持されることが望ましい基準を定めるものとする」とある。これからもわかるように、環境基準は政府が定めるものである。政府が定める環境基準に裁判所が従う（原田教授は「目安」という表現をとっているが）のであれば、行政追随主義のそしりを免れないのではなかろうか。やはり、実体的判断内容にまで立ち入った審理の重要性を否定することはできないのではないかと考える。

さらに問題点として考えられるのは、手続的審理方式を強調する場合に、同時に現行の行政法規以上の手続を裁判所が積極的に創造することを主張するのでなければ、有用な理論とはなり得ないということである。公正な事前行政手続を保障する行政法規が不備な現状では、裁判所は、憲法三一条（ないしは一三条）さらには個別法規の立法目的に行政手続の公正さの根拠を見い出さざるを得ず、このような創造的作業なしでは、手続的審理方式は有効な理論とはならないといえる。憲法三一条をもとにどのような具体的な行政手続を引き出すことができるのか、個別法規の立法目的を根拠に明記されている以上に加重な手続を課すことができるのかは、今後の重要課題である（前記バーモント・ヤンキー事件ではまさにこの点が重要な争点となっていたが、裁判所が否定的な態度をとったことは、既に検討した通りである）。

（37）　原田尚彦『訴えの利益』一七六頁。
（38）　原田尚彦『環境権と裁判』一四六頁。
（39）　原田・同右書一四八―一四九頁参照。
（40）・（41）　原田・同右書一五二頁。
（42）　このような手法が成功した具体例として、個人タクシー免許事件（東京地判昭和三八年九月一八日行集一四巻九号一六六六頁）などがあげられる。
（43）　原田『環境権と裁判』一五〇―一五二頁参照。

（二）　実質的証拠法則

実質的証拠法則はアメリカの法令および判例によって確立されてきたもので、この法則は独立規制委員会（行政委員会）の発達と軌を一にしている。[44] わが国においても、戦後この制度が注目され、現在三つの法律に規定されている。すなわち、私的独占の禁止及び公正取引の確保に関する法律（いわゆる独占禁止法）八〇条・八一条、鉱業等に係る土地利用の調整手続等に関する法律九九条、電波法九九条である。その一例として、独占禁止法の場合を取り上げてみると、その八〇条はまず一項で「第七十七条第一項に規定する訴訟については、公正取引委員会の認定した事実は、これを立証する実質的な証拠があるときには、裁判所を拘束する」とし、二項では「前項に規定する実質的な証拠の有無は、裁判所がこれを判断するものとする」と規定している。八一条では、裁判所に対するあたらしい証拠の申出を原則的に禁止し、例外的に提出された証拠を取り調べる必要があると認めたときは、裁判所は事件を公正取引委員会に差し戻すこととし、さらに八二条では、「審決の基礎となった事実を立証する実質的な証拠がない場合」には、裁判所は審決を取り消すことができる旨を規定している。[45] つまり、裁判所は初審的に（trial de novo）事実認定を行なうことをしないで、行政委員会の判断に実質的な証拠の裏づけが伴うときは、裁判所をも拘束する、という法則である。[46]

実質的証拠法則の意味内容については、従来わが国の判例はこれを狭く解釈している。高柳教授は司法的ないしは準司法的決定過程を次のように分類している。「（1）第一段階――証拠を採用し、これをその正確性と信濃性について吟味する。（2）第二段階――証拠により基礎事実を認定する。これを仮りに第一次的認定とよぶことができよう。（3）第三段階――この基礎的事実より、制定法の用語で表現される要件事実又は究極的事実が或いは推論され、或いは推論されない。これを仮に推論過程とよぶことにする。（4）第四段階――この究極的事実より、制定法上の規準の適用により、決定が下される。[47]」わが国の判例においては、このうち実質的証拠法則が働くのは右にいう第一次的認定の段階であると考えられてきた。[48] しかし行政委員会の事実認定過程の核心は、（3）の推論過程にあると考えられ、この段階においてこそその専門技術的知識経験が効用を発揮するといえる。従って、実質的証拠法則の射程は推論過程まで含むと考えるべきことが注意されなければならない。

ところで、このような制度を原発訴訟においても――もちろん立法論としてではあるが――採用することを提案する学説がある。阿部教授は次のように述べる。「通常の行政訴訟では、当該行政行為が行政庁の自由裁量を認めるものでないかぎり、行政行為の法規適合性については、裁判所は全面的に自らの目で審理し、その結果と行政の判断が一致すればこれを是認し、一致しなければ行政処分を取り消すという、『実体的判断代置方式』がとられている。[49]」しかし、この審理方式には次のような二つの問題点があるとする。「第一に、原子炉訴訟の結果により大幅に左右されるエネルギー政策については、行政当局が国民に責任を負っているのであって、裁判所はこれに代って責任を負う立場にはない。[50]」「第二に、裁判所は科学者間で激しく争われる専門的な問題についての終局的な判定者ではありえない。……原発賛成派と反対派の対立が架橋を許さぬ今日、そのどちらの立場の者がたまたま担当裁判官になるかという偶然の事情で勝負がつきかねないこうした司法審査方式は適切ではないと思われる。[51]」

他方、阿部教授はこのように述べたものの、原発訴訟には実体審理をしなければならない理由があるとして、次のように述べる。「国民の生命・健康の保護は裁判所に課せられた重大な使命である。そこで、争われている問題が高度の科学技術論争にかかわるからといって、それが国民の生命・健康の安全に影響を有するかぎり、裁判所がはじめから実体審理を回避したり制限したりすることは許されない建前である。[52]」そこで阿部教授は、このように相矛盾する二つの要請を現行法の解釈[53]によって十分満足させることは困難であるとして、「立法論的な一つの筋としては、原子力委員会の安全審査機構を十分充実し、これに利害関係人の参加にもとづく審査手続をおいたうえで実質的証拠の法則を明文化し、裁判所の審査権を正面から制限していくべきであろう[54]」と。

確かに専門技術的行政分野については、専門的知識経験を有する行政委員会に審査させる方が、法律専門家だけで構成される裁判所に取り扱わせるよりも正確な事実認定が期待できるし、また裁判官の負担軽減となって合理的だともいえる。もちろん、実質的証拠法則を成立させるためには、行政委員会が事実認定機関としてふさわしい内容をもって構成されているとともに、適正な準司法的行政手続を整備していることが必要不可欠である。わが国においても、事前行政手続の整備——とくに聴聞の機会を設けること——を前提とした上でなら、実質的証拠法則を採用していくことも十分検討に値する。[55]

(44)　アメリカにおける実質的証拠法則（substantial evidence rule）の沿革と意義については、Stason, "*Substantial Evidence" in Administrative Law*, 89 U. Pa. L. Rev. 1026（1941）が有益である。邦語文献としては、猪俣幸一「実質的証拠」法曹時報三巻六号、和田英夫「司法審査と実質的証拠の理論」公法研究八号、中務俊昌「所謂実質的証拠法則による司法権の限界」私法一〇号、橋本公亘『米国行政法研究』一八三頁以下、田中英次「実質的証拠の法則」神奈川法学四巻二号・五巻一号。

(45)　なお、兼子一博士は、法律上の根拠がない場合でも行政審判には実質的証拠法則が採用されるべきことを主張されていた（兼子一「審決の司法審査」岩松還暦記念『訴訟と裁判』所収）。

(46)　田中二郎『新版行政法　上巻』（全訂第二版）二二八頁参照。

(47)　高柳信一「行政行為の司法審査」公法研究二四号九七頁。

(48)　例えば、最高裁第一小判昭和三七年四月一二日民集一六巻四号七八一頁。

(49)・(50)・(51)・(52)　阿部泰隆「原発訴訟をめぐる法律上の論点」ジュリスト六六八号一八頁。

(53)　阿部・同右論文一九—二〇頁参照。

(54)　阿部・同右論文二〇頁。

(55)　なお、拙稿「行政訴訟の原告適格試論」早大法研論集二三号一三頁参照。

(三)　専門的行政裁判機関

田中舘教授は、司法国家の内容が行政の複雑性、多様性から変容せざるを得ないことを指摘し[56]、専門的行政裁判機関の設置を提唱され、次のように述べている。

「行政庁が都市問題、公害問題、生活環境問題に対し、適切な措置をとらないために、国民は、自己の生活権、環境権、生存権を確保するために、裁判所にその救いを求めているのが現状である。しかし、実際に、裁判所は……三権分立論、抗告訴訟における処分性の問題、原告適格の訴訟解釈上の問題などを理由に、却下し、行政庁の違法処分の実体審理に介入しない傾向がある。その傾向が生じている理由は、裁判所の司法審査の能力の限界にあると思われる。すなわち、行政庁が処分の要件事実を認定してどのような処分内容にするかを選定しさらに行政処分を行うか否かの決定を下す場合に、その処分が、行政庁の専門技術的知識、経験ないしは公益上の裁量判断によることが行政庁に要求されている処分については、裁判所は、行政庁の専門技術的な知識に基づく判断を尊重せざるを得ない状態にあり、その限度において、裁判所の審査が及ばないということになる。このことは、結果的にこの種の行政庁の専門技術的な知識経験を要する処分については、裁判所は専門外の問題であるため、行政庁の恣意独断を認めざるを得ないということになりかねない。しかも、この種の行政庁の専門技術的な経験を要する処分について、相手方国民が、行政庁が恣意独断に基づいて処分を行ったのではないかということを証拠をもって証明することはきわめて困難である。右のようなことは、原子力発電所の設置許可処分、地下鉄駅設置認可処分、果汁表示認可処分、新幹線工事実施計画認可処分、公有水面埋立免許処分、石油備蓄基地免許処分、バス路線認可処分、空港使用許可処分、などにみられる。……ここにこの種の科学的、専門的、技術的な事件を処理するための科学技術裁判所のような専門的な裁判機関を設置することが必要である。」(57)

司法国家体制をとっているアメリカにおいても、専門性の要求から行政裁判所の設置がフランクファーター最高裁判事によって提唱されたことがある。(58)しかし、専門的行政裁判機関設置の主張には問題点があり、にわかに賛同できない。まず考えられることは、日本国憲法によれば、七六条二項後段により「行政機関は、終審として裁判を行ふことができない」ことから、専門的行政裁判機関設置論者も、行政国家化することまで主張するものではないといえる。そうだとすれば、いずれは――それが高等裁判所であれ最高裁判所であれ――通常の司法裁判所のシステムに乗らざるを得ないわけで、そこではやはり三権分立の原則、処分性さらには原告適格などを問題とせざるをえないのではなかろうか。田中舘教授のねらいの一つは、このような障害の排除にあることは先に見た通りであるが、結局目的を達成できないといわざるを得ない。もちろん、このような訴訟要件等に関する通説・判例の理解に満足できるわけではなく、解釈論的努力――しかし、これによってすべてを解決することには限界がある――と、立法的措置が必要であろう。次に問題点として考えられるのは、原発訴訟のような高度に科学的裁判は、事実の認定とその推論過程（安全か安全でないか）が決定的に重要な要素をしめるが、その部分を現在の司法機関よりはより公平でない第三者機関に任せるのが妥当かということである。さらには、逆にあまりにも専門化しすぎると、今度は硬直化をまねき、素人の新鮮な目で見るという良さを減殺してしまうのではないかということも考えられる。

以上のような問題点は存在するが、専門的行政裁判機関設置論は、現在の裁判所には欠ける専門技術的判断能力をカバーする上で参考になるので、理論的、実践的に検討すべき課題ではある。

(56)　田中舘照橘「行政事件訴訟と三権分立論」法律論叢五二巻六号八六頁参照。
(57)　田中舘・同右論文八〇―八二頁。
(58)　B・シュウォーツ＆H・W・R・ウェイド（堤口康博訳）『英米行政法』三四五頁参照。

（四）常設補助裁判官制度

マサチューセッツ工科大学のイェーリン教授は、ハーバード・ロー・レヴューでこの考え方を提唱しているが、わが国においても注目に値する見解だと思われるので紹介することにしたい。

イェーリン教授は、原子力をはじめ高度に科学的な問題は、現在の構造においては、立法、規制機関（行政）、司法の場面において問題となるが、それらは満足のいく解答を提示しえていないとして[59]、それぞれの機関の分析をしている。まず立法部について、「技術的な細部に持続的な注意を向ける能力に欠け、さらには政治的圧力から技術的な問題を引き離す能力に欠けている立法部が、高度に技術的な議論を理解し、適切な法を制定しうると考えるのは非現実的である[60]」と述べている。次に行政部については、「重大な技術上の目標に深く関わる行政機関が、安全性と技術的な進歩状態のバランスを、独立した立場で検討できるとは考えられない」[61]としている。

そこで残されたのは司法部であるが、有効な監督機能は必ずしも望めないとして、[62]その理由を二点あげる。第一点として、アメリカの司法過程の本質的な要素である当事者の対立構造（adversariness）は、当事者を中心とした、当事者によって左右される手続で運用されるものであるから、当事者の立場に好ましくない問題点は提示されず、より広い目くばりで問題を見ることができないことを述べている。[63]さらに問題なのは、「複雑な環境政策の監督には、高度に技術的な知識を必要とするが、現在の司法部にはこのような能力に欠ける」[64]ことである。[65]しかし、「裁判所の知的伝統と政治的独立性には無視しえない価値がある」[66]とする。そこで、イェーリン教授は、現在の環境問題の特殊な性格に答えることができ、しかも理性的な「公平な意見（second opmion）」を形成できる機関を、司法部内に設けることを提唱される。[67]

イェーリン教授は、「複雑な環境裁判において、常設補助裁判官（standing masters）として活動する、科学者、技術者、法律家からなる委員会を、連邦議会が設置することを提唱する」[68]と述べている。この制度は英米法系の補助裁判官（masters）[69]制度に根ざすものであり、この委員会の構成員は大統領によって任命され、上院によって承認されるものとする。そして、行政部の行為を審査する裁判所は、複雑な科学技術的問題を評価しなければならないときに、諮問（reference）するものとする、[70]としている。

イェーリン教授は、委員会の活動の場面を二つに分けている。第一は、当事者の法的主張に決着をつけるために必要な場合に、裁判所によって提起される問題に焦点を当てるものである。[71]この場合、補助裁判官の報告は「明白な誤謬（cleary erroneous）」の基準によって審査されるのが妥当であろう、[72]と述べる。[73]第二の場面は、提起された科学技術の計画や規制の広汎な社会的意義の検討をも目論もうというものである。この後者の機能は、専門的裁判機関の設置や、立法機関に付属する「科学裁判所」によっては有効に遂行しえないとする。[74]専門的裁判機関についていえば、法の一般的な展開からは孤立することになり、司法過程の一貫性を危くするおそれがある、[75]という興味ある指摘をしている。

イェーリン教授の提唱は、わが国においても十分傾聴に値し、今後の検討課題とすべきであると考える。しかしながら、いくつかの問題点が考えられよう。そのようなものとしてまずあげられるのは、補助裁判官の選任についてである。イェーリン教授によると大統領が任命し上院が承認するということであるが[76]、わが国流に翻訳すれば内閣総理大臣が任命し国会が承認するということになる。アメリカにおいては、「民意」を背景とした大統領と「民意」を背景とした上院議員の軋轢により——しかも政党の党議拘束が弱い——、公正で適正な人事が可能になることが考えられるが、わが国では政治的多数派の意思がストレートに作用し、いわゆる司法の「政治化」をまねく危険性が大きいのではなかろうか。また、当事者間で提起されなかった問題をも諮問できるとなると[77]、従来からの司法の観念からは離れることになり、慎重な検討が必要とされる。さらにわが国にとって決定的なことは、アメリカの司法制度において形成されてきた補助裁判官制度が、実務のレベルにおいて、はたして定着しうるのかという疑問がある[78]。イェーリン教授の提唱は、将来において検討されるべき課題であるとしても、早急な実現は不可能であるし、先にみたような理論的問題の解決も必要不可欠である。

(59)　*See* Yellin, *High Technology and the Courts : Nuclear Power and the Need for Institutional Reform*, 94 HARV. L. REV. 489, 551（1981）.

(60)・(61)　*Id.*

(62)　*See* id. at 552.

(63)　*See* id. at 553.

(64)　*Id.*

(65)　なお、この部分に続けて、手続的な監督（わが国流でいえば手続的審理方式）は行政機関に大幅な裁量を認めることになり是認できない、と述べていることが注目される。

(66)　Yellin, *supra* note 59 at 553.

(67)　*See* id. at 553-54.

(68) *Id.* at 555.
(69) *See* id.
(70) *See* id. at 556.
(71) *See* id.
(72) *Id.*
(73) *See* id.
(74) *See* id. at 557-58.
(75) *See* id. at 558.
(76) *See* id. at 555.
(77) *See* id. at 557.
(78) 行政事件訴訟法七条によると、「行政事件訴訟に関し、この法律に定めがない事項については、民事訴訟の例による」ことになる。ところで、わが国の民事訴訟法はドイツ法を継受したものであるが、補助裁判官制度だけではなく、一般論として、アメリカ法上の制度をどのように受けいれていくのか、という問題がある。新堂教授は、「ドイツ法的な骨組をもつわが国の民事訴訟法に、アメリカ法的な制度（たとえば、クラス・アクション、ディスカヴァリ制度など）をどこまで採り入れられるかは、現在なお、わが訴訟法学の大きな課題の一つである」（新堂幸司『民事訴訟法』三二頁）と述べている。

五　むすび

ここで検討した諸理論は、三つの型に分類し直しておくのが便宜であろう。第一の型は、専門技術的判断能力を備えた行政過程に司法過程を連けいさせることである。このような考えに基づくものとして、実質的証拠法則の採用と、手続的審理方式の提唱があげられる。第二の型は、公正な専門的第三者機関を設けることである。このようなものとしては、専門的行政裁判機関の設置がその代表である。第三の型としては、裁判所の制度改革を図ろうとするもので、ここで検討したものとしては、常設補助裁判官の提唱がある。

第一の型に属するものとしてさらに、アメリカ連邦控訴審判決において採用されだした〝hard look〟アプローチが注目される。[79]〝hard look〟アプローチとは、裁判所が究極的な決定をするものではなく、行政機関がすべての関連する事実を〝hard look〟することを求めることであるといわれる。[80]このアプローチにおいては、裁判所は、行政機関が関連する証拠や政策の代案を〝hard look〟したかどうか、合理的な裁量権の行使をしたかどうかを審査することになる。[81]このアプローチによるならば、行政機関に対して、決定に際して基礎とした、証拠となる記録を作り、相当に詳細に推論の過程を説明し、当事者によって提出された証拠や分析に「適切な考慮（adequate consideration）」を払うことを求めることになる。[82]「恣意専断（arbitrary and capricious）」の基準と〝hard look〟アプローチとの違いについては、次のようにいわれている。行政機関の決定が不合理で恣意専断であると判断されたときは、通常行政機関はその選択を履行することができなくなるが、〝hard look〟アプローチでは、裁判所は行政機関の政策的選択を矯正できないほど不合理であるとして非難するのではなく、単に行政機関はその選択を適切に正当化していないと結論づけるのみである。判決の方法としては、行政機関がより広範な分析と説明によって、その政策の選択の正しさを証明するように、差し戻す（remand）ことである、とする。[83]

〝hard look〟アプローチはアメリカにおいては有用な審査方法たり得るとしても、わが国の現状では採用することが困難である。というのは、このアプローチを採用するためには、その前提として、行政機関の決定が基づいた証拠が記録として残され、審査裁判所がそれを利用できる体制ができていなければならないからである。逆に、このアプローチの採用によって、行政機関にインパクトを与えうるという考え方もできるであろうが、やはり非現実的である。なお、この〝hard look〟アプローチは、手続的審理方式と、裁判所が積極的に判断代置をしないという点では類似している。[84]しかし、このアプローチでは、実体的判断のウエイトも大きいという点で相違がある。

ところで、ここで検討した諸理論も、手続的審理方式を除けば、すべて立法論の域を出てはいない。手続的審理方式には問題点があることは既に指摘したが、そうすると、結局現状では判断代置方式をとらざるを得ないことになる。そうすると、そこではまた、専門技術的判断能力欠如の問題に逢着するのである。それでは、現行の行政事件訴訟法なり民事訴訟法を前提として、専門技術的判断能力を補うことは不可能なのであろうか。この問いに対する解答として、ここではさしあたり二つの訴訟法上の制度の活用をあげておきたい。それは、民事訴訟法上の鑑定の制度（民訴三〇一条—三一〇条。改正前の条文である）と、行政事件訴訟法上の職権証拠調べ（行訴二四条）である。

まず前者についてであるが、「鑑定とは、特別の学識経験を有する者にその専門的知識またはその知識を利用した判断を報告させて裁判官の判断能力を補うための証拠調べであり、その証拠方法が鑑定人である」[85]。そして、「鑑定人とは、裁判所の証拠調べにおいて専門的な知識や経験法則を陳述したり、これに基づいて事実の存否や内容に関する判断やその結果たる意見を陳述する第三者」[86]である。また、鑑定人の人選は裁判所に任せられ（民訴三〇四条）、証人とは異なり数人が共同してすることができるし（民訴三〇八条）、法人に嘱託することもできる（民訴三一〇条）。この制度は、専門的な知識の吸収を裁判官の裁量でなしうることから、専門技術性を補う上で重要である。

次に考えられるのは職権証拠調べである。行政事件訴訟法二四条は、「裁判所は、必要があると認めるときは、職権で、証拠調べをすることができる。ただし、その証拠調べの結果について、当事者の意見をきかなければならない」と規定する。民事訴訟においては、当事者主義（弁論主義）がとられているのに[87]対して、行政訴訟においては、その結果が「公共の福祉に影響するところが少なくないので、その裁判の適正を確保する見地から、民事訴訟のように、その審理を弁論主義に委ねることなく、これを補充するために、職権で証拠調べを行うことを認めている」[88]のである。このように、あくまでも当事者主義が原則で、職権主義は補完的制度であることはいうまでもない。ところで、この行訴法二四条の解釈については争いがある。それは、当事者が主張しない新事実を裁判所が探索するという職権探知まで認めたものであるのか[89]、当事者の提出した証拠の不十分性を補うのにとどまるのか[90]、ということである。これについては、訴訟の職権主義と当事者主義という困難かつ重要な問題に係るゆえに、軽々に論じることはできないではあろうが、前説を妥当とすべきと考える。というのは、原発訴訟のような重大であり、また感情に走りやすい問題を、ただ当事者に任せておいただけで完全な解決が可能だとは考えられないからである。基本的な当事者主義の構造はもちろんくずすべきではないが、原発訴訟のような重大な問題には職権証拠調べ（職権探知を含む）の活用が考えられてもよいのではなかろうか。[91] 現在この制度はほとんど活用されていないといわれているが、[92] 今後の見直しが期待されよう。

このように、現在の法と機構のもとでも、原発訴訟を中心とした高度な科学技術的問題に裁判所が対処する手だてはあると考えられる。しかしながら、不十分さは残るといわざるをえず、立法的解決が将来においてはなされねばならないであろう。その際には、本論でふれたような制度が考えられるであろうが、それぞれに複雑かつ微妙な問題があることから、慎重な考慮がなされなければならない。

（79）*See*, e. g., Environmental Defense Fund v. Ruckelshause, 439 F. 2d. 584（D. C. Cir. 1971）.

（80）Leventhal, *Environmental Decisionmaking and the Role of the Courts*, 122 U. Pa. L. Rev. 509, 514（1974）.

（81）S. Breyer & R. Stewart, Administrative Law and Regulatory Policy 291（1979）.

（82）*Id.* at 292.

（83）*Id.*

（84）*See* id.

（85）三ヶ月章『民事訴訟法（補正版）』四七〇―四七一頁。

（86）三ヶ月・同右書四七一頁。

（87）わが国における当事者主義の変遷については、三ヶ月・同右書二〇五―二〇六頁。

（88）田中・前掲書三四四頁。

（89）田中二郎『行政争訟の法理』一一五頁。

（90）多数説および判例（最判昭和二八年一二月二四日民集七巻一三号一六〇四頁）の採用するところである。

（91）アメリカでも、原発訴訟のような場面での当事者主義（adversary system）の再検討がなされつつあるようである（*See* Yellin, *supra* note 62 at 546-48）。

（92）兼子仁『行政争訟法』二四二頁参照。

〔追記〕　この論文は伊方原発訴訟最高裁判決（最判平成四年一〇月二九日民集四六巻七号一一七四頁）が出される前に公表したものであり、その後の原子力関係法はもとより、行政手続法の制定、および行政事件訴訟法の大改正により、本来ならば大幅に加筆修正されなければならないものである。判断過程統制方式（本章で対象にした手続的審理方式に近い）が既に定着した今となっては、昔話にすぎないと一蹴されても止むを得ないが、その理論的主張について、なお参考にする余地が残されていると考え、所収することにしたものである。

第九章　立法行為と国家賠償

最高裁昭和六〇年一一月二一日判決
民集三九巻七号一五一二頁・判時一一七七号三頁

一　事　実

公職選挙法（以下「公選法」という）の一部を改正する法律（昭和二七年法律第三〇七号）の施行前においては、公選法および同法施行令によれば、疾病、負傷、妊娠もしくは身体の障害のため又は産褥にあるため歩行が著しく困難である選挙人（同法施行令五五条二項各号に掲げる選挙人を除く。以下「在宅選挙人」という）について、投票所に行かずにその現在する場所において投票用紙に投票の記載をして投票することができるという制度（以下「在宅投票制度」という）を定めていたところ、昭和二六年四月の統一地方選挙において在宅投票制度が悪用され、そのことによる選挙無効および当選無効の争訟が続出したことから、国会は、右公選法の一部を改正する法律により在宅投票制度を廃止し、その後在宅投票制度を設けるための立法を行わなかった（以下この廃止行為および不作為を「本件立法行為」と総称する）。上告人（なお、上告人は昭和六〇年四月二日に死亡し、上告人の妻が訴訟を受け継いだ）は、公選法九条の規定による選挙権を有していた者であるが、屋根の雪降ろし作業中に転落して腰部を打撲したのが原因で歩行困難となり、昭和二八年の参議院議員選挙の際には車椅子で投票所に行き投票したものの、同三〇年ころからは、それまで徐々に進行していた下半身の硬直が悪化して歩行が著しく困難になったのみならず、車椅子に乗ることも著しく困難となり、担架等によるのでなければ投票所に行くことができなくなって、同四三年から同四七年までの間に施行された合計八回の国会議員、北海道知事等の選挙に際して投票することができなかった。そこで上告人は、在宅投票制度は在宅選挙人に対し投票の機会を保障するための憲法上必須の制度であり、これを廃止して復活しない本件立法行為は、在宅選挙人の選挙権行使を妨げ、憲法一三条、一五条一項・三項、一四条一項、四四条、四七条並びに九三条の規定に違反するもので、国会議員による違法な公権力の行使であり、上告人はそれが原因で前記八回の選挙において投票をすることができず、精神的損害を受けたとして、国家賠償法（以下「国賠法」という）一条一項の規定に基づき国に対し損害賠償を請求した。

第一審は、以下のように判示した（札幌地小樽支判昭和四九年一二月九日判時七六二号八頁）。法律上選挙権が与えられていてもその行使すなわち投票を行うことが不可能あるいは著しく困難となり、その投票の機会が奪われる結果となることは、これをやむを得ないとする合理的理由の存しない限り許されないものと解すべきであり、右合理的理由の存否については、選挙権のもつ国民の基本的権利としての重要性を十分に考慮しつつ慎重、厳格に判断する必要がある。在宅投票制度が相当程度悪用され、選挙違反および違反による当選あるいは選挙無効事件が多発したものと推察され、当時なんらかの是正措置をとる必要があったものと解され、改正法律がかかる弊害除去を目的としたこと自体は正当であったと評価しなければならない。しかし、右弊害除去の目的のために在宅投票制度を廃止することが合理的であると評価されるには、同じ立法目的を達成できるより制限的でない他の選びうる手段が存せずもしくは利用できない場合に限られるべきである。より制限的でない他の手段が利用できなかったとの事情について、被告の主張・立証はないものというべきであるから、国民主権原理の表現としての公務員の選定罷免権および選挙権の保障ならびに平等原則に背き、憲法一五条一項・三項、四四条、一四条一項に違反する。国会の立法行為も国賠法一条一項の適用を受け、同条項にいう「公務員の故意、過失」は、合議制機関の行為の場合、国会を構成する個々の国会議員の故意・過失を問題にする必要はなく、国会議員の統一的意思活動たる国会自体の故意・過失を論ずるをもって足りる。国会は立法をなすにあたっては違憲という重大な結果を生じないよう慎重に審議、検討すべき高度の注意義務を負うところ、かかる違憲の法律改正を行ったことは、その公権力行使にあたり、右注意義務に違背する過失があったものと解するのが相当であるとし、金一〇万円の慰籍料を認めた。

控訴審は、以下のように判示した（札幌高判昭和五三年五月二四日高民集三一巻二号二三一頁）。現行の国家賠償制度において、憲法五一条の有する意味は、国会議員は、議院において演説、討論又は表決をなすにあたり故意又は重大な過失によって違法に他人に損害を加えたとしても、国から国賠法一条二項によって求償を受けることがないというだけである。在宅投票制度が廃止された当時、原告は介添えを得て車椅子を使用すれば投票所へ行き投票することができたのであるから、右制度の廃止を決めた立法措置は原告に対する関係ではもはや違憲・違法を問う余地はなく、原告との関係で違憲・違法が問題となるのは、原告が選挙権行使が不能となった昭和三〇年以降に在宅投票制度を設けるための立法をしなかった立法不作為である。憲法が保障する選挙権は、憲法の最も基本的な原理である国民主権に基礎を置く、憲法上国民の有する権利のうち最も基本的な権利であり、投票の機会の保障を含み、合理的と認められるやむを得ない事由のない限り立法上貫徹されなければならず、国会はそのように立法すべきことを憲法上義務付けられている。国会がある一定の立法をなすべきことが、憲法上明文をもって規定されているかもしくはそれが憲法解釈上明白な場合には、国会は憲法によって義務付けられた立法をしなければならないものというべきであり、もし国会が憲法によって義務付けられた立法をしないときは、その不作為は違憲・違法である。しかし、国会が憲法によって義務付けられた立法を単にしないというだけでは、裁判所の違憲審査は許されないが、国会が請願を受けたのに憲法上義務付けられた立法をしないことを決定したときは、特定の消極的立法判断がなされたものとして、裁判所が右立法判断を爾後的に審査することは既に制定された法律の憲法適合性を判断することと同様なしうる。在宅投票制度が廃止された昭和二七年以降、国会が右制度の復活に関する請願についてこれを本会議に付するのを留保することを決定した同四二年一二月二〇日ころまでの間、右制度に関する請願のなされた事実はなく、また、右立法をするとすればその準備ないし審議のために一年の期間は必要と考えられるから、国会の本件立法不作為についてその憲法適合性を判断しうるのは同四四年以降四七年一二月一〇日の期間内のものである。在宅投票制度につきこれを地方選挙のために廃止したことには合理的と認められるやむを得ない事由があったが、国会議員選挙のために廃止したことには合理的理由は認められない。昭和四二年に在宅投票制度を復活させる立法の請願を受けながら一年を経過しても、国会議員選挙および地方選挙においても、「疾病等のため投票所に行くことができない在宅者」に対し実際に投票の機会を与えるための立法をしないことについての合理的と認められるやむを得ない事由はもはやなくなっていたものと認めるのが相当である。従って、右立法不作為は、憲法一三条、一四条一項、一五条一項・三項、四四条、四七条、九三条二項に違反する。しかし、国会議員の故意・過失の存否について、国賠法の適用上、国会の意思が各国会議員の意思であると前提すれば足りるが、本件在宅投票制度が廃止されて以降、昭和四七年一二月一〇日までの間においてなされた右制度に関する審議の経過からみると、国会において右制度の廃止が憲法違反かどうかとの観点から論議されたことは殆どなく、右制度の改廃は国会の立法裁量に関るものであることが自明の理とされていたこと、学説・判例もこれにつき論じたものがないこと等、国会議員に故意・過失はない。また、内閣の構成員たる国務大臣が法律案を国会に提出しないことによる選挙権侵害につき、故意又は過失のあることについて、被控訴人においてなんら主張・立証をしないところであるから、失当であるとし、原判決を取消し、慰籍料請求を棄却した。

また、本件訴訟を支援する形で、札幌市と小樽市に居住する身障者が第二次訴訟を提起した。第一審判決（札幌地判昭五五年一月一七日判時九五三号一八頁）は、国会議員の免責特権は国家賠償請求を許容しないものではないとした上で、在宅投票制度を廃止したことの違憲性について、選挙権の保障は、単に選挙人資格における差別の禁止にとどまらず、選挙権行使の機会の平等化をも要求しているとし、選挙が正当・公正に行われ、投票の秘密が侵されないようにするため合理的と認められるやむを得ない事由のない限りは、投票の機会の平等保障は立法上貫徹されなければならない。同制度による弊害を除去するために何らかの措置をとる必要性は大きく、その目的は正当であったが、制度の悪用防止には手続面、運用面の是正により弊害を防止しえたと考える余地があるにもかかわらず、より制限的でない他の選びうる方法を採用することを検討せず、一挙に制度を廃止したことは、立法目的実現のための手段としての適合性において合理的でやむを得ない事由があったとは認められず、憲法一五条一項・三項、四四条但書に反するとした。しかし、本件改正法の成立当時の学説・判例の状況、諸外国の法制に照らし、また昭和四九年法律第七二号の公選法の一部を改正する法律（ちなみに、本法により、重度身体障害者については郵便による投票が可能となった）の立法作業が開始されたころの間も同様、国会議員において、廃止が違憲・違法であるとの認識を全くもっておらず、廃止が違憲であることを予め知ることはできなかったから国会議員に故意・過失はないとし、結局原告らの請求を棄却した。控訴審判決（札幌高判昭五七年四月二六日判例集未登載）も同様の理由により、請求を棄却した。最高裁は、この第二次訴訟について、本件判決と同時に本件判決とほぼ同文の上告棄却の判決を言い渡している。

二　判旨

一　「国家賠償法一条一項は、国又は公共団体の公権力の行使に当たる公務員が個別の国民に対して負担する職務上の法的義務に違背して当該国民に損害を加えたときに、国又は公共団体がこれを賠償する責に任ずることを規定するものである。したがって、国会議員の立法行為（立法不作為を含む。以下同じ。）が同項の適用上違法となるかどうかは、国会議員の立法過程における行動が個別の国民に対して負う職務上の法的義務に違背したかどうかの問題であって、当該立法の内容の違憲性の問題とは区別されるべきであり、仮に当該立法の内容が憲法の規定に違反する廉があるとしても、その故に国会議員の立法行為が直ちに違法の評価を受けるものではない。

そこで、国会議員が立法に関し個別の国民に対する関係においていかなる法的義務を負うかをみるに、憲法の採用する議会制民主主義の下においては、国会は、国民の間に存する多元的な意見及び諸々の利益を立法過程に公正に反映させ、議員の自由な討論を通してこれらを調整し、究極的には多数決原理により統一的な国家意思を形成すべき役割を担うものである。そして、国会議員は、多様な国民の意向をくみつつ、国民全体の福祉の実現を目指して行動することが要請されているのであって、議会制民主主義が適正かつ効果的に機能することを期するためにも、国会議員の立法過程における行動で、立法行為の内容にわたる実体的側面に係るものは、これを議員各自の政治的判断に任せ、その当否は終局的に国民の自由な言論及び選挙による政治的評価にゆだねるのを相当とする。さらにいえば、立法行為の規範たるべき憲法についてさえ、その解釈につき国民の間には多様な見解があり得るのであって、国会議員は、これを立法過程に反映させるべき立場にあるのである。憲法五一条が、『両議院の議員は、議院で行った演説、討論又は表決について、院外で責任を問はれない。』と規定し、国会議員の発言・表決につきその法的責任を免除しているのも、国会議員の立法過程における行動は政治的責任の対象とするにとどめるのが国民の代表者による政治の実現を期するという目的にかなうものである、との考慮によるのである。このように、国会議員の立法行為は、本質的に政治的なものであって、その性質上法的規制の対象になじまず、特定個人に対する損害賠償責任の有無という観点から、あるべき立法行為を措定して具体的立法行為の適否を法的に評価するということは、原則的には許されないものといわざるを得ない。ある法律が個人の具体的権利利益を侵害するものであるという場合に、裁判所はその者の訴えに基づき当該法律の合憲性を判断するが、この判断は既に成立している法律の効力に関するものであり、法律の効力についての違憲審査がなされるからといって、当該法律の立法過程における国会議員の行動、すなわち立法行為が当然に法的評価に親しむものとすることはできないのである。

以上のとおりであるから、国会議員は、立法に関しては、原則として、国民全体に対する関係で政治的責任を負うにとどまり、個別の国民の権利に対応した関係での法的義務を負うものではないというべきであって、国会議員の立法行為は、立法の内容が憲法の一義的な文言に違反しているにもかかわらず国会があえて当該立法を行うというごとき、容易に想定し難いような例外的な場合でない限り、国家賠償法一条一項の規定の適用上、違法の評価を受けないものといわなければならない。」

二「これを本件についてみるに……上告人は、在宅投票制度の設置は憲法の命ずるところであるとの前提に立って、本件立法行為の違法を主張するのであるが、憲法には在宅投票制度の設置を積極的に命ずる明文の規定が存しないばかりでなく、かえって、その四七条は『選挙区、投票の方法その他両議院の議員の選挙に関する事項は、法律でこれを定める。』と規定しているのであって、これが投票の方法その他選挙に関する事項の具体的決定を原則として立法府である国会の裁量的権限に任せる趣旨であることは、当裁判所の判例とするところである……。

そうすると、在宅投票制度を廃止しその後前記八回の選挙までにこれを復活しなかった本件立法行為につき、これが前示の例外的場合に当たると解すべき余地はなく、結局、本件立法行為は国家賠償法一条一項の適用上違法の評価を受けるものではないといわざるを得ない。」

三　研　究

（一）問題の所在

明治憲法下では、国家無答責が支配し、「公権力の行使」にかかわる国の賠償責任は一切否定されていた(1)。日本国憲法はその一七条に「何人も、公務員の不法行為により、損害を受けたときは、法律の定めるところにより、国又は公共団体に、その賠償を求めることができる」と規定し、昭和二二年には国家賠償法（法律第一二五号）が制定され、ここにわが国の国家賠償制度が確立したのである。国賠法のおよびうる範囲、特にその一条一項にいう

「公権力の行使」について、行政権はもちろん、司法権さらには立法権の行使による損害を、少なくとも観念的には、含むことに異論をみない。(2) しかし、立法行為に対する国家賠償が、理論的には認められるとして、どのような場合に成立するかについて、本件が登場する以前、踏み込んだ検討はなされてこなかった。(3) まさに本件が嚆矢となり、(4) 裁判例が学説を先導する形で問題が展開したといってよい。また、本件控訴審判決が、立法不作為を捉えて国家賠償を論じたことにより、問題が広がるとともに、学説の反響をよんだ。「事実」において、二次訴訟を含めて、比較的詳細に判決を紹介したのも、これらの判決内容の相違を理解して欲しかったからである。

これまでに、本件関係以外にも、立法行為（ただし、ここでは国会に限る）の国家賠償を争点とし、判決が下されたものがいくつかある。(5) 子女を私立高校に通学させている親から、負担する公立学校との学費の差額は、国又は内閣の憲法二六条等に違反する立法上の不作為に由来する損害であるとして国家賠償を請求した、いわゆる私学訴訟、(6) 大牟田市が国（内閣および国会）の定めた地方税法上の非課税措置によって減収となった金額相当分の損害を受けたと主張した、大牟田市電気税訴訟（福岡地判昭五五年六月五日判時九六六号三頁。ただし、憲法は特定の地方公共団体に具体的税目についての課税権を認めたものではなく、被侵害利益と主張する課税権は原告の請求を基礎付けるに足りないとして棄却）、自衛隊費納税拒否訴訟の中でも自衛隊法を内閣および国会議員が改廃しないことは違憲・違法であり、原告らの良心、人格権を侵害するとの主張がなされた例がある。(7)

在宅投票制度廃止事件と並んで、とりわけ注目されるのは、議員定数不均衡をめぐる一連の国家賠償請求訴訟である。まず、東京地判昭五二年八月八日判時八五九号三頁は、国民の選挙権のごとき重要な権利が違憲の法律によって現に侵害されており、しかも右違憲であることの蓋然性が何ぴとにも顕著であるときに、内閣ないし国会議員が右法律の改正案を発案しないまま徒過したような場合には、それはもはや政治的ないし道義的責任にとどまらず、右の不作為をもって違法な行為を構成するとしたが、本件においては、違憲であることの蓋然性が何ぴとにも顕著であるとは認められないとして請求を棄却した。東京地判昭五三年一〇月一九日判時九一四号二九頁は、法律の発案義務の存否のみを問題にするのでは、それが成立するかは別個の問題であるから不十分であり、国会自体の不改正の不作為を対象にしなければならないとした上で、本件議員定数配分規定は本件選挙の前年に改正されたものであること、その間に再改正をもとめる請願もなかったこと等から、原告らの選挙権が違憲・違法に侵害されたとしても、これにつき国会議員に故意・過失があったとはいえないとした。札幌地判昭五六年一〇月二二日判時一〇二一号二五頁は、ある選挙区の投票価値が他の選挙区のそれに比して三分の一にすぎないような結果となる場合には違憲であるが、この違憲性は客観的に明白であったと解することができないとして、国会がこれを改正しなかった立法不作為は違憲・違法ということはできないとした。東京地判昭五六年一一月三〇日判時一〇二四号三二頁は、内閣又は国会議員が法案を提出又は発議するかどうかは、その時期、内容を含めて高度の政治的政策的判断のもとに決定されるべき事項であり、昭和五一年の最高裁判決も不均衡がどの程度に達すれば違憲となるのか必ずしも明確でないなどの理由から、内閣又は国会議員が是正する法案を提出・発議しなかったことについて、故意・過失は認められないとした。

（1）　しかも、官吏自身の損害賠償責任も、実定法上特に例外がもうけられていない限り、認められなかった。これらの点について、稲葉馨「公権力の行使にかかわる賠償責任」『現代行政法体系6　国家補償』一八頁以下参照。

（2）　田中二郎『行政上の損害賠償及び損失補償』一六八頁、今村成和『国家補償法』一〇〇頁、古崎慶長『国家賠償法』一一三頁、下山瑛二『国家補償法』一二一頁以下参照。ただし、立法行為に対する国家賠償が具体的に成立するかについて、今村教授および下山教授は懐疑的である。

（3）　例外として注目すべきものに、有倉達吉「立法行為による国家賠償」『公法における理念と現実』一三七頁以下所収がある。

（4）　本件以前にもこの点にふれる判決があったとはいえ、その重要性や影響力からいって、このように言って差しつかえなかろう。

（5）　この点について、小林武「立法の不作為に対する国家賠償請求訴訟」南山法学四巻二号二一頁以下、同「立法の不作為に対する国家賠償請求訴訟・続」南山法学六巻二号一三頁以下が詳しい。

（6）　大阪地判昭五五・五・一四判時九七二号七九頁。ただし、恣意に基づく等教育の機会均等に反することが明白な場合にあたらないとして棄却。同控訴審である、大阪高判昭五九・一一・二九判夕五四一号一三二頁も同旨。

（7）名古屋地判昭五五・一一・一九判時一〇〇三号八一頁。ただし、自衛隊の存在等が憲法に違反するか否かの判断は司法審査の対象にならないとした。

（二）立法行為に対する国家賠償請求の成立可能性

このように、立法行為に対する国家賠償請求について、本件関係を含めて既にいくつかの下級審判決が出されており、認容された例は本件第一審判決だけとはいえ、俎上にのることは前提とされていた。それに対して最高裁は、本件において立法行為に対する国家賠償請求の成立を原則的に否定し、これら諸判決が積み上げてきたものを一挙に覆すという影響力の大きい判決を下した。

判決は、立法の内容の違憲性と立法行為に対する国賠法上の違法性を二分し、この両者は原則的に交わることはないとする。判決によるならば「国会議員は、立法に関しては、原則として、国民全体に対する関係で政治的責任を負うにとどまり、個別の国民の権利に対応した関係での法的義務を負うものではない」。また「国会議員の立法行為は、本質的に政治的なものであって、その性質上法的規制の対象になじまず、特定個人にたいする損害賠償責任の有無という観点から、あるべき立法行為を措定して具体的立法行為の適否を法的に評価するということは、原則的には許されないものといわざるを得ない」と述べる。(8) その論拠としてあげるのは、要するに、議会制民主主義下における国会および議員像と、これに付加するに、憲法解釈の多様性とこれを立法過程に反映させるべき国会議員の立場、および憲法五一条の議員の免責特権規定である、と整理できよう。

それでは、これら三点が、立法行為に対する国家賠償を原則的に否定する根拠となり得るかを検討してみよう。まず、議員の免責特権規定を根拠とした点について、「比較法的には妥当な判断」(9) という見解もみられる。しかし、免責特権規定は、議員個人の責任にかかわるものであり、ここで問われている、国会としての立法行為についての責任を否定するものではないとの考え方が成り立つ。また、免責特権によって排除されるのは、議員に対する賠償請求権ではなく、その裁判上の訴求であり、国に対する職務責任請求権の主張を阻止しないともいえる[10]。周知のように、国家責任の性質について、自己責任説[11]と、当該公務員の責任を前提とする代位責任説[12]とがあり、判例は代位責任説に立つといえる（たとえば、最判昭四四年二月一八日判時五五二号四七頁参照）。しかし、「代位責任説をとった場合でも、それをよりゆるやかに考えて、国が代位すべき責任はあくまでも機関たる公務員（ここでは合議体としての国会議員全体）の責任をいうのであり、右の議員の免責特権はあくまでも個人としてのそれをいうのであるから、この場合には代位すべき国の責任が消滅するわけではない」とすることができよう[13]。判決は、例外的な場合には国に責任があることを認めるが、そうすると免責特権にも例外があることになる。何の理由もなしに、免責特権規定に例外を認めることになる判決の論理は疑問であるといわなければならない[14]。次に、憲法解釈について国民の間には多様な見解があり、国会議員は、これを立法過程に反映させる立場にある、とする。この点については、憲法解釈の多様性は、違憲な立法をすることまで是認するものではないと反論できよう。最後に、判決が縷々述べる、議会制民主主義下における国会および議員像について、これに異論を唱えるつもりは毛頭ないが、これは国会議員の政治責任をよく説明するとはいえ、立法行為に対する損害賠償責任を否定する根拠とはなり得ないといえる。

さらに、判決は「立法の内容が憲法の一義的な文言に違反しているにもかかわらず国会があえて当該立法を行う」ときは別であると、例外を設けているが、これがどうして出てくるかについて何も説明していないことも問題点として付加できよう[15]。

立法行為に対する国家賠償の成否について、注目しなければならないのは、むしろ次のような遠藤教授からの問題提起である。「立法行為の違憲判断は、具体的な法令の違憲審査をすることによって行うことができるが、立法の不作為については、立法機関の行動全体を評価することであって、法令の違憲審査とは全く異質の判断構造をもっているため、違憲立法審査権があることは当然にこれをみとめる根拠となるものではない。また、積極的な立法行為についても、違法性判断を法効果発生にかかわるものではなく、損害塡補にかかわるものであって、過失判断と実質的に差異のないものだとすると、これまた立法機関の行動における手落ち手ぬかりを問題とすることとなり、法令の違憲審査権とは異質の要素が介入してくることになる。したがって、とくに国会については、その最高機関性を根拠として、国家賠償法における『公権力の行使』の対象外とする説も十分成立する余地がある。いわゆる統治行為でさえ、ある時のある特定の行為が問題となっているのにすぎないのに対し、立法の行為不作為の違法判断にあっては、相当長期にわたる立法機関全般の動きの是非が判断の対象となっており、しかも、その全般の動きたるや政党政派さまざまの確執が織りなすものであって、形式的意味での法律などに結実した瞬間には観念的に統一的な機関意思を想定することはできるものの、それ以外の場合について、統一的にとらえられるべき国会の意思や行動が存在しないのである。そして正しくこの不統一・不確実・混乱こそ民主主義国家におけるあるべき国会の姿であって、憲法改正を標榜して行動する政党が存在することも当然みとめられている。そこに何人かの判断により画一的なあるべき国会の行動を判定することは許されないとする考えもありうるからである。ある日ある時の国会の局部的な動きが統治行為として国会の自律性にゆだねられるなら、相当長期にわたる国会全般の動きこそ政治的評価にゆだねられるべきであるとする考えである。なお……実際の判例の大勢は過失論の次元で実質的にこのような判断を行っているといってよいように思われる」と[16]。

立法行為のこのような特殊性からの遠藤教授による問題提起は、国会議員には政治責任があるのみで原則的に国賠法上の法的責任は生じないと述べるだけの本判決と比べ、説得的である（おそらく、判決の背後にもこのような考えが存在するのであろうが、またそうであれば判決がいうところもわかってくるのであるが、それは行間から読み取るしかない）。警察官など生身の人間による行為を別にすれば、合議制官庁（行政委員会）は言うに及ばず、独任制官庁による処分でも、名目上は大臣等によっていても、実質的には省庁などの組織決定であり、行政過程に過誤があったかを問題にするのであれば、国会における立法過程と大差ない、といえそうである（統治行為の問題はひとまずおいて)。しかしこの点は、区別されるべきである。行政組織は、統一性、継続性をもって活動するのに対して、「議員の意思・行動はあくまで議員の意思・行動にとどまるのであって、特別の手続により集約されないかぎり、国会の意思や行動そのものが存在しないのであって、これと同一視することはできない」[17]のである。ここに、やはり従来の行政活動に由来する国家賠償とは違う特殊性があり、困難性があると言わざるをえない。

しかし、本件のような事案で、他に救済手段を求めようとしても、無名抗告訴訟や取消訴訟では困難であるし、公選法二〇四条の選挙訴訟においても「選挙の結果に異動を及ぼす虞がある場合」にあたらないとされるおそれが大きい[18]。また、選挙管理委員会による選挙執行を捉えて国家賠償を請求することも考えられるが、行政機関は法執行機関であり、違憲立法といえども拒否権はないとのことから、困難であるといわなければならない[19]。このように考えると、やはり立法行為に対する国家賠償請求が、残された救済手段として浮かび上がってくる。ここで問題となっているのは、選挙権という民主制の根本にかかわる重要な権利であることも救済の必要性を大きくするであろう。

そこで、法案の提出を捉えて責任を追求することも一案である[20]。内閣および議員が議員定数不均衡を是正する法案を提出しないことを争った前記事件において、裁判所は、法案を提出したとしても通過するかは別個の問題であり、発案の義務の存否のみを問題とするのでは不十分であるとした[21]。しかし、発案して通過し、違憲状態が創出された場合は、問題が別と考えることができよう。次に、観念的との批判があり得ようが、採決成立の時、すなわち国会の機関意思が確定した時を捉える考え方ができないものであろうか。国賠法のルートにのせるには、このような考え方しかないように思われるし、また立法過程の特殊性からの批判を回避する可能性もでてこよう。

ところで、国賠訴訟として認容されるためには、故意・過失の要件をみたさなければならない。学説の中には、国賠訴訟に立法行為とくに不作為の違憲確認訴訟の意味合いを持たせようとの主張があり、傾聴にあたいするところであるが、その場合、故意・過失の問題をやはり検討しておかないと、裁判所は違憲・違法性の要件から判断に入る保障はなく、故意・過失なしとして頓挫してしまうおそれがある。[22] 先にふれたように、国賠法一条一項の責任の性質について、自己責任説と代位責任説の対立があり、代位責任説では、国会の立法行為について、その違法性はともかくとして、国会議員の故意・過失を問題にすることは、理論的にも実際的にも困難ではなかろうか、という自己責任説からの見解が存在する。[23] しかし、このような見解によるならば、合議制官庁の場合にもやはり困難との結論に至ることになる。「合議制機関にあっては、『違法な加害行為』の主体は、個々の公務員ではなくして、機関なのであるから、故意過失の認定に当っても機関意思について論ずるのがむしろ当然[24]」と考えるべきである。そうすると、自己責任説はもとより、代位責任説によっても、国会の故意・過失を認定することが可能となる。そしてその認定にあたっては、違憲性がある程度明白であれば故意・過失が推定されるとの考え方が学説によって提示されていた。[25] 国会は、立法行為により違憲状態を作り出さないよう最高度の注意義務を負っているといえるから、違憲性がある程度明白であれば過失を推定することができるとする考え方は是認できよう。[26]

(8)　学説においても、立法作用に関する責任の特殊性を指摘するものがあった。雄川一郎「国家補償総説」『現代行政法体系6 国家補償』四頁以下参照。

(9)　釜田泰介「国会議員の免責特権と国家賠償責任」法学教室六六号八三頁。

(10)　西埜章「立法上の不法をめぐる諸問題」東邦大学教養紀要一〇号三六頁参照。

(11)　今村・前掲九三頁以下参照。

(12)　田中二郎『新版行政法上巻　全訂第二版』二〇八頁注(3)参照。

(13)　藤井俊夫「国会議員の立法行為と国家賠償責任」ジュリスト昭和六〇年度重要判例解説一九頁。

(14)　藤井・同右参照。なお、泉最高裁調査官による本件解説において、判旨で免責特権規定を根拠にしている部分を、あげて略しているのが気になる。泉徳治「在宅投票制度廃止違憲訴訟最高裁判決」ジュリスト八五五号九一頁参照。

(15)　内野教授は「判決の立場からすれば、――判示された留保部分から、さらに、人権に関わらない統治機構についての憲法規定に対する違反などの場合を除外して――〈立法の内容が（直接的に）個別の国民に対する違意の人権侵害をもたらすものであることが一見明白である場合は別である〉、と言った方が、論理的であった」（内野正幸「在宅投票制廃止を争う道はいずこ」

法学セミナー三七四号二三頁）と述べている。

(16) 遠藤博也『国家補償法上巻』一七九―八〇頁。さらに同書四五〇頁、および法学セミナー三八四号「特集　いま、国家賠償責任訴訟は」〔シンポジウム〕五五頁における遠藤教授の発言参照。

(17) 遠藤・同書一九九主〇〇頁。

(18) 選挙訴訟が認められるべきだとする注目すべき見解として、野中俊彦「立法義務と違憲審査権」芦部先生還暦記念『憲法訴訟と人権の理論』二一二頁参照。

(19) ただし違憲性が明白な場合には拒否できるとすれば、請求が認められる余地がある。この点を検討するものとして、西埜・前掲四一頁以下参照。

(20) この点の問題指摘をするものに、西埜・前掲三五頁。

(21) 東京地判昭五三・一〇・一九判時九一四号二九頁。

(22) 故意又は過失がないから議員定数配分規定が達意かどうか判断するまでもないとした、前記東京地判昭五三・一〇・一九判時九一四号二九頁参照。

(23) 今村・前掲一〇二頁、秋山義昭『国家補償法』四一頁参照。

(24) 有倉・前掲二四八頁。

(25) 有倉・前掲二四九頁以下、野中俊彦「『在宅投票制度復活訴訟』控訴審判決の意義と問題点」ジュリスト六七〇号一一五頁。

(26) 大須賀明『生存権論』五〇頁以下参照。

四　むすび

以上、立法行為に対する国家賠償請求の成立可能性について、あくまで概略にとどまらざるをえなかったが、検討してきた。しかし、ここで論じたのは、立法の改廃などの作為を主に念頭においてのことである（本件は、法改正によって違憲状態が作り出され、それによって選挙の度ごとに権利が侵害されたといえるのだから、不作為を論ずるまでもない）。そこで、最後に、不作為の場合について一言しておこう。立法の不作為の国家賠償は、未だ機関意思が集約されていない状態の違憲・違法を問うものである。立法をするかしないか、するとしていつどのような立法をするかは、まず国会の判断するところであるから、立法の作為の場合とはやはり違う状況にあるといわなければならない。中村教授が、これまでの下級審判決によって提示されたことを、(イ) 憲法上保障された重要な権利にかかわること、(ロ) 当該立法が処分的性格を有すること、(ハ) 立法の不作為が違憲であることが明白であること、(ニ) 立法のための合理的期間を徒過していることの四点にまとめているのが参考になり[27]、これらの点の検討がさらに必要となろう。ともあれ、最高裁は、立法不作為はもとより作為を含めて立法行為の国家賠償を原則的に否定する判決を下した。いかなる場合に例外にあたるのか明確に知りたいところであるが、例外は「容易に想定し難い」と判決自らが述べているように、立法行為に対する国家賠償のルートは封じられてしまった、といわなければならないであろう。

(27)　中村睦男「在宅投票制度廃止違憲訴訟最高裁判決」ジュリスト八五五号八八頁。

〔追記〕　今日定着している本判決の理解の仕方は、これが職務行為基準説によるというものである。しかし、これによったとしても、立法内容の違憲性を、国賠法の違法から、本判決のように切り離してよいかは、なお問題が残るところである。なぜならば、国会議員が違憲な立法をしないことは、国会議員に要求される最大の職務であるとさえ言えるからである。

なお、周知のように、最高裁平成一七年九月一四日大法廷判決（民集五九巻七号二〇八七頁）は、在外日本人が国政選挙において、選挙区選挙について投票権を有しないことの違憲・違法を当事者訴訟において確認するとともに、国家賠償の成立も認めた。まさに本判決が述べた、「容易に想定し難い」場合が、二〇年を経て出現したことになる。

第十章　伊達火力発電所関係埋立免許等取消訴訟札幌高裁判決

一　伊達火力発電所をめぐる二つの判決

札幌高裁昭和五七年六月二二日判決
判時一〇七一号四八頁

〈事　実〉

参加人北海道電力株式会社は、伊達火力発電所（以下「伊達火発」という）の建設を計画していたが、その建設工事の一環として三万三、七九五・九〇平方メートルの公有水面を埋立て、取水口、取水路、物揚場、荷置場などの施設（以下「取水口外かく施設」という）、放水口施設を各建設すべく、かねてから右各公有水面を含む海域に区画漁業権及び共同漁業権を有する伊達漁業協同組合（以下「伊達漁協」という）に対し、漁業権の変更（漁業権につき右各公有水面部分を消滅させること）を要請した。

伊達漁協では、右要請を受け、昭和四七年五月三一日の第二三回通常総会において、水産業協同組合法（以下「水協法」という）四八条、五〇条に基づき、右区画漁業権及び共同漁業権の漁場の区域を、従前の区域から取水口外かく施設に必要な区域及び放水口施設に必要な区域を除く区域とする漁業権の変更につき審議を行ない、議決権を有する全組合員一四六名（本人出席一二五名、委任状出席二一名）の無記名投票の結果、賛成一〇三票、反対四三票をもって議決した。また、右総会においては、伊達火発の建設に伴う公害防止に関する基本的協定事項及び漁業補償に関する基本的協定事項についても、組合員全員の賛成で議決された。

伊達漁協は、昭和四七年八月一四日、右総会の決議及び、伊達市長を立会人として、参加人との間に、伊達火発の建設に伴う漁業に対する影響の緩和、被害の防止及び漁業補償などに関する協定を締結したことに基づき、参加人に対し、エントモ岬東側における取水口外かく施設用地の造成を目的とする本件公有水面の埋立に同意した。

参加人は、昭和四七年八月一四日、以上の経緯を経て被控訴人北海道知事に対し、旧埋立法（昭和四八年改正前の公有水面埋立法をいう。以下同じ）二条に基づき、公有水面の埋立免許の出願をした。本件埋立の免許出願を受けた被控訴人は、同年九月八日、旧埋立法三条の規定により、伊達市議会に対し諮問を行ない、同年一〇月五日、可とする旨の答申を受けた。右答申を受けた被控訴人は、本件埋立ての必要性、公益性を認め、かつ右埋立ては、伊達漁協の区画漁業権及び共同漁業権に係る漁業の区域内の一部を埋め立てるものであることから、旧埋立法四条一号の同意の有無について調査を行なった上、昭和四八年六月二五日、旧埋立法二条の規定により、本件埋立免許の出願に対する免許処分を行なった。

伊達漁協は、昭和四七年七月四日、被控訴人に対し、本件公有水面を含む海域につき、同漁協が有する区画漁業権及び共同漁業権の各漁場の区域から伊達火発の取水口外かく施設及び放水口施設に必要な区域を除く区域とすることを内容とする右各漁業権の変更免許申請を行ない、これを受けた被控訴人は、昭和四八年六月二五日、伊達漁協に対し右申請どおり漁業権変更免許処分をした。そして、同年九月一日、伊達漁協及び有珠漁業協同組合（以下「有珠漁協」という）に対して新たに漁業権の免許がされているところ、伊達漁協については、前記取水口外かく施設及び放水口施設に必要な区域の公有水面は、右漁業権の漁場の区域に含められていない。

参加人が伊達漁協に対して支払を約束した前記補償金等四億七、〇〇〇万円は、約束どおり伊達漁協に支払われた。また、昭和四九年六月一七日、参加人と有珠漁協との間に、伊達市長を立会人として、伊達火発の建設に伴う漁業に対する被害の防止、損害発生の場合の補償などに関する協定が締結されるとともに、漁業振興資金の名目で三億六、〇〇〇万円、再建助成金の名目で六、〇〇〇万円、計四億二、〇〇〇万円を参加人から有珠漁協に支払う旨の覚書が交わされた。そして、右金員の支払は履行され、有珠漁協の各組合員に配分された。

参加人は、昭和五〇年三月一二日、被控訴人に対し、公有水面の埋立面積を当初の三万三、七九五・九〇平方メートルから二万二、〇九二・四二平方メートルに縮小することを内容とする公有水面埋立免許の変更許可を出願し、これを受けて被控訴人は、同年五月一四日、審査のうえ出願どおり変更を許可し、更に被控訴人は、同年一二月一五日工事竣功検定を実施した上、同月一八日参加人に対し本件竣功認可処分を行なった。

原告二名は伊達漁協の正組合員であり、その余の原告らは有珠漁協の正組合員で、漁業権放棄手続が無効であること、埋立ては海水汚濁をもたらし漁業に悪影響を生ずること、工事完成後、温排水等によって漁業環境に悪影響を生ずること、環境権を侵害すること、埋立免許処分は公益性の原則に反することなどを主張して、右公有水面埋立免許及び竣功認可の取消しを求めて出訴した。

原審札幌地裁昭和五一年七月二九日判決(1)は、公有水面埋立免許取消請求について、原告適格を肯定した上で、漁業権の変更については、総会の特別決議があれば足り、漁業法八条所定の手続を経ることは必要ではなく、さらに本件埋立免許に当っての被告北海道知事の判断に裁量権の逸脱、濫用があったとはいえないとして、右請求を棄却し、また、右竣功認可取消請求については、本件埋立免許処分を取消すことのみによって、本訴提起の目的を十分に達することができ、これに合せて竣功認可処分の取消しを求めることは不要であるし、後者の取消しを得ただけでは、その目的を達することはできないから、本件認可処分の取消しを求めるにつき、訴えの利益を有しないとして却下した。

そこで、原告は、公有水面埋立免許処分、同埋立工事竣功認可処分の取消しを求めて控訴した。

（1）　行集二七巻七号一〇九六頁、判時八三九号二八頁。

〈判　旨〉

一　「行政庁の処分に対し不服申立をすることができる者は、行政事件訴訟法九条により、当該行政処分により自己の権利若しくは法律上保護された利益を侵害され又は必然的に侵害されるおそれがあり、その取消によってこれを回復すべき法律上の利益をもつ者に限られるべきであり、右にいう法律上保護された利益とは、当該行政法規が私人等権利主体の個人的利益を保護することを目的として行政権の行使に制約を課していることにより保障されている利益であって、右利益の存否は当該行政処分の根拠となった実体法規が右利益の保護をはかる趣旨を含むか否かによって決せられるべきものであり、また行政処分の直接の相手ではない第三者の訴の利益については、当該行政法規の趣旨、目的に判断の基準をおき、第三者のために法律がとくに保護している利益を無視して行政処分のなされたときにのみ、当該処分の取消を求める利益があるものと解すべきである。」

二　「そこで……控訴人らが、被控訴人の本件埋立免許処分により侵害され又は必然的に侵害されるおそれのある権利を有しているか否かにつき検討する。

（1）　伊達控訴人らは、昭和四七年五月三一日開催の伊達漁協総会の漁業権放棄の決議は無効であって伊達漁協は本件公有水面に漁業権を有していたところ、本件埋立免許処分は本件公有水面に権利を有する者が存在しないものとしてなされた違法なものであるから、伊達漁協が本件公有水面を漁場区域に含めて漁業権の免許申請をするなどの方法をとれば、本件公有水面は当該伊達漁協の漁業権の漁場の範囲に含められ、従って同漁協の組合員として漁業を営む権利を有する伊達控訴人らは、本件訴を提起することができる旨の主張をしているので、この点につき考えることとする。

伊達控訴人らは、伊達漁協の総会決議無効の理由として、水協法五〇条は憲法二五条、二九条、三一条に違反すること、漁業権の放棄には、水協法五〇条による総会の特別決議のほか、漁業法八条の書面による同意を要すること、仮に水協法五〇条の総会の特別決議のみによるとしても、伊達漁協の前記総会決議における漁業権放棄賛成者は同条の法定多数に達していないこと、同総会決議は、意思表示の重要な部分に錯誤があるから無効であることを主張しているが、右各主張については、当裁判所も、原判決がその理由……において説示するとおりいずれも理由がないものと認めるので、右説示を引用する。従って、本件公有水面における伊達漁協の漁業権は……被控訴人の漁業権変更免許処分により確定的に消滅し、これに伴い、本件公有水面における伊達控訴人らの漁業を営む権利も消滅し、昭和四八年九月一日伊達漁協に対し新たに漁業権の免許がされているが、取水口外かく施設及び放水口施設に必要な区域の公有水面については、右漁業権の漁場の区域に含められていない。

（２）　有珠控訴人らは、有珠漁協が法令又は慣習により本件公有水面から引水をし又は本件公有水面に排水をする者であり、仮に右に該当しないとしてもこれに準ずる者であると主張するが、有珠漁協の有する漁業権の区域が本件公有水面に近接していることは前記……説示のとおり認められるところ、右両海域間に海流が交流しうるとしても、同漁協がそのことにより公有水面埋立法五条三号、四号の引水又は排水権者に該ると解することはできないし、その他同漁協が右の権利を有することを肯定するに足りる証拠はない。

以上のとおりであって、控訴人らは、旧埋立法四条（新埋立法四条三項）及び五条が規定している『埋立ニ関スル工事ノ施行区域内ニ於ケル公有水面ニ関シ権利ヲ有スル者』には当らないというべきである。」

三「次に、控訴人らが、被控訴人の本件埋立免許処分に対し前記法律上保護された利益を有しているか否かにつき検討する。

（１）　本件埋立免許処分に基づき本件埋立地に建設される施設の用途・目的、規模、更に右埋立地と伊達漁協及び有珠漁協の有する漁業権海域との位置関係については前記……認定のとおりであり、また、漁業権は、漁協又はこれを会員とする漁協連合会に帰属するが、その構成員たる個々の組合員は、漁協又は漁協連合会の定める漁業権行使規則に従って漁業を営む権利を有していることが明らかである（漁業法八条）ところ……控訴人らは、本件埋立免許処分当時から、それぞれの所属する伊達又は有珠漁協の定める漁業権行使規則に基づき、各漁協の有している前記漁業権区域内（但し、伊達漁協の漁業権区域から本件公有水面を含む……部分が除外されるに至ったことは前説示のとおり）の海域で現実に漁業を営んでいることが認められる。

（２）ところで、公有水面埋立法は、国民共通の資産としての公共用物である公有水面につき、これを埋立てて利用することにより公共の利益を増進しようとするもので、公益の実現を目的とするものであるところ、同法は当該埋立に関する工事の施行区域内の公有水面に関し権利を有する者を保護するために行政権の行使を規制しているが（同法四条、五条）、それ以上にわたって同法による埋立工事又は埋立地上に建設の予定されている施設の操業に伴って、埋立工事施行区域外である周辺海域で漁業を営む者（漁協の定める漁業権行使規則により漁業を営む権利を有するか否かを問わず）の漁業につき生じうる漁獲の減少その他の被害や影響に対して、右の者らが同法上保護された利益を有することを認めるに足りる規定は存在しない。

従って、右同法のもとにおいては、埋立に関する工事の施行区域内の公有水面の周辺海域において漁業を営む者は、仮に右のように埋立工事又は埋立地上に建設される施設の操業により何らかの被害を受け又は必然的に被害を受けるおそれがあるとしても、前説示のとおり周辺海域に漁業権を有する伊達及び有珠漁協が埋立権者である参加人との間に被害の防止及び補償につき協定をしているように、埋立権者に対し事前に被害の予防若くは補償を求め、又は事後に被害の填補を求めるなどにつき何らかの合意をすることは格別、法律上保護された利益を有するとして行政事件訴訟法により公有水面埋立免許処分の取消を求めることは許されない。

なお、既存の公衆浴場営業者が第三者に対する公衆浴場営業許可処分の無効確認訴訟を求めることは否定されていないが（最判昭和三七年一月一九日民集一六巻一号五七頁）、右の場合は、少なくとも営業許可処分の基準について定める公衆浴場法八条二項には、公衆浴場の『配置の適正』であることが要件のひとつとして規定されているのであって、旧埋立法に基づく本件の場合とは事案を異にしている。

（３）　また、控訴人らは、新埋立法で創設された四条一項一号（『国土利用上適正且合理的ナルコト』）、二号（『其ノ埋立ガ環境保全及災害防止ニ付十分配慮セラレタルモノナルトキ』）が、控訴人らの利益を保護した規定であり、旧埋立法下でも同趣旨に解すべきである旨主張している。

しかし、新埋立法の右各規定が定めている事項については、旧埋立法の下においても、当然のこととして事実上公有水面埋立免許処分の際考慮されていたものと推測されるが、右各規定は、国民共通の資産である公有水面を埋立によって利用することが、国土利用の見地からみて適正、合理的なもので、公益を維持増進するという目的に適合するものであること（一号）、また国民の健康の保護と生活環境の保全のため一定水準以上の環境の確保につき配慮されているという公益目的に適合するものであること（二号）との行政目的上の抽象的基準を定めたものであると解されるのであって、埋立地又はその周辺海域における漁業を営む者の利益として、同法上これを保護したものであると解することはできない。

従って、新埋立法四条一項一号、二号に関する控訴人らの右主張も失当である。

なお、控訴人らの原審におけるいわゆる環境権侵害の主張……については、その環境権なるものの内容が一般的、抽象的であって、それをもって、到底前記法律上保護された利益として控訴人らの当事者適格を基礎づけるものとはなしえない。」

四　「公有水面の埋立免許処分により公物である公有水面を占用して埋立工事をする権能が免許を受けた者に与えられるが、竣功認可は、右埋立工事の完成を確認するとともに、埋立者に埋立地の所有権を取得させる行政処分であると解される。

そうすると、前記……説示したと同じ理由により、控訴人らは、被控訴人による本件公有水面の埋立工事竣功認可処分により侵害され又は必然的に侵害されるおそれのある権利若しくは法律上保護された利益を有しているということはできない。」

五　「以上のとおりであって、控訴人らは本件埋立免許及び竣功認可各処分の取消を求める法律上の利益を有するものとは認め難く、本件訴訟はいずれも原告適格を欠く不適法なものである。」

〈研　究〉

(一)　埋立免許処分の取消しを求める原告適格

本件控訴審判決は、原告適格の一般的理解として、原判決の採用した法律上保護に値する利益説を否定し、法律上保護された利益説にたつことを述べている。(2) 本判決において注目されるのは、「自己の権利若しくは法律上保護された利益を侵害され又は必然的に侵害されるおそれがあり、その取消によってこれを回復すべき法律上の利益をもつ者」(傍点筆者) とあるように、「法律上保護された利益」に「自己の権利」が付加されていることである。これは、付近住民等が同じく公有水面埋立免許処分を争い原告適格がないとして却下された、福島第二発電所埋立事件判決、(3) 姫路液化天然ガス基地事件判決(4) にはみられなかった文言である。このことは一見、「通説の立場に立っても、法律上保護されている利益は、原告適格の唯一の基礎ではない。たとえ処分の根拠法規の保護目的とされていなくとも、原告の主張する利益が所有権、漁業権などの実体法上の権利であれば、原告適格は、当然に肯定される」(5) という見解に従っているように読める。しかし判決は、「権利を有しているか否かにつき検討」し、「控訴人らは、旧埋立法四条 (新埋立法四条三項) 及び五条が規定している『埋立ニ関スル工事ノ施行区域内ニ於ケル公有水面ニ関シ権利ヲ有スル者』には当らない」(傍点筆者) と述べており、あくまで旧埋立法五条に列挙している漁業権および引水権又は排水権を問題にしているにすぎないのであって、当該処分の根拠法規で保護された利益にさらに処分の根拠法規の目的とされていない実体法上の権利を付加しているわけではないといえよう。

本件に先立つ伊達火力発電所新設工事執行停止申請事件で、札幌地裁は、本件地裁判決と同様法律上保護に値する利益説を採用し、申立人適格を認めた(6)。この判決の評釈において、原田教授は、「本件の申立人は、埋立免許の与えられた海面およびその近隣の海面で漁業を営む権利を有する者であり、本件で争われている埋立工事が行なわれると、工事場から流出する汚濁水によって海域が汚濁され漁業に悪影響を蒙るというのであるから、通説的見解によっても、埋立免許によって漁業を営む権利が侵害されると認めることのできない事例ではない。したがって、本件に関するかぎりは、申立人適格をあえて法律上保護に値する利益にまで拡張しなくても、実体法の解釈によって権利侵害を認め、申立人らに適格を認めることはさほど困難ではなかったといいうるかもしれない(7)」と述べ、本件のような事例においては、通説的見解に立っても原告適格が認められる可能性を示唆していた(8)。また、臼杵市埋立免許取消請求事件大分地裁判決(9)、同福岡高裁判決(10)は、原告の漁業を営む権利から原告適格を認めている。このような見解および判決例は、「法律上の利益」に、処分の根拠法規の目的とされていない実体法上の権利が付加されているとの理解から出ているものと推測される。本判決は、伊達控訴人らについては、漁業権放棄決議が有効であることから、本件公有水面における伊達漁協の漁業権は、被控訴人の漁業権変更免許処分により確定的に消滅し、これに伴い、本件公有水面における伊達控訴人らの漁業を営む権利も消滅し、有珠控訴人らについては、有珠漁協が公有水面埋立法五条三号、四号の引水又は排水権者に該らないとした。このように、本判決の原告適格についての理解は、先にも述べたとおり、権利についても法律上の利益についても、あくまで当該処分の根拠法規によって保護されていることを要求している。

　根拠法が保護している利益を問題にする場合にも、「当該処分の要件規範によって保護される利益」と、「当該処分の要件法令の全体の趣旨目的によって保護される利益」とを対象とする判決例に分れ、後者は前者より広いとされている(11)。本判決は、この分類に従えば、原告適格の一般的理解の説示において「右利益の存否は当該行政処分の根拠となった実体法規が右利益の保護をはかる趣旨を含むか否かによって決せられる」と述べていることから窺われるように、後者に属するといえよう。

ところで、本件は、昭和四八年改正前の埋立法の事案であるが、改正によっていくつかの条項がつけ加えられたことにより変化があるだろうか。[12] 判決は、四条一項一号、二号が定めている事項については、「旧埋立法の下においても、当然のこととして事実上公有水面埋立免許処分の際考慮されていたものと推測されるが、右各規定は……行政目的上の抽象的基準を定めたものであると解されるのであって、埋立地又はその周辺海域における漁業を営む者の利益として、同法上これを保護したものであると解することはできない」[13] とした。新法四条一項一号、二号の趣旨は旧法下においても考慮されていたと推測されるが、抽象的基準であり、原告適格を構成しないとしたわけである。新法下の事案である姫路液化天然ガス基地事件においても、「四条一項二号の規定は、国民の健康の保護と生活環境の保全という公益実現を図り、一定水準以上の環境を確保するという行政目的のための抽象的基準と解される」として原告適格の基礎となることを否定した。[14] しかし、たとえば、既存の公衆浴場営業者が第三者に対する公衆浴場営業許可処分の無効確認を求めた訴訟で、[15] 公衆浴場法二条二項の公衆浴場の「配置の適正」であることが原告適格の基礎となることが認められていること、また、伊方原発訴訟第一審判決では、法律上保護された利益説に立ちながらも、「核原料物質、核燃料物質及び原子炉の規制に関する法律」二四条一項四号が定める原子炉設置許可条件である「原子炉施設の位置、構造及び設備が核燃料物質（使用済燃料を含む。以下同じ。）、核燃料物質によって汚染された物（原子核分裂生成物を含む。以下同じ。）又は原子炉による災害の防止上支障がないものであること」という規定は、「公共の安全を図ると同時に、原子炉施設周辺住民の生命、身体、財産を保護することを目的としている」と解し、原子炉施設周辺住民に原告適格を認めていることを考えるならば、[16] 新埋立法四条一項一号、二号に原告適格の基礎を見い出すことは困難ではないのではなかろうか。

さらに新法では、その三条三項において、利害関係人の意見書提出権が認められるようになったが、この規定を捉えて藤谷教授は次のように述べる。「建築基準法四八条九項のような義務づけられた公聴会規定のない……場合にはやや困難はあるが、憲法上の公正手続請求権を一応措定した上で、法三条三項の意見書提出権を行政庁に対し拘束性を有する手続規定と解し、そこに、原告適格承認の根拠を求めるべきではないかと解している。そして、それは本来能動的性格を有する裁判を受ける権利の実質化と行政手続との間での相互補完性に資するものではないかと考えられる(17)」と。法律上保護された利益説に立っても、実体規定だけではなく手続規定をも含めて考えられるとすると、新法三条三項は原告適格の基礎をなすといえるであろう。ただその場合、実際に意見書を提出した者に限られるのか、潜在可能性のある者にまで拡大されうるか問題が残る。しかしいずれにせよ、前記姫路液化天然ガス基地埋立免許事件では、新法三条三項を原告適格の基礎とすることも否定されている。

本件のような旧法下の事案において原告適格を認めるには、法律上保護された利益説に立ちながらも、処分の根拠法規の目的とされていない実体法上の権利である漁業権あるいは環境権侵害を原告適格の基礎とするか、同様の立場に立ちながら、新法の環境保全配慮条項を創設的規定ではなく確認的規定とみなし、旧法の趣旨・目的として読み込むか、あるいは法律上保護に値する利益説などのいわゆる原告適格拡大論を採用すること等が考えられる。それぞれの適否は、機会を改めて論ずることにしたい。

（2）「法律上の利益」の理解の仕方について、いくつかに分類し分析するものとして、山村恒年「『法律上の利益』と要件法規」民商法雑誌八三巻五号七五三頁以下。
（3）福島地判昭和五三年六月一九日行集二九巻六号一一三七頁、判時八九四号三九頁。
（4）神戸地判昭和五四年一一月二〇日行集三〇巻一一号一八九四頁、判時九五四号一七頁。
（5）伊藤真「訴えの利益」雄川・塩野・園部（編）『現代行政法大系4　行政争訟Ｉ』二四七頁。
（6）札幌地決昭和四九年一月一四日行集二五巻一＝二号一頁・判時七二七号三頁。ただし、「回復困難な損害」を生ずるものというることができないとして却下。
（7）原田尚彦・環境法研究一号二一六頁。
（8）同様な示唆として、秋山義昭・判例評論二二七号一六頁。
（9）昭和四六年七月二〇日行集二二巻七号一一八六頁、判時六三八号三六頁。
（10）昭和四八年一〇月一九日行集二四巻一〇号一〇七三頁、判時七一八号九頁。

(11) 山村・前掲・民商法雑誌八三巻五号七六六頁参照。
(12) 昭和四八年の改正について、三本木健治「公有水面埋立法の改正とその史料的回顧」自治研究五〇巻七号二三頁以下参照。
(13) 判時一〇七一号六一頁。
(14) 神戸地判昭和五四年一一月二〇日行集三〇巻一一号一〇〇頁、判時九五四号一七頁。
(15) 最判昭和三七年一月一九日民集一六巻一号五七頁、判時二九〇号六頁。
(16) 松山地判昭和五三年四月二五日行集二九巻四号五九四頁、判時八九一号三八頁。
(17) 藤谷正博「伊達火力埋立免許取消事件──公有水面埋立てと訴えの利益」別冊ジュリスト『公害・環境判例（第二版）』一六〇頁。

(二)　漁業権放棄手続

漁業権放棄手続について、原判決では原告適格を認めた上で本案の問題として、それに対して控訴審判決では、伊達控訴人らが「公有水面ニ関シ権利ヲ有スル者」（旧埋立法五条）に当るか否かの原告適格の問題として扱われている。いずれにせよ、両判決とも漁業権放棄手続には、水協法五〇条の定める、総組合員の半数以上が出席し、その議決権の三分の二以上の多数による議決を必要とする総会の特別決議があれば足りるとしている。

この点の判断は、漁業権行使規則の変更の場合に、「総会の議決前に、その組合員のうち、当該漁業権に係る漁業の免許の際において当該漁業権の内容たる漁業を営む者であって、当該漁業権に係る第十一条に規定する地元地区の区域内に住所を有するものの三分の二以上の書面による同意」を要求している漁業法八条五項、三項を、漁業権の一部変更（放棄）に類推適用することを認めた臼杵市埋立免許事件大分地裁判決[18]、同福岡高裁判決[19]と対立している。大分地裁判決は次のように述べる。「漁業権は、法律上漁業協同組合に属するものであるが、組合は原則として漁業を営むことができず（水産業協同組合法一一条一項、一七条）、訴外組合においても漁業を営むことを事業内容としてはいないのであって、組合は漁業権を管理するに過ぎず、漁業権にもとづき実際に漁業を行いそれにより利益をうけうる権利ないし地位は漁業権行使規則により定められた各組合員に帰属しているものといわねばならない。そして、漁業協同組合の個人たる組合員はすべて漁民であって、一年間に少なくとも九〇日をこえる日数漁業を営み又はこれに従事している者である（水産業協同組合法一八条一項一号）から、右のような権利ないし地位は組合員にとって極めて重要なものであるということができる。そこで、漁業権行使規則を変更する場合には、総会の特別決議を必要とする（水産業協同組合法五〇条五号）とはいえそれのみに委ねては、多数組合員の意思により具体的な漁業を営む権利を有していた者の意思に反しその漁業を営む権利が変更され、又は奪われるという不当な結果が生ずる危険があり、この危険は特に漁業協同組合が合併等により大きくなり組合員が多人数である場合ほど大きいと言える。そこで、このような危険を防止するため、法は漁業権行使規則を変更するには、行政庁の認可（漁業法八条四項）のみならず、その共同漁業権の内容のうち現に第一種共同漁業を営む者であって関係地区に居住する組合員の三分の二の者の書面による同意を要求する（漁業法八条五項、三項）ことにより、現に漁業を営んでいる組合員の利益を保護しているものと解される。漁業権の放棄は、漁業権行使規則の変更による組合員の権利ないし地位の変更と性格を異にするものではあるが、漁業権放棄により各組合員の漁業を営む権利が失われる（漁業法八条一項）ことになる点においては、漁業権行使規則の変更による場合と異なる点はない。更に漁業権行使規則の変更による場合には、組合内部でそれが再び変更され知事の認可を得ればそれを回復する可能性があるのに比し、漁業権放棄による場合には、その漁区が埋立等により消滅することなくなお存在し、更に知事による漁業権設定免許が与えられない限り一度漁業を営む権利を失った者がそれを回復することのできない点において、前者に比しその権利の喪失はより確定的永久的であるということができる。……漁業権の放棄において現に漁業を行っている者の保護の必要性は、漁業権行使規則の変更の場合以上に大きいものというべきであり、従って、漁業権の放棄には漁業法八条五項、三項に定める、当該漁業権の内容たる第一種漁業を営む組合員のうち関係地区内に住所を有する者の三分の二以上の書面による同意が必要であると解すべきである。このように解しても、公益上の必要のあるときは損失を補償することにより漁業権を消滅させることもできる（漁業法三九条）から、一部の者の反対により漁業権の放棄ひいては海面の総合的な利用が困難となる結果は避けることができる。また、右のように特別の書面同意が必要であると解しても、関係地区の範囲を比較的広く定めることにより極めて少数の反対により漁業権放棄ができないことを避けることもできる」[20]と。さらに判決は、「なお、書面による同意はなくとも、これと同程度の明確な同意があれば足りると解する余地があるとしても、そのような明確な同意の表明があったことは本件全証拠によるも認めることができない」[21]と述べ、同程度の明確な同意で足りると解する余地を残していることも注目される。同控訴審判決は、地裁の判断をほぼそのまま支持し、漁業法八条五項、三項の類推適用については、判決理由の中でさらに敷衍しているのが注目される[22]。臼杵市埋立免許事件でとられた漁業法八条五項、三項の類推適用については賛意を表わす論者[23]と、反対する論者[24]とに分れる。

　ところで、類推適用の問題は、組合の漁業権と個々の組合員の漁業を営む権利（漁業法八条一項）との関係をどのように捉えるかにも係るので、まずこの点を検討してみよう。宮川勝之弁護士は三説に分類し、次のように述べる。「第一説は、共同漁業権を入会的に理解して、漁業権は漁業を営む者の総有的帰属形態であるとし、各自が対外的にも権利を主張することができるとする。この説に立てば、本来漁業を営む者が漁業権放棄に特別の発言権を有するのは当然であり、ただ漁業権の特殊性から漁業を営む権利を規制する行使規則の変更・廃止に関する規定の適用を受けることとなる[25]。これは、本（筆者注―臼杵市埋立免許事件）控訴審判決のとるところである。第二説は、共同漁業権は管理組合に帰属し、漁業を営む権利は行使規則に従って組合員に認められた社員権的権利であり、対組合的権利にすぎないとする……。この説に立てば、漁業権放棄には組合としての特別決議があれば十分であって、この他に、漁業を営む者の意思を特別に顧慮することは対内的にはともかく対外的には必要ないと解する。これは、伊達事件判決（筆者注―埋立免許等取消請求事件札幌地裁判決）のとるところである。第三説は、現に漁業を営む者の有する権利は、入会権ではなく、漁業権そのものではないが、それと不可分のその具体化された形態であり、対組合的権利以上の権利であるとする。[26]この説に立てば、漁業権放棄にさいしては、おそらく第一説と同旨の手続を要するものと解することになろう」[27][28]と。この三説のうち、第一説と第三説に立てば、漁業法八条五項、三項の類推適用を認める方向に行くであろう。第二説に立っても、必ずしも類推適用を認める解釈を排除することにはならず、少数者の利害を現行の法の枠の中でどこまで重視するかにかかるのではなかろうか。

この点について、かつて戒能博士は次のように述べていた。「昭和四六年七月二〇日の大分地裁判決は、法律論としては私にも異論がない。というのは臼杵市漁協は同市が近接町村を合併するに伴って、近接町村の漁業協同組合を合併して大きくなったのであって、甲地区地先海面には乙丙地区に関係なく、乙地区地先海面には甲丙地区は関係ないようになっているものだからその利害関係のない組合員の三分の二の多数決により、一部海面の漁業権がなくなることがあってはならないからである。いいかえれば、利害関係者の権利はあくまでも利害関係者の権利であって、その権利を利害関係のないものが左右することは憲法の財産権保障規定にも背反し、容認できないのは当然だといってよい」[29]と。私見においても、漁業権放棄の対象となる漁場に利害を有する漁民にとっては、放棄が憲法の財産権保障さらには生存権保障に係る場合があること、漁業協同組合（とくに大規模な）の中で直接利害を持つ少数者の権利を保護することが必要なこと、漁業権の放棄が、しばしば総会の混乱の中で行なわれ、後日に問題になることが多いこと（この点では書面によることが重要である）、行使規則の変更の場合により事態が重大な場合があることから、類推適用を認める解釈に賛成したい。

なお、本件については、関係地区に居住する組合員は、伊達漁協の正組合員全員（本件議決権を有する組合員にも一致）であり、しかも争いのない事実として漁業権変更決議が投票用紙を用いて（無記名ではあるが）行なわれ、議決権を有する全組合員一四六名（本人出席一二五名、委任状出席二一名）の投票の結果、賛成一〇三票、反対四三票であったというのであるから、これは三分の二の書面によるのと同程度の明確な同意として、臼杵市埋立免許事件大分地裁判決、同福岡高裁判決に照らしても有効な放棄手続とみなしてよい事案である。類推適用を認める立場をとっても、この点に関しての結論に異同はないといえる。

(18) 昭和四六年七月二〇日行集二二巻七号一一八六頁、判時六三八号三六頁。
(19) 昭和四八年一〇月一九日行集二四巻一〇号一〇七三頁、判時七一八号九頁。
(20) 行集二二巻七号一二〇五—一二〇七頁、判時六三八号四三頁。
(21) 行集二二巻七号一二〇七頁、判時六三八号四三頁。傍点筆者。
(22) 行集二四巻一〇号一〇九四—一一一〇頁、判時七一八号一八—二一頁。
(23) たとえば、戒能通孝「臼杵公害判決を顧みて」法学セミナー一九〇号一二頁以下、室井力「臼杵公害判決の意義と問題点」法学セミナー一九〇号一六頁以下、阿部泰隆・判例評論一五二号一七頁以下。
(24) たとえば、桜田誉「臼杵市における漁業権確認訴訟・大分地裁判決等について」法律のひろば二四巻一一号二八頁以下。さらには、本件地裁判決の類推適用を認めない判旨に賛成する論者として、岩渕正紀・法律のひろば三〇巻二号七五頁以下。
(25) 総有説をつよめていけば、三分の二の同意では足りず全員の同意を要するものとなりそうであるが、現行の漁業法の解釈としてそこまでいえるか疑問がある。黒木三郎「埋立てと漁業権」日本土地法学会編・近代的土地所有権・入浜権一七二頁も立法論として述べている。
(26) 佐藤隆夫・日本漁業の法律問題一一二頁、一九五頁。
(27) 佐藤・前掲一九五頁は、漁民全員の同意を要するとするが、これは解釈論として述べておられるのか疑問である。
(28) 宮川勝之「臼杵市埋立免許事件」別冊ジュリスト『公害・環境判例（第二版）』一五四頁。
(29) 戒能・前掲・法学セミナー一九〇号一五頁。

(三)　埋立竣功認可についての訴えの利益

本件控訴審判決は、埋立免許処分において説示したと同じ理由により「控訴人らは、被控訴人による本件公有水面の埋立工事竣功認可処分により侵害され又は必然的に侵害されるおそれのある権利若しくは法律上保護された利益を有しているということはできない」とした[30]。この点、地裁判決においても訴えの利益が認められなかったが、アプローチの仕方が違う。地裁判決は次のように述べる。「本件埋立竣功認可処分は、それ自体として原告らの権利又は法律上の保護に値する利益を侵害するものではなく、仮に本訴において右竣功認可のみが取り消されても、埋立権者たる参加人に対する所有権附与の法的効果が生じないだけであって、参加人は、竣功認可前においても、埋立工事を行なうために必要な限度にとどまらず、本件埋立地を完全に支配し、埋立ての目的に反しない限り、これを自由に使用収益し得る（同法二三条）のである。したがって、原告らは、たとえ本件埋立免許によってその権利ないし利益を侵害されるとしても、竣功認可の取消しを得ただけでは、その侵害を回復ないし防止することはできない。本訴において原告らが主張するような権利ないし利益の侵害を排除するためには、原告らにとって本件埋立免許処分自体を取り消す判決を得ることが必要にして不可欠であり、かつ、次に述べるとおり、これをもって足りるのである。すなわち、原告らは、本件埋立免許処分の取消しを求めているところ、仮に本訴において右免許が取り消されるならば、その取消判決は、埋立権者たる参加人に対しても効力を及ぼす（行政事件訴訟法三二条一項）のみならず、右免許は失効する。そのため、参加人は、原則として本件公有水面を原状に回復しなければならないこととなる（埋立法三五条）。しかも、埋立竣功認可処分は、埋立免許処分に伴い形成される一連の手続の一環をなすものであり、埋立免許が違法であるとすれば、その違法は後続処分たる竣功認可処分に承継されるから、埋立免許処分が判決によって取り消されると、その取消判決は、竣功認可処分をした被告を拘束し（行訴法三三条一項）、被告は、右取消判決の判断内容と矛盾抵触する違法な竣功認可処分を取り消すなどの適当な措置を採らなければならないこととなる。以上のように、原告らは、本件埋立免許処分を取り消すことのみによって、本訴提起の目的を十分に達することができ、これに合わせて竣功認可処分の取消しを求めることは不要であるし、後者の取消しを得ただけでは、その目的を達することはできないのである[31]」と。

埋立免許処分を取り消すことのみによって、本訴提起の目的を十分に達することができ、これに合わせて竣功認可処分の取消しを求めることは不要とする、地裁判決を一般化することには異論が唱えられている。藤谷教授は次のように述べている。「埋立免許処分の違法性は、竣功認可処分に承継されるということは明白であり、出訴期間等の制約があることも考慮すれば、一般的に、竣功認可処分を争う訴えの利益を否定することには問題があろう。また、埋立免許を争わなければ、確かに原状回復は不可能であっても、竣功認可処分が取り消されれば、埋立地上のいわゆる『うわもの』の完全な自由使用をなし得なくなると解すべきであり、そうだとすれば、本件のような環境訴訟の目的の一端は達せられると解されるので、この点でも、本判決の論理には検討されるべき余地があると思われる」[32]と。私見においても、藤谷教授の見解に賛成である。原判決の判断は、本件に関する限り相違を生じることはないが、一般化することはできない。それに対して本件控訴審判決は、埋立竣功認可について、埋立免許処分と別個に争うことを可能にするアプローチをとっており、この点は評価することができるであろう。

(30)　判時一〇七一号六一頁。
(31)　行集二七巻七号一一四一―一一四二頁、判時八三九号四六頁。
(32)　藤谷・前掲『公害・環境判例（第二版）』一六〇頁。

(四)　環境権

本件控訴審判決は、控訴人らの環境権侵害の主張を、「その環境権なるものの内容が一般的、抽象的であって、それをもって、到底前記法律上保護された利益として控訴人らの当事者適格を基礎づけられるものとはなしえない」[33]と述べて一蹴した。この点について地裁判決は、本案の問題として次のように述べていた。「仮に原告ら主張のような環境権という権利が存在するとしても、行政処分の取消しの訴えにおける審判の対象は、環境権の侵害の有無自体ではなく、当該処分の適法性であり、行政処分は、それが行政活動の要件、手続及び効果などを定める行政行為規範に違反して客観的な違法性を帯びるに至った場合にのみ、違法として取り消し得るものとなるのである。したがって、環境権という主観的な権利を侵害したというだけの理由で、他に違法性のない公有水面埋立免許などの行政処分が直ちに違法となるものではない。原告らは、本訴において環境権の侵害という主観的な権利侵害性を主張するだけで、直ちにそれが本件埋立免許の違法事由を構成するものとして主張するが、このような主張は、それ自体理由がないといわざるを得ない(34)」と。

まず控訴審判決について、この判旨は、環境権の内容が一般的、抽象的でなければ、当事者適格を基礎づけることができると考えているようにも読み込むことができるので、これは、処分の根拠法規を離れて、権利侵害を理由として原告適格を認める立場なのかが問題となる。しかしこの点は、前述したように、処分の根拠法を離れての権利侵害の主張を認める趣旨ではなかろう。いわば、環境権侵害の主張を斥けるために一般的、抽象的という論理を使ったものと推測される。

次に、地裁判決についてであるが、この論理には疑問を呈したい。主観的な権利侵害は処分の違法性を構成しないという考えは学説の中にもみられ、たとえば原田教授は次のように述べている。「論理的にいって、主観的権利侵害のゆえに行政処分が違法となり取消されることがあるかどうか、つまり、かりに環境権という権利が存在するとしても、環境権侵害という理由だけで他に違法性のない埋立免許等の行政処分がただちに違法となるかどうかは、筆者には疑問におもわれる。筆者の理解するところでは、行政処分が違法として取消しうべきものとなるのは、それが、行政活動の要件・効果等を定める、いわゆる行政行為規範に違反して客観的違法性を帯びるに至った場合でなければならない。この意味からいうと、所有権侵害とか環境権侵害というだけで行政処分の取消しをいうのはそもそも意味のないことである。行政訴訟により行政処分の取消しを求めるには、主観的権利侵害性を主張するだけではなく、客観的違法性つまり行政行為規範の違反を主張する必要があると解する。この点に、権利訴訟としての民事訴訟に対し、行為訴訟としての抗告訴訟の特徴が認められる――もっとも、一歩譲って、かりに環境権侵害が処分の取消事由となるとしても、行政活動の客観的違法を追及するところに行政訴訟の特徴があるのであるから、環境権侵害のみを処分の違法事由として主張するにすぎないのであれば、あえて行政訴訟を提起する要はなく、むしろ発電所設置の差止めを求める民事訴訟によるのが適当といえよう(35)」と。原田教授の見解の後半部分は、主観的権利侵害の主張のみではなく、処分の客観的違法性にあわせてなら主観的権利侵害を主張することは可能であるように考えておられるようにも読めるが、そのような趣旨ではなく、環境権侵害の主張は民事訴訟によって争うのが適当であるということであろう。確かに、環境権侵害を理由に、埋立工事禁止の仮処分を申請するなり[36]、火力発電所建設禁止の差止めを求める民事訴訟を提起することが可能である。伊達火力発電所についても、仮処分申請[37]、並びに発電所建設禁止請求[38]がなされた。しかし、一方で漁業を営む者として埋立免許処分の取消請求を提起させ、そこで免許処分の客観的違法性を審理し、また他方同じ者に、環境権侵害を主張するには新たに民事差止訴訟を提起せよという議論が、果たしてあらゆる場合に妥当なものであろうか。これはなにも、原告にとって酷なだけではなく、埋立権者にとっても争いを錯綜させるだけで、利益にはならないのではなかろうか[39]。また、取消訴訟制度の目的が国民の権利利益の救済にあることは誰しも否定しないことであるが、一方でそのように言いながらいざ訴訟になると、主観的権利の侵害は取消訴訟の対象とはならないから主張できないと言い切ってしまっていいのか疑問である。そもそも、憲法に反する処分は無効なはずであるから（憲法九八条一項）、裁判所は適格性のある当事者から権利侵害の主張があったなら、違憲審査権を発動するのが、憲法の要請するところなのではなかろうか。この点疑問を呈しておきたい。

(33)　判時一〇七一号六一頁。
(34)　行集二七巻七号一一六一―一一六二頁・判例時報八三九号五二―五三頁。
(35)　原田尚彦『環境権と裁判』一五一頁。
(36)　ただしこの点については、行政事件訴訟法四四条との関係で、まずその能否が問題となり得る。詳しくは、阿部泰隆「公有水面埋立免許と救済手続」ジュリスト四九一号九九―一〇〇頁、同「取消訴訟の対象」雄川・塩野・園部（編）『現代行政法体系4　行政争訟Ⅰ』二二二―二二三頁参照。
(37)　札幌地決昭和五〇年三月一九日判例タイムズ三二五号二六三頁。公有水面の埋立工事は行政機関による公権力の作用としてなされるものではなく、被免許者が埋立権という私権の行使として実施する事実行為にほかならないから、公有水面の工事を差止める仮処分は許されるとしたが、被保全権利・保全の必要性について疎明がないとして却下。

(38) 札幌地判昭和五五年一〇月一四日判時九八八号三七頁。ただし、請求棄却。

(39) もちろん、処分取消しを請求する行政訴訟で環境権侵害の主張をすれば、もはや民事訴訟で同じ原告が環境権侵害を主張できないという趣旨ではない。

(五)「うわもの」からの影響

「うわもの」(本件では火力発電所)が環境に与える影響、たとえば煤煙とか温排水は、公有水面埋立免許取消請求の原告適格、さらには本案の違法性を構成する要素となるかがここでの問題である。この点については、本件控訴審判決をはじめ伊達火力発電所公有水面埋立関係事件では、一貫して切り離している。本件控訴審判決では、埋立法には「同法による埋立工事又は埋立地上に建設の予定されている施設の操業に伴って、埋立工事施行区域外である周辺海域で漁業を営む者……の漁業につき生じうる漁獲の減少その他の被害や影響に対して、右の者らが同法上保護された利益を有することを認めるに足りる規定は存在しない」[40]として、埋立法は「うわもの」からの影響を考慮していないとする。本件地裁判決は、本案の公益性の原則に反するとの主張に対する判断の中で、「取水及び温排水による被害については……漁業にも、その影響が及ぶおそれが全くないとはいえない」としながらも、「取水及び温排水は、公有水面の埋立てに通常伴う効果ではなく、埋立完成後の土地の利用から生ずる問題であり、本件埋立免許自体も、参加人に対して埋立ての権限を附与したのみであって、取水及び温排水の許否につきなされたものではなく、被告には、取水及び温排水の許否を決定する権限もないのである」と述べる[41]。また、新設工事執行停止申請事件札幌地裁は、「回復困難な損害」の認定において、「このような取水、排水の如きは、海面の埋立に通常伴うものではなく、本件処分自体も、参加人に埋立の権限を付与したのみであって、取水、排水の許否に触れたものではないのであり、かつ、排水による海水の汚濁の防止については、行政庁による規制が別途に講じられるのであって……取水または排水による影響については、むしろ、これらの行政庁の処分と密接な関連があるというべきであるから、結局、本件処分は、取水または排水による損害につき、直接の原因をなすものということができない」と述べている。(42)

判決例の中には「うわもの」からの影響を考慮しているものもある。臼杵市埋立免許事件大分地裁判決では、旧埋立法四条二号（新法では四条三項二号）「其ノ埋立ニ因リテ生スル利益ノ程度カ損害ノ程度ヲ著シク超過スルトキ」には当該公有水面に関し権利者のある場合でも埋立免許をなすことを認めているが、この点について、「工場建設、操業、原料製品運搬のもたらす大気の汚染、海水汚濁等による生活環境にあたえるマイナス面の影響も当然予測されるところであるにかかわらず……県、市、および参加人の間に締結された公害防止協定書には、参加人は粉じん、いおう酸化物、水質汚濁、騒音の防止等に努力し、参加人の責めに帰すると認められた被害が発生したときは参加人は被害補償の協議に応じ誠意をもってその解決にあたらなければならないことを約定したことが認められるが、右防止協定のみでは被告主張のような万全の措置とまでは認められない」こと等を認定し、公有水面埋立法四条二号に該当するとの被告の主張は理由がないとした。(43)また、建築確認処分と、対象建物に収容される原子炉の安全性について「本件確認処分があれば、その効果として建築の施行が適法となるわけであるから、三菱原子力工業株式会社が建物を完成して操業を開始する段取りとなることは明らかであるが、その操業が開始された場合、被控訴人らが危惧する災害が発生する蓋然性についてはともかく、萬一災害が発生したならば、附近住民の損害が僅少ですまない場合のあることは常識に属する。したがって被控訴人らが附近住民である限り、確認処分によって間接的な権利または利益の侵害をうけるといってよいから、審査請求をする法律上の利益を有する」とした判決例もある。(44)

原田教授は、この点について次のように述べており、傾聴に値する。「埋立と埋立後の土地利用を峻別し、埋立免許にあたっては、埋立工事そのものから生ずる環境汚染のみを考えればよく、いわゆる『うわもの』の影響は配慮すべきでないとするのでは、いたずらに一つの目的に向けられた行政過程を分断し、地域環境の総合的な視野を欠いたまま見切り発車で膨大な投資を行なわせる一方、他方では、既成事実を積み重ねて環境破壊を押し進める結果を招きかねないであろう。埋立と『うわもの』を峻別分断する考え方は、タテ割行政の弊をそのまま法解釈に直結するもので、環境保全の立場からは、いかにも実態を遊離した観念論であり、既成事実のうえに開発をゴリ押ししようとする、ためにする議論といわざるをえない。発電所プラントの立地のような〈環境と開発の衝突〉に係る基本問題の決定は、できるだけプロセスの初期の段階において、両要素の十分な調査と総合的評価のうえに、決断されなければならない[45]」と。

新埋立法には免許基準として、その四条一項に「其ノ埋立ガ環境保全及災害防止ニ付十分配慮セラレタルモノナルコト」（二号）および「埋立地ノ用途ガ土地利用又ハ環境保全ニ関スル国又ハ地方公共団体（港務局ヲ含ム）ノ法律ニ基ク計画ニ違背セザルコト」（三号）のいわゆる環境保全配慮条項が付加され、二条二項には免許の出願書に「埋立地ノ用途」（三号）の記載を要求している。このことは、法自体埋立において「うわもの」からの影響を無視できないとしているわけであり、「うわもの」によって環境上の不利益を受ける者に「法律上の利益」があるとして原告適格を認める基礎となし（前述一参照のこと）、さらに本案の問題としても、法四条三項の利益超過の衡量においてはもとより、環境に対する十分な配慮を欠けば本案の違法事由を構成するという解釈も成り立ちうるのではなかろうか[46]。

(40)　判時一〇七一号六一頁。
(41)　行集二七巻七号一一六四頁、判時八三九号五三頁。
(42)　行集二五巻一＝二号一二―一三頁、判時七二七号八頁。
(43)　行集二二巻七号一二一二―一二一三頁、判時六三八号四五頁。
(44)　東京高判昭和四七年九月二七日行集二三巻八＝九号七三一頁、判時六八〇号二〇頁。なお、「うわもの」からの影響を切り離し、核燃料再処理施設において取扱われまたは放出される物質の危険性を争って、右施設を収容する建築物の確認処分取消請求を却下した建築審査会の裁決の取消しを求める訴は、訴えの利益を欠くとしたものとして、水戸地判昭和四七年八月三日行集二三巻八＝九号六〇五頁、判時六八〇号三七頁、同控訴審判決である東京高判昭和四八年九月一四日行集二四巻八＝九号九五〇頁、判時七一八号四七頁がある。

(45)　原田・前掲『環境権と裁判』一四〇頁。

(46)　原田教授は「もし県知事が環境面への配慮を一切行なわず、あるいは事前評価の結果地域の環境保全計画に反する環境汚染が予想されるのに漫然埋立免許をした場合には、それは環境条項に違反し違法と解さざるをえないのである」とする。原田・前掲『環境権と裁判』一四一頁。

二　伊達パイプライン設置認可処分取消訴訟東京地裁判決

東京地裁昭和五九年六月一三日判決
行集三五巻六号七二〇頁・判時一一三八号五八頁

〈事　実〉

訴外北海道電力株式会社（以下「北電」という）は、伊達火力発電所（以下「本件発電所」という）燃料運搬のため、室蘭市から伊達市まで延長約二万五千メートルの油輸送管（以下「本件油輸送管」という）を設置することとした。被告通商産業大臣（当時）は、北電に対して電気事業法（以下「法」または「電事法」という）四一条一項に基づいて、右油輸送管設置の認可処分（以下「本件処分」という）をしたので、設置場所附近の住民八名が取消訴訟を提起したのが本件である。本件油輸送管は、昭和五二年六月工事着工、昭和五三年一〇月に通油式が行われ、翌一一月には伊達火力発電所一号機が営業運転を開始している。また、札幌地方裁判所に本件油輸送管に関し、北海道知事を被告とする伊達発電所移送取扱所設置許可処分（消防法一一条一項）取消請求訴訟が提起されているが、昭和六〇年一一月七日提訴以来八年余りで結審したことが報じられた。なお、伊達発電所移送取扱所設置許可処分（消防法一一条一項）執行停止申立事件について、第一審札幌地裁は、回復困難な損害を避けるため緊急の必要性があるとは認められないとして却下し(1)、抗告も棄却され(2)確定している。

原告らは、以下のとおりの違法があるとして、本件処分の取消しを求めた。（一）本件油輸送管は、法が認める電気工作物ではなく、本来法四一条一項に基づく認可処分の対象となりえないから、本件処分は違法である。（二）本件処分には、法律上の前提要件たる法八条一項の電気工作物の変更の許可を受けていない違法、もしくは、本件発電所の設置について法八条一項に基づいてされた電気工作物の変更の許可の違法性を承継した違法がある。（三）本件処分は国民に損害を惹起させることが高度の蓋然性をもって予測されうるものであるから、この点からも違法なものとして取り消されるべきである。（四）本件油輸送管は消防法に基づく技術基準に合致せず、危険性が高い。（五）本件油輸送管は自然的条件及び土木工学的観点からしても破損・漏洩の危険性が高い。

また、原告適格を有するとして、以下のように述べている。（一）行政事件訴訟法（以下「行訴法」という）九条の「法律上の利益」を「法律上保護された利益」と解するとしても、それは、公権力行使の根拠法規によって保護された利益に限定する理由はないのであって、原告らは本件処分により、憲法上最大の尊重を受けるべき生命・身体・財産に関する権利を侵害されるのであるから、行訴法九条の「法律上の利益」があると解すべきである。（二）また原告らの利益は本件処分の根拠法規たる法により保護されているものというべきである。（三）本件処分自体は原告らの権利・利益に対する危険の受忍を強制するものでなく、公定力を有しないとしても、原告らが原告適格を有しないとすることはできない。また、民事訴訟と行政訴訟とは、前者では原告らの権利・利益の侵害が、後者では処分の法適合性が審判の対象であり訴訟物が異なるから、処分に伴う権利の行使につき民事訴訟の差止めを求めることができるからといって処分取消訴訟を提起しえない理由はない。本件処分は本件油輸送管の運転を本来予定してされるものであり、その安全審査等に過誤があればこれに基づく本件油輸送管の運転により原告らの利益が侵害されるおそれがあるのであるから、原告らには本件処分の取消しを求める法律上の利益がある。（四）原告らは、本件油輸送管の埋設により、輸送管の破損・漏洩、油輸送管の埋設自体、本件発電所の操業に基因する被害を受けるおそれがある。

被告通産大臣は、本案前の申立てとして、原告らには本件処分の取消しを求める法律上の利益がなく、原告適格を欠くとして、以下のように述べた。（一）法律上保護された利益の内容及びその有無は、当該行政処分の根拠となった実体法規の保護目的、すなわち、それが私人等権利主体の個人的利益の保障を目的とするか、一般公衆の利益の保護を目的とするかによって決せられるが、本件処分の根拠となった法四一条一項に基づく被告の認可は公益の実現を目的とするものであり、原告らはいずれも本件処分を争うについて原告適格を有しない。㈡本件処分は、原告らに生命・身体、財産に対する危険の受忍を強制するものではなく、この面において公定力を有するものではないから、原告らは原告適格を有しない。認可処分確定後でも設置者との間での私法上の救済手段により、その権利救済を図ることは十分可能であり、かかる意味からも、原告らの原告適格は否定されるべきである。㈢原告らが被ると主張する損害は本件処分の直接の法的効果とはいえず、また、その関連性を肯定したとしても、本件油輸送管は十分な安全性を有し、かつ油輸送管の折損漏洩等により原告らが具体的に右損害を被る蓋然性はないから、原告らには訴えの利益がない。㈣更に原告ら各自が被ると主張する具体的予想被害をみると、これらが発生する蓋然性がないか、本件処分と関連性がなく、原告らに訴えの利益がないことは明らかである。

（1）札幌地決昭和五三年九月一四日判時九一七号四六頁。
（2）札幌高決昭和五四年二月二日判例集未登載。

〈判　旨〉

一１「行政処分の取消訴訟を提起できる者は、行訴法九条の規定により法律に特別の定めがない限り、当該処分により自己の権利若しくは法律上保護された利益を侵害され又は必然的に侵害されるおそれがあり、その取消しによってこれを回復すべき法律上の利益を有する者に限られるべきであり、右にいう法律上保護された利益とは、実体法規が私人等権利主体の個人的利益を保護することを目的として行政権の行使に制約を課していることにより保護されている利益であって、当該係争利益が法律上保護された利益に当たるか否かは、当該処分の根拠とされた実体法規が当該利益を一般的、抽象的にではなく、個別的、具体的な利益として保護する趣旨を含むか否かによって決せられるべきものと解するのが相当である。

原告らは、行訴法九条の『法律上の利益』は、当該処分の根拠法規により保護された利益に限定する理由がないとか、本件処分のような授益処分については、授益者と相反する利益状態にあって具体的に不利益を主張する者に出訴権を承認すべきでありまた、社会一般に一律かつ広汎な影響力を持つ処分については、当該処分により事実上最も不利益を受ける社会集団の一員にその集団的利益を主張して出訴することを認めるべきところ、本件処分は右のような性質を持っており、かつ、原告らは本件処分により、生命・身体・財産を侵害される高度の蓋然性があるから、原告らには本件処分の取消しを求める原告適格があると主張する。しかしながら、行訴法九条の解釈は先に示したとおりであり、原告らが本件処分の取消しを求める原告適格を有するか否かは、専ら本件処分の根拠法規である法が、原告らの主張する利益を、個別的、具体的な利益として保護する趣旨を含むか否かによって決せられるべきものであるから原告らの右主張は失当である。」

2　「法は、電気事業が公益的性格の強い事業であることにかんがみ、『電気事業の運営を適正かつ合理的ならしめることによって、電気の使用者の利益を保護し、及び電気事業の健全な発達を図るとともに、電気工作物の工事、維持及び運用を規制することによって、公共の安全を確保し、あわせて公害の防止を図ることを目的』として（法一条）、電気事業を営もうとする者は、まず法三条一項に基づく被告の許可を受け、右許可を受けた者が一定の事項（法六条二項三号、四号）を変更しようとするときは法八条一項に基づく被告の許可を受けることを要し、電気事業者が所定の電気工作物の設置又は変更の工事をしようとするときは、その工事計画について法四一条一項に基づく被告の認可を受けなければならず、右の認可を受けた電気工作物を使用するについては、法四三条一項に基づく被告の事前検査、法四七条に基づく被告の定期検査を受けなければならない等の規制措置を定めている。そして、本件処分の根拠規定である法四一条は、右にみたとおり電気事業者が一定の電気工作物の設置又は変更の工事を行う場合に、その工事の計画について被告の認可を必要とするものであるが、法は、被告が火力発電用の電気工作物に関する認可を行うに当たっては、右工事の計画が法三条一項又は八条一項の許可を受けたところによるものであること（法四一条三項一号）、その電気工作物が法四八条一項の通商産業省令で定める技術基準に適合しないものでないこと（同項二号）、その電気工作物が電気の円滑な供給を確保するため技術上適切なものであること（同項三号）の各条件に適合するか否かを判断するべきこととしている。右のうち一号及び三号の要件の適合性が電気の円滑な供給能力を確保するという公共の利益の確保にあり、個人の具体的利益を保護する趣旨を含むものでないことは明らかである。次に二号の要件の適合性について法四八条一項の技術基準は、『一　電気工作物は、人体に危害を及ぼし、又は物件に損傷を与えないようにすること。二　電気工作物は、他の電気的設備その他の物件の機能に電気的又は磁気的な障害を与えないようにすること。三　電気工作物の損壊により電気の供給に著しい支障を及ぼさないようにすること。』により定められなければならないと規定している（同条二項）。

しかし、右の技術基準の規制目的は、同項各号を対比すれば容易に看取できるように、『電気工作物の工事、維持及び運用を規制することによって、公共の安全を確保し、あわせて公害の防止を図る』旨の公益の実現にあり（法一条）、電気工作物に基因する事故による附近住民の利益を保護することを主たる目的とするものとは解しえないから、法四八条二項一号の人体への危害と物件の損傷防止も公益の保護を通じて国民一般が受ける利益にすぎず、個々の国民の具体的な利益を保護する趣旨ではないというべきである。そうすると法四一条の認可は公益の実現を目的とするものといわなければならない。ちなみに、法四八条に基づき定められた発電用火力設備に関する技術基準を定める省令その他の省令をみても、右技術基準が特別に附近住民の利益を個別的に保護する趣旨のものであることを窺わせるような規定はない。」

３「以上のとおり、本件処分の根拠法規である法四一条一項の規定は、公益の実現を目的とするものであり、原告らの主張するような附近住民の利益を個別的・具体的に保護するものとは解されないから、原告らは本件処分の取消しを求める原告適格を有しないといわなければならない。」

二１「のみならず、以下のとおり原告らが本件油輸送管により危害を被る蓋然性は認められないから、原告らは本件処分の取消しを求める法律上の利益はなく、この点からも原告適格を欠くことが明らかである。」

２　原告らは、本件油輸送管には破損・漏洩のおそれがあるとして、地盤沈下又は空洞形成、地震の際のいわゆる液状化現象等、埋設ルートの地盤不良、他工事による事故及び溶接不完全、腐蝕による長期微量漏出を挙げるが、いずれも蓋然性が高いとはいえない。

３「以上のとおり、本件油輸送管が破損・漏洩する蓋然性が高いとは到底いえないものであるが、更に実際の本件油輸送管の運用状況をみると、……本件油輸送管は消防法に基づく移送取扱所完成検査及び法に基づく使用前検査に合格し昭和五三年一一月に運転を開始した後、設備の損傷、漏油等もなく順調に運営されており、毎年消防法による保安検査を受け、所定の技術基準に適合していると判定されていること、本件油輸送管の埋設工事中であった昭和五二年八月に有珠山の噴火及び地震があったが、本件油輸送管に対する影響は何らなかったこと、本件油輸送管の運転開始後、加速度八〇ガル以上の地震が三回起き、中でも昭和五六年一月二三日には一一〇ガルを記録したが、いずれの場合も、緊急遮断(1)〔引用者注―送油ポンプを停止し、全緊急遮断弁の閉鎖を自動的に行い油輸送管の運転を停止する〕の措置が行われ、本件油輸送管には何らの異常もなかったことが認められ、これに反する証拠はない。したがって、本件油輸送管は北電が計画・予測したとおり、順調にその機能を果たしているものということができ、この現実に照らしても本件油輸送管が破損・漏洩する事故の蓋然性が高いとは認められない。」

三１「以上のとおり、本件油輸送管が破損・漏洩する蓋然性が高いとは認められないところであるが、更に原告ら個々人が右破損・漏洩による被害を被る蓋然性につき検討」しても、それぞれ、本件油輸送管の破損・漏洩によって被害を被る蓋然性はほとんどない。

２「原告〔某〕は本件油輸送管の埋設自体により道路の陥没・亀裂などの被害、地下水脈の変化による地下水の枯渇による飲料水の変化、環境変化による不測の被害、爆発等に対する不安感等による精神的、健康的被害を被ると主張する。しかし、まず地下水の枯渇による飲料水の変化については原告〔某〕の飲料水の摂取実態に即した具体的主張・立証に欠けるのみでなく、本件油輸送管の埋設により地下水脈が変化し地下水が枯渇する蓋然性が高いとは到底認められないことは先に説示したとおりである。また地下水脈の変化・環境の変化による被害なるものも、具体的主張・立証に欠ける。本件油輸送管につき、爆発等の蓋然性はほとんどないことは先に説示したとおりであるから、仮にこれに不安感等を持ったとしても、到底これをもって原告適格を基礎づけることはできないというべきである。また、道路の陥没・亀裂などの被害については、これが同原告の個人的な法律上の利益を侵害するものとは解しがたい。のみならず、本体油輸送管埋設工事が既に完了していることは当事者間に争いがないところ、同原告の主張する道路の被害なるものは先に説示したとおり、工事中のものですでに修復され到底訴えの利益を基礎づけられないものか、そもそも本件油輸送管工事との関連性の不明なものか、どこにでも見られる亀裂等で被害といえないものか、又はその原因が明らかでないものであって、いずれも本件処分の取消しを求める法律上の利益となりうるものではない。」

３「原告〔某〕は本件発電所の操業による大気汚染による被害を原告〔某〕は本件発電所の温排水等による漁業上の被害を、原告〔某〕は右両被害を、被るおそれがあると主張するが、これらは到底本件処分の効果として把えることはできず、本件処分と関連性のないことが明らかであるから、本件処分の取消しを求める法律上の利益となりえないことは明らかである。」

４「以上のとおりの次第で、いずれにしろ原告らは本件処分の取消しを求める原告適格を欠くものというべきであるから、その余の点につき判断するまでもなく、原告らの訴えをすべて不適法として却下する」。

〈研　究〉

(一) はじめに

周知のように、伊達火力発電所をめぐって、激しい反対闘争が繰り広げられたが(3)、立地に反対する住民は様々な形での訴訟を提起した。本判決は、パイプライン附近住民に、法四一条一項に基づく認可処分の取消しを求める原告適格がないとして、訴えを却下した。原告側が控訴しなかったことにより、判決は確定している。また、本件発電所設置に係る公有水面埋立免許等取消請求事件につき、昭和六〇年一二月一七日、最高裁第三小法廷は、札幌高裁の判断(4)を支持し、周辺漁民には原告適格がないとして、原告側の上告を棄却する旨の判決を言い渡した。(5)これで〈事実〉でふれた伊達発電所移送取扱所設置許可処分取消請求事件を残し、その他全部について、周辺住民・漁民の敗訴に終わったことになる。(6)以下本判決について、四点に分けて検討を加えてみよう。

(3)　斎藤稔編『伊達火力発電所反対闘争——住民は語った——』。

(4)　札幌高判昭和五七年六月二二日判時一〇七一号四八頁。拙稿「伊達火力発電所関係埋立免許等取消請求事件控訴審判決」北海学園大学法学研究一九巻三号一六三頁以下参照。

(5)　判時一一七九号五六頁。

(6)　拙稿「伊達パイプライン設置認可処分取消請求事件東京地裁判決」北海学園大学法学研究二二巻一号所収の資料一および二参照。

(二)　本件処分に対する付近住民の原告適格

行訴法九条によると、「法律上の利益を有する者」に限り取消訴訟を提起することができる。この取消訴訟の原告適格について、下級審判決の中には保護に値する利益説を採用するもの(7)も散見されるが、(8)最高裁主婦連ジュース判決(9)にみられるように、法律上保護された利益説が判例として確立されつつあるといえる。(10)

ところで、山村氏の分析によると、「法律上の利益」はさらに、次のように分類される。

(一)　当該処分の根拠法によって保護される利益

(1)　当該処分の要件規範によって保護される利益

(2)　当該処分の要件法令の全体の趣旨目的によって保護される利益

（二）　当該処分の根拠法以外の保護する利益

（１）　憲法上保護される利益

（２）　他の実定法によって保護される利益

（３）　慣習法、法秩序全体によって保護される利益

法律上保護された利益説といっても、論理的にはこのような様々な段階があり、またそのいくつかを組み合わせて主張することが可能である。[11] このうち、判例として確立されつつあると言ったのは、右の中で原告適格を最も狭く解する（一）（１）であり、本判決もこの立場にたつ。

本件処分の根拠規定は、法四一条であり、その三項は四号にわたり認可の要件を定めている。そのうち四号[12]は、水力発電に関するものであるから、本件とは無関係であり、一号[13]および三号[14]の要件適合性は、本判決も述べるように「電気の円滑な供給能力を確保するという公共の利益の確保にあり、個人の具体的利益を保護する趣旨を含むものでないことは明らかである」[15]。そこで残るは二号の要件適合性、すなわち「その電気工作物が第四十八条第一項の通商産業省令で定める技術基準に適合しないものでないこと」であるが、法四八条二項には、その技術基準は、次に掲げるところによらなければならないとしている。

一　電気工作物は、人体に危害を及ぼし、又は物件に損傷を与えないようにすること。

二　電気工作物は、他の電気的設備その他の物件の機能に電気的又は磁気的な障害を与えないようにすること。

三　電気工作物の損壊により電気の供給に著しい支障を及ぼさないようにすること。」

このうち、本件は付近住民がパイプラインの設置を争っているのであるから、問題の焦点は一号であるということになる。すなわち、「人体に危害を及ぼし、又は物件に損傷を与えないようにすること」は、公益を実現するためのものであるのか、付近住民の個別、具体的な利益を保護するものであるのか、である。ことは、要件法規の解釈の問題になる。

ここで想起されるのは、原子炉設置許可処分を付近住民が争っている訴訟である。そこで問題となる処分の根拠規定は、「核原料物質、核燃料物質及び原子炉の規制に関する法律」(以下「原子炉等規制法」という)二四条であるが、一連の原発訴訟では、[16]今までのところ一様に、その一項四号「原子炉施設の位置、構造及び設備が核燃料物質(使用済燃料を含む。以下同じ。)、核燃料物質によって汚染された物(原子核分裂生成物を含む。以下同じ。)又は原子炉による災害の防止上支障がないものであること」の要件規定を捉えて、周辺住民の生命、身体等をも保護していると解し、一貫して原告適格を承認してきた。

裁判所は、原発訴訟において、原子炉の持つ潜在的危険性の大きさに、原告適格を認める決め手とまではいわないまでも、少なくとも着目していることは事実である。原田教授は、東海原発訴訟第一審判決の評釈において、次のように述べる。「『法律で保護された利益』という論理はもはや名目上のレトリックにすぎない。原告適格の有無は実質的には『保護に価する利益』か否かによって決定されているといっても過言ではないのである。その意味からいうと、判決が『法律で保護された利益』説へこだわる必要があったかどうかは疑わしい[17]」と。また雄川教授は「法的保護利益論の枠組を維持し、訴の利益を拡げるとしても、事実上の利益的な利益を法解釈の操作によって法的保護利益と構成する」ことを主張していた。[18]ここで、一連の原発訴訟における原告適格をめぐる法解釈が名目上のレトリックであり、法解釈の操作によって法的保護利益と構成されているのかは、ひとまず置くとして、強調しておきたいことは、法四八条二項一号は、原子炉等規制法二四条一項四号よりも具体的である、ということである。「災害の防止上支障がないものであること」(原子炉等規制法二四条一項四号)より、「人体に危害を及ぼし、又は物件に損傷を与えないようにすること」(法四八条二項一号)の方が、より具体的であるというのが素直な読み方であろう。[19]

さて本判決は、「右の技術基準の規制目的は、同項各号を対比すれば容易に看取できるように、『電気工作物の工事、維持及び運用を規制することによって、公共の安全を確保し、あわせて公害の防止を図る』旨の公益の実現にあり（法一条）、電気工作物に基因する事故による付近住民の利益を保護することを主たる目的とするものとは解しえないから、法四八条二項一号の人体への危害と物件の損傷防止も公益の保護を通じて国民一般が受ける利益にすぎず、個々の国民の具体的な利益を保護する趣旨ではないというべきである。そうすると法四一条の認可は公益の実現を目的とするものといわなければならない」[20]と述べる。しかし判決がいうように、法四八条二項各号を対比すれば、右の技術基準の規制目的が公益の実現にあり、一号の人体への危害と物件の損傷防止も公益の保護を通じて国民一般が受ける利益にすぎないことを、容易に看取することができるであろうか。判決は、法一条の目的規定を引用するのみで、何も説明していないのである。右技術基準の規制目的を一括して公益の実現にあるのか、附近住民の個別的、具体的利益を保護するのか判断しなければならないと考えているのでもなかろう。「人体への危害と物件の損傷防止」を素直に読めば、それは判決とは反対に、附近住民の利益を保護しているということになるのではなかろうか。これしも公益の保護を通じて国民一般が受ける利益にすぎないとすれば、一体どのような規定があれば、個々の国民の具体的な利益を保護している、といえることになるのか理解に苦しむところである（たとえば、「個々の住民の人体への危害」とでもしていなければだめなのであろうか。それとも、電事法では一条の法目的を変えない限りだめなのであろうか）。附近住民の利益をぬきにして、「人体への危害と物件の損傷防止」はありえないはずである。このことは法一条の目的規定を参照しても、異なった結論になるわけではない[21]。

また判決は、右の技術基準の規制目的は、電気工作物に基因する事故による附近住民の利益を保護することを主たる目的とするものとは解しえないから、公益の実現にあると断定している。主たる目的ではないとして（筆者はそのように考えないが）、従たる目的としてはどうなのであろうか。従たる目的としても原告適格を基礎付けられないというのであろうか、判決は何も述べるところがない。原告適格を基礎づけるためには、なにも住民の利益が公益と離れて保護されていなくてもよく、公益と合わせて、公益に完全に解消されずに残っていればよいと考えるべきである。福島第二原発訴訟第一審判決は「右住民の個人的利益は、公益の中に完全に包摂解消せしめ得ないものとして右公益と合わせて原子炉等規制法二四条一項四号の保護法益とされているものと解するのが相当である」[22]としている。確かに、公益と全く無縁に住民の利益が考えられることは少ないであろうから、このようなアプローチもあってよいはずである。

なお、「ちなみに、法四八条に基づき定められた発電用火力設備に関する技術基準を定める省令その他の省令をみても、右技術基準が特別に附近住民の利益を個別的に保護する趣旨のものであることを窺わせるような規定はない」[23]、と判決は述べる。下位の付属法令によって原告適格を根拠付けることは、下位法によって上位法が決定されることになり、「論理が逆」であるとして、福島第二原発訴訟第一審判決について批判されていたところである。[24]まさに本判決が「ちなみに」として述べたように、下位の付属法令を持ち出すことは「本筋の議論ではない」[25]としても、参酌すること自体は差しつかえなかろう。

以上のように、本判決は法律上保護された利益説、その中でも判例として確立されつつあるとして先に述べた、狭く解する立場を前提としても、その解釈には問題があると考えるが、そもそもその前提としている判断枠組を問題にすることも可能であろう。取消訴訟の原告適格についての文献は、近時のものだけに限っても枚挙にいとまが無い。[26]

取消訴訟の原告適格について、本判決の採用した法律上保護された利益説（法律の保護する利益説、法的利益救済説）に対峙されるものとして、先に二、三の下級審判決が採用したことがあるとしてふれた法律上保護に値（価）する利益説がある。[27]法律上の利益説といっても、既に山村論文を引用して指摘したように、様々な段階が考えられるが、判例として確立されつつあるのは、そのうちでも最も狭く捉える立場である。これも先に指摘したが、原発訴訟をめぐる一連の下級審判決にみられるように、この立場でも処分の根拠規定の解釈しだいでは、実質的に法律上保護に値する利益説に接近する可能性は残されている。しかし、両説の発想の違いに大きな隔たりがあることは否定できない。この両説の功罪は既に多くの論者によって語られてきたが、[28]判例は法律上保護された利益説に傾き、既に動かしえない前提となっていること、保護に値する利益説の判断基準は不明確であることを考慮するなら、法律上保護された利益説の中でも広く捉える立場、前提山村氏の分類では（二）の段階を主張するのが妥当と思える。[29]

この立場は、学説としては既に市民権を得ている――通説とさえいっていいかもしれない――ものの繰り返しであり、新味のないものであるといわれるかもしれない。しかし、判例の現状を想起してみるなら、その意義は少なくないといえよう。伊藤教授は、「通説の立場に立っても、法律上保護されている利益は、原告適格の唯一の基礎ではない。たとえ処分の根拠法規の保護目的とされていなくとも、原告の主張する利益が所有権、漁業権などの実体法上の権利であれば、原告適格は、当然に肯定される。したがって、たとえば、環境権その他の新しい権利が実体法上承認されれば、根拠法規の保護目的とは無関係に原告適格を認めざるをえなくなる」[30]と述べる。通説といえるかはともかく、実体法上承認されている権利、さらには憲法上の権利、しかも新しい人権も実体法上の権利として承認されることによって原告適格の基礎とすることができるとすると、相当広範に原告適格は認められることになろう。この考え方は、憲法保障の観点からも是認される立場といえよう。ところで、取消訴訟における審判の対象は当該処分の適法性であり、それが行政活動の要件、手続及び効果などを定める行政行為規範に違反して客観的な違法性を帯びるに至った場合にのみ違法として取り消しうるものとなるのであり、主観的な権利侵害は処分の違法性を構成しないとの考えがわが国で通用している。[31]このように考えるならば、主観的権利侵害を理由に間口を広げても、結局本案での審理対象にならないのでは無意味であるとなりそうであるが、このような考え方自体問題であるように思われるし、[32]本案判断に踏み込むこと自体意味があることもあるであろう。[33]

（7）　原田尚彦『訴えの利益』特に第1論文参照。

（8）　例えば、東京高判昭和四七年九月二七日行集二三巻八・九号二九頁――大宮三菱原子炉事件控訴審判決――、札幌地判昭和五一年七月二九日行集二七巻七号一〇九六頁――伊達火力埋立免許等取消請求事件第一審判決――、札幌地決昭和四九年一月一四日行集二五巻一・二号一頁――伊達火力埋立工事執行停止申立事件第一審判決――、札幌高決昭和四九年一一月五日行集二五巻一一号一四〇九頁――同抗告審判決――。ただし、東京高判は不服申立適格についてであり、札幌地決と札幌高決は執行停止申立人適格についてである。
(9) 最判昭和五三年三月一四日民集三二巻二号二一一頁。ただし、不服申立適格に関するものである。
(10) さらに、最判昭和五七年九月九日民集三六巻九号一六七九頁—長沼ナイキ基地訴訟最高裁判決—参照。
(11) 山村恒年「『法律上の利益』と要件法規」民商法雑誌八三巻五号七五五頁。
山村氏の分類はさらに、(一)(1)については手続要件と実体要件に、(二)(1)については個別的権利と包括的権利に分解することが考えられ、前者について、山村恒年「原子炉設置許可取消訴訟の原告適格」判例タイムズ三六二号九頁においてはそのようになされているが、ここでの関係では右の分類で十分であろう。
(12) 「水力を原動力とする発電用の電気工作物に係るものにあっては、その電気工作物が発電水力の有効な利用を確保するため技術上適切なものであること」
(13) 「第三条第一項又は第八条第一項の許可を受けたところ（同項ただし書の通商産業省令で定める軽微な変更をしたものを含む。）によるものであること」。
(14) 「その電気工作物が電気の円滑な供給を確保するため技術上適切なものであること」。
(15) 行集三五巻六号七五五頁、判時一一三八号七一頁。
(16) 松山地判昭和五三年四月二五日行集二九巻四号八八頁—伊方原発訴訟第一審判決—、高松高判昭和五九年一二月一四日行集三五巻一二号二〇七八頁—同控訴審判決—、福島地判昭和五九年七月二三日行集三五巻七号九九五頁—福島第二原発訴訟第一審判決—、水戸地判昭和六〇年六月二五日判時一一六四号三頁—東海第二原発訴訟第一審判決—。
(17) 原田尚彦「東海原発訴訟第一審判決の意味」ジュリスト八四三号七四頁。
(18) 雄川一郎「訴の利益と民衆訴訟の問題」田中古稀記念『公法の理論　中』一三四七頁。
(19) 阿部泰隆「原発訴訟をめぐる法律問題(二)—伊方一、二審判決、福島第二原発判決—」判例評論三一八号八—九頁参照。
(20) 行集三五巻六号七五五頁、判時一一三八号七一頁。傍点引用者。
(21) 本判決のこの点の解釈を批判するものとして、阿部・前掲(二)論文八—九頁参照。
(22) 行集三五巻七号一〇一八頁、判時一一二四号一一四頁。
(23) 行集三五巻六号七五五—七五六頁、判時一一三八号七一頁。傍点引用者。
(24) 藤原淳一郎「福島第二原発訴訟第一審判決について」ジュリスト八二二号二九頁、阿部泰隆「原発訴訟をめぐる法律問題(一)—伊方一、二審判決、福島第二原発判決—」判例評論三一四号三頁。
(25) 阿部・前掲(二)論文八頁。

(26) たとえば、小早川光郎『行政訴訟の構造分析』、宮崎良夫『行政訴訟の法理論』特に第三章、伊藤真「訴えの利益」雄川・塩野・園部編『現代行政法大系４』二三七頁以下所収、泉徳治「取消訴訟の原告適格・訴えの利益」鈴木・三ヶ月監修『新・実務民事訴訟講座９』五三頁以下所収、藤田耕三「環境行政訴訟の諸問題」鈴木・三ヶ月監修『新・実務民事訴訟講座10』一〇九頁以下所収、雄川一郎「行政訴訟の客観化の傾向と原告適格法」法学協会編『法学協会百周年記念論文集第一巻』六三三頁以下所収、安念潤司「取消訴訟における原告適格の構造（一）、（二）、（三）」国家学会雑誌九七巻一一・一二号一頁、九八巻五・六号五〇頁、一一・一二号八四頁、高木光「訴えの利益論の再検討」神戸法学雑誌三五巻二号四〇九頁参照。

(27) 原田・前掲『訴えの利益』参照。

(28) 遠藤博也・阿部泰隆編『講義行政法Ⅱ（行政救済法）』二一二―二一四頁の中であらかた以下のように述べる。法律の保護する利益説は、原告適格の有無の判定に一応の基準を設定し、その無限の拡大に歯止めをかけるメリットがある反面、実体法上の列記主義との批判をあび、また、実定法規の解釈も必ずしも客観的統一的には行われない。裁判上保護に値する利益説は、違法な行政活動に対する救済の要請という現代的課題に応える。裁判上保護に値する利益説に対して、伝統的立場から、民衆訴訟化する、濫訴の弊をもたらすとして批判されるがこれらはあたらない。判断基準が不明確な点は、両説痛み分けである。裁判上保護に値する利益説は実定法上採用できないわけではなく、司法万能論の誤りをおかすかの点では、司法権が行政に不当介入しているかは本案の問題であり、本案審査から裁量問題を除けば、その危惧はあたらない。行政手続充実論は、原告適格とは別次元の問題で、両方とも充実する必要があり、少数派の利益には司法過程が適している、とし、「原告適格を拡大しても、行政行為の基準となる実定法規が不備であったり、科学的専門的な領域では、本案審理が難行する。そのルールづくりが急がれる」ことを付言している。

(29) 阿部教授は前掲書二一四頁の中で「確かに、事実上重大な不利益のある者とか処分の性質より判断して当該処分を争うにつき最も適した利益状態にある者にあたるかどうかは程度の差であるので、判断基準が十分明確であるとはいえないが、法律の保護する利益説の基準も前記の通り不明確であるから、この点は痛み分けである」と述べる。しかし、法律上保護された利益説の方が、やはりより明確であることは否定できないのではなかろうか。原告適格がいずれにせよ不明確であることは、いわば宿命であるとしても、明確さを追求することは正当なあり方であろう。

(30) 伊藤・前掲『現代行政法大系４』所収論文二四七頁。

(31) 原田尚彦『環境権と裁判』一五一頁、札幌地判昭和五一年七月二九日行集二七巻七号一〇九六頁参照。

(32) 拙稿・前掲一七八―一八〇頁において指摘したことがある。

(33) なお、筆者はかつて、拙稿「行政訴訟の原告適格試論」早大大学院法研論集二三号一頁以下において、わが国においても事実上の損害論を採用すべきことを主張したことがある。ここに、上述のように改めることにしたい。また、原告適格についての諸学説の分類、および「法律上の争訟」（裁判所法三条）概念についての分析に不十分なところがあり、前者については本稿において補っているが、これらの検討は後日の課題としたい。法律上の争訟ないしは事件性の要件について、近時注目すべき多くの研究が発表されている。佐藤幸治『憲法訴訟と司法権』二頁以下所収、高橋和之「スタンディングに対する『憲法上の要請』――アメリカ判例理論の展開を中心にして――」芦部信喜先生還暦記念『憲法訴訟と人権の理論』二八三頁以下所収、市川正人「事件性の要件とスタンディング（一）、（二）、（三）、（四・完）」法学論叢一一二巻五号二三頁、六号七四頁、一一三巻三号七九頁、六号六〇頁、渋谷秀樹「事件性の理論研究序説（一）、（二・完）」法学協会雑誌一〇〇巻一二号一二一頁、一〇一巻一号一五六頁参照。

（三）　被害の蓋然性と原告適格

本判決は「のみならず……原告らが本件油輸送管により危害を被る蓋然性は認められないから、原告らは本件処分の取消しを求める法律上の利益はなく、この点からも原告適格を欠くことが明らかである」とする[34]。危害を被る蓋然性を詳細に認定し、「蓋然性が高いとは到底いえない」として原告適格を否定した、珍しい判決の一つといえよう。詳細に認定した事情として、ないということを示すためであるとも考えられるが（また、訴訟要件は、裁判所の職権調査事項に属するとされているが）、被害の蓋然性について、原告適格において裁判官が確信を得る必要があり、原告の主張ないし疎明だけでは足りないと考えていることは、「地下水の枯渇による飲料水の変化については原告〔某〕の飲料水の摂取実態に即した具体的主張・立証に欠けるのみでなく」[35]と述べていることからも窺える。同様に、原告適格について、利益侵害の程度を問題にし、原告適格をこの点のみから欠くとしたものに、国立歩道橋事件東京地裁判決[36]がある。

法律上保護された利益説、しかも判例として確立されつつある狭く解する立場では、原告適格を基礎づける事実と、本案の違法性を基礎づける事実とは重なり合ってくる。ここでも、一連の原発訴訟を引き合いに出すと、原告が被害を被ることの主張ないし疎明があれば、本案の判断に入っていた。たとえば、伊方原発訴訟控訴審判決は次のように述べる。「控訴人らは、本件許可処分に際してなされた原子炉の安全審査に過誤、欠落があるため前記のような災害を受ける旨主張しており、もしその過誤等があれば、少なくとも、本件原子炉の周辺に居住する控訴人らに災害を及ぼすことになるのは否定し難いので、事柄の性質にかんがみ、控訴人らの原告適格の存在に関する主張立証はなされているとみて差支えなく、また、原子炉等規制法が控訴人らのような原子炉の周辺に居住する者について災害の防止に関する利益をその個別的利益として保護していると解する以上、その災害の原因となる右の過誤等（本件許可処分の瑕疵）の存否は、あくまで本案の問題であるというべきである[37]」と。

学説においても、たとえば遠藤教授は「原告適格の有無の問題と本案たる請求の理由の有無の問題とは区別しなければならない。例えば、行政処分による自己の権利利益の侵害は『主張』ないし疎明することによって充分である。権利利益の侵害が現実に存在するかどうか、原告主張の違法事由が現実に原告の法律上の利益と関係を有するかどうかは本案の問題であって、原告適格の有無とはかかわりがない[38]」と述べる。また、山村教授は次のように述べる。

「原告適格を基礎づける『法律上の利益』の意味については、『法律』の範囲についても争いがあり、『利益』についていては、実体法的利益説と、訴訟法的利益説とが対立している。

その面では法的解釈の問題であるが、解釈の結果である『法律上の利益』の存在の立証責任は原告にあるとする考え方と、主張のみで足りるとするもの、あるいは、疎明で足りるとするものとがある。

また、利益侵害の程度についても、蓋然性説や、受忍限度説をとる判例もあるが、あまりにも民事実体法的思考にとらわれた考え方といえよう。

原告適格制度は、訴訟制度運用の調整のための機能的装置で、一種の交通整理であって、厳格な証明を要求するのは、訴訟経済上、機能的運営に反することになる。

したがって、原告として法律上の利益を有することは、疎明責任で足りると解する。[39]」

これに対して、泉最高裁調査官は「法律上保護された利益救済説に立てば、行政処分の根拠法規が保護の対象とする権利利益が何であるかを法解釈によって求め、原告が右権利利益の帰属主体であることを原告において主張立証することになる。そして、原告が右帰属主体であるか否かは自白の対象となり、また、その立証については疎明で足りる旨の規定がない以上、証明が必要と解する[40]」と述べる。

この点について、「原発訴訟をめぐる法律問題」という論稿の中で、阿部教授が次のように述べる箇所も見逃し得ない。

「(1)　法律上保護された利益侵害説によるときは、行政処分により原告の享受する利益が法律上保護されていることが必要であるが、そうした利益を侵害することは同時に行政処分を違法ならしめ、したがって、原告適格の有無の判断と本案の違法性の判断とが重複してくることになる。

この場合に、現実に法律上の利益の侵害を証明してはじめて原告適格を認められるのか、原告適格は権利侵害を主張ないし疎明するだけで認められるのかについて見解が分かれている。

被告は前者の見解に立ち、ある時点で原告適格を基礎づける事実の立証がないと判断されたときは本案判決に進むことなく訴え却下の判決をすべきものと主張する……。

しかし、原発訴訟の三判決は後者の立場をとる。

(2)　思うに、右の二つの立場で実際上どれだけ違うのかは明らかではない。原発が安全であるとされれば、原告適格なしとして訴えが却下されようが、本案で請求棄却されようが、たいした差はないからである。ただ、たとえば原発許可手続に違法があるとき違ってくるのであろうか。すなわち、主張・疎明説では、原発は危険との主張なり疎明をして本案審理に入れば直ちに手続の違法を理由に許可取消判決を得ることができるのに、証明説では原発の危険を証明しないかぎり手続の審理に入れず（少なくとも手続の違法を理由とする取消判決は下しえず）、原発の危険を証明すればそれで原告勝訴であるから、手続を審理する余地がないということであろうか。そうとすれば証明説はとりえない。原発訴訟でも手続は実体とは別に独立した違法事由となるはずであるからである。いずれにせよ、主張・疎明説と証明説で具体的にどう異なるかを知りたいと思う。[41]」

遠藤教授や山村教授のように、利益侵害について、原告は主張ないし疎明をすれば十分であり、それがなされているならば裁判所は本案判断に入るべきだと考える。その理由は、山村教授が述べるように、利益の侵害の有無について、原告適格の段階では、よけいな訴訟を排除し、一応の整理がつけられれば足り、それが訴訟経済にも適うということと、阿部教授が示唆しているように、証明説では手続的違法についての本案判断を原告に閉ざしてしまうことになると考えるからである。このような見解からすると、本判決は、原告適格を否定しながら、実質的には本案判断をしていると評し得よう。このような形で判決を下すのなら、原告適格を認めた上で本案判断をしなかったのか、疑問が残るところである。[42]

(34)　行集三五巻六号七五六頁、判時一一三八号七一頁。
(35)　行集三五巻六号七七三頁、判時一一三八号七六頁。
(36)　昭和四八年五月三一日行集二四巻四・五号四七一頁。
(37)　行集三五巻一二号二一五八―二一五九頁、判時一一三六号三七頁。ただし、「事柄の性質にかんがみ」にどれだけ力点を置くかによって、異なった読み方も可能となる余地を残していることに注意。
(38)　遠藤博也「取消訴訟の原告適格」『実務民事訴訟講座８　行政訴訟Ⅰ』七〇頁。
(39)　山村恒年「主張責任・立証責任」雄川・塩野・園部編『現代行政法大系５　行政争訟Ⅱ』一九二頁。
(40)　泉・前掲『新・実務民事訴訟講座９』六一頁。
(41)　阿部・前掲（一）論文六頁。
(42)　さらに、阿部・前掲（二）論文九頁参照。

（四）　原告適格の範囲の線引き

本判決はさらに、原告ら個々人が右破損・漏洩による被害を被る蓋然性があるか否かについて検討している。原告適格の範囲のいわゆる線引きについて、積極的に肯定したわけである。最高裁は、長沼ナイキ基地訴訟において、「直接の利害関係を有する者」とそれ以外の者とに分け、前者にのみ原告適格を認め、その範囲を画定している。(43)ただしこの場合は、保安林の指定に「直接の利害関係を有する者」において、森林を保安林として指定すべき旨を農林水産大臣に申請することができること（森林法二七条一項）、農林水産大臣が保安林の指定を解除しようとする場合に、右の「直接の利害関係を有する者」がこれに異議があるときは、意見書を提出し、公開の聴聞手続に参加することができること（同法二九条、三〇条、三二条）、との森林法の規定の帰結であり、直接参考にはならないであろう。

ここでも参照されるべきは、原子炉の設置許可をめぐる訴訟であろう。そこでは原告の住居（さらには職場の位置）と原子炉の距離が問題となるが、ドイツにおいては線引きがなされており、二五キロメートルで否定されたのに対して、一一〇キロメートル離れた者に原告適格が認められたり、判決は不統一であるという。(44)わが国においては、伊方原発訴訟第一審判決、控訴審判決ともに、最遠の者（原子炉から約二七キロメートル）をも含む全員に原告適格が認められたが、線引きの発想は消えておらず、東海原発訴訟第一審判決は最遠の者（原子炉から約二〇キロメートル）が利益侵害のおそれがあるかないかの観点から判断している。

それに対して注目されるのが、福島第二原発訴訟第一審判決であり、次のように述べる。「当該周辺住民の多くの者に原告適格が認められるような場合には、経験則上等から一見明白に原子炉等による災害による被害を受けないと認められる者を除いては、当該周辺住民個人個人について逐一原子炉からの距離や災害等の態様等とを考慮するなどして原告適格の有無を判定することなく、全体について原告適格を認めるのが相当であると解されるところ、本件原告らについては、本件原子炉から最も遠い者でも六十数キロメートルの距離内に居住しているのであって、右にいう経験則上等から一見明白に被害を受けない者の範囲に含まれるとは認め難いから……結局、本件については原告ら全員について原告適格を認めるのが相当である」[45]と。一見明白に適格が認められないもの以外は一括して原告適格を認めるべきことは、つとに、原田教授によって主張されていたところであり、次のように述べる。「環境行政訴訟は個人的利益保護のための訴訟というよりも、多かれ少なかれ汚染地域在住者の共通利益に係る訴訟であるから、多数当事者が存在するにもかかわらず、紛争は合一確定を要すべきものであり、その意味では訴訟物は実質的に一つと考えるべきである。この点では多数人からの損害賠償の請求などの場合に、訴訟物が当事者の数だけ存在するとみられるのとは本質を異にするといえる。こうした環境行政訴訟の実態に鑑みるならば、訴訟の審理においても、汚染のいちじるしいと予想される地域の住民が中核となって出訴している以上は、その周辺のものの原告適格をいちいち詮索することは、もはや実益のない無用のことに属するといえよう。裁判所としては、一見明白に適格の認められない者の訴訟関与を排除するのは格別、その他の者についてはいちいち面倒な適格の審査を避け、いちおう一体として適格を認めたうえで実体審理を進めるのが訴訟経済に合致するであろう」[46]と。学説としては、線引きをする発想を支持する見解も存在するが[47]、原田説を支持するものも見受けられる[48]。

取消訴訟の訴訟物については、種々議論のあるところであるが、行政処分の違法性一般とするのが通説といえよう[49]。この意味では、被害の著しいと予想される者が含まれている限り、その周辺の者の原告適格をいちいち詮索することは実益のない無用のことであるといえよう。しかし他方、取消訴訟は主観訴訟として構成されており、行訴法一〇条一項も「取消訴訟においては、自己の法律上の利益に関係のない違法を理由として取消しを求めることができない」と述べる。この観点から言えば、本案において、自己の法律上の利益に関係のない違法を主張することが認められないだけでなく、原告適格について線引きすることも是認されることになる。そこで、考え方としては、線引きすること自体非難されることではないであろうが、原発訴訟のように原告が数百名にも及ぶ集団訴訟の場合には、原告を逐一選定する必要はなく、福島原発訴訟第一審判決や原田説がいうように、一見明白に適格が認められないものを排除し、それ以外のものは一括して原告適格を承認するというのが、原告適格制度の趣旨、訴訟経済に適うであろう。また、主観訴訟性の要求もこれで十分であると考える。本判決が、線引きをするにつき、蓋然性について、裁判官が確信を得ることができるかの観点からしていることの問題性は三で論じたことと同一であるので、ここでは繰り返さない。

なお、原告適格の範囲の線引きという観点からではなく、本件処分の効果といえない、ないしは関連性がないことから、本件発電所の操業に伴う大気汚染による被害、温排水等による漁業上の被害を主張する者を原告から排除しているので[50]、この点について付言しておこう。筆者はかつて、本件発電所埋立免許等取消請求事件札幌高裁判決の評釈の中で、公有水面埋立免許を争う訴訟において、「うわもの」である発電所からの影響を原告適格の基礎となし、さらには本案の違法事由を構成すると考えるべきことを述べた[51]。それでは同様のアナロジーで、パイプラインの設置の安全性を争う訴訟で、それを使用する火力発電所から被害を蒙ると主張する者に原告適格、さらには火力発電所からの被害を違法事由として主張することを認めるべきであろうか。しかしこの点は、判決が述べるように否定せざるをえないと考える。公有水面埋立法については、法自体その四条一項にいわゆる環境保全配慮条項が付されていること、大規模開発の問題は、できるだけ初期の段階で決着をつけることが、周辺住民のためにも、また投資する側にも好ましいことから、「上もの」からの影響を考慮することが是認されよう。それに対して、電事法には、パイプラインの設置許可につき、「上もの」にあたる発電所からの影響を配慮すべき規定は存在せず、また、本件においては既に発電所自体建設されたわけであるから、その影響は「上もの」自体を争う訴訟で扱うのが妥当といえよう[52]。

(43)　最判昭和五七年九月九日民集三六巻九号一六七九頁。

(44)　塩野宏「西ドイツ原子力訴訟の特色」ジュリスト六六八号四八頁、斎藤統「欧米の原子力発電訴訟―西ドイツの場合」判時八九一号三二―三三頁、雄川・前掲『法学協会百周年記念論文集第一巻』所収六四五―六四六頁参照。

(45) 行集三五巻七号一〇二〇頁、判時一一二四号一一五頁。
(46) 原田尚彦『環境権と裁判』一三六―一三七頁。原田教授がこの脈絡で、選定当事者ないし総代の制度に類した扱いを解釈上導入する必要を説いていることにも注意。
(47) 例えば、川上宏二郎「伊方原発訴訟判決における原告適格について」判時八九一号七―八頁、岩渕正紀「原子力発電の安全性と司法審査」法律のひろば三一巻七号五六―五七頁がそうだと思われる。
(48) 例えば、阿部・前掲（一）論文六頁、園部・時岡編『裁判実務大系１　行政争訟法』九〇―九一頁〔村上武則担当〕。
(49) 遠藤・阿部編前掲書二一九頁以下〔浜川清担当〕参照。
(50) 行集三五巻六号七七四頁、判時一一三八号七六頁。
(51) 拙稿・前掲北海学園大学法学研究一九巻三号一八〇―一八二頁。
(52) 実際扱われたことは、拙稿・北海学園大学法学研究二二巻一号一三五頁掲載の資料参照のこと。

（五）本件処分の公定力と原告適格

被告通産大臣は、「本件処分は、原告らに生命・身体、財産に対する危険の受忍を強制するものではなく、この面において公定力を有するものではないから、原告らは原告適格を有しない。……取消訴訟という特殊の訴訟を提起する者は、当該行政処分の公定力によって権利・利益の侵害の受忍を強制される者でなければならない。……行政処分の公定力によって権利・利益の侵害の受忍を強制されない原告らのような者については、あえて取消訴訟のような特殊の訴訟形態を認める必要はなく、認可処分確定後でも設置者との間での私法上の救済手段により、その権利救済を図ることは十分可能であり、かかる意味からも、原告らの原告適格は否定されるべきである」と述べた。(53)「危険受忍義務」＝「公定力」＝「取消訴訟の原告適格」という図式から、原告適格を否定する論法を、被告通商大臣は既に原発訴訟で主張し続けてきたが、いずれの判決においても否認されてきている。本判決の理由中では、この点には論及していないが、取り上げてみることにしよう。なお、この論点は、大阪空港訴訟最高裁判決(54)などで問題となる訴訟形態の選択と一見似ているが、異なる。国を相手に、たとえば空港供用行為の差止を求める場合、民事訴訟と無名抗告訴訟のいずれも提起できる、さらには選択的に併合できるのか等との問題と、公定力との関係で取消訴訟が排除され、事業者を相手に民事訴訟を選択しなければならないかの問題とは違う。[55]

伊方原発訴訟においては、一審判決、控訴審判決ともに、民事訴訟を提起できることは取消訴訟を否定する理由にならないとして被告通商大臣の主張を簡単にしりぞけている。この点を詳しく論じたのは福島第二原発訴訟第一審判決である。いわく「取消訴訟を提起する法律上の利益を有する者は、当該処分の公定力により右の法律上の効果を受忍すべきことを命ぜられるものに限られるべきであることは、被告主張のとおりであるが、原告らに本件許可処分について取消しの訴えを提起する適格を肯認しても、原子炉等規制法は、原子炉施設周辺住民の行政手続参加や権利収用に伴う損失補償等の規定を欠いているから、右住民に右処分による法律上の効果を受忍すべき義務があるとしても、原子炉の操業によって住民の生命、身体等に危険が生ずる場合にまで右受忍義務を課しているとは解されず、原子炉設置許可処分の周辺住民に対する公定力を認めるとしても、それが当該許可処分が有効であって、許可制度という手段を通しての法益保護は一応受けているという限度のものというべきである。したがって、原子炉設置許可処分の際の安全審査に瑕疵があり、右処分が違法である（したがって、右の保護を受けられない）と主張して右処分の取消しの訴えを提起する場合には、右処分の法律上の効果と抵触する内容の民事訴訟（処分の取消事由を主張しての設置工事の差止等の民事訴訟）を提起することはできないが、原子炉の操業により生命、身体等に危険が生ずるということを主張する場合は、右処分の法律上の効果と抵触しない範囲での民事訴訟（人格権や財産権に基づく原子炉設置工事や操業の差止め等の民事訴訟）を提起できると解されるから、被告の右主張は必ずしも当を得ていない[56]」と。この福島第二原発訴訟の判示部分について、阿部教授は、「公定力にまどわされて混乱したと思われる」として、以下のように四点にわたり、正当に、問題点を指摘している。

「第一に、取消訴訟を提起する法律上の利益を有する者は当該処分の公定力により法律上の効果を受忍すべきことを命ぜられる者に限るとの福島判決の理論には納得できない。取消訴訟を公定力排除訴訟と位置づけるのは侵益的行政処分を受けた者が争う場合を念頭においているのであって、第三者に与えられた授益的行政行為により不利益を被る者が争う場合（新規浴場許可にたいし距離制限違反を理由とする既存公衆浴場業者の訴えなど）についてはもともと公定力など問題とすることなく原告適格が承認されてきている。……

第二に、原子炉等規制法に周辺住民の行政手続参加規定がないから、原子炉の操業によって住民に生命・身体等の危険の受忍義務を課しているとは解されずというが、では周辺住民は手続参加を保障されたら生命等の危険を受忍しなければならないのだろうか。手続に参加しようとしまいと生命の危険を受忍すべき公定力はありえない。

第三に、周辺住民に対する公定力を認めるとしても、それは当該許可処分が有効であって、許可制度という手段を通しての法益保護は一応受けているという限度のものというが、その趣旨がわからない。公定力とは違法処分の通用力といわれるが、右の判旨はこれとどう関係するのか。

第四に、許可処分が違法なとき、原子炉の操業により生命・身体等に危険が生ずることを理由に民事訴訟を提起できるとする。それはその通りであるが、許可の取消訴訟を提起できるとする説明にはなっていない。[57]

この点東海原発訴訟第一審判決は、次のように述べ、明解な解答を与えている。「本件処分の公定力が生じても、原告らが本件処分の瑕疵に基づいて生じることのある災害を受忍しなければならないものではなく、本件処分の公定力を排除しないでも、民事訴訟において、原告らの生命、身体等の侵害のおそれがあることを主張して、本件原子炉施設の建設や運転の差止めを日本原電に対し求めうると解すべきことは、被告主張のとおりである。しかし、原告らも、本件処分の公定力によって、日本原電に対する前記の民事訴訟において、本件処分に瑕疵があり適法な許可を受けたものではないことを主張することはできないと解される。そして、それ以上に原告ら住民の原告適格を肯定するために原告らが本件処分の効果を受忍すべき立場になければならないものと解する必要はなく……原告らには本件処分の取消しを求める利益があることが明らかであるから、被告の右主張も失当というべきである[58]」と。

本件のように、第三者に対する授益的行政行為を争う訴訟において、原告に「公定力＝受忍義務」がなければ取消訴訟が認められないとか、逆に取消訴訟を認めるために、原告に「公定力＝受忍義務」が生じていると無理にいわなければならないものではない。原告は、処分行政庁を相手に許可の取消訴訟を提起できるし、第三者である事業者を相手に差止めの民事訴訟も提起できるのである。ただ、許可処分の公定力との関係で、公定力は第三者効をもつことから、当該民事訴訟において、本件処分に瑕疵があり適法な許可を受けたものでないことの主張ができなくなる、ということである。

(53)　行集三五巻六号七三五―七三六頁、判時一一三八号六四頁。
(54)　最大判昭和五六年一二月一六日民集三五巻一〇号一〇頁。
(55)　阿部泰隆『行政救済の実効性』特に第一章・第二章、園部逸夫「行政訴訟と民事訴訟との関係」『新・実務民事訴訟講座9』三頁以下、和田英夫「行政訴訟と民事訴訟」田中二郎先生追悼論文集『公法の課題』六〇三頁以下参照。
(56)　行集三五巻七号一〇二四頁、判時一一二四号一一六頁。
(57)　阿部・前掲（一）論文八頁。さらに、藤原・前掲二七頁および注20、高木・前掲四三〇―四三二頁参照。
(58)　判時一一六四号一〇三頁。

(六)　むすび

以上、四点にわたり本判決を検討した。この中で、特に主張したいことは、まず原告適格について、判例として確立されつつある法律上保護された利益説に立っても、処分の根拠法規の文言、並びに一連の原発訴訟との対比から、原告適格が認められてしかるべき事例であったのではないか、ということである。さらに本判決は、被害を受ける蓋然性の有無を詳細に認定し、危害を被る蓋然性は認められないから、この点からも原告適格を欠くことが明らかであるとしている。しかし、このような蓋然性説はとるべきではなく、利益の侵害について、原告は主張ないし疎明をすれば十分であり、それがなされているならば、裁判所は本案判断に入るべきだと考える。このような考え方によるならば、本判決は原告適格を否認しながら、実質的には本案判断をしたことになる。裁判所としては、ダメ押しのつもりなのであろうが、奇異な印象をうける。結局、私見としては、原告適格を認め、本案判断に入るべきであったと考える。

伊達火力発電所関連の訴訟として、本件と同じパイプラインについて、消防法関係の事件が唯一残されているが、昭和六〇年一一月七日に結審していることから、近々札幌地裁から判決が出るものと思われる。この事件の処分の実体要件規定である消防法一一条二項は「前項の市町村長、都道府県知事又は自治大臣……は、同項の規定による許可の申請があった場合において、その製造所、貯蔵所又は取扱所の位置、構造及び設備が前条第四項の技術上の基準に適合し、かつ、当該製造所、貯蔵所又は取扱いが公共の安全の維持又は災害の発生の防止に支障を及ぼすおそれがないものであるときは、許可を与えなければならない」と規定している。裁判所が原告適格を認めるかどうか、大いに注目されるところである。

〔追記〕 本稿脱稿後、〈事実〉および〈研究〉でふれた、伊達発電所移送取扱所設置許可処分取消請求事件につき、昭和六一年六月一九日札幌地裁は、消防法は周辺住民の個人的利益の保護を目的としているとしながらも、原告らの住居とパイプラインとの距離、保安設備を考えると、仮に災害が起こったとしても被害を与える恐れはないから、原告適格はないとして、訴えを却下した。

第十一章　行政救済法に関わるその他の判決

一　福島第二原発事件福島地裁判決

福島地裁昭和五九年七月二三日判決
行集三五巻七号九九五頁

〈事案の概要〉

東京電力株式会社は、昭和四七年八月「核原料物質、核燃料物質及び原子炉の規制に関する法律」（以下「原子炉等規制法」という）二三条に基づき、福島第二原子力発電所原子炉設置許可を申請したのに対し、内閣総理大臣（昭和五三年の法改正により通商産業大臣に所管換えとなったため、判決時の被告は通商産業大臣である）は、昭和四九年四月本件許可処分をした。右許可処分に対して、原告らは異議申立てをしたが、同年一〇月申立てを棄却する旨の決定がなされたのに及び、昭和五〇年一月同処分の取消訴訟を提起したのが本件である。原告らは、本件原子炉設置場所周辺に居住する住民約四〇〇名である。

〈判　旨〉

一　原告適格

（1）「行政処分取消しの訴えは、当該処分の取消しを求めるについて法律上の利益を有する者に限り提起することができる（行訴法九条）とされているところ、右にいう法律上の利益を有する者とは、当該処分の名宛人か否かを問わず、右処分により自己の個人的権利若しくは法律上保護された利益を侵害された者を指すということができる。しかして、右の法律上保護された利益等の存否は、当該行政処分の根拠となった行政法規（本件の場合は原子炉等規制法二四条一項）が右の利益等の保護を図る趣旨を含むか否かによって決せられるが、右の利益等は、当該行政法規上専ら保護法益とされていることまでは必要でなく、一般的公益と合わせて保護されている場合でも差し支えない。」

（2）「本件許可処分の根拠法規である原子炉等規制法二四条一項が、原告らの個人的利益等を保護している規定と解されるか否かについて検討するに、同法一条によれば、同法律の目的は、『核原料物質、核燃料物質及び原子炉の利用による災害を防止して公共の安全を図るために必要な規制を行う』というものであり、同法二四条一項四号の規定も『原子炉等による災害（ここにいう「災害」は、多数人の生命、身体等に損害を及ぼすことをいうものと解される。）の防止』を目的としているから、同号が公共の利益を保護目的としていることは明らかであるが、このことのみから同号が公共の利益（公益）のみを目的としていると解すべきではない。すなわち、原子炉等の施設は、その安全が確保されない場合、周辺住民の生命、身体等に重大な危険を及ぼす虞れがあり、現に、原告らは、本件原子炉施設周辺の住民として、本件許可処分により、自己又はその子孫の生命、身体等かけがえのない貴重な利益に著るしい被害を蒙る虞れが大きいと主張しているのであり、かつ原子炉等の災害により公共の安全が害される危険が発生すると同時に多くの場合、右個人的利益の侵害される虞れが生じると考えられる（これは本件記録上明らかである。）ことから、原子炉施設周辺住民の右利益を抜きにして公益の保護を図ることはできないというべきであるから、右住民の個人的利益は、公益の中に完全に包摂せしめ得ないものとして右公益と合わせて原子炉等規制法二四条一項四号の保護法益とされているものと解するのが相当である。」

（3）「当該周辺住民の多くの者に原告適格が認められるような場合には、経験則上等から一見明白に原子炉等による災害による被害を受けないと認められる者を除いては、当該周辺住民個人個人について逐一原子炉からの距離や災害等の態様等とを考慮するなどして原告適格の有無を判定することなく、全体について原告適格を認めるのが相当であると解されるところ、本件原告らについては、本件原子炉から最も遠い者でも六十数キロメートルの距離内に居住しているのであって、右にいう経験則上等から一見明白に被害を受けない者の範囲に含まれるとは認め難いから……結局、本件については原告ら全員について原告適格を認めるのが相当である。」

二　本件訴訟の審理、判断の対象となる事項

（1）「本件の如き行政処分の取消訴訟においては、自己の法律上の利益に関係のない違法を理由として取消しを求めることはできない（行訴法一〇条一項）ところ、右にいう『法律上の利益』は、原告適格を基礎づける『法律上の利益』と同義であるから……原告らは、原子炉等規制法二四条一項三号中の『技術的能力』及び四号に係る事項すなわち安全審査の対象となる事項を理由としてのみ違法事由の主張をすることができるにとどまる。」

（2）「本件安全審査の対象となる分野についてみるに、原子炉等規制法は、核燃料物質、核原料物質及び原子炉の利用について、各種の分野に区分し、それぞれの分野の特質に応じて、それぞれの分野毎に一連の所要の安全規制を行うという体系となっており、原子炉の設置許可は、同法第四章『原子炉の設置、運転に関する規制』のうち、原子炉の設置の項で規定されているのであるから、本件原子炉設置許可に際して安全審査の対象となる分野は、原子炉施設の設置に関する分野であり、したがって、原子炉施設自体の安全性に関する事項に限られるというべき

である。」

（3）「次に、本件安全審査の対象事項である原子炉施設自体の安全性に関する事項につきどのような内容にまで審査が及ぶべきかについて検討するに、以下に述べるとおり、それは、原子炉施設に関する基本設計ないし基本的設計方針に限られるものと解すべきである。

すなわち、発電用原子炉の利用に関する原子炉等規制法及び電気事業法による安全規制の特色は、原子炉施設の設計から運転に至るまでの過程を段階的に区分しそれぞれの段階に対応して原子炉施設の許可、工事計画の認可、使用前検査、同合格、保安規定の認可、定期検査等の規制手続を介在せしめ、これら一連の規制手続を通じて発電用原子炉の利用に係る安全確保を図る、という方法に基づくいわゆる段階的安全規制の体系がとられていると解されるからである。」

三　本件許可処分に対する司法審査の方法

（1）「本件許可処分は、内閣総理大臣によって、本件許可申請が原子炉等規制法二四条一項各号の要件に適合するとされた判断であるところ、右の要件を定める右各号の規定の文言に照らし、また、許可権者である内閣総理大臣において検討すべき事柄の内容に照らすと、右の判断は、広汎かつ高度な原子力行政に関する政策的事項についての総合的判断と原子炉の安全性に関する専門技術的事項についての総合的判断とに基づいてなされるところの裁量処分と解すべきである。しかして、本件訴訟における本案審理の対象は、本件許可申請が同法二四条一項四号及び三号中の『技術的能力』に係る許可要件に適合するとした内閣総理大臣の判断に係る違法性の存否であるところ、右の各要件適合性の判断は、右に述べた二つの裁量処分性のうち後者の専門技術的裁量と解されるが、右の裁量には、具体的な審査基準の策定についての専門技術的裁量及び審査過程についての専門技術的裁量とが含まれていると解される。」

（２）「このように、本件許可処分に裁量性が認められるとしても、それが行政庁たる内閣総理大臣の全くの自由裁量に任されているとは解されない。蓋し、本件許可処分に瑕疵があり、このため原子炉等による災害が発生した場合には、本件原子炉施設周辺の住民らの生命、身体等に放射性物質の毒性による甚大な被害が生じかねないのであり、その放射性物質の毒性の人間に与える影響の深刻さと不可逆性等からすると、右の裁量性の幅は、前記の専門技術的裁量性を考慮してもなお狭いものでなければならず、原子炉設置許可申請が告示や各指針に適合するのはもちろん、許可処分当時の科学技術水準に照らして、専門的技術的審査によって一定の基準に適合していると認められるときでなければ、設置許可をすることができないという裁量権行使上の制約が存するものと解すべきである。」

（３）「本件原子炉の安全審査資料はすべて被告の保持するところであり、原告らに比べてその専門的知識等においても優位に立つと考えられること及び本件許可処分に瑕疵が存することによって生ずる虞れのある原告らの生命、身体等への影響の甚大さすなわち、右処分に係る保護法益の重大性等を考慮すると、右の合理性の立証は被告が負担すべきであると解するのが公平であり、条理上も妥当である。」

以上のように述べ、結局、本件許可処分手続にはこれを取り消すべき違法は認められず、本件安全審査において本件許可申請は原子炉等規制法二四条一項三号（ただし「技術的能力」の点のみ）および四号に適合するものと判断され、右判断には合理性があると認められるから、内閣総理大臣の本件許可処分は適法なものと認められるとした。

〈解　説〉

（一）　はじめに

本件は、伊方原発訴訟第一審判決(1)に次ぐ、実用発電用原子炉の設置許可そのものを扱ったわが国二番目の判決である。伊方一審判決後本件審理中の昭和五四年三月に、アメリカ合衆国スリーマイル島（ＴＭＩ）で炉心が損傷するという原発事故が発生したこと、伊方原発の原子炉が加圧水型（ＰＷＲ）なのに対し、本件原子炉が沸騰水型（ＢＷＲ）であることなどから、その行方が注目されたが、より掘り下げた判示部分があるとはいえ、伊方事件同様原告住民らの敗訴となった。その後、伊方控訴審判決[2]、東海第二原発訴訟第一審判決[3]が出ているが、それぞれ細部には差異が少なからずあるものの、ほぼ同一の路線を踏襲するものとなっている。

（1）松山地判昭五三年四月二五日行集二九巻四号五八八頁。
（2）高松高判昭五九年一二月一四日行集三五巻一二号二〇七八頁。
（3）水戸地判昭六〇年六月二五日判時一一六四号三頁。

（二）原告適格

下級審判決の中には、法律上保護に値する利益説を採用したものも散見されるが[4]、最高裁主婦連ジュース訴訟判決[5]にみられるように、法律上保護された利益説が判例として確立されつつあるといえる。本判決も法律上保護された利益説に立つことをその冒頭に表明した上で、本件処分の根拠法規である原子炉等規制法二四条一項は、公益のみならず、周辺住民の生命、身体等をもその保護法益としていると解し、そしてその侵害される危険性の程度は蓋然性（侵害される虞れ）があればよいとして（しかもその証明は疎明程度でよい）、原告適格を認めた。法律上保護された利益説もさらに、（イ）当該処分の根拠法の目的、各条文の全体の趣旨、（ロ）当該処分の根拠となる各要件法規（手続要件を含む）、（ハ）当該処分の根拠となる実体要件法規、（ニ）憲法又は何らかの法律、条理法で保護された利益の各レベルに区別されているが[6]、本判決は関連諸法規等を参酌してはいるが、原子炉等規制法二四条一項の解釈から導き出していることから、右の（ハ）（ないしは（ロ））に属するといえよう。原子炉等規制法に右のような利益を読み込むことはできないとする論者もいるが[7]、この点の判断はその後の伊方控訴審判決、東海原発一審判決でも支持されており、下級審レベルでは定着したといえる。

原告適格についての本件判示の中で目新らしいのは、認められる者の範囲についての判断方法にふれていることである。伊方事件では原子炉から最遠の者で二七キロメートル程だったのに対し、本件では六〇数キロメートルあったが、判決は、経験則上等から一見明白に原子炉等による災害による被害を受けないと認められる者を除いては、住民個人個人についてその有無を判定することなく、全体について原告適格を認めるのが相当とした。このような見解はつとに、学説によっても提唱されていたが、(8)東海原発一審判決では最遠の者（原子炉から約二〇キロメートル）が利益侵害の虞れがあるかないかの観点から判断しており、また最高裁は長沼訴訟(9)において原告適格の「線引き」をしていることから（ただし、長沼訴訟の場合は森林法の規定の帰結であることに注意）、今後の裁判の動向が注目される。(10)

（4）　例えば、東京高判昭四七年九月二七日行集二三巻八＝九号二九頁、札幌地決昭四九年一月一四日行集二五巻一＝二号一頁。
（5）　最判昭五三年三月一四日民集三二巻二号二一一頁。ただし不服申立適格に関するものである。さらに、最判昭三七年一月一九日民集一六巻一号五七頁、最判昭五七年九月九日民集三六巻九号一六七九頁参照。
（6）　山村恒年「原子炉設置許可取消訴訟の原告適格」判タ三六二号九頁、同「『法律上の利益』と要件法規」民商法八三巻五号七五三頁以下参照。
（7）　例えば、岩渕正紀「原子力発電の安全性と司法審査」法律のひろば三一巻七号五六頁。
（8）　原田尚彦『環境権と裁判』一三六―七頁。
（9）　最判昭五七年九月九日民集三六巻九号一六七九頁。
（10）　さらに、判決では処分の公定力と原告適格の関係にふれているが、その問題点については、拙稿「伊達パイプライン設置認可処分取消請求事件東京地裁判決」北海学園大学法学研究二二巻一号一三一頁以下参照。

（三）　取消理由の制限

本判決は、行訴法一〇条一項にいう「法律上の利益」と原告適格を基礎づける「法律上の利益」とを同義と解し、原子炉等規制法二四条中、一、二号及び三号の経理的基礎についての規制部分の規定は、公益の増進に資することにその趣旨があり、個人的利益の保護を目的とするものではないから、違法事由の主張をすることはできず、三号中の技術的能力及び四号に係る安全審査の対象となる事項を理由としてのみ主張できるにとどまるとする。取消理由の制限については、問題となった判例も少なく[11]、学説でもさほど掘り下げた検討がなされてこなかっただけに注目される。一般論として、「取消訴訟は主観訴訟であるけれども、同時に公権力の統制にも資する客観訴訟性をあわせもつ」から、「取消訴訟での審理対象は、純然たる私益保護要件の定めだけでなく、処分に関連するすべての規定、さらには法の一般原則などの不文法をも含め、広く包括的にあらゆる違法事由に及ぶ」、という見解もあることを指摘しておこう[12]。

(11)　山村＝阿部（編）『判例コンメンタール行政事件訴訟法』一二四―五頁参照。
(12)　原田尚彦「東海原発訴訟第一審判決の意味」ジュリスト八四三号七四―五頁。

(四)　審理、判断の対象となる事項

原告らは、原子力発電のトータルシステムについての安全審査を主張したのに対して、判決は、原子力発電の安全規制の法体系が分野別および段階的になっていることから、原子炉設置許可における審理、判断の対象となる事項は、原子炉施設に関する基本設計ないし基本的設計方針に限られるとした。判決のこのような考え方は、伊方一審判決でも基本的にはとられていたが、固体廃棄物の処理・処分と使用済燃料の再処理を審理対象に含めており（ただし控訴審判決では変更された）、差異が存在している。学説は、「現行の段階的安全性審査システムからみて、一応合理的なものと考えられよう[13]」、「いささか形式論のきらいもあるが、解釈論としてはまことにやむをえない帰結であったといわざるをえない[14]」と、ニュアンスの差はあれ支持するものが多い。これに対して、次のような見解の存在が注目される。「観念的には、個々の行政処分としてとらえられる処分であっても、その本質的・内在的相互関係が密接不可分な数個の行政処分については、先行する処分の判断時点において、安全性なら安全性のトータ

ルな判断が行われてしかるべきだと考えるがいかなるものであろうか。かかる行政処分は、今後一体不可分行政処分として理論構成されることが必要であるように思われる」と。[15] 本件では審理中に発電所が完成し既に運転を開始している（昭和五七年四月二〇日運転開始）ことでもあり、原子炉設置許可処分を捉えて安全性のトータルな判断をすることも、考えられないわけではなかろう。[16]

（13）藤原淳一郎「福島第二原発訴訟第一審判決について」ジュリスト八二二号二七頁。

（14）原田・前掲・七五頁。ただし東海原発訴訟についてである。

（15）佐藤英善「原子炉設置許可の裁量処分性」判時八九号二〇頁。

（16）さらに、阿部泰隆「原発訴訟をめぐる法律上の論点」判タ三六二号一九頁以下、同・「原発訴訟をめぐる法律問題（三・完）」判例評論三二四号一八頁、高橋信隆「東海第二原発訴訟第一審判決」公害研究一五巻二号四八頁参照。

（五）本件許可処分に対する司法審査の方法

原子炉設置許可処分が裁量処分かどうかについて、科学的・専門的知識は行政だけが独占的に持っているわけではなく、科学裁判での実体判断は科学的決定を下すものではなく紛争を法的に解決することであり、そのような仕組みが裁判所に用意されていること等から、否定する見解もあるが、[17] 伊方一審判決同様本判決は肯定した。伊方一審判決は、政策的事項についての裁量も含まれるような判示をしたが、本判決は、政策的裁量は審査対象との関係で問題とならず、専門技術的裁量のみであるとした。また、伊方一審判決同様裁量権制約の法理を述べたが、その内容として告示や各指針に適合し、処分当時の科学技術水準に照らして一定の基準に適合することであるとしている。

行政裁量の統制密度との関係での司法審査のあり方として、実体的判断代置主義（全面審理主義）、判断余地説、手続的・実体審理ないし判断過程の統制、裁量濫用の統制が区別されている。[18] 本判決の読み方として、このうちのいずれにあたるかの判定は難しいが、判断形成過程の審理で終ることなく、また濫用・逸脱に限定せず、判断の合理性について証拠に基づいて実体判断をし自らの心証を形成し、原告らの主張にも各所で判断を加え答えていることでもあり、実体的判断代置主義に近いといってよいであろう。この点伊方控訴審判決は（東海原発一審判決も同旨と解される）、実体的判断代置方式を採用することはできず、「現在の科学的見地からして当該原子炉の安全性に本質的にかかわるような不合理があるか否か」の限度で審理すべきであるとした。統制密度の問題は言葉よりその実質が重要であるが、審査を制限しようという趣旨には異論も生じよう。(19)

裁量処分の違法事由を構成する事実の証明責任（客観的立証責任）は、取消を求める原告側にあるとするのが一般である。(20) 本判決は、安全審査資料の保持、専門的知識等の優位、保護法益の重大性等の考慮から、合理性の立証は被告が負担すべきであると解するのが公平であり、条理上も妥当であるとした。ただしここでいう立証責任は、客観的立証責任ではなく、主観的立証責任（証拠提出責任）を意味しているともとれる。東海原発一審判決はこの両者を区別し、「最終的に原告らの指摘した違法事由の有無がいずれとも確定し難い場合には、裁量権の逸脱等を主張すべき立場にある原告らにおいてその不利益を負担すべきものと解するのが相当である」と述べ、客観的立証責任は原告にあるとしている。

(17) 淡路剛久『環境権の法理と裁判』一二九―三一頁、一四一頁以下。
(18) 阿部・前掲（三・完）一二―三頁。さらに、藤原・前掲・二八頁参照。
(19) 阿部・前掲（三・完）一六頁。
(20) 例えば、村上博巳『証明責任の研究［新版］』四一八―二三頁。ただし、宮崎良夫『行政訴訟の法理論』二九一―二頁参照。

(六)　手続的、実体的違法性

この部分が原発訴訟のハイライトであるが、紙幅も尽きたので、二点だけ指摘するにとどめよう。まず、手続的違法性について、伊方一審判決は、安全審査会および部会の具体的審査過程における瑕疵を指摘するなど、比較的詳細な判決をしている。それに対して本判決は、安全審査体制を中心に論ずるにとどまっている。これは、原告側が具体的な突込んだ主張をしなかったことによるものであろうか。[21] 次に、TMI事故について、判決は、その直接の決定的要因及び背景的要因の殆どは、具体的な運転管理に係る事項に属するものと認められるが、右背景的要因の一部は、原子炉施設の基本設計ないし基本的設計方針に係る事項に属しないとは必ずしもいえない。本件原子炉は、TMI原発のようなPWRとその構造を異にするBWRであるが、TMI事故でみた炉心損傷の如き事象は起こり得ないとはいえず、それを論拠として審査の違法を主張できないものではないとした。このように述べて、判決は原告らの主張に対する判断を七点にわたりしているが、結局、それぞれについて安全審査は合理的であるとして、原告らの主張を斥けている。とりわけ、人為ミスの問題を司法審査においてどのように扱うべきか、今後に大きな課題を残しているといえよう。[22]

(21) 田中館照橘「原子力発電所設置許可処分と原告適格・適正手続」法令解説資料総覧四三号一七六頁参照。
(22) さらに、阿部・前掲（三・完）一八九頁参照。

二　志布志湾石油備蓄基地事件鹿児島地裁判決

鹿児島地裁昭和六二年五月二九日判決
却下・控訴
判時一二四九号四六頁・判タ六四〇号二四五頁

〈事案の概要〉

本件は、志布志湾に国家石油備蓄基地を建設するために、被告鹿児島県知事が鹿児島県に対して公有水面埋立免許処分（以下「本件処分」という）をしたところ、右建設に反対する地元漁民や住民が、同処分の取消しを求めた事件である。本件処分に基づいてされる埋立工事に係る水面（以下「本件水面」という）には、高山町漁業協同組合（以下「高山町漁協」という）が共同漁業権を有していたが、同漁協は、本件処分に先立ち、臨時総会における特別決議（水産業協同組合法五〇条参照）をもって本件水面に関する共同漁業権を放棄し、さらに埋立てにつき公有水面埋立法（以下「法」という）四条三項に基づく同意をした。

（1）ないし（3）の原告らは、地元漁民で、高山町漁協の組合員であるが、漁業権は関係地区漁民の総有に属するから、埋立免許処分をするためには共同漁業権の権利者たる漁民全員の同意を必要とするが、同原告らは本件公有水面の埋立てに同意していないので、本件処分は法四条三項一号、五条二号に違反すると主張した。

（4）ないし（22）の原告らは、地元住民で、本件処分に伴い建設が予定されている志布志湾国家石油備蓄基地の三分の一強が、日南海岸国定公園の公園区域（普通地域）内に位置するところ、自然公園法一条の目的に照らすと、同公園区域内に備蓄基地を建設することは、公園指定と相容れない矛盾した行為で、本件処分は法四条一項三号に違反すると主張した。

また、(1)ないし(3)の原告らは、本件水面の埋立工事の差止めを求めて仮処分の申請をしていたが、本件と同一法廷は、本件と同日、本件判決と同旨の事実認定を前提に、被保全権利の疎明がないとして却下決定をした(判例地方自治四一号五六頁参照)。

なお、本件水面の付近住民及び漁民が、志布志港港湾計画に従って、同港湾を拡張するためにされた公有水面埋立許可処分の取消しを求めた事件で、鹿児島地裁昭和六〇年三月二二日判決は[1]、本件同様原告適格を否定している。[2]

(1)　行集三六巻三号三三五頁。

(2)　この事件については、阿部泰隆「志布志湾埋立免許取消訴訟――その原告適格」『最近の重要環境・公害判例』一九八頁以下およびそこに引用されている文献参照。

〈判　旨〉

一　公有水面埋立免許取消訴訟の原告適格

「行訴法九条によると、行政処分の取消しの訴えを提起し得る者は、当該処分の取消しを求めるにつき『法律上の利益を有する者』に限られる旨規定されている。そして行政処分の取消訴訟は、その取消判決によって処分の法的効果を遡及的に失わしめ、処分の法的効果として個人に生じている権利利益の侵害状態を解消させ、右権利利益の回復を目的とするものであるから、右法条にいう『法律上の利益を有する者』とは、当該処分により自己の権利利益を侵害されまたは侵害されるおそれのある者をいい、右『権利利益』は行政処分がその本来的効果として制限を加える権利利益に限定されるものではなく、当該行政法規が私人等権利主体の個人的利益を保護することを目的として行政権の行使に制約を課していることにより保障されている権利利益もこれに当たるというべきである。

したがって、右の行政法規による行政権行使の制約に違反して処分が行われ行政法規による権利利益の保護を無視されたとする者も、当該処分の取消しを訴求することができ、また右制約とは明文の規定によるものに限られず、直接法律に規定がなくても、法律の合理的解釈により当然導かれる制約をも含むものと解される（最高裁昭和六〇年一二月一七日第三小法廷判決、判例時報一一七九号五六頁）。

しかし、右権利利益は、行政法規が個人的利益の保護を目的とするのではなく、他の目的特に公益の実現を目的として行政権の行使に制約を課している結果、たまたま一定の者が受けることとなるいわゆる反射的利益とは区別すべきものである（最高裁昭和五三年三月一四日第三小法廷判決、民集三二巻二号二一一頁）。

法二条に基づく公有水面の埋立免許は、一定の公有水面の埋立を排他的に行って土地を造成すべき権利を付与する処分であるから、法五条各号所定の権利者に限らず、当該公有水面に関し権利利益を有する者は右埋立免許により当該権利利益を直接に奪われる関係にあり、その取消しを訴求することができるが、埋立免許に関し、法四条一項各号により課せられている制約によって埋立て予定地域付近に居住する住民が間接的に受ける利益の如きは反射的利益にすぎないものというべきである。」

二（1）ないし（3）の原告らの原告適格

1「（1）ないし（3）の原告らは、本件公有水面につき共同漁業権を有する者ではないから、法五条所定の公有水面に関し権利を有する者には該当しないものの、漁業法八条一項により高山町漁協の有する共同漁業権の範囲内で漁業を営む権利を有していたから、当該行政法規たる公有水面埋立法には明文の規定はないが、本件公有水面に関し権利を有していたものというべきである。

しかしながら、高山町漁協は、臨時総会において、本件公有水面に関し共同漁業権を放棄する旨の漁業権一部放棄の特別決議を行ったものであるから、これにより右共同漁業権及びこれから派生する権利である右原告らの漁業を営む権利も本件公有水面につき消滅に帰し、右原告らは本件埋立免許処分の取消しにつき法律上の利益をもたず、原告適格を欠くものとしなければならない。」

2 「本件公有水面に関し五七号共同漁業権を放棄することについて、漁業法二二条に基づく知事の変更免許を受けていないことが窺われるけれども、新たな漁場区域を一部加えることなく、従前の漁場区域を一部除外し、もって漁業権の一部を放棄することは新たな権利の設定を受けるわけではないから、右法条にいう知事の免許を要する『漁業権の変更』には当たらないものと解され、また漁業権は放棄することができ（同法三一条項）、漁業権の対象となる漁場区域のうちその一部を除外する一部放棄も当然なし得るものと解されるから、右原告らの主張はいずれも理由がないものというべきである。」

三 （4）ないし（22）の原告らの原告適格

「右原告らは、本件埋立免許処分の取消しを求めるにつき、自然公園法及び自然環境保全法に定められた生命、健康上の利益等を有しているから、原告適格をもつ旨主張するが、このような利益は右各法律の適正な運用によって生じる公益の実現の結果右原告らに生じる反射的利益にすぎないものと解され、右原告らも本件埋立免許処分の取消しを求めるにつき、法律上の利益がなく、原告適格を欠くものというべきである。」

以上のように述べ、原告らの訴えは、いずれも不適法なものであるとして却下した。

〈解　説〉

一 取消訴訟の原告適格について（行政事件訴訟法九条参照）、下級審判決の中には、法律上保護に値する利益説[3]を採用するものも散見されたが[4]、伊達火力発電所関係埋立免許等取消請求事件最高裁判決等[5]にみられるように、法律上保護された利益説が判例として確立した。本判決もその冒頭において、法律上保護された利益説に立つことを表明し、前記伊達判決を引用している。もっとも、法律上保護された利益の範囲について、（1）当該処分の根拠となる実体要件法規、（2）当該処分の根拠となる要件法規（手続要件を含む）、（3）当該処分の根拠法の目的、各条文の全体の趣旨、（4）憲法又は何らかの法律、条理法で保護された利益、の各段階に区別されている。(6) 右の区別の仕方は有益であると思われるが、これに従うと、判例として確立した法律上保護された利益説は、（4）の段階を排除し、本判決もそれを踏襲していると言ってよいであろう。手続要件規定によって保護された利益が原告適格の根拠となるかについて、長沼ナイキ基地訴訟上告審判決(7)は、それを肯定しているように読む余地があると思われるが、この点は未だ明確ではない。(8) また、（3）の段階について、伊達最高裁判決や本判決が述べているように、個人的利益を保護するための行政権行使の制約は、直接法律に規定がなくても、法律の合理的解釈により当然導かれる制約をも含むとしている。そうすると、その解釈において、根拠法の目的なり、各条文の全体の趣旨が考慮されるであろうから、（3）の段階は、少なくともこの意味では含まれるといってよかろう。(9)

二　本判決は、法四条一項各号によって課されている制約によって、埋立て予定地域付近に居住する住民が受ける利益は、反射的利益にすぎず、原告適格を基礎づけることはできないとしている。権利利益なのか反射的利益なのかの議論は、水掛論になりやすいことは否定できないが、法四条一項各号（特に二号、三号）の制約によって付近住民が受ける利益は、大規模埋立てが周辺環境に大きな影響を与えることを考えると、単なる反射的利益として片づけられてしまってよいか疑問が残ろう。このことは、消防法一一条一項等を根拠に原告適格を基礎づけ得るとしている例(10)、原子炉等規制法二四条一項四号の「災害の防止上支障のないものであること」を根拠に原子力発電所周辺の住民に原告適格を認めている例(11)があることを考えても、うなずけよう。また、法三条三項において、利害関係人に意見書提出権が認められているが、手続要件規定によって保護された利益も法律上保護された利益に含めて考えられるとすると、利害関係人たる地元漁民や埋立地付近の住民に、原告適格が認められるとの考えも可能であろう。(12)

三　漁協の有する漁業権と、個々の組合員の漁業を営む権利（漁業法八条一項）との関係をどのように捉えるかについては諸説存在する。[13]第一説は、共同漁業権を入会的に理解して、漁業権は漁業を営む者の総有的帰属形態であるとし、各自が対外的にも権利を主張することができるとする。第二説は、現に漁業を営む者の有する権利は、入会権ではなく、漁業権そのものではないが、それと不可分のその具体化された形態であり、対組合的権利以上の権利であるとする。第三説は、共同漁業権は管理組合に帰属し、漁業を営む権利は行使規則に従って組合員に認められた社員権的権利であり、対組合的権利にすぎないとする。本判決は、漁業権を入会権同様関係地区住民の総有に属するとの原告の主張を否定し、漁協の有する共同漁業権から派生する権利であるとして、第三説を採用しているといえよう。そして、高山町漁協は、臨時総会において、本件公有水面に関し共同漁業権を放棄する旨の漁業権一部放棄の特別決議を行ったのであるから、原告らの漁業を営む権利も本件公有水面につき消滅したとしている。漁業権放棄手続をめぐっては、総会の特別決議のほかに、関係地区に居住する組合員の三分の二以上の者の書面による事前同意を要求している漁業法八条五項・三項の類推適用の問題がある。かつて、下級審判決は分かれていたが、前記伊達最高裁判決は類推適用を否定し、これがリーディング・ケースとなっている。この点については異論もあるが[14]、本件については、漁業権一部放棄と同時に漁業権行使規則の変更をしていることが窺われ、従って関係地区に居住する組合員の三分の二以上の者の書面による事前同意はなされているであろうから、問題にする余地はなかろう。

四　判旨二2によると、漁業権の一部放棄は、新たな権利設定ではないから、漁業法二二条に基づく知事の変更免許を要する「漁業権の変更」には当たらないという。しかし、このような理由付には疑問が残る。というのは、このような解釈によるならば、漁業権の分割の場合には新たな権利の設定があるわけではないから、知事の変更免許は常に不要ということになり、本条を置いた意味がなくなるからである。この点、臼杵市埋立免許事件大分地裁判決[15]は、漁業権の一部放棄について、変更免許を必要としないという結論は同じであるが、その理由として、漁業調整その他の公益は全く存しないから、漁業法二二条による免許を必要とする「漁業権の変更」には該当しないとしている。このような論理の方が説得的であろう。しかし、例えば、伊達火力発電所関係埋立免許等取消請求事件控訴審判決[16]のように、漁業権の一部放棄につき、漁協の漁業権は、漁業権変更免許処分により確定的に消滅し、これに伴い、漁業を営む権利も消滅するとの見解も存在する（この点、本判決は、判旨二１において、漁協の臨時総会における特別決議によって、共同漁業権及びこれから派生する権利である漁業を営む権利も消滅するとしている）。このような考え方によるならば、漁業権の変更免許処分がなされていない本件においては、漁協の漁業権及び個々の組合員の漁業を営む権利はなお完全には消滅していないことになり、（１）ないし（３）の原告らには、本件処分を争う原告適格が有することになりそうである。漁業権一部放棄について、漁業権が消滅する時点、及び漁業権変更免許が不要な場合があるかについては、今後の検討課題としておきたいが、いずれにせよ判旨二２の部分の理由付は、先に述べたように疑問である。

五　判旨三において、判決は、自然公園法及び自然環境保全法に定められた生命、健康上の利益等は、反射的利益にすぎないから原告適格を欠くとする。この部分の特徴は、反射的利益論だけを前面に押し出し、取り上げる行政法規が、当該処分の根拠法規でないにもかかわらず問題にしていることである。判決全体を眺めるなら、既に判旨一において、埋立予定地域付近に居住する住民に原告適格が欠けることが明らかにされているから、この部分は原告の主張に応じ、いわばダメ押しのつもりなのであろう。当該処分の根拠法規以外の法規を問題にしているからといって、先述した「法律上の利益」について、（４）の何らかの法律で保護された利益の段階を裁判所が考えているとは解されないことは言うまでもない。

六　公有水面埋立免許処分をめぐっては、法四条一項二号・三号のいわゆる環境保全配慮条項等が付加される前の旧法について、前記伊達火力埋立免許事件最高裁判決が、埋立地周辺の水面において漁業を営む者の原告適格を否定している。新法についても、福島第二発電所埋立免許事件福島地裁判決[17]、姫路液化天然ガス基地事件神戸地裁判決[18]、志布志湾埋立免許事件鹿児島地裁判決[19]が、相次いで、公有水面埋立免許処分につき、埋立区域の近くで漁業を営んでいる者、あるいは付近住民に、その取消しを求める原告適格を否認してきている。本判決も、この流れの一事例に加えられることとなった。

(3) 原田尚彦『訴えの利益』参照。
(4) 例えば、札幌地判昭和五一年七月二九日行集二七巻七号一〇九六頁。
(5) 最判昭和六〇年一二月一七日判時一一七九号五六頁。本件について、秋山義昭「伊達火力発電所埋立免許取消請求事件」ジュリスト昭和六〇年度重要判例解説三二頁以下及びそこに引用の文献を参照のこと。
(6) 山村恒年「『法律上の利益』と要件法規」民商法雑誌八三巻五号五七頁以下参照。
(7) 最判昭和五七年九月九日民集三六巻九号一六七九頁。
(8) この判決はそれを肯定していると解すべきではないとするものとして、例えば、南博方（編）『条解行政事件訴訟法』〔前田順司執筆〕三四六頁。
(9) ただし、根拠法の目的のみ、あるいは条文全体の趣旨のみで原告適格が基礎づけられうるかは、これまでの裁判例では定かではない。
(10) 札幌地判昭和六一年六月一九日行集三七巻六号八四三頁。ただし、災害が発生する蓋然性は極めて低く、被害を受けるおそれはないことから原告適格を有しないとした。
(11) 松山地判昭和五三年四月二五日行集二九巻四号五八八頁等。
(12) しかし、神戸地判昭和五四年一一月二〇日行裁例集三〇巻一一号一八九四頁は、地域住民等の利益を法律上個別的に保護したものとは解せられないとして否定。
(13) 宮川勝之「白杵市埋立免許事件」『公害・環境判例（第二版）』一五四頁参照。
(14) 拙稿「伊達火力発電所関係埋立免許等取消請求事件控訴審判決」北海学園大学法学研究一九巻三号一七三頁以下参照。
(15) 大分地判昭和四六年七月二〇日行集二二巻七号一一八六頁。
(16) 札幌高判昭和五七年六月二二日判時一〇七一号四八頁。
(17) 福島地判昭和五三年六月一九日行集二九巻六号一一三七頁。
(18) 神戸地判昭和五四年一一月二〇日行集三〇巻一一号一八九四頁。
(19) 鹿児島地判昭和六〇年三月二二日行集三六巻三号三三五頁。

三　織田が浜埋立差止請求事件松山地裁判決

松山地裁昭和六三年一一月二日判決
棄却・控訴
判時一二九五号二七頁・判タ六八四号二五四頁

〈事案の概要〉

今治市は重要港湾（港湾法二条二項参照）今治港の港湾管理者として、通称「織田が浜」と呼ばれる海浜の地先海面埋立計画を含む「今治港第三次港湾計画」を策定した。今治市は、右港湾計画に基づき、今治市が工事主体となる部分の埋立てを行うため、昭和六一年八月二八日、埋立免許権限を有する港湾管理者の長たる被告今治市長に対し、公有水面埋立法に基づく埋立免許を出願し、昭和六二年三月二日、右出願にかかる埋立免許を得た。

これに対し、今治市の住民一〇五六名は、本件埋立免許について、①瀬戸内海環境保全特別措置法（以下「瀬戸内法」という）一三条所定の配慮義務に違反した違法な免許である、②本件埋立ては、瀬戸内法に基づく愛媛県計画に違背するため公有水面埋立法四条一項一号および同三号の免許基準を欠いているにもかかわらずなされた違法なものであるとして、本件埋立工事に係る公金支出の差止めを求めて住民訴訟を提起したものである。

〈判　旨〉

一　「地方自治法二四二条の二に規定されているいわゆる住民訴訟の制度は、地方公共団体の執行機関又は職員による同法二四二条一項所定の違法な財務会計上の行為又は怠る事実が究極的には当該地方公共団体の構成員である住民全体の利益を害するものであることから、これを防止するため、住民に対しその予防又は是正を裁判所に請求する権能を与え、もって地方財務行政の適正な運営を確保することを目的とした制度である（最高裁昭和五三年三月三〇日第一小法廷判決民集三二巻二号四八五頁参照）。

このような制度の趣旨・目的からすると、住民訴訟において裁判所が判断できるのは、財務会計上の行為又は怠る事実に違法があるかどうかの点に限られ、その他の地方公共団体の事務一般に違法があるかどうかの点については、それ自体としては、住民訴訟の手続の中では判断できないものといわなければならない。このことは、①住民訴訟の前提として行われる地方自治法二四二条所定の住民監査請求の審査を行う監査委員の本来の職務権限が、普通地方公共団体の『財務に関する』事務の執行の監査に限られ（地方自治法一九九条一項）、地方公共団体の事務一般の監査には及んでいないこと及び②地方自治法七五条は地方公共団体及びその執行機関等の事務の執行一般を対象とする監査請求の制度を規定しているものの、住民は、この監査の結果に不服があっても、住民訴訟のように裁判所に対し違法な事務の執行の予防又は是正を求める手段を与えられていない（このような制度は設けられていない。）ことから考えても明らかである。」

二　原告らの引用する各判例は、当該財務会計上の行為と、その原因となる非財務会計上の行為が密接不可分であるため、別個のものとしてよりむしろ一体のものとして評価されるにふさわしい事案であったり、原因となる行為が、憲法に違反して許されないものである場合であったりなど、個別事案に即して判断されたものと見ることができる。また、いずれも、住民が地方自治法二四二条の二第一項四号に基づき、当該地方公共団体に代位して、違法な財務会計上の行為をした職員に対し、その違法な行為によって当該地方公共団体が被った損害の填補を求めた事案に関するものである。このような事案においては、原因となる行為が違法であるために、当該財務会計上の行為もまた違法となるとして扱われても、その原因となる行為自体の効力が覆されるわけではない。従って、損害賠償請求において示されたその考えを、差止めの求められている本件に、直ちに当てはめることはできない。

三１「右に述べてきたところを前提にすると、本件のような公金支出の差止めを求める住民訴訟において、原因となる行為の違法性が公金支出の差止めの根拠となり得るか、なり得るとしてその要件はどうなるかについては、①前記住民訴訟制度の趣旨・目的、②住民訴訟制度のほかに、行政処分を争訟の対象とした抗告訴訟制度をも含む行政事件訴訟制度の仕組み全体、③右制度が前提としている司法と行政とのかかわり合いのあるべき姿等の要素を考慮に入れつつ、これらの要素の整合はいかにしたら得られるかという観点に立って検討すべきものということができる。そして、この立場に立つときは、原因となる非財務会計上の行為の違法性一般が公金支出の差止めの根拠となるとする見解は、採用することはできないものというべきである。その理由は、以下に述べるとおりである。

まず、地方公共団体の事務で公金の支出を伴わないものはほとんど存在しないから、右見解を採用した場合、地方公共団体の事務のほとんどすべては、公金支出と結び付けて構成しさえすれば、住民訴訟によってその違法性を争うことができることになり、しかも公金の支出を差し止めることによって事実上その事務の遂行を阻止することができる結果ともなってしまう。しかし、このような結果が住民訴訟制度の予想したものと見られ得るかについては、前述した右制度の趣旨・目的に照らし、重大な疑問があるといわざるを得ない。

次に、地方公共団体におけるものを含む行政行為一般の違法を争う手段として設けられている抗告訴訟制度（行政事件訴訟法三条）においては、その対象は行政庁の行為のうち行政処分性のあるものに限られ、さらに、原告適格（訴訟の結果につき固有の法律上の利益を有する者に限り提訴できる。）、出訴期間（行政処分の効力の早期安定を図るため、争い得る期間を制限している。）等の訴えの要件をすべて満たした場合のみ適法な訴えと認められるものとされている（同法九条、一四条、三六条、三七条）。

ところが、原因となる非財務会計上の行為の違法を理由として公金支出の差止めを認めるとすると、当該地方公共団体の住民は、住民であるという地位だけに基づいて、当該行為の行政処分性の有無にかかわらず、また抗告訴訟制度で定められている出訴期間の制限もなくして（住民訴訟制度においても争い得る期間に制限が設けられているが、右制限によっても、公金支出の差止めを求める請求の場合には、当該支出が終了しない限り、いつまでも訴訟を提起することが可能である。）地方公共団体の行為一般を争い、かつ、事実上その実現を阻止できる結果となってしまう。しかし、このような結果は、前記のような抗告訴訟制度との整合性を欠く度合いの極めて大きいものであり、その意味で不当な要素を多分に有しているといわざるを得ないのである。

さらに、住民訴訟は、行政事件訴訟法五条に規定する民衆訴訟のひとつであって、法律が特に定める場合にのみこれを提起できるものであることも忘れてはならない点である。住民訴訟がこのようなものであるとすれば、抗告訴訟制度との整合性を欠く度合いの極めて大きい結果となる場合にまで住民訴訟を提起し得るとするためには、そのことが住民訴訟の根拠となる法律の定め自体あるいは右訴訟制度の趣旨・目的から明確に導き出されることが必要というべきである。ところが、法律の定め（地方自治法二四二条の二、二四二条）自体からも、また住民訴訟制度の趣旨・目的からも右結果を是認するものを導き出すことはできない。むしろ、右結果が制度の趣旨・目的から逸脱するおそれの大きいものであることは前述のとおりなのである。」

2　「しかし、公金支出自体に固有の違法性が認められない限り、いかなる場合にも住民訴訟によってこれを差し止めることは許されないと解するのも相当ではない。公金支出の原因となる非財務会計上の行為に重大かつ明白な違法がある場合には、支出自体に固有の違法性は認められないときでも差止めが許されると解すべきである。原因となる行為の違法性がこのような程度に至っている場合にまで、住民らは当該行為実現のために公金が支出されるのを手をこまねいて見ていなければならないとするのは、いかにも不合理であり、前記住民訴訟制度の趣旨・目的からもむしろ外れることになると思われ、また、このような場合に差止めを認めたとしても、抗告訴訟制度との整合性を欠くなどの不都合はほとんど発生しないといってよいからである。」

四1　「本件埋立てのように、瀬戸内海の自然海浜が都市計画公園に指定されており、その地先の海面が自然公園法二条一号に基づく自然公園（瀬戸内海国立公園の普通地域）に指定されている海面を埋め立てる場合には、当該埋立ての必要性及び公共性の高さと、埋立て自体あるいは埋立て後の土地利用が周囲の自然環境に及ぼす影響等を衡量し、その埋立てが真にやむを待たないものであるかどうかを考えて、その許否が決められるべきものであり、ただしその際、その許否の判断にあたっては、瀬戸内法及びこれに基づく愛媛県計画の趣旨、すなわち、瀬戸内海の自然海浜については極力埋立てを抑制し、できる限りその自然状態を保全すべきであるとの趣旨を十分に考慮に入れなければならないものと解すべきことになるのである。」

2　本件埋立ては、瀬戸内法及びこれに基づいて策定された愛媛県計画の目指す方向にそわない要素を極めて濃厚に有することは、否定することのできないところである。

五「以上述べてきたところによれば、本件埋立免許部分が違法である旨の原告らの主張には、傾聴すべき点が多いということができる。しかしながら、仮に本件埋立免許部分が原告らの主張するとおりの理由により違法なものであったとしても、その違法を重大かつ明白なものとすることはできない。」

以上のように述べて、本件公金支出には、地方自治法二四二条の二第一項一号に基づく差止めを根拠付けるだけの違法はないとした。

〈解　説〉

一　公有水面の埋立免許をめぐって、埋立地付近の住民あるいは漁民により、その取消しを求める訴訟がいくつか提起されてきたが、原告適格の要件をクリアできないために、不適法なものとして却下されるのが常であり[1]、伊達火力発電所関係埋立免許等取消請求事件において、最高裁も埋立地付近で漁業を営む者の原告適格を否定している[2]。このような判例の流れの中で、本件において、付近住民は、公有水面の埋立てを地方自治法二四二条の二の住民訴訟によって阻止しようとしたものとして注目される[3]。しかし、住民訴訟の対象は「財務会計上の行為」であるとされていることから（地方自治法二四二条一項参照）、埋立てないしは埋立免許処分の違法性が、公金支出の違法事由を構成するのかという問題に逢着する。判例・学説が混沌としている中で、本判決は、地方自治法二四二条の二第一項一号の差止請求について、きわめて詳細な判示をしており、注目に値する。

これまで、一号差止請求について、先行行為の違法性が重大かつ明白な場合に財務会計行為も違法となるとの判決に、特別区道の開設についての東京高判昭和五六年五月二七日判時一〇一六号五一頁がある。(4) 四号前段の損害賠償代位請求については、違法性が承継されるとの趣旨であると思われる裁判例がいくつか存在する。(5)

なお、先行行為が支出行為の事実上直接的な原因行為とはいえないとして、絞りがかけられることも考えられるが、この点はここでは立ち入らないことにする。(6)

二　本判決は、原因となる行為の違法性が公金支出の差止めの根拠となり得るかについては、①住民訴訟制度の趣旨・目的、②住民訴訟制度のほかに、行政処分を争訟の対象とした抗告訴訟制度をも含む行政事件訴訟制度の仕組み全体、③右制度が前提としている司法と行政とのかかわり合いのあるべき姿等の要素を考慮に入れつつ、これらの要素の整合性はいかにしたら得られるかという観点から検討すべきであるとしている。そして、この立場に立つときは、原因となる非財務会計上の行為の違法性一般が公金支出の差止めの根拠となるとの見解は採用できないとして、次の三点の理由をあげる。すなわち、公金の支出を差し止めることによって、事実上その事務の遂行を阻止することができる結果となること、行政行為にはいわゆる公定力（取消訴訟の排他的管轄）があること、住民訴訟は民衆訴訟の一つであるが、法律の定め自体からも、また住民訴訟制度の趣旨・目的からも認められないことである。ただし、公金支出の原因となる非財務会計上の行為に、重大かつ明白な違法がある場合は別であるとしたのである。学説においても、先行行為が行政行為である場合には、公定力の存在をあげ、本判決と同様の結論を導き出しているものがみられたが、(7) 本判決は、これに住民訴訟制度の趣旨・目的をも付加して根拠付けようとしているところに特色があるといえよう。

三　判決は、一号の差止請求の場合と、四号前段の損害賠償代位請求の場合とでは、財務会計上の行為の違法性と、その原因となる非財務会計上の行為の違法性の関係を論ずるに際し、考慮すべき要素が常に同一でなければならない必然性はないと述べているが、これも見逃し得ない重要な論点である。判決も述べているように、損害賠償請求の場合には、原因となる行為が違法であるために、当該財務会計上の行為もまた違法となるとして扱われても、その原因となる行為自体の効力が覆されるわけではない。すなわち、損害賠償の請求は公定力とは無関係である。(8)そこで、他の請求とは別途考えるべき問題になるが、この場合には二つに大別して考えられよう。まず、先行行為と後行行為を行う機関が同一である場合には、当該地方公共団体に対する関係で違法であることに変わりはなく、違法性が承継される余地がある。(9)それに対して、異なる場合には、当該職員には服従義務が存在していることから、責任を追及することができるのは、原因行為の違法性が重大かつ明白な場合に限られよう。(10)ただし、出納長又は収入役は、当該支出負担行為が法令に違反していないことを確認した上でなければ、支出をすることができないことから（地方自治法二三二条の四第二項）、この場合には、違法性が承継されるといってよいであろう。(11)

四　公有水面の埋立免許処分について、本判決のような考え方によっても、住民訴訟の一号請求によって、重大かつ明白な違法が存在するか否かの点からの、本案判断は下されることになる。この点では、埋立地付近の住民等に原告適格が否定されている取消訴訟によるよりも、利点があるとはいえよう。しかし、公有水面の埋立てに「重大かつ明白な」違法が存在する場合というのは、実際問題として、想定することが困難であるのに対して、その工事自体、あるいは「上もの」によって付近の環境に与える影響は決して少なくない。そこで、やはり付近住民等に埋立免許処分の取消訴訟によって本案を争う道を開くべきであると思われる。(12)

（1）　例外として、札幌地判昭和五一年七月二九日行集二七巻七号一〇九六頁参照。
（2）　最判昭和六〇年一二月一七日判時一一七九号五六頁。
（3）　本件の経緯について、矢野真之「織田が浜の埋立と埋立差止訴訟」公害研究一四巻一号二頁、竹中勲「織田が浜埋立と住民訴訟」自治研究六二巻一号六九頁参照。
（4）　本件行政処分に重大かつ明白な違法があることおよび財務会計上の違法があることについて主張、立証がないとして請求は棄却。

（5）例えば、最判昭和五八年七月一五日民集三七巻六号八四九頁、最判昭和六〇年九月一二日判時一一七一号六二頁参照。なお、これらの判決の読み方として、財務会計行為とその原因となった行為とを一体的にとらえて評価せざるを得ない場合であるとする、泉徳治・ジュリ八五二号一二二四頁も参照。

（6）この点で、地方自治体が国鉄職員のみを対象として職員採用試験を実施したことにつき、それ自体非財務会計行為であり、後行する公金の支出と事実上直接的な関係を有する行為であるともいえないとして訴えを却下した、仙台地判昭和六二年九月三〇日判時一二八七号四七頁参照。

（7）関哲夫『住民訴訟論』九〇頁、金子芳雄『住民訴訟の諸問題』一一〇頁参照。

（8）最判昭和三六年四月二一日民集一五巻四号八五〇頁参照。

（9）南川諦弘・判例評論三七〇号二七頁参照。異なる見解として、関・前掲七八頁。

（10）東京高判昭和六一年五月二九日行集三七巻四・五号七二三頁は、このような結論を公定力理論から導き出しているが、適切ではない。

（11）南川・前掲二七頁参照。

（12）さらに、拙稿「伊達火力発電所関係埋立免許等取消請求事件控訴審判決」北海学園大学法学研究一九巻三号一六三頁参照。

四　汚泥流出事故損害賠償請求事件千葉地裁判決

千葉地裁平成二年三月二八日判決
一部認容・一部棄却・控訴
判時一三五一号九八頁・判タ七三九号七九頁

〈事案の概要〉

汚泥（主に産業廃棄物たるベントナイト汚泥）を埋め立てて処理をしていた被告所有の第一処理場が、昭和五四年四月、内部の汚泥の圧力によって周囲の土手の一部が決壊し、汚泥が隣接土地建物に向かって流出してこれを埋没させ、乳児一人を死亡させる等の被害を生じさせた。被告処理業者（弁論途中から所在不明）は、産業廃棄物処理業者としての経験は皆無に近く、第一処理場は、専門家による構造設計や強度計算等は一切なされておらず、建築現場から出るコンクリート屑を含んだ土砂でまず土手を築いて、その中へ汚泥を捨て、天日乾燥と排水により水分を減少させ、乾いた汚泥の有償売却をはかるというだけの簡単かつ杜撰なものであった。そこで、被害を受けた会社や乳児の父親等が、処理業者、監督官庁の千葉県と市川市、処理業者に土地を賃貸していた土地所有者に対し、損害賠償を求めた。

〈判　旨〉

判決は、それぞれの責任について以下のように述べ（土地所有者の責任については省略）、処理業者および県は民法七一九条一項の共同不法行為者として、連帯して損害賠償責任を負うものとした。

一　処理業者の責任

第一処理場は、構造上の欠陥を有し、その設置保存の瑕疵により本件事故が発生し、損害が発生したのであるから、処理業者には、民法七一七条一項に基づき、原告らの損害を賠償すべき責任がある。

二　県の責任

県知事は、廃棄物処理及び清掃に関する法律（以下「法」という）一四条に基づき、産業廃棄物処理業の許可を与え、法一五条に基づき、廃棄物処理場の設置届出を受け、その処理場が厚生省令等の定める技術上の基準を満たしていない場合には、改善命令や使用停止を命じ、法一八条に基づき、産業廃棄物処理業者から報告を徴収し、法一九条に基づき、立入検査をし、法一九条の二により措置命令をする権限を有する。

第一処理場について、県知事の右権限を行使すべき義務が発生するには、第一処理場が土手の決壊という結果発生の危険性を有し、県知事がそれを認識し得たこと、各権限を行使し得たこと、各権限の行使により結果発生を回避し得たことが必要である。

（1）　結果発生の危険性

昭和五三年に入ってから第一処理場に小規模な崩壊事故が続き、昭和五四年に入ってその土手から水が滲み出したりひび割れが生じたりまた崩壊事故が生じたりしだしたのであるから、被告県の職員が現地調査をした昭和五三年一二月ころには、第一処理場が土手の決壊の危険性を有する状態になっていたものと認めることができる。

（2）　県知事の結果発生の危険性の認識可能性

昭和五三年一二月二一日及び同五四年四月一〇日の現地調査日の当日かあるいは同じころの他の機会に、被告県や同市の職員が、第一処理場の昭和五三年末から同五四年にかけての現況を現認していた可能性が極めて高い。また、第一処理場の現況を現認してはいなかったとしても、第一処理場は、昭和五三年一二月には、土手の決壊の危険性が客観的に生じ、昭和五四年に入って本件事故に至るまで、右危険性は増大する一方であったのであるから、前記二回の現地調査日の時に、少しの注意を払って第一処理場を現認しさえすれば、右危険性を認識することができたものと言わなければならない。当時、被告県の産業廃棄物処理業者の指導監督を担当する生活環境課と、被告県の内部の他の部署や被告市の各部署との間に、廃棄物処理業者の指導監督を有する事実を発見した場合に連絡する体制が完備していなかったが、被告処理業者については、生活環境課で把握して行政指導を行い、内部でも検討していたのであり、その結果は、生活環境課を統括する最高責任者である課長にまで上がっており、さらに、組織規定により、知事に責任のある事項は知事にまで上がるという構造であった。従って、被告県知事は、同県の内部の組織機構を通じて、第一処理場について、本件事故の結果発生の危険性を認識し得たものと認められる。

（3）　権限行使の可能性について

被告県は、生活環境課を設け、必要な職員を配置して、産業廃棄物処理業者に対する指導監督に関する事務を担当させていた。被告処理業者は、自分の方からも指導監督を仰ぎに来ており、生活環境課の方で把握している業者であった。被告処理業者は、夜間他人の山林に無断で産業廃棄物を投棄していくような業者ではなかったのであるから、被告処理業者に対する指導監督は、特に困難なものとは言えない。被告処理業者に対し、被告県知事ないしその手足たる職員が、第一処理場につき、法所定の技術的基準を満たすようにさせるには、まず、被告聴取、立入調査及び改善勧告を行政指導の中で行うことが考えられるが、このような産業廃棄物処理業者に対する行政指導は、正に生活環境課の日常の職務であって、その人員、予算内で十分行える職務である。被告処理業者が、右行政指導に従えば、それで結果発生の危険は回避できるし、仮に被告処理業者が右行政指導に従わなければ、その段階で改善命令や使用停止命令を出して、それにより結果発生の危険を回避し、それでも効を奏しない場合に、措置命令へと進むことが考えられる。このように、法所定の権限を状況に応じて段階的に行使するのは、人員や予算の点を考慮しても決して無理を強いるものではない。従って、被告県知事には、権限行使の可能性があったと言うべきである。

（4）結果回避の可能性について

被告処理業者が、行政指導には良く従っていることに照らすと、もし、被告県の職員が、法所定の知事の各権限を踏まえて、第一処理場につき、技術的基準を満たすように行政指導を行っていれば、それに従って改善がなされた可能性があるし、仮に行政指導に従わなければさらに進んで使用停止等もできるのであるから、被告県知事の権限行使により、結果発生を回避し得たと言える。

以上のとおり、被告県知事には、その権限を行使すべき職務上の義務があったと言えるのであり、それにもかかわらず、その権限を行使しなかったのは、裁量権を逸脱し、違法であり、その結果損害が発生したのである。そして、法に基づく県知事の各権限は、国からの機関委任事務である（地方自治法一四八条二項、別表第三（二〇の二）参照）から、被告県知事の前記裁量権逸脱の違法行為に基づく国家賠償法一条の損害賠償責任については、国が本来負担すべきであるが、県は県知事の給与費等の負担をする費用負担者であるから、被告県は、国家賠償法三条一項に基づき、原告らの損害を賠償すべき責任がある。

三　市の責任

法一一条・一二条・一四条・一五条の規定によると、産業廃棄物処理業者に対する規制監督権限を第一次的に有するのは、都道府県知事であると認めることができる。そして、法二条並びに第二章及び第三章の規定によると、法は、産業廃棄物と一般廃棄物についての規制監督権限を、市町村が処理することが必要であると認めるものと、より広域的に処理することが適当であると認めるものについて、それぞれ市町村と都道府県とに概ね振り分けているが、これは、それぞれの性質の違いに対応して、地方公共団体としての権限を分掌させたものであり、合理性を有すると考える。そうすると、産業廃棄物処理業者に対する指導監督権限の不行使につき違法性が認められる場合に、損害賠償の責に任ずるのは都道府県であって市町村ではないから、本件事故についての被告市に対する請求は失当である。

〈解　説〉

一　国家賠償法一条にいう「公権力の行使」に、作為のみならず不作為、すなわち、国または公共団体が作為義務を有しているにもかかわらず積極的な行為をしない、という態様のものも含まれることに、今日異論をみない（不作為は、立法についても問題になるが、ここでは取り上げない）。このことは、判例においても既に認められるところとなっている。(1) しかし、不作為の賠償責任には、作為の場合にはみられない、いくつかの問題を内包している。(2) 特に、「行政便宜主義」、すなわち、行政庁が法律により授権された権限をいかなる場合に、いかなる限度で行使すべきかについては、行政庁の合理的な判断に基づく自由裁量に委ねられているとの考え方によれば、行政庁が法律上与えられた権限を行使しないとしても、直ちに違法とすることはできないのである。

二　そこで、行政便宜主義を一応は認めつつも、一定の条件のもとでは、行政権発動の裁量がゼロに収縮し、行政権限の発動が義務づけられるとする、「裁量権収縮の理論」によって、行政権限の不行使の違法性を根拠づけようとする学説が有力になってきている。(3) しかし、いかなる場合に権限不行使の裁量が違法となるかについて、判例・学説は統一的な基準を必ずしも提示できているわけではない。

三　この点で、近時、遠藤教授が、自由裁量論か裁量収縮論かという発想からは離れてではあるが、国による危険管理責任における不作為（守備ミス型）の違法要件として、次の四条件をあげているのが注目される。(4) これによると、まず、生命、身体の安全、健康といった被侵害法益の重大性が、明示もしくは暗黙の条件とされる（法益条件）。第二の条件は、行政が重大な法益侵害の危険を現に予見したか、または予見することが可能であったことである（予見条件）。第三の条件は、行政権限を行使することによって、結果を回避することが可能であったことである（回避条件）。最後の条件は、一般私人の側において、自らの力によってこれを予見し回避できないなどの理由から、行政の権限行使を信頼し期待することが、社会通念上もっともだと思われる特別の事情が存在することである（期待可能性条件）。

四　さて、これを本判決についてみると、県知事の責任を認めるにつき、右の期待可能性条件に何らふれていないのが、その特色であるということができる。なぜこの要件を不要としたのか審らかではないが、私人にはまず自分で被害を回避するよう努力する義務が当然存在することを考えると、納得できないところである。被害者救済の観点からこのようにしたとも考えられるが、たとえこの要件を付加したとしても、本件では、加害者に働きかけ、市や県に対しても権限の発動を要請していることから、十分自助努力をしている事案とみてよかったと思われる。この第四条件は、被告市が主張したような、仮処分による差止め等の法的措置をとることを必要とするものではないし、ましてや他に営業場所を移動することまで求めるものでもなかろう。

五　さらに、市にも責任が認められないかを問題にする余地がある。判決では、産業廃棄物処理の法上の監督権限が、第一次的には都道府県知事にあることから、簡単に否定されている。しかし、原告は、主に市に働きかけ、処理業者を監督するように要請していたのであるから、県よりはむしろ市に責任があるとしたほうが妥当なようにも思える。結局、この点は、危険回避の手段として、行政指導でも十分であるか否かの問題であり、判決例の中にはこれを肯定しているものもみられるが、(5)一般には否定されているのが現状である。行政指導でも十分とされる場合があるのか、今後の課題であるといえよう。

（1）　例えば、最高裁昭和四六年一一月三〇日第三小法廷判決・民集二五巻八号一三八九頁、大阪地判昭和四九年四月一九日下民集二五巻一＝四号三一五頁。遠藤博也『国家補償法上巻』三七七頁以下、阿部＝兼子＝村上『判例コンメンタール〈特別法〉国家賠償法』四二頁以下参原。

（2）　詳しくは、三橋良士明「不作為にかかわる賠償責任」雄川＝塩野＝園部編『現代行政法体系6』一五一頁以下参照。

（3）　原田尚彦「裁量権収縮論」塩野＝原田『行政法散歩』三一二頁以下参照。なお、行政権限の不行使による損害賠償責任が主に問題となってきたのは、スモン訴訟に代表されるような、第三者の生命・健康を害した場合であるが、その場合、裁量権収縮などといわず、第三者に対して一定の状況のもとでは義務違反を構成する、といえば足りるとの学説も存在する。例えば、下山瑛二『健康権と国の法的責任』二一四頁以下参照。

（4）　遠藤博也「危険管理責任における不作為の違法要件の検討」北大法学論集三六巻一＝二号四五九頁以下、同『行政法スケッチ』二二三頁以下参照。さらに、下山瑛二「行政権限の不行使と国家賠償」成田編『行政法の争点（新版）』一六六頁以下、阿部泰隆『国家補償法』一九〇頁以下参照。

（5）　福岡地判昭和五三年一一月一四日判時九一〇号三三頁、熊本地判昭和六二年三月三〇日判時一二三五号三頁参照。

五　送電線設置用土地収用裁決取消訴訟名古屋地裁判決

名古屋地裁平成二年一〇月三一日判決

棄却・控訴

判時一三八一号三七頁・判タ七五五号一三一頁

〈事案の概要〉

原告は、本件土地を所有し、同地上に精神科を含む病院を開設している者であるが、電力会社の送電線新設工事等の事業が認定されるに伴い、右病院敷地内に設置される送電線等により、入院中の精神障害者の療養に悪影響を与え、医療環境が著しく破壊されることが明らかであること、電力供給を可能にする他の適切な送電線ルートが存在することなどからすれば、本件事業計画は、土地収用法二〇条三号の「土地の適正且つ合理的な利用に寄与するものであること」という要件を満たしておらず、建設大臣のした事業認定は違法であり、それに基づいて被告（県収用委員会）がした権利取得裁決および明渡裁決は違法であると主張して、これらの裁決の取消しを求めて本件訴訟を提起した。

〈判　旨〉

一　違法性の承継について

（1）「土地収用法における事業認定と収用裁決のように、先行行為と後行行為とが相結合して一つの効果を形成する一連の行政行為である場合には、以下の理由から、原則として、先行行為の違法性は後行行為に承継されると解すべきである。」

（２）「先行行為と後行行為とが相結合して一つの効果を形成する一連の行政行為である場合には、法が実現しようとしている目的ないし法的効果は最終の行政行為に留保されているのであるから、このような場合にあっては、立法政策上は、先行行為を独立して争訟の対象にならない行政内部の手続的行為とし、先行行為の違法は最終の行政行為の取消訴訟においてのみ主張できるとすることも可能であるが、そのような立法政策を採らず、先行行為を独立の行政行為として扱い、それに対する争訟の機会を設けている場合であっても、なお、先行行為の違法性は後行行為に承継され、後行行為の取消訴訟において先行行為の違法を主張できると解するのが相当である。なぜなら、この場合、法が先行行為を独立の行政行為とし、それに対する争訟の機会を設けた趣旨は、国民の権利利益に大きな影響を及ぼすような行政行為につき、その手続がより慎重に遂行されるようにすることによって、行政手続及び内容の適正さを一層強く担保しようとしたものと解することができ、したがって、先行行為が独立の行政行為であり、それに対する争訟の機会が設けられていることを理由に、違法性の承継を否定することは、右のような法の趣旨に反するものと解せられるからである。」

（３）「事業認定に対する取消訴訟については、行訴法上の出訴期間の制限の適用があり、違法性の承継を認めると否とにかかわらず、右期間の徒過により、事業認定自体は形式的に確定し、もはやその取消しを求め得ることができない状態となるのであるから、その限りにおいて、出訴期間の制限を設けた趣旨を没却したり、法的安定性を害することはないというべきである。一方……事業認定についての出訴期間を徒過することによって、収用裁決の取消訴訟において事業認定の違法性を主張することまで遮断されるいわれは……ない。」

（４）「被告の指摘する司法判断の矛盾の可能性についても、弁論の併合等訴訟の指揮、運営いかんによって解決可能な問題であって、その可能性の存在のゆえをもって、違法性の承継を否定する根拠とすることは相当でない。」

（5）「土地収用法は……事業認定の内容について、周知措置を設け、それ自体を争う機会を設けてはいるが、その趣旨とするところは……行政手続のより慎重な遂行を図ることにより、その適正さを担保することにある……。また、実際上も、被収用者の立場から見れば、事業認定の段階では収用される区域も補償内容も明確ではないのであるから、争訟提起の必要性をさほど切実に感じなかったとしても無理からぬ点があり、被収用者がこの段階で争訟提起をしなかったからといって……事業認定の違法に対する救済手続を失わしめるのは、被収用者に対し酷な結果となるおそれがあり、相当ではないというべきである。」

（6）「収用委員会自体は、事業認定の違法を審査する権限は有しないが、被収用者の立場に立ってみれば、収用委員会に事業認定の適否の審査権限を与えるかどうかは、行政庁相互間の権限の分配の問題であるにすぎない……。」

二　本件事業認定の適法性について

（1）「法二〇条三号の要件を充たすか否かの判断は、同号の文言及び法一条に掲げられている法目的に照らせば、当該事業認定に係る事業計画の内容、当該事業計画が達成されることによって得られる公共の利益、事業計画において収用の対象とされている土地の状況、その有する私的ないし公共的価値等を総合的に考慮して、当該事業計画が国土全体の土地利用の観点から見て適正かつ合理的であるか否かにより決するのが相当である。その際、想定される代替案との比較検討も、いずれの土地を起業地にすれば当該事業計画の目的に照らして適正かつ合理的な土地利用ができるか、また、容易に土地の確保をして事業を円滑に遂行することができるかなどの観点からなすべきものである。

ただ、右の判断は、事柄の性質上極めて政策的、専門技術的なものであること、法文上も、法二〇条三号所定の要件の文言が……概括的なものに止まっていること、法二〇条柱書は、『……事業の認定をすることができる。』と規定していることからすると、当該事業計画が法二〇条三号の要件を充たすか否か、また、右要件を充たす場合に事業認定をするか否かの各判断は、第一次的には事業認定権者である建設大臣又は都道府県知事の裁量に委ねられているものと解するのが相当である。したがって、本件事業認定の適否の審査においても、前記の考慮要素についてされた建設大臣の判断に社会通念上著しく不相当な点があり、その裁量権の逸脱濫用があったと認められる場合にのみ、本件事業認定は違法となるものである。」

（2）「本件事業計画の目的は、昭和五三年以降の西尾市及び岡崎市南西部地域に対する電力の安定的供給を行うことにあり、当時の電力供給が逼迫していたことを考慮にいれると、本件事業計画によって達成される公共の利益は多大なものがあったと認められるのに対し、本件の土地の利用の制約や原告病院の運営に対する影響等は、送電線の存在により本件土地の上空の利用が制限され、また、景観が損なわれるなどの影響が生じるほかは、原告主張のような原告病院の入院患者に対する極めて重大な悪影響等の存在は認めるに足りず、更に、本件事業認定当時想定された代替案である他の送電線ルートとの比較においても、本件事業計画の採用する矢作川ルートは、特別劣っているものとはいえない事情の存したことが認められるのであって、これらの事実を総合すると、本件事業計画が法二〇条三号の要件を充たしているとした建設大臣の判断には、その裁量権の逸脱濫用はなかったと認められるのが相当である。」

〈解　説〉

一　違法性の承継というのは、一個の手続ないし一連の過程を構成する行政処分の取消訴訟において、先行する行政行為の違法を、本案たる後行処分の取消事由としての違法事由とすることができるか否かの問題である[1]。通説は、違法性の承継の認否の基準として、先行行為と後行行為とが相結合して一つの効果の実現をめざし、これを完成するものである場合には肯定され、先行行為と後行行為とが相互に関連を有するとはいえ、それぞれ、別個の効果を目的とするものである場合には否定されるとしている。(2) 訴訟において、違法性の承継が認められた例としては、本件のような事業認定と収用裁決のほか、旧自作農創設特別措置法上の農地買収計画と買収処分、(3) 否定された例としては、租税賦課処分と滞納処分(4)がある。

右に述べたように、土地収用法に基づく事業認定と収用裁決について、大勢は違法性の承継を認める方向にあるといえる。そのようなものとして、熊本地判昭和四三年一一月一四日判決行集一九巻一一号一七二七頁、宇都宮地判昭和四四年四月九日行集二〇巻四号三七三頁（いわゆる日光太郎杉事件）およびその控訴審東京高判昭和四八年七月一三日行集二四巻六＝七号五三三頁、松江地判昭和四五年三月二五日行集二一巻三号六〇三頁、金沢地判昭和六一年一二月一二日判例自治二九号六五頁がある。このような裁判例の流れにおいて、違法性の承継を否定するという特異な例が、千葉地判昭和六三年六月六日判時一二九三号五一頁である。右判決が、違法性の承継を否定する理由として挙げるのは、収用委員会は、先行処分たる事業認定の適法性について審査する権限を有しないこと、事業認定に不服のある者は、行政不服審査法による不服申立ておよび抗告訴訟を提起することができるから、収用裁決の取消訴訟において事業認定の違法を主張させないこととしても、被収用者に不利益を課すことにはならないことの二点である。これに対して本判決は、右第一点については、判旨一（6）において、第二点については、判旨一（5）において反論しており、これらの内容は、十分是認され得るものである。さらに、本判決は、被告から出張されていた、出訴期間の制限の趣旨を没却するとの点、および司法判断の矛盾が生ずるとの点について、それぞれ判旨一（3）、一（4）において答えており、これらの内容についても支持され得るものと言ってよい。また、判決は、先行行為を独立の行政行為としている法の趣旨について、判旨一（2）にみるように、「国民の権利利益に大きな影響を及ぼすような行政行為につき、その手続がより慎重に遂行されるようにすることによって、行政手続及び内容の適正さを一層強く担保しようとしたもの」との理解を示している。

今日、有力な学説は、違法性の承継の問題は、一方で、先行処分の段階ですでに生じていた一定の瑕疵が、後になされる一定の処分を違法ならしめるような性質のものであるかどうかという、いわば後続処分の違法性の実体法的評価の問題と、他方で、先行処分がなされた段階で主張されえた当該行政活動の違法を、後続処分の取消原因ないし無効原因として主張しうるかという、違法性の主張に関する手続法上の遮断の問題を含んでおり、右の二つの問題を区別したうえで具体的に検討することが必要であるとしている。(5) 本件のような事例は、右のような観点から見ても、違法性の承継が認められるといえよう。

二　本判決については、さらに、事業認定の要件の一つである土地収用法二〇条三号についての判示部分が注目される。判旨二（1）において述べるところは、結局、当該事業計画が達成されることによって得られる公共の利益と、当該収用の対象とされている土地の有する私的ないし公共的価値とを比較衡量し、前者が後者に優越すると認められるときに、三号の要件は充足されるとの趣旨であると考えられる。周知のように、このようなアプローチは日光太郎杉事件第一審判決を嚆矢とし、その後の裁判例においても踏襲され、(6) 今日ほとんど確立されたものであると言ってよい。(7) また、三号の要件の認定を裁量行為とした点についても、問題はなかろう。

ところで、裁判例の中には、三号の判断では、当該事業計画のみが判断の対象となり、代替案の有無、内容といった事情は判断の対象とならず、むしろ四号の判断に当たって考慮するのが相当であるとするものがある。(8) しかし、比較衡量という手法においては、客観的な価値評価の基準は存在していないわけであるから、代替案を検討し、一定の地域的な広がりの中で、土地利用の適正さを判断することには合理性があるといえる。(9) したがって、本判決が述べるところは妥当であり、また、代替案の検討は、多くの裁判例が採用しているものでもある。(10)

（１）　遠藤博也『実定行政法』一一四頁。
（２）　田中二郎『新版行政法上巻（全訂第二版）』三二七―三二八頁。しかし、この基準が不明確であることは否定できないであろう。

（3）　最判昭和二五年九月一五日民集四巻九号四〇四頁。ただし、買収要件がないのに買収計画を立てれば、それは同時に買収処分の固有の瑕疵になるので、違法性の承継の問題ではないとするものに、阿部泰隆「収用と補償の諸問題（上）」自治研究六二巻一一号二〇頁がある。

（4）　最判昭和五〇年八月二七日民集二九巻七号一二二六頁。

（5）　渡部＝園部編『行政事件訴訟法体系』二一九頁（小早川光郎筆）、遠藤博也『行政法スケッチ』三〇六―三〇八頁参照。さらに、七事件を参照のこと。

（6）　日光太郎杉事件控訴審判決である東京高判昭和四八年七月一三日行集二四巻六＝七号五三三頁をはじめ、大津地判昭和五八年一一月二八日判時一一一九号五〇頁、東京地判昭和五九年七月六日判時一一二五号二五頁、金沢地判昭和六一年一二月一二日判例自治二九号六五頁。

（7）　小澤道一『土地収用法上』二六〇頁。なお、同書における、比較衡量の対象とすべき利益・価値および方法についての叙述も参考になる。

（8）　いわゆる三井寺事件についての前掲大津地裁判決。

（9）　小澤・前掲書二六七―二六九頁参照。

（10）　前掲日光太郎杉事件第一審および控訴審判決、前掲東京地裁昭和五九年判決、前掲金沢地裁判決参照。

六　薬局開設妨害損害賠償請求事件札幌地裁判決

札幌地裁平成三年二月二六日判決
棄却・控訴
判例地方自治八九号五一頁

〈事案の概要〉

Xは薬種商販売業（薬事法二五条参照）を営む者、Y_1はX方から約二五メートル離れた場所で医院を開業している者、Y_3はY_1との合意に基づき右医院の発行する処分箋に基づき調剤を行う薬局を開業している者である。Xの店舗は、Y_3の薬局よりもY_1の医院に近かったため、同医院の処方箋に基づき調剤を求める客が毎日のように来店した。そこで、Xは薬局（薬事法五条・六条参照）を開設したいと考えるようになり、薬局開設に必要な管理薬剤師Aを雇用する手配をしたうえ、昭和五六年七月二〇日保健所に対し、Y_2の知事あてに薬局開設許可申請をした。ところが、Xは、同年八月に右申請を一般販売業（薬事法二五条）の許可申請に変更してその許可を受け、その後、同年一〇月に再度薬局開設許可申請の準備をしたが、同年一二月にAが退職したため、結局、正式の許可申請をすることを諦めた。

Xは、Y_1、Y_3および保健所の総務課長Bが、Xの薬局開設を阻止する目的で種々の違法行為を行ったため、右申請の変更をせざるを得なくなり、その後正式の申請をすることも諦めざるを得なくなったものであるとして、Y_1、Y_3に対しては民事不法行為法に基づき、Y_2に対しては国家賠償法に基づき、損害賠償の請求をした。

本判決は、Y_1については、X主張の違法行為を行ったと認めるに足る証拠がなく、Xが申請の変更をしたのは、同人の任意の意思に基づくもので、Y_1の言動との間に因果関係を認めることもできないとし、Y_3については、申請の変更およびAの退職との因果関係を認めることは困難であり、仮に違法行為があったとしても、同人に対する損害賠償請求権は時効消滅しているとして、両名に対する請求をいずれも棄却した。Y_2について、本判決は、次のような判示をして、請求を棄却した。

〈判　旨〉

一　申請が七月二五日に受理され、同月二八日にBらが、同申請に伴う実地調査を実施したことに鑑みると、八月三日まで本庁に申請を送付しなかったことが違法であるとはいえない。また、Bが右申請の事実をY_1、Y_3に連絡した事実を認めるに足りる証拠はない。

二　BがXの留守中にAを保健所に呼び出して同人の調剤経験を聞いたうえ、薬局を開設するのであれば、もっと薬剤師としてトレーニングを積む必要がある、今の一般販売業の状態でトレーニングした方がよいのではないか、業界や組織を混乱させてまで薬局にする必要はない、医者とのコミュニケーションが必要であり、薬剤師会に挨拶に行った方がいい、局面打開のためにY_3と話をしてみたらどうかといった話を一〇分程度し、その際Aが泣き出した事実が認められる。BがXの不在中にその同意も得ずに呼び出し、右のごとく述べたことは、適切さを欠く行為であるといわざるを得ない。そして、Bは、Xの不在中にAを呼んだ理由、その際右のような話をした理由について、納得し得る合理的な説明をなし得ず、Xの薬局開設に干渉する意図で右のような行為に及んだものではないかとの疑問も払拭し難いところであり、Aに困惑をもたらしたであろうことも想像に難くない。しかしながら、Bと話をしていた際に、BにAを退職させる意図があったとは感じなかったこと、話し方も威圧的なところはなく穏やかであったこと、AはBに呼び出される以前に、友人に対し退職したい旨告げていたことを認めることができ、Aが退職したのは、勤務して間もない頃から、薬局開設に関し誰々がこう言っていた、ああ言っていたという話を聞かされる毎日が続き、嫌気がさしていたこと、Ｘとの間に性格的な軋轢が生じていたためであることを供述している。これらの事実関係に徴すると、前記Ｂの行為は、適切さを欠いていたといわざるを得ないものの、直ちに不法行為を構成するほどの違法性を有するとまで断定することはできないうえ、右Ｂの行為とＡの退職との間に因果関係を認めることもできない。

〈解　説〉

一　国家賠償法（以下「国賠法」という）一条は、その成立要件として、損害原因行為が「公権力の行使」に該当することを要求している。「公権力の行使」の意義については、学説上、狭義説、広義説、最広義説に区別されてきた。狭義説によれば、これは権力作用を指すものとし、広義説によれば、権力的作用はもとより、私経済的作用および国賠法二条が適用される場合を除いた、「公行政作用」を含むとし、さらに最広義説では、私経済的作用をも含むすべての国家（または公共団体）の作用を指すものとしている。判例は、このうちの広義説を採用しているとみることができる(1)。

さて、本件においてＢ課長の違法行為として問われているものは、本庁への当該申請の不送付、秘密の遺漏、Ａに対する退職の強要の三つである。これらはいずれも、「公権力の行使」を広く捉えるこれまでの裁判例の流れからみて、この要件をクリアするものとみてよいであろう。本件の中心的争点といえる、Ａに対する「呼び出し」は、行政指導として分類できるが、下級審判決は公権力の行使に当たるとする傾向にある(2)。

二　周知のように、違法性の要件をめぐって、民事不法行為法において、過失要件とも絡んで、激しい見解の対立が存在している(3)。国賠法における違法性の要件について、民事不法行為責任における場合とは別途に検討すべきかがまず問題となるが、遠藤教授が明解に述べているように、「公権力行使」は、そもそも私人相互間においては許されないような権利侵害を予定していること、適法行為にもとづく損失補償制度とを区別する必要が存在することから、肯定的に考えるべきであろう。(4) この国賠法の違法性要件をめぐっては、判例・学説に激しい対立が存在しており、結果違法か行為違法か、取消判決との関係で違法性同一説か相対説か、不作為の違法をどう構成するかなどが主な論点となっている。(5)

さて、本判決は、「B課長の行為は適切さを欠いていたといわざるを得ないものの、直ちに不法行為を構成するほどの違法性を有するとまで断定することはできない」と述べる。確かに、行政指導そのものを違法とするならば別として、ともかくも認めるならば、その目的および手段の変幻自在性、さらには相手方の任意性をその要素としていることから、「国賠法上違法とまではいえないが不適切な行為」という範疇の行政指導があり得るのかもしれない。これまでにも、通産局長が試掘権の設定、登録に際して「操業注意事項について」と題する書面を交付したところ、特定事項に丸がついていたため、それ以外は問題なしと誤信し、経営を準備したが、後に丸印以外の事項により操業不能になった事件につき、必ずしも適切なものであるとは言えないとしても、本件のような具体的場面で評価すれば、丸印を付した事項の遵守につき特に留意するよう注意を促したもので、このことは名宛人も容易に理解できるものであったということができるから、瑕疵があるものということはできず、不法性を認めることができないとした例がある。(6) また、ゴルフ場造成計画を翻意するようにとの勧告について、被告の応答は行政の対応として不穏当と非難される余地はあるにしても、被告の断固たる姿勢を示そうとする表現態度とみ得るものであって、元来行政指導に関する応酬でもあり、阻止のため具体的な手段方法を挙げて威嚇したとまではみられず、いまだこれを捉えて違法と評することはできないとした判決がある。(7)

先に述べたように、国賠法上の違法性要件をめぐっては、激しい見解の対立が存在し、ここでこれらに触れる余裕はないが、行政指導をめぐる国家賠償請求において、行政指導がいかなる場合に違法となるかについて、次の二つの立場があるとされている。(8) すなわち、単に法令違反のみでなく、行政指導が客観的に正当性を欠く場合をも含むとする立場と、被侵害利益の種類・性質と、侵害行為の態様との相関関係から判断し、被侵害利益が強固なものでない場合には、侵害行為の不法性が大きくなければ、違法性がないとする立場である（相関関係理論）。いずれにせよ、本事件については、判決の考え方とは違って、違法と断ずべき事例であったように思われる。判決は「B課長が原告の薬局開設に干渉する意図で行為に及んだものではないかとの疑問も払拭し難いところである」と述べるが、〈判旨〉二に紹介した、裁判所が認定したAに対する会話の内容は、薬局開設に対する干渉そのものであるといえる。また、原告Xの不在中にAを保健所に呼び出した理由について、B課長は合理的な説明をなし得なかったとのことであるが、これはいかにも弱者を攻めるとの感を免れず、行政指導の手段としても問題のあるところである。このように考えてくると、結局、B課長の本件行政指導は、職業選択の自由ないしは営業の自由侵害（憲法違反）、他事考慮、さらには権限濫用に当たる違法（しかも重大）なものであるというべきである。判決は、Aには退職させる意図があるとは感じさせられなかったこと、その話し方にも威圧的なところはなく、穏やかであったと述べるが、この点を考慮し、先の相関関係理論によったとしても、違法性を免れるものとは言えないであろう。

三　B課長の話しが、A薬剤師には、自分を退職させようとの意図があったとは感じられなかったこと、さらに、Aが退職した理由は他にあったことを自ら供述していることから、Bの行為とAの退職との間の因果関係を判決は否定している。確かに、Aが退職しなければ、原告には薬局を開設する道が開かれていたわけであるから、Bの行為とAの退職とのつながりが切断されることによって、因果関係なしとされよう。ところが、裁判所の認定した事実によると、AはB課長に呼び出された翌日に原告方を退職したい旨を告げていることから、B課長の行為が、Aの退職と無関係とは考えられないとの見方が常識的なように思われる。このような疑問も残るとはいえ、A自らが退職した理由は他にあったと供述しているのであるから、判決が因果関係の成立を否定したことは、正当とみるべきであろう。ただし、この事件を全体として眺めてみると、Y_1、B、およびY_3らが、共同してXの薬局開設を阻止しようと図ったのではないか、との素朴な感想が残るのであるが、これは筆者の思い過しというものであろうか。

四　かつて、山内教授は、行政指導の内容の規制について、研究が進んでいるとはいえないものの、少なくとも、相手方に違法行為をすすめる行政指導は違法であるとともに、許可申請の取下げをすすめる行政指導も違法であるとし、薬局開設の場合を例に挙げていた。[9] 本件においては、原告ではなく管理薬剤師となるべき者に働きかけた点で、直接的ではなかったとしても（しかし、この点はかえって狡猾な手段と目すべきであることは先に述べたが）、また表現も婉曲的ではあったが、まさに取下げをすすめているのと同視し得るような、違法な行政指導と言って差しつかえなかろう。既に違憲とされた薬局の距離制限が、[10] ここでは実際上生きていた、とも言えるのではなかろうか。

（1）　例えば、学校あるいは教師の教育活動について国賠法一条の適用を認めた、最判昭和五八年二月一八日民集三七巻一号一〇一頁、最判昭和六二年二月六日判時一二三二号一〇〇頁。

（2）　ここではいちいち判例を挙げることはしないが、鈴木庸夫「行政指導と国家賠償」ジュリスト九九三号一一九頁参照。

（3）　この点について、たとえば、森島昭夫『不法行為法講義』二二四頁以下参照。

（4）　遠藤博也『国家補償法上巻』一六四頁以下参照。

（5）　これらの点について、たとえば、西埜章『国家賠償責任と違法性』、秋山義昭「抗告訴訟との関係」ジュリスト九九三号一五三頁以下参照。

（6）　大津地判昭和五三年三月二〇日訟報二四巻七号一頁。なお、本件注意事項善が、原告に対し、法的意味においても事実的意味においても、何らの拘束的作用を持たないことから、因果関係も否定。

（7）　静岡地判昭和五八年二月四日判時一〇七九号八〇頁。

（8）　鈴木庸夫「行政指導と国家賠償責任」西村宏一他編『国家補償法体系2』一五八頁参照。

（9）　山内一夫『行政指導』一二六頁参照。

（10）　最大判昭和五〇年四月三〇日民集二九巻四号五七二頁参照。

七　圏央道あきる野IC事業認定・収用裁決取消訴訟東京地裁判決

東京地裁平成一六年四月二二日判決

判時一八五六号三二頁

〈事案の概要〉

本件は、圏央道建設に伴う事業認定および収用裁決の取消しが認められ、その社会的影響の大きさから、報道機関によっても取り上げられ、大変話題となった事件である。

圏央道とは、横浜市、厚木市、八王子市、青梅市、川越市、つくば市、成田市、木更津市といった東京都心から四〇キロメートルないし六〇キロメートル圏に位置する都市を相互に連絡することにより、地域間の交流を拡大し、地域経済および地域産業の活性化を促すとともに、首都圏から放射状に伸びる高速自動車道を相互に連絡することにより、都心部への交通の集中を緩和し、都心部一極集中型から多極分散型への転換による首都圏全体の調和のとれた発展に貢献すること等を目的に計画された、総延長三〇〇キロメートルの環状道路である。判決時には、埼玉県鶴ヶ島ジャンクションから本件事業区間である日の出インターチェンジまで開通し、供用が開始されている。

本件は、圏央道あきる野インターチェンジ建設予定地に所有権などの権利を有する原告らおよび周辺住民である原告らが、圏央道は建設の必要性がなく、周辺の環境を悪化させるものであるから、圏央道について事業認定を行うことは土地収用法（以下「法」という）二〇条三号および四号の要件を満たしておらず、また、本件事業認定に際して周辺住民の意見を十分に反映させていないこと等事業認定の手続にも違法があったとして、起業者の申請に基づき、建設大臣が平成一二年一月一九日に行った事業認定（中央省庁等改革関係法施行法により国土交通大臣が行った処分とみなされる）の取消しを求めた事案である（第一事件）。さらに、本件事業認定を受けて被告収用委員会が行った本件収用裁決（権利取得裁決および明渡裁決）について、本件事業認定の違法性が承継され、かつ収用裁決手続にも固有の違法があったとして、本件収用裁決の名宛人となった原告らが、その取消しを求めた事案である（第二事件）。両事件について、本件事業の起業者である国および日本道路公団が行政事件訴訟法二二条により訴訟参加している。

なお、本判決に先立ち、土地収用の代執行手続の執行停止を認める決定が東京地裁から出されたが（平成一五年一〇月三日判時一八三五号三四頁）、東京高裁によって取り消され（平成一五年一二月二五日判時一八四二号一九頁）、最高裁に対する特別抗告も棄却されている（平成一六年三月一六日判例集未登載）。

〈判　旨〉

（一）第一事件についての判断

1　原告適格

「法の事業認定に関する具体的規定を検討するに、事業の認定が告示される（法二六条一項）と、次のような法的効果が生じることが規定されている。すなわち、①起業地について明らかに事業に支障を及ぼすような形質の変更を行うことが制限され（法二八条の三）、②起業者は、法の手続により土地の収用、使用をすることができ（法三五条以下）、③そのために起業者に対し、起業地内の土地調書、物件調書作成のための立入調査権（法三五条一項）、裁決申請権（法三九条一項）といった権限が与えられている。これらの規定によれば、土地収用法上の起業地内の不動産に権利を有する者は、違法な認定がなされれば、それによって自己の権利を侵害され又は必然的に侵害されるおそれが生じることとなるのであるから、土地収用法第三章の認定の手続、要件等を定めた規定は、起業地内の不動産につき権利を有する者個々人の利益をも保護することを目的とした規定と解することができ、したがって、起業地内の不動産につき権利を有する者は、原告適格を有するものと解すべきである。

これに対し、起業地内の不動産について権利を有していない者については、事業認定によりその権利若しくは法律上保護された利益が侵害され又は必然的に侵害されると解すべき根拠は認められない。

すなわち、土地収用法は、総則において、『この法律は、公共の利益となる事業に必要な土地等の収用又は使用に関し、その要件、手続及び効果並びにこれに伴う損失の補償等について規定し、公共の利益の増進と私有財産との調整を図り、もって国土の適正且つ合理的な利用に寄与することを目的とする』（一条）と規定しており、この規定を見る限りでは、土地収用法は、公共の利益と個々人の具体的な私有財産の調整を図ることを目的とするものであり、第三章の事業認定の手続も、基本的視点としては上記の観点から設けられたものであるということができる。また、認定の基準を定める法二〇条三号において比較衡量すべき諸価値の中には、個人の財産的価値のほか、起業地を含む地域における居住環境、文化、景観、宗教上の利益等の社会的な価値も含まれると解すべきであって、このような社会的な価値は起業地内に権利を有する者のみならず、地域住民ひいては国民全体が享受するものであるが、同号は公益的観点から抽象的一般的にこのような社会的価値を保護しようとしているものとみるべきであって、起業地内の権利者以外にこのような社会的価値を個別、具体的に保護しようとした規定であるということはできない。

また、法は、起業地内の不動産につき権利を有しない者であっても、公聴会を開催するなどしてその意見を事業案の作成に反映させること（法二三条）、利害関係人（一般に広く地域住民も含まれると解されている。）として意見提出の機会を与えている（法二五条一項）が、これらの規定も、事業に住民の意見を広く反映させてその実効性を高めるという公益目的の規定と解されるのであって、これをもって住民の個別的利益を保護する趣旨を含む規定ということはできない。」

2　事業認定の要件とその該当性の判断手法

（1）　法二〇条三号の意味

「結局、事業認定庁は、事業認定を行うことによって得られる公共の利益と失われる利益との双方を比較衡量した上で収用を認めるべきか否かを決定するという判断手法をとることになる。そして、法二〇条三号にいう、『土地の適正且つ合理的な利用』とは、当該土地（事業地）がその事業の用に供されることによって得られる公共の利益と当該土地がその事業の用に供されることによって失われる利益とを比較衡量し、前者が後者に優越する状態で利用されることを意味するものと解される。」

（2）　瑕疵ある営造物の設置を目的とする事業の取扱い（事業認定の前提要件）

「行政機関である事業認定庁が瑕疵ある営造物の設置を許すことは、法の支配に服すべき行政機関が自ら法に違反することを意味するのであって、法秩序の否定につながるものである。法がこのような事態を是認しているものとは到底考えられず……法はこの点を事業認定における黙示的な前提要件としているものと解すべきである。」

「事業認定申請に当たり起業者から提出を受けた資料によって……瑕疵ある道路の建設が行われるものと認定できる場合には、本来当該申請を却下するかあるいはそのような状態を解消し得る条件を付加して事業認定を行うべきであるから、それにもかかわらず事業認定がなされた場合は、法が事業認定の前提として要求している要件を満たさないままされたものとして、当該事業認定は違法となるというべきである。また、起業者が提出した資料が十分でなく、瑕疵ある道路の建設が行われるとは直ちに認められないものの、提出された資料及び審査時点で事業認定庁が有する知見及び公知の事実（法令等を含む）に照らしてそうした疑念を生じさせるものである場合には、事業認定庁は、瑕疵ある道路の建設を許容してはならない義務を有している以上、そうした疑念について、起業者に追加資料の提出や追加調査を命じることによって、将来予測され得る事態がどの程度のものかを確かめ、その上で瑕疵が生じ得るものかどうかを認定判断すべきである」。

３　事業認定庁の審査のあり方

（１）事業認定庁の裁量

「法二〇条三号の判断に当たり事業認定庁に認められる裁量とは、事業認定庁の有する専門的技術的知識に由来するものではなく、得られる価値と失われる価値との比較衡量をするに当たり、性質上そのままでの比較対象が困難な複数の価値について、事業認定庁における政策的判断としてそのいずれを優先させるかという意味においての裁量であり、事業認定庁の政策判断能力に由来するものと解される。」

（２）代　替　案

「代替案の検討を行わなくても当該事業計画の合理性が優に認められるだけの事情があればともかく、そうした事情が存在しないにもかかわらず、代替案の検討を何ら行わずに事業認定をすることは、不十分な審査態度といわざるを得ず、本来考慮すべき要素を不当に軽視することによって、その結果が判断を左右している可能性があるから、事業認定庁に与えられた裁量を逸脱する疑いを生じさせるというべきである。」

４　本件事業認定の前提要件非該当性

「本件事業認定は、法がその前提として黙示的に要求している要件該当性の審査に当たり、本件道路が事業計画どおりに建設され、供用が開始された場合には、相当範囲の周辺住民に対し受忍限度を超える騒音被害を与えるものと認められ、その点において、瑕疵ある営造物の設置を目的とする事業といわざるを得ず、上記要件に該当しないものであったにもかかわらず、これを看過して事業の開始を是認したものであって、この点のみを取り上げても違法といわざるを得ない。

その上、本件事業認定は、本件道路の供用による大気汚染の発生の有無について、接地逆転層発生の有無及び浮遊粒子状物質（ＳＰＭ）の影響の有無の二点で、なお、それらによる被害発生の疑念が払拭できず、それらが発生すると相当重大な結果が発生するおそれがあり、かつ、さらに確度の高い調査をする余地もあったのに、これらを行わないまま、事業の認定を是認したものであって、上記要件該当性の判断を怠った違法があるというべきである（しかも、本件全証拠によっても、これらの疑問は解消されていない）。」

5　本件事業認定の法二〇条三号非該当性

「被告らが圏央道事業全体の意義として主張するところは、都心部の交通混雑の緩和や、国道一六号線と国道四一一号線の渋滞緩和は、総じて具体的裏付けに欠けるし、その他は期待感の表明にとどまるものである。とりわけ、被告らが第一義的に主張している都心部の通過交通の解消の点については、単に裏付けを欠くばかりか、むしろ首都高速中央環状線及び東京外かく環状道路が建設されるならば、圏央道までは必要がないとさえ認められるのであって、圏央道の建設にこだわることは、いたずらに人的物的投資を分散するものであって、本来必要な上記二つの道路の完成、ひいては都心部の通過交通の解消という問題の解決を遅らせるものとも考えられるのである。また、被告らが主張する高度の便益についてもその算定過程が明らかでないなど合理的なものとは認められず、さらに、あきる野インターチェンジの設置については、隣接するインターチェンジと約二・〇キロメートルしか離れていない地点に設置する必要性について合理的な説明がなされているとは認められないから、本件事業として施行する必要性は低いというほかなく、この点に関連して必要不可欠となる代替案の検討を全く行っていないことからしても本件事業の合理性は裏付けられていない。このように、事業認定庁は、事業によって得られる公共の利益の点につき、具体的な根拠もないのにこれがあるものと判断したと認めざるを得ず、その判断過程には社会通念上看過することができない過誤欠落があったといわざるを得ない。

したがって、本件事業認定は、法二〇条三号の要件を満たしているものとは認められない。」

(二)　第二事件についての判断（事業認定の違法性の承継）

「土地収用法における事業認定と収用裁決との関係は、両者が相結合して一つの効果の実現を目指し、これを完成させるものである。先行処分である事業認定処分は、形式的には独立の行政行為であり、独立に争訟の対象となるが、これを実質的にみれば、これら一連の行政行為によって法が実現しようとしている目的ないし法効果は、後行処分に留保されているのであって、先行処分は付随的なものにすぎない。」

「収用裁決が事業認定を前提として行われる処分であり、両者は全体として一個の目的（事業の実現）に向けた一連の手続であるというべきことからすると、収用裁決の適否を争う訴訟において事業認定の違法性について主張することは、既にその点について裁判所の判断が確定している場合を除き、当然に許されるべきことであり、このことは、先行する事業認定につての違法事由が重大かつ明白であるか否かに限られないというべきである。」

（三）　**事情判決について**

「本件事業は、現在進行中であって、事業施行の根拠となっている事業認定及び収用裁決の取消判決が有する社会的影響の大きさに照らせば、行政事件訴訟法三一条のいわゆる事情判決の適用の可否を検討する余地もないではない。

しかしながら、現時点で事業を中止すれば無益な投資の相当部分は避けられること、当事者はいずれもこの点について何ら主張をしていないこと、また、事業認定及び収用裁決を取り消す旨の判決の効力が生じるのは、当該判決が確定した時点であるところ、本件訴訟のこれまでの経過に照らせば、本件取消判決に対して被告らが控訴することなく第一審限りで確定させることはおよそ想定し難いというべきであるから、結局のところ、第一審裁判所である当裁判所において、行政事件訴訟法三一条の事情判決の可否を検討する必要性はないというべきである。」

〈解　説〉

一　本判決は、事業認定、さらには収用裁決の取消訴訟の原告適格について、地権者にはそれを認めるが、周辺住民には否定する、これまでの裁判例を踏襲している[1]。しかし、法二五条一項は「利害関係人」に意見書の提出を認めている。行政事件訴訟法でいう「法律上の利益」の「法律」には手続規定が含まれ、周辺住民は利害関係人に相当することを考えると、この条文を手がかりに、周辺住民に原告適格を認める余地は十分にあるといえよう[2]。

また、本判決固有の問題として、以下の点を指摘することができるであろう。すなわち、後に検討するように、営造物の設置管理の瑕疵、本件では道路の供用に伴う、受忍限度を超える周辺環境の悪化を生じさせないことが、土地収用を適法にする前提要件であるとしているのであるが、このような前提要件を設定することと、周辺住民に原告適格を認めないこととが、はたして整合性を保ち得るのか疑問であるということである。なぜならば、この要件と関わりが生じるのは、地権者というよりは周辺住民であるからである。供用開始によって環境問題を発生することのない道路というのは、周辺住民にとって利益となるものであるから、周辺住民に原告適格を否定するのは、論理の一貫性に欠けることになるのではなかろうか。あるいは、そのような利益はやはり公益の中に解消されることになることから、事業認定の前提要件を設定することと、周辺住民に原告適格を否定することとは矛盾しないことになるのであろうか、疑問が残るところである。

周辺住民の原告適格を否定しても、本判決の原告の中に地権者が含まれていることから、訴訟自体を維持することは可能であり、大勢に影響がないともいえる。しかし、土地収用法の要件論において、大胆な解釈論を展開しているだけに、原告適格において、先例を単に踏襲するだけという、厳格な解釈に終始したことには、意外の感さえ覚える。

二　法二〇条三号の要件判断を、行政庁の専門的技術的判断能力ではなく、政策判断能力に由来する裁量とした。このような割り切り方には異論が存在するかもしれないし、このように事案により裁量の種類を使い分けた方が妥当なのかもしれないが、むしろ重要なのはその判断枠組みである。この点について、「当該土地がその事業の用に供されることによって得られるべき公共の利益」と、「当該土地がその事業の用に供されることによって失われる私的ないし公共の利益」とを比較衡量して、前者が後者に優越すると認められることを要求しているとの、従来から裁判所によって用いられてきた判断枠組みが採用されている。(3) このような判断枠組み自体は、今日確立された先例とされているし、妥当なものである。その上で、本判決は、都心部における通過交通の解消等、被告らの主張には裏付けを欠き、本件事業の個別問題として、開設済みのインターチェンジから約二キロメートルの距離に新たなインターチェンジを開設する必要性について、合理的な説明がなされておらず、合理性の裏付けとなる代替案の検討もなされていないことを指摘し、この要件に適合しない判断であるとしているのである。

判決文でも指摘されているが、実務において、事業認定の申請書の添付書類である事業計画書の中の「起業地等を当該事業に用いることが相当であり、又は土地等の適正且つ合理的な利用に寄与することになる理由」（施行規則三条一号へ）において、代替案との比較検討について記述されるのが通例であり、原則として、そのような記述を行うように指導がなされている。しかし、本件のように、既に都市計画決定されている道路については、原則として、代替案の資料を要しない扱いとされているとのことである。(4)

一般論として、土地の収用において、特に法二〇条三号要件の適合性審査において、代替案の検討が重要なポイントになることはいうまでもないが、本件事業区間である、あきる野インターチェンジを開設することの必要性が合理的に説明できていないことの理由を補強するために、代替案の欠如をあげたのには、疑問が残るところである。なぜならば、右に検討したように、都市計画決定された道路の事業認定申請書には代替案が通常示されないのであり、このことは都市計画決定を含む事業認定の申請までのプロセスにおいて、代替案の検討が重ねられてきているとの認識によるものと思われる。とりわけ、この点では、都市計画決定および環境影響評価のプロセスにおいて、代替案の検討が積み上げられることになる。(5) 判決が述べるように、「平成一四年七月改正（平成一五年一月施行）後の東京都環境条例においては、環境影響評価において、複数の計画案の比較や複合アセスをすることが原則として義務付けられているが、本件事業はその対象となっておらず、本件事業について代替案の検討は行われていない(6)」

という事情があるようであるが、計画の様々な段階で代替案は検討されているはずである。したがって、本件において代替案の欠如を取り上げ、それが違法であることの理由とするのは的を射ていないといわなければならないのではなかろうか。本件においては、直截インターチェンジ設置の三号要件適合性を問うことになるのではなかろうか。あるいは、本件においては、計画決定から事業の認定までの一連の過程を通して、代替案が全く検討されなかったなどの、特別の事情が存在したのであろうか。

周知のように、わが国の計画策定手続は不透明である。これ自体問題であり、さらに、判決が述べるように、「都市計画法等の個別実体法において事業計画の適否について早期の司法判断を可能にする争訟手段を新設することが是非とも必要」なことは確かである(7)。

三　国家賠償法に違反しないことが土地収用の前提であり、瑕疵ある営造物の設置を前提とすることは事業認定の違法要件となるとしたのは注目され、一見常識的なように見えるが、そこには以下のような二つの問題点が存在し、賛成できない。すなわち、道路の供用に伴う前提要件として、国家賠償法二条で述べる瑕疵が生じないこととしたのは、「法の支配」の名のもとに、裁判所が法二〇条に新たな要件を一つ書き加えることになるのではないかということである。これは司法による立法であり、正当化できるのかという疑問が、まず生じる。第二に、たとえそれが可能であるとしても、国家賠償法と土地収用法の構造上の相違からして、このような解釈が妥当なのかの疑問が残る。なぜならば、国家賠償法は事後の救済法として作られ、そのように解釈されていることから、営造物の供用によって瑕疵ありとされるのは、それが受忍限度を超えているか否かが鍵となるが、供用開始前の事業認定の適法性審査の段階において、裁判所の審査能力および将来の不確定要因から、そのような認定が果たして十分可能なのか疑問が残るのである。確かに、環境保護の面で土地収用法には不十分な点が見られ、その部分は、法解釈によって補うしかない。とはいえ、今日、三号要件の考慮要素の中に「環境の保全」が含まれることは確立された法解釈とされており、これが満たされないならば、それは比較衡量の際のマイナス要因とされるのである。土地収用法の解釈としては、このような解釈が妥当なのであり、支持されるものと思われる。本件については、二〇条三号要件を満たしていないとされながら、さらに、このような土地収用法を超える要件を前提要件として持ち出し、それにも反するとしなければならないのか、理解に苦しむところである。

四　事業認定の違法が収用裁決に承継されるのか、いわゆる違法性の承継について、これまでの通説や下級審判決の流れに沿ってそれを肯定している。承継が認められるか否か、理論的には問題の残るところではあるが[8]、違法性の承継を承認することによって、救済が厚くなることを考えれば、これまでの学説や裁判例の流れを否定する必要はないであろう。ただし、違法性の承継の射程を理論的に検討する困難な課題は、なお残されたままである[9]。

五　本判決は、現時点で事業を中止すれば無益な投資の相当部分が避けられること、当事者はいずれもこの点について何ら主張していないこと、被告らが控訴して争う姿勢を示していることから、事情判決をする必要性を否定している。しかし、既に多額の投資がなされ、本件事業認定区間の供用開始が間近であったこと（事件当時には工事が進行中であったが、本件事業区間は二〇〇五年三月二一日に開通された）、公益を優先させる事情判決を回避したい旨は理解できるが、裁判は、審級制を採用することからの役割分担が存在するとはいえ、その判断はそれ自体完結したものであり、被告が控訴するか否かを考慮して結論付けることは妥当ではないことから、本件は、たとえ違法であったとしても、事情判決を下すべき事案であったように思われる[10]。

（1）　東京地判昭和五八年一一月一一日行集三四巻一一号一九〇三頁、東京高判昭和五九年七月一八日行集三五巻七号九四一頁、東京地判昭和五九年七月六日行集三五巻七号八四四頁、東京地判平成二年四月一三日判例自治七四号六三頁、東京高判平成四年一〇月二三日判時一四四〇号四六頁等。なお、都市計画法において定められている開発許可処分について、当該許可処分の許可基準を定める三三条一項七号の解釈によって、近隣区域住民の原告適格を認めた、最判平成九年一月二八日民集五一巻一号二五〇頁が注目される。

（2）　この点では、秋山教授の見解が参考になる（秋山義昭「事業認定と周辺住民の取消訴訟原告適格」『街づくり・国づくり判例百選』一三〇頁以下参照）。さらに、長沼ナイキ基地訴訟最高裁判決（最判昭和五七年九月九日民集三六巻九号一六九頁）参照。

（3）宇都宮地判昭和四四年四月九日判時五五六号二三頁参照。この点について、例えば、亘理格『公益と行政裁量』二五八頁以下参照。

（4）小澤道一『逐条解説土地収用法（第二次改訂版）上』三四四頁。

（5）宇賀克也「公共事業と情報公開」『比較インフラ法研究』一七七頁以下参照。

（6）判時一八五六号四五頁。

（7）同右六七頁。

（8）福井秀夫「圏央道建設事業をめぐる判決・決定について」法学教室二八八号二三頁。

（9）この点についてここではふれることができないが、『法学教室』二八八号三四頁以下の、宇賀教授の指摘が参考になる。事業の認定と収用裁決については、平成一三年の土地収用法の改正において、一五条の一四が追加され、事業認定前の事業説明会が義務化されたことにより、もはや違法性の承継を認める必要性が喪失したと考えるべきかの問題が残されることになろう。

（10）この点で、同様に事情判決を回避した、小田急線高架事件東京地裁判決（東京地判平成一三年一〇月三日判時一七六四号三頁）も注目される。

既刊・新刊

〈著者紹介〉

猪股弘貴（いのまた ひろき）

1952年　秋田県生まれ
1975年　東北大学法学部卒業
1982年　早稲田大学大学院法学研究科博士後期課程単位取得退学
2002年　博士（法学・早稲田大学）
小樽商科大学教授、カリフォルニア大学バークレー校客員研究員を経て
現　在　明治大学法学部教授
専　攻　公法学

（主著）
『憲法論の再構築』（信山社、2000年）

（翻訳書）
『ダイシーと行政法』（成文堂、1992年）
スティーブン・フェルドマン著『アメリカ法思想史』（信山社、2005年）

その他著書・論文多数

国政調査権と司法審査
〔明治大学社会科学研究所叢書〕

2007年3月20日　第1版第1刷発行
1037-0:P384 Y12000E-050:005

著　者　猪股弘貴
発行者　今井　貴
発行所　株式会社 信山社
〒113-0033 東京都文京区本郷6-2-9-101
Tel 03-3818-1019 Fax 03-3818-0344
henshu@shinzansha.co.jp
笠間支店　〒309-1625 茨城県笠間市来栖2345-1
Tel 0296-71-0215 Fax 0296-72-5410
出版契約 No.2007-1037-01010 Printed in Japan

 印刷・製本／松澤印刷・大三製本
ISBN978-4-7972-1037-8 C3332 分類323.341a020 憲法行政法
1037-0101:012-050-055

索　引

あ 行

アービン委員会……78
アイゼンハワー大統領……62、74、137
アギラ事件（Aguilar v. Felton, 473 U. S. 402（1985））……167、169、179、180
悪質な傾向のテスト……15
明渡裁決……333、347
芦田均……94
芦部信喜……21、34、58、62、122、148、149
アルトン鉄道会社事件（Railroad Retirement Boad v. Alton Railroad Co.）……132
アッカーマン……200
阿部泰隆……285、288、289
アンダーソン事件（Anderson v. Dunn, 19 U. S.（6 Wheat.）204（1821））……2
イェーリン……223、224、224
五百旗頭真……140
伊方原発訴訟……207～209、215、290、303、307、308
違憲審査……114、236、241、242、266
泉徳治……244、288
一号請求……324
伊藤真……283
伊藤正己……148
井上達夫……149
違法性同一説……343
違法性の承継……324、333、334、336、337、347、351、356
入会権……315
入江文書……93
入り口の基準……210
ウイルキンソン事件（Wilkinson v. United States, 365 U. S. 399（1961））……12、20
ウォーカー事件（Brown v. Walker, 161 U. S. 591（1896））……29
ウォーターゲイト事件……41、42、57、61、65、66、69、73、81
ウォラース事件（Wallace v. Jaffree, 472 U. S. 38（1985））……167、175、178
ウォレン・コート……137～139、196、201
ウォレン最高裁長官…10、16、18、40、47、135
宇賀克也……357
臼杵市埋立免許事件……255、258、260～262
内野正幸……244
訴えの利益……205、250、273
ウッドロー・ウィルソン……45～47、49、50、53、54、57、140
浦和事件……35、37、85、86、100、106、110～113、116、122、124～126
ウルマン事件（Ullman v. United States, 350 U. S. 422（1956））……30
SWNCC……140
SWNCC 228……89、141
エバーソン事件（Everson v. Boad of Education, 330 U. S. 1（1947））……158、162、167
エプステイン……200
エムスパック事件（Emspak v. United States, 349 U. S. 190（19555））……27
遠藤博也……241、285、287、289
大阪空港訴訟……293
大牟田電気訴訟……238

雄川一郎 ……………………………………280
奥平康弘 ………………………34、35、58、82
織田が浜埋立差止請求事件 ……………318
小田急高架事件 …………………………357
オッコンナー最高裁判事 ……175、179、180、195、197、200、201

か 行

カーター事件（Carter v. Carter Coal Co., 298 U. S. 238（1936））………………132
カードーゾ最高裁判事 ……………133、134
改善命令 …………………………………328
戒能通孝 …………………………………261
カウンセルマン事件（Counselman v. Hitchcock, 142 U. S. 547（1892））……29
ガダマー …………………………………129
過度のかかわり合い…………171～174、176
含意ないしは黙示の権限 …2、40、54、62、88
環境影響陳述書 …………………………210
環境影響評価 ……………………………210
環境基準 …………………………………217
環境権 …………217、221、253、257、264、283
監査委員 …………………………………319
間接選挙 …………………………………198
鑑　定 ……………………………………227
関連性の基準………………………………25
議員定数不均衡………75、187、199、238、243
議院の自律…………………………………58
議会警察 …………………………………2、5
議会処罰権…………………………………93
議会制民主主義 ………………236、240、241
機関委任事務 ……………………………329
規則制定手続 …………………209、210、212
基本的権利 ……………………188、193、196
脚注４ ………………………133、135、137、150
キャロリーン事件（United States v. Caloline Products Co., 304 U. S. 144（1938））………………133、134、137、150
行政委員会 ……………………219、220、242
行政行為 ………………………334、337、352
行政国家 …………………………………222
行政指導 ……………328、331、342、344、345
行政手続法………………………………211～213
行政特権………41、42、61～63、66、67、71、81
行政便宜主義 ……………………………330
共同謀議……………………………………32
キルボーン事件（Kilbourn v. Thompson, 103 U. S. 168（1880））………6～8、10、16
ギンズバーグ最高裁判事……191～194、198、200
クイン事件（Quinn v. United States, 349 U. S. 155（1955））……………………27
クラーク最高裁判事 ……………………135
グラベル事件（Gravel v. United States, 408 U. S. 606（1972））…………48、56、57
グランドラピッズ事件（Grand Rapids School District v. Ball, 473 U. S. 373（1985））………………157、170、174、179
経済的自由 ……………………………137、149
ケーディス大佐 ………………………141、147
ケーシー事件（Planned Parenthood of Southern Pennslyvannia v. Casey, 505 U. S. 833（1992））……………………200
結果違法 …………………………………343
ケネディ大統領……………………………63
ケネディ最高裁判事 ……195、197、200、201
ゲルホン ……………………26、28、32、33
原意主義 ……86、93、120、122、124、126、129、130、151
検　閲………………………………………16
厳格な審査 ………………………………196
検察官適格審査委員会 …………………109
憲法革命 …………………………………133
憲法研究会 ………………………………142

憲法制定者 ……………………………195
憲法の危機 ……………………………182
憲法判断回避の原則 ………………139
権利取得裁決 ………………333、347
権利の半影部分……………………25
権力的作用 …………………………342
権力分立 ………………50、53、70、79
行為違法 ……………………………343
公開聴聞 ……………………………205
合議制官庁 ………………242、244
公行政作用 …………………………342
抗告訴訟 ……………222、321、337
公職追放 ……………………………140
公知の事実 …………………………349
公定力………………272、273、293～296、323
幸福追求権 …………………………144
小売商業調整特別措置法判決 …………149
コート・パッキング・プラン ……132、133
国民主権…………………58、232、233
国民審査 ……………………113、114
国務調査権………………94、98、99
古関彰一 ……………………………146
国会の最高機関性 …………………242
国家環境政策法 ……………212、213
国家神道 ……………………………155
国家無答責 …………………………237
国教樹立禁止条項 ……157～165、171～178
国権の最高機関 ……102、103、105、107、114、120～122

さ 行

サーシオレアライ…………………………14
在外日本人選挙訴訟 ………………246
財産権 ………………………………261
在宅投票制度………………231～234、238
裁判を受ける権利 …………………257
財務会計上の行為……………318～323
裁量権収縮の理論 …………………330
裁量権の逸脱濫用 …………………336
裁量処分 ……………205、215、302、307、308
佐々木惣一………………………97、118
佐藤達夫文書…………………………93
サンオイル・カンパニー事件（Sun Oil Company v. United States, 514 F. 2d 1020（Ct. Cl. 1975）…………………71
三権分立…………………69、86、87、121、222
サンシャイン法 ……………………208
GHQ …91、102、103、109、110、112、139、141、152
GHQ草案 ……87～90、93、99、100、142、143
恣意専断 ……………………………227
J・S・ミル…………………………40、44、57
自衛隊費納税拒否訴訟 ……………238
シェクター・ポウリトリー事件（Schecter Poulitry v. United States, 295 U. S. 495（1935）…………………132
私学訴訟 ……………………………238
事業認定 ……333～337、347～352、354、356
私経済的作用 ………………………342
事件・争訟（case or controvercy） ……78
自己帰罪拒否特権…13、14、16、17、26、27、28、29、30、31
自己責任説 …………………241、244
自己抑制 ……………………………138
事情判決 ……………………………356
実質的証拠方式 ……………219、220、226
実体的デュー・プロセス ……133、137、138
質問の関連性 …………1、4、9、10、11、12、47
幣原内閣…………………………………90
志布志湾石油備蓄基地事件 ………310、316
司法権の独立 ………34、102～106、110、114、116～120、122、124、125
司法国家体制 ………………………222
司法消極主義…………………………34

司法積極主義……………………………34
司法判断適合性 ……………………67、78
社員権 ……………………………………315
ジャクソン最高裁判事 …………………133
シャピロ、M …………………130、135、138
衆議院憲法改正案小委員会…………94、144
州　権 ……………………………………201
州際通商権 ………………132、134、137、202
自由裁量 …………………………303、330
重大かつ明白…………………321～324、352
集団訴訟……………………………………51
自由党 ……………………………………94、95
住民参加 …………………………………205
住民訴訟……………………………318～323
収用裁決 ………………334、337、351、356
出訴期間 …………………………320、334
出版の自由…………………………………49
受忍限度 …………217、287、350、352、355
守秘義務……………………………………59
主婦連ジュース判決 ……………278、304
ジュリスディクション（Jurisdiction）…77
シュライバー事件（FCC v. Screiber, 381 U. S. 279（1965））………………211
少数者調査権………………………………34
常設補助裁判官 ………………223、224
使用停止命令 ……………………………328
証人召喚令状………………………………24
上院司法委員会 対 ニクソン（Senate Select Committee on Presidential Campain v. Nixon, 498 F. 2d 725（D. C. Cir.（1974））………………67、75、79
証明責任 ………………………215、308
情報公開法 ………………………………203
情報の自由法……………………40、41、63
ジョンソン大統領…………………………63
職務行為基準説 …………………………246
ジョセフソン事件（United States v. Josephson, 165 F. 2d 82（2d. Cir. 1947), cert. denied, 333 U. S. 838（1948））…………………………14
職権証拠調べ ……………………………227
職権探知 …………………………………228
ジョン・ダワー ………………129、152
ジョン・H・イリィ ……………………150
知る権利…………34、37、55、58、59、83、85
人格権 ……………………………………238
審議会公開法 ……………………………208
信教の自由 ……………………177、178
ジンクレイア事件（Sinclair v. United States, 279 U. S. 263（1929））………16
進藤栄一 …………………………………140
進歩党………………………………………95
人民主権 …………………………………118
スイング・ヴォート ……………………179
スーター最高裁判事 …192～194、198～201
スカリア最高裁判事 ……186、189、197、200
スカル事件（Scull v. Virginia, 359 U. S. 344（1959））…………………………11
鈴木安蔵 ………………………116、118、142
鈴木義男 …………………………………144
スチュアート ……………………213、214
スティーブンス最高裁判事 ………178、180、191～194、198、200
ストーン最高裁判事…………133～135、137
スミス法……………………………………26
生活権 ……………………………………221
請求裁判所…………………………………71
制憲議会……………………………………94
正式な裁決手続 ……………209、211、212
政治的美称説 ……………………………120
政治問題 ………………………………78、79
精神的自由 ……………………149、150
生存権 ……………………144、149、221、261
制定法上の事物管轄権……………………77

政府支出金……………………………………*75*
セーフ・ハーバー…………………*189〜192*
専門技術的裁量 …………*216*、*302*、*303*、*307*
先　例 …………………………*181*、*199*、*354*
先例拘束性の原理………………*87*、*139*、*200*
相関関係理論 ………………………………*344*
相対説 ………………………………………*343*
ゾーブレスト事件（Zobrest v. Catalina Foothills School District, 509 U. S. 1（1993））………………………………*139*
訴追免除立法…………………………………*28*

た 行

ダーショウィツ ……………………………*200*
代位責任説 ……………………………*241*、*244*
第90帝国議会 ………………*91*、*93〜95*、*144*
代執行 ………………………………………*347*
大統領選挙人団（エレクトラル・カレッジ）…………………*186*、*193*、*199*、*201*、*202*
大統領選挙人 …………*182*、*184*、*186*、*188*、*197〜199*
大陪審 …………………*27*、*48*、*49*、*66*、*68*、*75*
高野岩三郎 …………………………………*142*
ダグラス最高裁判事 …*16*、*18*、*27*、*33*、*49*、*51*、*52*、*133*、*135*
ダグラス・マッカーサー …………*139*、*141*
他事考慮 ……………………………………*344*
多数決原理 …………………………………*236*
田中二郎 ………………………………*116*、*118*
田中舘照橘 ……………………………*221*、*222*
弾　劾 …………………………*109*、*113*、*114*
津地鎮祭訴訟 ………………………………*155*
秩序付けられた自由 ………………………*134*
チャップマン事件（In re Chapman, 166 U. S. 661（1897））…………………*3*、*7*、*10*
中絶する権利 ………………………………*137*
提出命令………………………………………*66*
哲学的解釈学 ………………………………*129*
手続的審理方式………………*206*、*216〜218*、*225〜227*
デニス事件（Dennis v. United States, 341 U. S. 494（1951））……………………*26*
デュー・プロセス …*10*、*11*、*23*、*71*、*137*、*187*、*188*、*193*
ドゥオーキン ………………………………*200*
東海原発訴訟 …………*280*、*290*、*295*、*308*
統括機関説 ……………………………*4*、*120*
当事者主義 …………………………………*228*
当事者訴訟 …………………………………*246*
当事者適格 …………………………………*253*
統治機構…………………………………………*86*
統治行為 ……………………………………*242*
独任制官庁 …………………………………*242*
トーニー・コート …………………………*131*
トーマス最高裁判事 …………*189*、*197*、*200*
独立規制委員会 ……………………………*219*
独立権権能説 …………*4*、*34*、*99*、*118*、*120*
トライブ ……………………………………*186*
取消訴訟 …………*243*、*334*、*336*、*337*、*352*
取消理由の制限 ……………………………*305*
トルーマン …………………………………*140*

な 行

ナイクイスト事件（Committee for Public Education v. Nyquist, 412 U. S. 756（1973））…………………………*167*
中川剛 ………………………………………*149*
長沼ナイキ基地事件 ……………*290*、*314*
中村睦男 ……………………………………*246*
南北戦争 ……………………………………*131*
ニクソン事件（United States v. Nixon, 418 U. S. 683（1974））…*41*、*66*、*67*、*69*、*71*
ニクソン 対 シリカ事件（Nixon v. Sirica, 498 F. 2d 725（D. C. C. 1974））

……………………………………67、70
ニクソン大統領 ………………63、66、67、71
二重の基準……130、135、138～140、148、150、151
二重の主権…………………………30、193
日光太郎杉事件 ……………………337、338
ニューディール…………………129～131
ニューディール・コート ……133、137、138

は 行

バーガー・コート …………………137、138
バーガー最高裁長官………52、166、179、180
パー・キュアリアム ……187、189、191、193、195、198～200
hard lookアプローチ ……………………226
バーモント・ヤンキー事件（Vermont Yankee Nuclear power Corp. v. Natural Resources Defense Council Inc., 435 U. S. 519（1978））………………209、218
ハーラン最高裁判事………………………17
パリッシュ事件（West Coast Hotel v. Parish, 300 U. S. 379（1937））………133
バーレンブラット事件（Barenblatt v. United States, 360 U. S. 109（1959））……………………………11、12、17、20
バイス ……………………………………214
バイネス最高裁判事 ……………………133
パウエル最高裁判事 …………179、180、210
パウエル事件（Powell v. McCormack, 395 U. S. 486（1969））……………………79
バジョット，W. ……………………44、57
ハッシー海軍中佐 ………………………142
バトゥラー事件（United States v. Butler, 297 U. S. 1（1936））……………………132
原田尚彦 …216、265、266、268、270、280、291
バルキン …………………………………200
パルコ事件（Palko v. Connecticut, 302 U. S. 319（1937））……………………134
バルスキー事件（Barsky v. United States, 167 F. 2d 241（D. C. Cir. 1948））……14
反射的利益 ……………………313、314、316
判断代置方式 ……………………217、220
バン・デバンター最高裁判事 ……………5
ヴィンソン最高裁長官 …………………135
非原意主義…………………………………87
批判的法学研究 …………………………181
非米活動委員会 …10～14、17、20、22、26、34、39、47、54
姫路液化天然ガス事件 ………254、256、316
ヒューズ最高裁長官 ……………133、134
表現の自由 …………13、46、135、149、150
平等権 ……………………………………138
平等保護 ……………187、188、192、195、199
フィッシュ ………………………………181
福祉国家 …………………………137、138
福島第二原発事件 …254、281、282、290、291、294、299、316
侮辱罪 …………………11、13、14、28、46、47
侮辱処罰権 ………………………1～3、74
ブッシュⅠ判決 …………………………192
不服申立て ………………………………337
ブラーデン事件（Braden v. United States, 365 U. S. 431（1961））……12、20
ブライアー ………………………………215
ブライアー最高裁判事………191～194、198、199、201
ブライアン事件（United States v. Bryan, 339 U. S. 323（1950））……………22、39
プライバシー…………………………24、50、51
——の権利 ……………………………137、139
ブラック最高裁判事…16、18、19、27、33、133、135
ブラックマン最高裁判事…52、179、180、210
フランクファーター最高裁判事…27、33、46、

57、133、135、222
ブランダイス最高裁判事………56、133、195
ブランダイス・ルール …………………139
ブレナン最高裁判事 ……18、19、49～51、56、158、170、179、180
文書提出命令状………………………22～24
ベアテ・シロタ・ゴードン ……………143
ベーカー事件（Baker v. Carr, 369 U. S. 186（1962））……………………………79
ベトナム戦争………………………………50
ヘルメノイティク ……………………129
弁論主義 ………………………………228
ホィットニー准将 ……………140、141、144
ボイド事件（Boyd v. United States, 116 U. S. 616（1886））………………………22
法の支配……………………70、192、349、355
法律上の事物管轄権………………………67
補助的権能説 ……34、99、100、113、116、120、122、124
ポズナー ………………………………200
ボルマン事件（Wolman v. Walter, 433 U. S. 229（1977））…………163、164、180
ホワイト最高裁判事………51、167、179、180

ま 行

マーシャル最高裁判事 ……49、51、179、180
マーシュ事件（Marsh v. Chabers, 463 U. S. 783（1983））……………………167
マーフィー最高裁判事 ……………133、135
マーベリー事件（Marbury v. Madison, 1 Cranch 137（1803））…………………69
明白かつ現在の危険………………………14
松井茂記 ………………………………150
マッカーサー三原則…………………89、141
マッカーシー委員会………………………26
マッカーシズム ………………13、20、54、57
マッカラン事件（McCollum v. Board of Education, 333 U. S. 203（1948））…167
マックグレイン事件（McGrain v. Daugherty, 273 U. S. 135（1927））……………………1、4、8、10、16、39、41
マックミラン事件（Doe v. McMilan, 412 U. S. 306（1973））……………………51、57
マッコーネル ……………………………200
松下圭一 ……………………………58、59
松本文書……………………………………93
マディソン …………………………………5
ミーク事件（Meek v. Pittenger, 421 U. S. 349（1975））………………160、161、172
三井寺事件 ……………………………339
宮沢俊義……………………………116～118
ミンク事件（Environmental Protection Agency v. Mink, 410 U. S. 73（1973））……………………………………………64
民衆訴訟 ………………………………321
民生局 ……………………………90、91、139
ミントン最高裁判事 ……………………135
無名抗告訴訟 …………………………243
名誉毀損……………………………………51
免責条項 ……………………………52、53
免責特権 ……………48、50、51、57、240、241
目的効果基準 …………………………155
森戸辰男 ………………………………144
森村進 …………………………………149

や 行

薬事法違憲判決 ………………………148
柳瀬良幹 ……………………………124、126
山内一夫 ………………………………345
山村恒年 …………………278、284、289
唯一の立法機関 ………………………114
優越的自由 …………………………135、138
優越的地位 ……………………………149

ら 行

ラーニド・ハンド判事……………………74
ラウエル陸軍中佐 ………………………142
ラスキー …………………………………134
ラトリッジ最高裁判事 ……………133、135
ラムリー事件（United States v. Rumely, 345 U. S. 41（1953））……14〜16、46、57
リード最高裁判事 …………………133、135
立憲主義……………………………………87
立法裁量 …………………………………234
立法府再組織法……………………………14
立法不作為 ………………………………238
略式命令 …………………………………170
良　心 ……………………………………238
ルーズベルト大統領…………131〜133、140
レイノルズ事件（United States v. Reynolds, 345 U. S. 1（1953））………65
レーンクイスト・コート ………………137
レーンクイスト最高裁長官 …189、195、197、200
レーンクイスト最高裁判事……69、167、175、179、180、210
レッセフェール立憲主義 ………………131
レモン事件（Lemon v. Kurtzman, 403 U. S. 602（1971））……158、159、167、172、174
レモンテスト …………………158、175、178
連邦主義 ………………………137、190、193
連邦不法行為法……………………………65
ロウスト陸軍中佐 ………………………143
ロー事件（Roe v. Wade, 410 U. S. 113（1973））………………………………200
ロジャーズ事件（United States v. Rogers, 340 U. S. 367（1951））……………27、28
ロックナー事件（Lockner v. New York, 198 U. S. 45（1905））…………37、85、131
ロバーツ最高裁判事 ……………………133
ロビー活動調査委員会……………………15
ロペス事件（United States v. Lopez, 514 U. S. 549（1995））……………………203

わ 行

ワイルズ ……………………………143、144
ワシントン大統領 ………………………41、62
ワトキンス事件（Watkins v. United States, 354 U. S. 178（1957））……10〜14、16、17、40、47、49、50、57